北京非物质文化遗产保护中心 组织编写

长城就在屋檐下
长城非遗游

GREAT WALL WITHIN SIGHT
FINDING THE ICH

上

张青仁 毛巧晖
徐姗姗 包媛媛 著

红石门村
黄松峪村
雕窝村
黄岩口
花园村

中国画报出版社·北京

《长城就在屋檐下：长城非遗游》编委会

编委会主任　陈　冬
副 主 任　庞　微　　林　亮
委　　员　张　迁　　姜婷婷　　李琳琳
编　　辑　王　媛　　肖　潇　　解惠琴

序

在中国版图上，有一横一竖两大人工奇迹，一横是万里长城，东西走向；一竖是大运河，南北延伸。两大奇迹均为世界文化遗产，并交汇于首都北京。其中，长城在中华大地上下两千多年、纵横数万里，像一条巨龙，翻越巍巍群山，穿过茫茫草原，跨越浩瀚沙漠，奔向苍茫大海，气势宏伟，工程艰巨，实属罕见，是人类历史上的建筑奇迹，也是中华民族最宏伟的建筑和文化景观。

万里长城北京段涉及北京6个行政区，像倒"凹"字形，从东、北、西三面拱卫着北京城。自东向西，长城从河北山海关蜿蜒而来，途经天津蓟县黄崖关，进入北京平谷区红石门、将军关、黄松峪；由此红石门为长城北京段东大门，有"一脚踏三地"之称，将军关为进入北京市域第一关。长城从黄松峪开始盘旋而上，进入密云区崇山峻岭，途经墙子路，开始依山筑墙，断谷起障，景观有遥桥峪、司马台、古北口等，然后绕密云水库进入怀柔。怀柔区长城防御结构更趋复杂、防守设施更加严密，景观有大水峪、河防口、神堂峪、慕田峪、箭扣、黄花城、西水峪等，其中以慕田峪至黑驼岭段长城最为险峻，箭扣长城、鹰飞倒仰、"北京结"最为知名；"北京结"是内、外长城两条线路的交叉地，外长城直奔宣化、张家口，途经延庆区四海镇九眼楼；内长城护卫京城和十三陵，延庆区与昌平区的景观有南口、居庸关、八达岭、石峡关等。长城在黄楼洼出北京市界，到镇边城以西进入门头沟区。门头沟区长城以沿河城为重要关隘，敌楼以"沿"字号排序向两侧展开，景观还有黄草梁长城等。

在做好首都文化这篇大文章中，"一城三带"是北京建设全国文化中心的重点内容。"一城"是指以历史文化名城保护为根基，"三带"则指以大运河文化带、长城文化带、西山永定河文化带为抓手。其中，在长城文化带建设中，归纳出长城北京段有四个突出特点：一是保存最完好；二是价值最突出；三是工程最复杂；四是文化最丰富。相对万里长城的整体情况，北京段保存最完好；因护卫京城所需，北京段长城防护工程复杂，历史文化价值突出、内涵丰富。就文化而言，北京段长城不仅有厚重的物质文化遗产，还有丰富的非物质文化遗产。由北京非物质文化遗产保护中心组织编写的《长城就在屋檐下：长城非遗游》就是通过阐述北京市长城文化带的文化遗产和各类资源，从而达到加强非遗资源保护利用的一套书。本套书分为上、下两册，打破以往按行政区、非遗类别、项目名录的传统写作方式，选择按长城片区划分，根据《北京市长城文化带保护发展规划》"一线五片多点"的格局，以长城墙体遗存线为线索，分为五段进行创作：马兰路、古北口路、黄花路、居庸路、沿河城。每段根据实际情况，选取其中文化、旅游、自然风貌等各种资源丰富的、更有文化挖掘价值、旅游发展潜力的点和路段来描写。在这种资源丰富的点和路段上，把非遗资源、文物古迹、自然风貌、旅游特色等内容进行合理地编排组织，让本套书籍生动活泼、有血有肉、人见人爱，以全新的视角带给读者引人入胜的北京长城文化旅游新体验。

"到北京看长城"向来都是世界了解中国的文化窗口。本套书的出版既是对长城保护规划中文旅融合的落实、践行和创新，也是对长城沿线多种人文活动的彰显和传播，同时以深度游的形式推进以文兴旅、以旅彰文，助力实现文化旅游融合发展的新业态。

"长城是中华民族的精神象征，具有特殊的历史文化价值。"我们期望用"长城文化"这个创意核心，讲好长城文化带故事，坚定文化自信，提升北京长城的文化影响力，挖掘北京长城文化带丰富的历史文化内涵，展现长城文化带非物质文化遗产的独特魅力。希望《长城就在屋檐下：长城非遗游》的问世，能够让读者在阅读中一边"沿着长城行走"，体会"不到长城非好汉"的宏大气魄，一边了解长城文化带的历史文化知识，让读者沉浸在北京长城文化带的时代风貌中，深切感受到长城文化带所蕴含的民族精神和时代精神。

李建平

北京史研究会名誉会长、研究员

目录

上册

在573公里的长城里感受北京

桃花似雪映长城

红石门村：迎接平谷的第一缕阳光　019

将军关：平谷第一雄关　027

黄松峪村：古韵犹存的长城关隘　035

雕窝村：京都"王府井"　043

北寨：中国红杏第一村　051

鱼子山村：秀丽山水中的红色山村　057

熊儿寨：尽享山乡生活野趣村　065

镇罗营：北边雄镇的英姿与浪漫　073

丫髻山：京东道教圣地　079

古北雄关叠翠峰

墙子路："V"字长城寻遗觅古　091

黄岩口：一个未被开发的"瑞士村"　099

碧水仙居令公村　107

吉家营：古堡人家的寻常生活　113

头道沟村：白岭关下柏岭泉　121

云岫古堡遥桥峪　129

"绝胜雄关"曹家路　137

花园村：在北京东极过向往的生活　145

司马台：长城之最与古北水镇　　153

京师锁钥古北口村　　163

千年文化河西村　　171

潮关：潮河岸边有古村　　179

西坨古：铁血沧桑英雄关　　187

扼守长川白马关　　195

冯家峪："槐城一体"与崖壁蜂场　　203

"密云首险"石塘路　　211

禅意小村黑山寺　　219

北白岩："中国印摩崖石刻"第一村　　225

山水长城黄花漫

山水情趣大水峪　　235

河防口：长城古堡与滑雪胜地　　245

慕田峪：长城脚下的栖居　　255

神仙爱住神堂峪　　265

西栅子：险峻长城与驴友大本营　　277

渤海所：栗花沟里望古城　　285

杨树底下敛巧饭　　295

大榛峪：榛林里唱蹦蹦戏　　303

响水湖：枕着长城睡一觉　　311

黄花城：山水长城之旅　　321

在 573 公里的长城里感受北京

Feel Beijing Along 573 kilometers of Great Wall

在辽阔的华夏大地上，东至辽东，西至嘉峪关，长达两万公里的长城，宛如一条腾飞的巨龙，在中国北方广袤的大地上盘亘蜿蜒，拱卫着中原繁盛悠久的农耕文明。两千多年来，巍峨壮丽的长城见证了古代中国的金戈铁马和历代王朝的逐鹿疆场。沿途的城关、星星点点的烽火台与高大雄伟的长城墙体，以及那些依附于长城建筑的装饰与绘画，凝练了古代中国艺术的精华。修筑长城的艰难过程、驻边将士们的孤苦生活、王朝更迭的风云变幻让千百年来无数帝王将相、戍边将士、普通百姓的命运与这万里长城相连。无数骚人墨客，登楼赏景，在这长城上留下他们不朽的诗篇。充满智慧的民众编创了不可胜数的民间传说故事，尽情地抒发着普通民众对长城的复杂多样情感。作为家国象征的万里长城，更因为普罗大众的寄托，具备了多重的面向。长城不仅是祖先留给我们的物质文明瑰宝，更是理解中国社会与民众日常生活的窗口。

两万多公里的长城连接着北京、天津、河北、山西、内蒙古、辽宁、吉林、黑龙江、山东、河南、陕西、甘肃、青海等15个省、市、自治区。北京地区的长城，始建于春秋战国时期。在经过多个朝代的修缮后，明朝的修建奠定了今天北京长城的基本形态。从山海关一路行西的长城，在天津蓟州区，经平谷的将军关进入北京市域，仿佛一弯明亮的新月，将北京北部平谷、密云、怀柔、延庆、昌平与西部的门头沟等6个区串联。

和其他省份相比，北京境内的长城并不算长。573公里的北京长城甚至不足整个长城的二十分之一，但这并不算长的长城却是万里长城的精华所在。原因在于北京地区的长城直接拱卫京师的险要地位。历代王朝除了投入大量的人力、物力修建坚固的长城外，更在沿途密集地修建了城关，派出了大量的将士们驻守。这些驻边的将士，世世代代在长城脚下繁衍生息，在守卫边关的同时，创造出具有浓厚地方特色的文化形态。作为连接中原与北方、游牧文明与农耕文明的要塞，长城孕育出了别具一格的特色文化，厚重、繁盛的京畿文化又滋养、反哺着长城文化，在丰富北京长城文化构成的同时，使其成为文明交融的集大成者。在长城的一砖一瓦、一点一线中，在年复一年的春夏秋冬、寒来暑往中，见证着北京的发展变迁，支撑着中华民族的代代相传。

长城铸就北京民族交融交往的盛景

在冷兵器时代的过去，长城的修筑意在抵御北方游牧民族对中原农耕文明的入侵。战略地位险要的北京，自古以来就是兵家必争之地。西周召公奭的子孙、以游牧为主的山戎部落、匈奴、乌桓、鲜卑、契丹、奚族、女真等大量少数民族都曾在这里繁衍生息。辽金以后，北京作为中国政治中心的地位日益突显。在历代王朝修筑长城的基础上，辽、金以及此后的明王朝，大力强化了北京长城的修缮。长城拱卫京师之势日渐生成。

人们或许会这样猜测，是因为长城一带战事繁多，才会导致历代王朝大兴土木，在这崇山峻岭间铸就钢铁一般的长城。但当我们查阅古籍，行走在长城沿线的村落古堡时，却惊讶地发现，虽然这一带曾有过战争，却多是王朝更迭时的应势而生的局部战乱。在修筑长城之后的大部分时间里，长城沿线的民众与不同的政权，都默契地将长城视为彼此之间的界限，甚少发生战乱与冲突。在怀柔，对长城文化有着深入研究的于书文老师告诉我们，"长城的修建，不只是为了抵御战乱，更表达着长城内外的人们对于和平的向往与共识"。矗立在这山水之间的巍峨长城，不仅是守卫京师的屏障，区隔农耕文明与游牧文明的边界，更是长城内外各个民族共同认同的和平与安宁的象征。

物理空间上的长城将北疆与中原隔开，却也如同纽带一般，将长城内外的山山水水、村镇院落，和生活在这里的民众联系在了一起。"长城以南，多雨多暑，其人耕稼以食，桑麻以衣，宫室以居，城郭以治。大漠之间，多寒多风，畜牧畋渔以食，皮毛以衣，转徙随时，车马为家。此天时地利所以 限南北也。辽国尽有大漠，浸包长城之境，因宜为治。"① 辽代的经典，记录了长城沿线的风貌，长城以北，是广袤的辽阔草原，盛产着牛羊皮毛。长城以南，是富庶的农耕文明。小麦、稻米，丝绸、茶叶、瓷器，各种物产通过沟通南北的大运河源源不断地运到北京。过渡地带的长城，成为了南北方物资的集散之地。沿线的城堡、关口不仅是长城的重要节点，更成为沟通南北、物资交换的集散之地。古北口、岔道村、永宁城、黄花城、河防口、沿河城……一个个因驻边而兴起的小镇，成为散布在长城沿线的边贸重镇。行走在古北口村狭长的石板路上，鳞次栉比、饱经风霜的商铺见证着这里昔日的繁华。南来北往的商客为这边关小镇的富饶繁华吸引，定居在此他们形塑了这里百家姓氏的恢宏大气。具有百年历史的清真古寺，是古村民众包容和谐的见证。一个个边关重镇，如同万里长城上一颗颗闪耀的明珠，照耀着长城内外的边关要塞。

站在潮河边的姊妹楼上，长城在群山间绵延生长。青色的台地上，牧羊人挥动着长鞭，伴着星星点点的羊群，追赶着落日的余晖。远处是有着浓郁满族风情的巴克什营镇。脚下是一大片密密麻麻、挂满果实的板栗林与核桃林。游牧与农耕的边界弥漫在这茂密的丛林间，成为北京长城独有的景观。明朝以后，为了安定边关，朝廷在长城沿线修筑城堡，屯兵戍边。这些戍边的将士，在这山高密林间，种植了大量板栗与核桃。板栗、核桃不仅便于存储，果实的热量更能在寒冷的冬天里，给予将士们充足的补给。大规模的板栗、核桃的持续种植及这一地区农业生产体系的持续稳定发展，在事实上表达着将士们弃战从耕的决心及对于和平安定生活的向往。围绕长城而生的果林经济带，在联结长城内外农耕与游牧文明的同时，也与之形成相互包容与嵌入的姿态。正是华夏大地上多元文明的

---

① 许嘉璐主编、曾枣庄分史主编：《二十四史全译·辽史（第1册）》，汉语大词典出版社2004年，第264页。

相互嵌入、共生繁荣，才构成了中华民族多元一体的文化特征。

　　作为中华文明的象征，长城离不开沿线少数民族的参与和建构。这种参与与建构，不仅表现在北方的游牧民族与中原王朝的互动博弈，更体现为北方游牧民族依托长城，与历代王朝的互动中生出的对于长城、家国的认同与责任，并将这种认同、责任投入到长城的修建、驻守、维护和对家国安危的承担上。唐代时，粟末靺鞨人建立了渤海国。靺鞨人南迁燕州，在今天的北京繁衍生息。唐朝末年，在遭遇战乱后，靺鞨人沿怀沙河畔蜿蜒而上，最终定居在怀柔中部的平原与山水之地，将其命名为"渤海所"。明弘治年间，随着十三陵与长城的修建，渤海所一带的地理位置日益重要。朝廷在这里修建渤海所城池，设立了渤海所，靺鞨人的后裔和朝廷的将士们一道，担负起了"拱护陵京"的重任。在渤海所村委会一侧的库房内，大量的石碑、石碾和出土的石狮子，见证着昔日不同民族在这里戍边驻守，保家卫国的盛影。辽代时，其统治范围"东至于海，西至金山，暨于流沙，北至胪朐河，南至白沟"①，长城成为他们抵御南方政权的重要依靠。此后的金王朝，在沿袭了辽代边界的同时，也继承了辽对于长城的认知。原本南方政权抵御游牧民族的长城，成为契丹人依靠的、防御宋王朝的天然屏障。辽人、契丹人在开发、利用长城的同时，也表述、建构着他们认知、理解的长城。也正是因为多元民族对于长城的参与、建构与开发，使得这跨越万里的长城，不仅是中华民族交融交往交流的象征，更成为中华民族共有的精神家园，形塑了"长城内外皆故乡"的共有认知。

长城积淀着北京地区深厚的非物质文化遗产

　　两千多年以来，长城内外、不同民族的人民世世代代在这繁衍生息。依托这雄伟壮丽的长城，在对这片土地的共同耕耘中，在彼此的守望相助中，创造、开发、传承了丰富多样的文化传统，积淀成如今散落在长城内外、星星点点的非物质文化遗产。这些民众自发形成的散发着浓郁人文气息的非物质文化遗产，与雄伟、壮丽的长城文化交相呼应。在丰富长城文化构成的同时，也为这悠久的、庄严的长城文化增添了活力与生机，成为长城文化生态中最为耀眼的明珠。

　　长城内外，丛林密布、鸟兽丛生。这些多样形态的生物资源，是大自然赐予人们的天然宝藏。长城沿线的人们，在与这些多样形态的物种共生发展、相互依存的过程中，积累、沉淀和传承了一种与自然相互依存、和谐共生的文明形态。在长城沿线的诸多村庄中，流传着许多关于大山、古树和长城的神话传说。在当地人的口耳相传中，蜿蜒曲折的长城、险峻的大山及一棵棵古老的大树，

---

① 许嘉璐主编、曾枣庄分史主编：《二十四史全译·辽史（第1册）》，汉语大词典出版社2004年，第325页。

都是有血有肉的灵魂之躯，是充满神奇力量的存在。依靠着长城、高山与古树滋养的民众们，虔敬地表达着他们对一切生灵的敬畏。在长城脚下的杨树底下村，淳朴的村民们至今仍然传承着祖辈们流传下来的"敛巧饭"的习俗。正月十五的"扬饭喂雀"，表达着他们对曾经救过他们生命的雀儿们的感激。在对长城的守卫中，人们总结并传承了一系列修补长城的技术，以一种参与的姿态，修补、重建与维系着人与自然、长城的生态关系……这些非物质文化遗产，生动地呈现了长城文化带人、自然、与景观之间互为一体、相互共生的文明生态。正是这一文明生态，在滋养着长城内外的民众、赋予文化生命力与活力的同时，亦对我们理解人与自然、世界的关系，构建跨物种的命运共同体，具有着重要的启示意义。

靠山吃山、靠水吃水的长城人民，在年复一年的生产生活中，积淀出一系列开发、利用自然的生态智慧，直至今日仍然润泽着今天生活在长城沿线的民众，成为他们世代享有的宝贵的文化遗产。长城沿线山高路陡，并不适宜大规模种植传统的粮食作物。如前所述，屯兵的将士们利用山间林地，因地制宜地种植热量高的板栗。在人力资源短缺的过去，将士们与林间的松鼠相互配合，成就了长城沿线茂密的板栗带。在技术并不发达，没有农药、化肥的情形下，人们积累了一系列的板栗种植的经验技术，在惠泽数万民众的同时，成就了今日"怀柔栗子"的声名远播。陡峭的林地中随处可见的荆棘，在艺人指尖的变幻中，成为一件件美观、大方，经久耐用的生活器具。人们用着山间、河谷和台地的石头，筑成了一栋栋坚固的、美观的四合院和数不胜数的城池和古堡，成为长城沿线一道别样的风景。在平谷与怀柔，匠人们开掘着地下金矿，神话传说中的金山银山真的成为了富裕一方百姓的宝藏。更多的能工巧匠，巧妙地利用着大自然的馈赠，编织出玲珑枕等一系列精美的手工艺品，烹饪出烧酒、烧肉和烧饼，制作出鱼面春饼、槐花炒蛋、火盆豆腐、火勺、阳坊涮肉等一道道独具地方特色美食，成为长城文化带中最有生活气息的遗产。

在这险峻的自然环境里生存，从来都不是单个人能够完成的事情。长城脚下的人们，在历史的发展中相互扶持、抱团取暖，形成了长城沿线一个个家族、村落与社会。在红石门的不远处，有着数百年历史的靠山集吸引着四方的商贩，村民们拿着种植的山货、养殖的家禽、编织的器具，在这定期举办的集市上交易。从年初到年尾，各个村镇举办的节日庆典、民俗庙会，老少齐上阵的花会表演，还有那村村落落里传承至今的蹦蹦戏，将这清冷凛冽的长城装点得热火朝天。文明交会之地的长城吸引了大量外来的文化，大气的长城形塑了民众对外来文化的包容姿态，不断丰富着长城文化的构成。九曲黄河灯阵从中原传入古北口一带后，融入了长城文化的元素，为这古老的灯俗增添了新的色彩。随着回民迁入古北口、南口等地，当地纷纷修建了清真寺，数百年来回汉民众共同谱写了一曲曲民族交融的赞歌。长城文化与多元文化的互动、交融与共生繁荣，说明了这样一个事实，文明的发展从来都不是孤立的，只有充分地吸收其他文明的成果，才能真正推动文明的繁荣。

在这长城的崇山峻岭间，在百姓的口耳中，流传着大量的民间传说与故事。上至耄耋老人下至妇孺稚童都能娓娓道来的杨家将传说，以及戚继光修筑长城、蔡凯将军修筑长城的传说，不断鼓舞、激励着长城一带的民众，使他们克服重重困难，在这边关要地生根驻守。"二郎神担山""窟窿山""夫妻松""响水湖的来历"等传说，在传承中华传统美德的同时，亦为这沿途险峻的自然风光增添了几许梦幻的色彩，让这雄伟壮丽的长城景致熠熠生辉。

长城凝聚着北京民众的家国情怀

巍峨、庄严的长城，是960万平方公里国土的脊梁，是中华民族的凝聚与象征。戍边安家的将士、百姓们，在对国家、民族与家园的守护中，将这份对民族的责任、道义的担当熔铸进他们的血脉之中。在世世代代传递这份责任、认同的同时，传承、见证着中华儿女保家卫国的赤子之心。

行走在这山高路陡的北京长城里，从最东边的红石门、将军关，到北边的新城子、古北口，再往南的黄花城、居庸关和沿河城。无论是偏僻陡峭的古堡村口，还是蓬勃发展的新兴小镇，573公里的北京长城里，村村镇镇、老老少少世世代代都在讲述着杨家将忠君报国的传说。七郎八虎闯幽州、血战金沙滩、穆桂英挂帅、杨门女将、十二寡妇征西、佘太君百岁挂帅……一个个栩栩如生的爱国形象，在这长城沿线广为流传，家喻户晓。遍地分布的杨令公庙、七郎坟，甚至还有以令公命名的古村落，与这有血有肉的民间传说交相呼应，让人分不清哪些是史实，哪些是传说。年事已高的都司将军奋勇杀敌，呼延庆设擂战胜契丹壮士，戚继光将军、蔡凯将军不畏奸佞、忠肝烈胆修筑长城的传说亦在北京长城的山水之间流传。詹天佑先生修建的京张铁路至今仍然激励着无数中华儿女。长城的庄严气魄、别具一格的沿途风物和这数不胜数的忠勇将士们的事迹凝聚在了一起，在将长城凝聚的家国情怀具象化的同时，表达着人们对于和平生活的向往，激发着人们的家国情怀和对民族道义的坚定担当。

正是长城凝聚的这份强烈的家国情怀，使得沿线民众在国家危亡的时刻挺身而出、奋勇杀敌，书写着现代长城民众保家卫国的新传说。1933年，日本侵略者出兵侵吞热河，直逼华北，沟通东西的长城成为日军布防的重点。

忠勇报国的长城民众，从来都不畏强敌。日军侵占长城后，沿线的民众配合我方军队，发起了著名的长城抗战，打响了北京地区抗击日本侵略者的第一枪。在历时75天的古北口战役中，中国军队以伤亡1.6万余人，击毙了日军7000余人，长城沿线的民众以鲜血和生命捍卫了民族尊严。八路军在长城沿线建立根据地后，沿线的民众大力配合，军民合作、奋勇杀敌，一次次取得了抗日战争的局部胜利。在平谷，长城脚下的鱼子山第一个建起了党支部，成为北京东部地区闻名的抗日根据地。根据地军民凭借长城的险要地势，与残暴的敌人展开了艰苦的斗争。房子烧了搭窝棚，窝棚烧了就住坝根、山洞、密林，形成了摧不垮、打不烂的抗日游击区，以少胜多地取得了"北土门战役"的胜利，"打不垮的鱼子山"从此扬名京东。1941年，八路军十团与西坨古村的民众协力配合，依靠这长城的险峻之势，发动了坨古梁抗日狙击战，极大地鼓舞了沿线民众……

昔日的硝烟已经在历史的长河中渐渐散去，曾经被鲜血染红的潮河水早已恢复了往日的清澈。沿线民众在日军侵华时的苦难与悲惨的记忆，还有他们奋勇杀敌、精忠报国的长城精神却从未走远。在573公里的长城沿线里，大大小小的纪念碑、纪念馆诉说着长城沿线的民众英勇就义、可歌可泣的抗日故事。这些庄严的现代建筑，与古老的长城交相辉映，见证着长城民众保家卫国、奋勇杀敌的壮丽历史，也激励着新时代的华夏儿女，在新时代的潮流中奋勇前行。

长城见证着北京人民追求美好生活的实践

北京地区的长城大都位于地势险峻、山高路陡之处，自然条件并不算好。但生活在这里的人们，却从未因此放弃过对美好生活的向往。在农业文明时代，人们在林间栽种果木，在坡地修筑梯田，在山下开掘矿山，在林间收获各种山珍……在改善当地经济与社会发展水平的同时，最大限度地满足民众的生存需要。改革开放之后，随着温饱问题的解决，更为优越的环境，更加稳定的收入，更有未来的发展成为长城人民对于美好生活的新的追求。

搭乘旅游发展的东风，长城沿线的政府、人民群策群力，协力创新，在改革开放之初就打造出了八达岭、慕田峪、居庸关、黄花城等景区。古老的长城一跃成为炙手可热的景点。"不到长城非好汉"，长城不仅成为国人眼中必去的打卡景点，更让世界的目光聚焦于此，吸引了一大批国际友人的造访。壮美的景色让不少国际友人在长城脚下安家落户，慕田峪、北沟等村落一跃成为了京北闻名的"国际村"。古老、传统的长城文化，在国际人士的参与传播中，焕发出了时尚与开放的气息。国际友人的入住，为这些村落的改造与发展注入了新的活力。文明互鉴在这些长城脚下的村落里得到了生动的演绎。

必须承认的是，并非573公里的北京长城沿线都适合旅游开发，也并非所有的村庄都具备发展旅游业的基础设施条件。先天的不足并没有影响到长城沿线的人们，追寻美好生活的勇气与信念。长城的大气与包容，支撑着他们集思广益、广纳贤才、因地制宜地选择当地经济社会发展之路。长城脚下的司马台村，以司马台长城为资源，利用鸳鸯湖的天然优势，打造了"古长城+水乡"的古北水镇景区。山水相拥、商铺林立的古北水镇，再现了昔日古北边塞的车马繁华。20世纪90年代，雁栖河畔的怀柔人民利用天然的冷水资源，将大洋彼岸的虹鳟鱼引入长城脚下，开发出了雁栖河畔的虹鳟鱼一条沟。在此基础上打造的"怀柔不夜谷"更成为了夜晚星空下长城脚下的一颗耀眼的明珠，在怀柔品尝虹鳟鱼成为北京市民的新时尚。行走在夜晚的北京长城里，林间沁人心脾的清香，与山间璀璨的灯火、闪耀的霓虹交相辉映，别有一番风韵。

新时代乡村振兴的春风吹遍了长城内外，一个个古老的山间小村焕发出崭新的容颜。衰败的古堡、破旧的院落、残损的城墙、干枯的河流摇身一变，成为长城脚下闻名的壁画村、古堡村、民宿村、温泉村、淘宝村……红肖梨、平谷大桃、板栗等乡村特色产业迅速发展，与发展中的旅游业相互依托，成为带动长城沿线村落经济发展的快车。村容村貌的改善，村落经济的发展带来的是年轻人的回流，不少北京城里的民众更是选择在这里安居落脚。鳞次栉比的房屋，干净整洁的街道，人们脸上洋溢的笑容，无一不透露着满满的幸福与满足，躺在村里看长城，成为长城村落风情的真实写照。

长城内外，本为一体。分属宣镇、蓟镇、昌镇的北京长城连通着河北与天津，两地的人民，也在对长城的守卫参与中相互依存，共同发展。抗日战争期间，三地人民携手抗战，共同发起了抵抗日本侵略者的长城抗战。在改革开放后的新时代里，三地人民携手合作，互联互通，谱写了一曲曲共同富裕的赞歌。在有着数百年历史的靠山集里，来自天津、河北的商贩和本地的民众一道，在你来我往、你买我卖的喧嚣中，传承着数百年来的边贸传统，带动周边群众的致富、繁荣着一方经济的发展。长城丰富的旅游资源，也成为带动京津冀民众共同富裕的重要支撑。在古北口村，京密路上密集的车队，满载着南来北往的物资。东边的曹家路，利用北京的客流资源，开辟了曹家路通往雾灵山公园的道路，与河北省兴隆县共享着雾灵山的绿水青山……

冬奥会的召开，为长城文化带的发展带来新的契机。在海坨山谷，七条覆满绿色植被的雪道从山顶倾泻而下，与周边林草融为一体。在海拔 2198 米的国家高山滑雪中心出发平台上，深绿的草甸一望无际，林间的花木茂密繁盛。冬奥村背后的大山上，星星点点的野花将这碧绿的青山装点得格外美丽，映衬着远处巍峨的长城，构成了冬奥赛场上最为亮丽的风景。舞龙、竹马、旱船、秧歌、花棍、鼓舞和剪纸等非物质文化遗产走上冬奥的舞台，编织着人们的冬奥梦想，装点、扮靓着冬奥的赛场。历史悠久的长城文化，与民众代代相传的非物质文化遗产，正乘着冬奥赛场上健儿们的雪车，在雪地的原野上奔驰翱翔，书写着新时代长城文化的篇章。

桃花似雪映长城

Pinggu Great Wall with Showy Peach Blossoms

红石门村：迎接平谷的第一缕阳光

红石门村位于北京市平谷区金海湖镇东北部，四周群山围绕，是个有着246人的纯山区。在村子的东部山岭处，一道石长城蜿蜒盘踞其上，其中一段横跨京津冀三省，三界碑赫然立于其墩台。行驶于村内唯一一条乡村公路上，道路两侧的植被生长茂密，环境清新幽静，穿过村西峡谷便能远远望见暗红色的山崖耸立于两侧。停车驻足近看，砖红色的石头像是一片片粘在山崖之上，感叹陡峭山崖延伸百十米的阵势之余，也会惊叹于大自然的鬼斧神工之力。两侧山崖犹如道道巨大的红门，村子的名字也由此而来。

来到位于北京最东边的红石门村，不仅可以沿着古长城爬至三界碑以欣赏三省风貌，还能远远看见盘旋在山尖的石长城，还有凝结在长城碑脚下梯田上的大寨精神，南瓜八宝饭的香味在村内农家院四溢飘散，立于山脚下的半山墅民宿照料着来此休闲的每一个游客。红石门村不仅是平谷地区被第一缕阳光照耀的地方，同时也像是"京津冀"三地的缩影，在时代发展的洪流中，一步步见证着平谷作为京津冀协同发展的"桥头堡"所发挥的作用与担当。

红石门村

一览三省风貌的三界碑

  提到红石门村,便不能不提及三界碑。努力攀爬过石长城的几个缓坡便是一段很陡的墙基,再往上就到了三界碑。立于三界碑之上举目俯瞰,便能深切体会"一览众山小"的心旷神怡之感。在蔚蓝色的天幕之下,众山青翠,皆如众星拱月般地朝向脚下的这座巍峨高峰。脚下踏着的是一座石长城的敌台,残破的敌台正中立有一个高过膝盖的三面界碑,碑面分别刻有北京、天津、河北字样,谓之曰"三界碑"。碑下的水泥基座又分别刻有三个箭头,各自指向刻有北京、天津、河北三个方向的字样。如果抬起脚来,会发现一脚确实可踏在碑上,便能真切体验"一脚踏三省"一说。

  三界碑不仅是三省的交汇点,明长城进入北京的起点,也是万里长城上唯一一座立于长城敌台之上的三省分界碑。因其特殊的地理位置,名声在外,吸引了无数长城爱好者来此观景。从此处可以看到山下北京方向的水库、天津方向的小山村、河北方向的山路,还有必不可少的蜿蜒远去的长城残墙。山上有一敌台修葺一新,敌台中间有一块国务院1996年树的分界碑,三棱柱状,三面分别刻有"北京""天津""河北",每面的两个字以下分别写有"111213I/ 国务院 /1996"字样。外围用鹅卵石圈出圆形水泥地,并对应界碑的地名在水泥面上用鹅卵石拼出三省的名称。

  与修整的长城不同,东北方向通往黄崖关的天津段长城保持了碎石风貌,损毁较为严重,茂盛的植物侵占了长城的领地,这也导致此方向的长城在山脊上时隐时现。向西北方向观望,山丘之上没有高大密实的树丛,所以远远望去,长城显得尤为醒目和壮观。仔细观察长城墙体外端,也常常能见到一些辅助性的断墙残迹。三界碑南面是北京和天津的界梁,一条土路通往山下,登临此处,便可赏三省之景,观新旧长城的风貌。春冬四时,景色各异,薄雾之中,山峦似波涛般绵延起伏,而长城像极了弯龙,在三界碑的注视下匍匐游走在群山之中。

英雄气概石长城

三界碑 照片由红石门村委会提供

通往三界碑的途中需经过很长一段渐陡的山路,翻上一道山梁,便能远远望见山巅处横亘着一道古老的长城,宛若一条巨龙般不断起伏腾跃而去。沿着山梁上"之"字形的陡峭山路,奋力攀登后来到长城脚下,登上古长城。脚下的长城皆由巨石垒砌而成,整段墙体为明代所建,虽历经岁月的沧桑与风雨的摧袭,已有诸多破损坍塌之处,但仍难掩昔日的雄姿。这段长城未经任何修复,与人类居住地相离甚远,由此得以保存长城古老的原貌。但在地震的侵袭及雨水的冲刷下,部分墙体已坍塌毁坏,成为名副其实的野长城,因而原本的城墙已经不适宜行走,而只能沿着长城边上的小道前行。作为进入北京的第一段长城,由低至高,昂首向上,虽略有起伏,但落差较大。虽然破损严重,但裸露出的墙基仍显示出它的坚固,在城砖上还可以看到刻着明朝万历年间烧制的字样。据史料载,马面是长城城防设施的基础部件之一,其目的是为消除防守死角。马面的位置因地形而异,既加强了毛石干垒城墙的稳定性,又配合长城敌台形成交叉火力。两个敌台之间是一个巨大的山谷,长城到此急转直下,从山顶直插山脚的斜墙,十分险峻,马面与这两座敌台正好呈犄角之势,完美覆盖城下的范围。此段长城仅有一座烽火台,也是长城进入北京境内的第一座烽火台。整修过的长城比较好走,有些地方依据旧有的制式做了部分复原,犹见"校尉羽书飞瀚海,单于猎火照狼山"的气势。整段石长城在阳光的照耀下,仿佛穿梭于墨绿色山野的一条白带,在崇山峻岭间一点点勾勒出群山的轮廓。

石长城 照片由红石门村委会提供

　　此段墙体为平谷长城的起点，位于平谷与河北省兴隆县交界的山脊处，山脊北侧即为河北省兴隆县界，墙体总体走向为由东至西，总长1410米，形态依旧完整。砌墙之石色泽发白，系层状岩石开采而成，白灰勾缝，大石块之间的缝隙用小石块填充，墙体之内还会再填充碎石等，民间俗称"碎石填心"。填充碎石的石墙墙体都会向墙体的中心线倾斜，其横断面为梯形，或稍有内倾的四边形，上小下大，收分明显，这也是古代筑工们从长城坚固性和稳定性的角度出发所考虑而建成的。徒步其上，远望长城，青山白日下的每块巨石都彰显着庄严，仿佛能听见一兵一箭呐喊出的威武。今天的石长城仍气势磅礴，遇到雪天，则像一条披着铠甲的巨龙，更加壮美，更富有苍茫悠远之感，定睛一看，会发现此时的石长城只剩下深褐色的山，积雪像是白色的带子一圈圈绕在山上，为长城穿上一件朴素的花纹衣裳。越往上爬，视野越开阔，气势磅礴的城墙仿若巨龙般直达天际，极目远眺，远处露出云层的群山似岛屿般悬浮着，山浪峰涛，层层叠叠。当停下来歇息一会忍不住回望之时，身后连绵起伏的山峰都仿佛在催促着我们继续往前攀爬，如此才能享受高处绝美之景。此处的石长城保存了长城修建最初时的原始风貌，虽然有些地方挡不住时间的磨砺出现了自然坍塌，但仍能给人一种粗犷豪放的自然之美，处处彰显石长城当初的风范，具有弥足珍贵的历史和文化价值。

长城脚下的"大寨"梯田

  从两侧红色山石的进村口驱车进入村内，沿着蜿蜿蜒蜒的水泥路向村子的深处驶去，临窗便可望见左面山坡层层叠叠的梯田，曲线优美，恍若天成。红石门村的梯田是用石头垒砌地堰开垦成山地农田的，在荒凉的山坡上，开挖出石头就地垒成石堰，再开掘出石缝草皮中的泥土为土壤，这样一层一层开垦上去筑成梯田。站在对面山顶俯瞰梯田，那是一幅美丽的画，也是红石门山林最美的雕刻。从山脚到山巅，沟沟岭岭间，成片的梯田依山而建，随山形顺坡逐级筑坎平土，弯弯曲曲，连绵起伏，辗转盘旋，自然流畅，蜿蜒的梯田如同一级级登上蓝天的天梯，壮观之极。特别是那居于山坳间的红石门村，与梯田环境相辉映，并与大自然融为一体，无不体现出人类与大自然的和谐之美，给人"人间仙镜，世外桃源"之感。早起沿着梯田旁的小道顺势而上，天气晴朗之时常会遇见山间大雾，雾气在松林间穿梭，在草地上弥漫。步行至梯田的半山腰，发现不一会儿功夫，太阳已经从对面的山尖探出了头，大雾也"识相般"地渐渐散去。这时再向山下俯瞰，起伏的梯田、泛绿的山林、红顶的民居、青色的河流、长长的山路，形成了一幅壮美的图画。再看一眼身旁层层叠叠、铺展在绿柳松林之间的梯田，人们刚刚撒上作物种子，地膜犹如一条条玉带，蜿蜒游走在梯田之上，回转铺陈之间尽显山地之灵气，高低错落之间又充满了劳作者的智慧，身处其中也不由得被这油画般的色彩和美景所震撼，惊叹于时空的和谐美妙。

  鲜为人知的是，今天初具规模的梯田背后是红石门村几代人的艰苦努力。20世纪六七十年代，红石门村曾是有名的大寨村，《人民日报》就曾以"长城脚下的一个大寨村"为题报道过此地。据村中老人回忆，当初的红石门村，地处深山区，几乎没有像样的耕地，到处是沟沟坎坎、满目贫瘠的山坡。面对着不长庄稼甚至寸草难生的河滩地、山坡地，勤劳的红石门人开始了轰轰烈烈的挖沟垫地运动。人们扛起锹镐，拿起土筐，用一锨一镐靠山取土，用一荆一条编筐运土。红石门人削山头、填沟坡、垫河滩，经过近十年的艰苦奋斗，开垦出了百十余亩良田，山上山下出现了一层层、一块块"大寨"梯田。红石门人所进行的为期十年的"大寨"村建设、"大寨"式战斗，投入全部血汗，你争我赶比干劲，最后汇成的这支劳动大军所向披靡，并取得丰硕战果。面对粮食困难和工具困难的双重危机，坚强的红石门人饿着肚子进行挖沟垫地的重体力劳动，创造出了有目共睹的奇迹。四十多年过去了，这种自力更生、艰苦奋斗、自强不息、开拓进取的"大寨精神"影响着红石门村人。即便今天的红石门人赖以生存的途径多种多样，但平整的梯田依旧是村里人无法随意割舍的爱恋。早秋时节前往，除了可以饱览庄稼丰收之景，还能欣赏漫山遍野的野花，鲜艳夺目的喇叭花、野菊花芬芳袭人。在村内看到的每一块梯田，都凝聚着红石门人的汗水与智慧，在"大寨"精神的鼓舞下，红石门人硬是在残塬沟壑之中营建了一片绿色生态园，将荒山变成"花果山"，让黄土由黄变绿，由绿变美。

半山墅民宿

南瓜八宝饭的美食邀约

  红石门人主要以农业生产为主，这里还盛产丰富的果品：柿子、核桃、梨、黑枣、红果等，游客在参观游览红石门段长城之余，可以前往村子亲手采摘农产品，品尝农家饭。在当地颇有盛名的南瓜宴是无论如何也不能错过的一大特色，其中"南瓜八宝饭"更是一绝，它以南瓜、糯米及黑米为主料，以当地绿豆、高粱、八宝豆等为配料，用南瓜当器皿，精心烹制而成。红石门人在制作南瓜八宝饭时，会选取小圆形的老南瓜，将其洗净去皮，挖蒂去瓤，井水浸过的优质糯米先放至南瓜的三分之一处，再将当地盛产的各种配料、用糖渍过的猪板油丁、白糖等取适量填入南瓜，其上加入糯米或黑米等，填满至南瓜顶部五厘米左右处，以防止糯米涨满胀破瓜体，最后放到蒸笼蒸透熟烂即可。上桌时的南瓜形整且美观，食时将瓜与饭拌匀，软糯爽口，糯米混合着八宝豆和绿豆等，吃起来有黏黏的质感，一口南瓜香甜丝丝紧密，一口糯米晶莹剔透饱满弹牙，堪比小甜品。南瓜八宝饭中的"八宝"寓意吉祥，以喜庆丰收表达人们祈福的愿望，是来此旅游不可错过的美食，深受游客的好评。

  红石门村鼓励民俗旅游业的发展，半山墅民宿便是最好的体现。从村口进入驾车行驶十五分钟左右，便能来到步行攀爬三界碑和红石门段野长城的入口，路的一旁是一条斜上的水泥路，靠近路边沿线贴心安装了扶手。九月前往，路两边的枣树、南瓜及争奇斗艳的野花都似在欢迎你的到来。

  沿着水泥路一直向上，步行约五分钟便能看见坐落在山脚下的半山墅民宿。正赶上前一批房客离开，大包小包向山下去时还不忘驻足向正在上行的一行人诉说民宿老板一家人的友好。虽是第一次见却倍感亲切的老板一家，使游客踏入半山墅民宿起就倍感舒适。右手边是一片草坪，几块石板随意摆放其间，当然必不可少的还有一棵当地村落生长且原生态的树木。整体观之，两层楼的半山墅民宿整体为白色墙面，每个房间都有不一样的主题，有为孩子定制的动画主题房，也有为情侣定制的浪漫主题房等。露天观景台摆放着秋千、躺椅，甚至还有夜晚用来看星星的望远镜等。听老板娘介绍，这栋民宿一共十个房间，包含吃饭、棋牌室等集生活休闲设施于一体。因其颇受好评的服务态度、清新幽静的环境及民宿内部完备的设施，从营业至今从未断过客源。坐落在红石门村的半山墅民宿，正如名字一般，倚靠着四面环山的地势而建，站于二楼眺望对面远山，霎时间便能深切体会到陶渊明笔下"结庐在人境，而无车马喧"的恬静与悠闲。难以想象，一座现代建筑能如此巧妙地融合进红石门村的青山绿水之中，而且相得益彰。不妨选一个周末，约上三五好友，在这心旷神怡的景色之中，在半山墅的平台彻夜交谈，又或者一个人在此静静发呆，享受半山墅为你准备的一份独属于你的温暖时光。

TIPS 小贴士

路线

红石门村位于平谷区的最东部，也是河北、北京、天津三省市交界处，交通极为便利。自驾车可从京平高速至夏各庄出口，沿着北部货运通道行驶，经过甘营路口、新平蓟路、金海湖路口、胡陡路及彰红路可抵达。公交出行可从东直门公交枢纽站乘852路至平谷汽车站，再转乘平30路至红石门站即可到达红石门村。

住宿

红石门村的半山墅民宿等为近几年新建而成，住宿条件较好，民宿及农家乐等服务设施较为完善。

饮食

村中南瓜宴和应季美食较多，主要以当地的农家菜为主，包括炖柴鸡、水库鱼拌野菜、炸花椒鱼、香椿拌豆腐、肉炖海带和山野菜等。

将军关：平谷第一雄关

将军关，又称将军石关，在平谷县城东北20多公里处，与河北省兴隆县交界，是明代万里长城进入北京段东端第一座重要关口。位于高山峡谷之中的将军关曾是历史上的咽喉之道、兵家必争之地。这里的山脊高耸入云，与京郊其他地区县的山势相比，更高大、雄浑。规模宏大的将军关大部分毁于战火，现唯有关城基址和巨石屹立其上。将军关地处两山相峙之谷，两侧山峦绵延高耸，谷口地势无遮无障，将军石河由北至南穿流而过，形势险要，雄伟壮观，作为平谷第一雄关，除了可以一饱将军关石长城遗址风貌外，还可以来到古村后，长城脚下看一眼颇具盛名的将军石。听当地老人讲讲将军石传说。作为北京市最美乡村的将军关新村，游客从进村之初便被其建设之美所吸引。将军栗子宴和灌肠更是不能错过的美食家宴，幸运的话，前往将军关村的路上恰逢百年老集——靠山集开集，便能在集市上一览长城脚下的人间百态和独特烟火气。

雕刻时光的石长城

　　相较于红石门经过修葺的长城的新,将军关石长城更显示出一种人工遗迹与自然的美。从村北的石长城遗址的敌台出发,穿过券门,拾级而上,墙砖灰缝、箭羽的留痕、炮弹的灼伤依稀可见。从山下一步步拾级而上,立于关上举目四顾,只见将军关村内,屋宇庭院密布,街道胡同纵横,一河从北山深处蜿蜒而来,又向南曲折而去。将军关石长城遗存残垣就在河的东侧,抬头望去,起伏的石砌城墙沿着高山升腾,在一陡峭的山峰上翻转而去。将军关段的石长城已走过600多年的沧桑岁月,经历了历史和新时代的变迁,站在石长城的城楼上仿佛还依稀感受到当时战士们金戈铁马誓死保护疆土的喊杀声。因为石质的关系,大块的基石在这里层层成片剥离、疏松、坍塌,不可逆地继续风化。有些高岗上凸起一个小碎石土包,就是长城生命的延续。因为大自然的经年侵蚀和人们有意无意间的踩踏破坏,或许不久的将来在燕山余脉的山脊上,本已风烛残年的长城就会完全变成碎石而渐渐消失殆尽了。朝阳从高高的东山顶上洒下万道金光,照射在古老的将军关上,照射着关下的屋舍街道,照射着这片秀丽的山川大地,仿佛给这一切景物都镀上了一层金辉,也给昔日的"京师第一关"增添了几分神奇。站在长城上登高远望,山峦起伏,豁然开朗之感油然而生。远望一条大道贯穿南北,那山石垒砌的长城,从东山之顶如巨龙般逶迤腾跃而来,由莺嘴楼一头扎下,再从将军关掉头爬向西山。长城之下的将军关,北临悬崖绝壁,峰

将军石

峦似锥,十分险要之处,直接以山崖代墙。城墙旁的马道,或残或缺,或隐没在绿植之下。敌台已不见当年的模样,像一个混乱的石堆,而其边角的棱角线又显示着人工的痕迹。站在石长城上微闭双目静思,耳畔仿佛听见昔日雄关前金戈铁马的阵阵厮杀之声,也仿佛听到今日衰败的将军关石长城在风中的呜咽之音。尽管早已风化残破,但毋庸置疑的是将军关石长城仍是历史留下来的宝贵遗物。

忠肝义胆的将军石传说

在敌台券门南侧有一块巨石,高10余米,巍然耸立,为守关将军点兵处和指挥台,俗称将军石。民国三十三年《蓟县志》载:"将军石在将军关村北之阳,石高三丈六尺,兀然矗立,形基状伟,上刻'将军石'三个大字,为明成化参将王杞书,关遂亦以此石之名名之。"相传,明初有塞外蒙古铁骑来犯,一路烟尘滚滚,气势汹汹。驻守的都司将军年事已高,但他临危不惧,从容镇定地登上巨石,指挥将士迎敌。从早上打到中午,又从中午打到晚上,一连打退数千敌兵的三次进攻,终于大获全胜。老将军自始至终,站在石上指挥作战,由于劳累过度,吐血而亡,一腔热血染红了巨石。50多年后,即明成化元年(1465),参将王杞来此关巡视,听闻此事,被老都司的忠勇精神所感动,即书"将军石"三个字,镌刻于一块汉白玉石上,并镶在巨石中,以旌其行。有诗赞曰:"入夜萧萧北风寒,声声刁斗郁郁烟。两千敌骥皆丧胆,一夫凭险奴当关。"自此,这关便又称为将军石关。

站在石下,竟发现有阵阵绿茵遮蔽酷热的骄阳,仰头一看,发现有棵柏树伴石而生。据了解,此柏名为"忠义柏"。相传,在将军关城墙上,曾生有两株古柏,一高一矮,一粗一细,相依相靠,形同兄弟。明朝灭亡后,驻守的清军将其中高大粗壮的那株柏树伐去盖房用了。随后,村里便发生了一件怪事:一天晌午,全村人在揭开缸盖准备舀水做饭时,均发现水缸中倒映出一株柏树的影子,枝衰叶败,毫无生气。这天夜里,全村的人都做了一个同样的梦,一名年轻人自称是柏弟,与村里人聊天,说是国破家亡,兄弟分离,苟且偷生,不如去死。后来,余下的那株柏树果然枯死。柏树知国破家亡而不愿苟活于世,此乃真忠义也。今天这棵伴石而生的柏树,不知道是否为当年那棵枯柏转生?若是真如此,当年因忠义而死,今或因情谊而生。将军石立于此地不下万年,幸得将军守关杀敌得名,甚幸的是得一知己相伴数百年。将军石伴着柏树,默默地守护着野草丛生的演武场。将军石的苍劲坚毅,松柏的婆娑柔美,一阳一阴相伴走过数万个日夜,岂不堪比梁祝化蝶、比翼双飞的美好传说?而今再立于石下,昔日演兵之场地早已荒草丛生,战乱的硝烟已然远去,长城也完成了艰苦的守护使命,回归到自然的怀抱之中,登城吊古之心已然变成对美好生活的期待。

"北京最美乡村"将军关古村

将军关村与关城东南相邻,面积约 30000 平方米。据说,关城南 1500 米处原建有进关牌楼,造型高大雄伟,是旧时将军关村的重要标志。将军关古村原有围墙,设有南门和西门。因地处交通要道,自古以来既是重兵戍守之地,也是文化融合的地区,古村内原有多处寺庙祠堂,包括观音庙、娘娘庙等,村北有别具风格的钟楼和鼓楼。如今,漫步古村,旧时街巷和少数传统民居依稀保留着历史原有的样貌,随处可见的"丁"字形小路可见证当年戍守官兵攻防进退的智慧。在城墙登高远眺,将整个村落景致尽收眼底,两边沟谷,果树成林,田头脑并无杂草,村民将之收拾得干净利落。沟谷中零散有几户人家,偶尔能听见几声狗叫,伴着鸡鸣。走进观之,沟里的柿子树上,柿子挂满枝头,金灿灿闪着亮光。走在古村遗址的青石板上,探访浓郁的古老村落文化;站在高高的古城墙上,登高远眺新农村的一幢幢别墅,宽敞、舒适、优美。一古一新的鲜明对比,充分展现了新农村建设带给农村的前所未有的发展机遇。

漫步于将军关新村,便能发现村内无论是改建还是新建的建筑物,均继续保留地方特色,将长城、古村、石关等元素协调设计,尽管一改古村旧貌,但不难发现,新村中大多数建筑物仍采用当地材料和传统造型,很多房屋构造依然承袭旧有样貌,因而从古村到新村的途中依然会有种莫名的亲切和熟悉感。于 2006 年荣获"北京最美乡村"美誉的将军关旅游新村及相关配套景观的规划设计全部是由中国建筑设计研究院完成的,新村住宅为二层别墅式建筑,太阳能采暖,满足不同类型家庭居住及开展民俗旅游接待。在古村之南,连续三期的将军关别墅群整整齐别致,村北依然有古老的将军石河水不

将军关新村

离不弃向南而来，为这一关一村增添了无限灵动之色。古村的山上山下有众多板栗树，每年春天，馥郁的花香萦绕在长城脚下，为古城平添一抹春色。新规划建设的樱桃采摘园就坐落于将军关新村的东侧，园内种植了较多品种的樱桃，因而其采摘期较长，从五月中旬一直延续到七月上旬，满园诱人的樱桃也是周末约上亲朋好友赶往将军关村的不错理由。进入园内，一串串挂在枝头的火红的樱桃还沾着清晨的露水，晶莹剔透像红玛瑙似的在绿色枝叶间随风摇动，混合着樱桃园内的花草香气，沁人心脾。享受采摘欢乐之余，还可去到园内新建的观景亭台，去看不远处一排排坐落整齐的将军关新村和远处山间露出的古村一角，在清晨四处飘散的雾气中感受着浑然天成的美感。长城的功能也从战争防御渐变为今日文化与家园的符号，长城脚下的村民终于得享安宁、真切而幸福的生活。

将军栗子宴与灌肠

京东的板栗具有十分悠久的历史，将军关村位于燕山怀抱之中，离村子不远的山上有一株栗树，树龄已逾一千五百余年。穿过村庄大大小小的屋舍，顺着村边的小道顺势攀爬至山上，不但能欣赏独属于将军关村的自然风光，更能欣赏到漫山遍野的开着淡黄色花的栗子树，恰好一阵微风吹过，淡淡的栗花清香扑鼻，沁人心扉。当地人用板栗烹制成的佳肴盛宴，距今也已有六百余年的历史。将军关村的栗子树不仅养育了当地几代村民，还造就了极具当地特色的饮食文化。

栗子宴起源于明朝，关于将军关的栗子宴，还有一段特别的故事。相传明代在北京定都以后，此地为护卫京都的重要关口，朝廷派都司将军王杞带领朱、蔡两员大将在此驻兵把守。有一年，大涝成灾，军中断粮，无以充饥。俗话说：早枣涝栗子，这一年满山的栗树果实累累，将士们便以栗子为食，渡过饥荒。多好的东西也怕总吃，连吃十几日后便一见栗子就生厌了。一日，王将军忽然想到，何不将栗子做成菜来吃呢。伙夫按照将军的嘱咐做出了一盘炸丸子，一尝果然好吃。请来两位大将品尝，也都说是美味。于是在驻军中推广，并征求栗子菜品。驻守官兵来自全国各地，浙江的栗子鸡、湘西的板栗猪蹄，不出半日，便出了十几道色香味俱佳的栗子菜。将军关驻军大摆栗子宴，犒劳将士，军威大振，多次击退来犯敌军。

今天的将军栗子宴共十余道佳肴，或以栗子为主料，或以其为辅料，配以各类荤素用料，精心烹制，色香味俱佳。其中板栗烧鸡翅最夺人眼球，色泽红亮的鸡翅盘踞周边，被饱满的汁水浸润的板栗油光闪亮，令人口味大开。在栗子宴中，数油栗娃娃菜看起来最为简单，然而这并不代表菜肴制作时的粗糙，板栗和娃娃菜虽说是普通食材，但两者组合在一起就有健脾养胃、补肾强骨的神奇功效，是吃栗子宴时不可不尝的一道佳肴。

将军关村的灌肠历史悠久，一直是当地农家传统节日、老人祝寿、小孩满月、婚丧嫁娶时必备菜肴。其味道独特，香味扑鼻，尝一口鲜嫩无比，美不可言。将军关灌肠的制作手法十分细致，把肉剁成肉末，加入葱末、盐、豉汁、姜、椒末一起调和，使之咸淡适口，然后将其灌入肠内，烤熟或蒸熟后用刀一段段地割着吃，甚香且味美。

靠山集大集：百年老集的烟火气

靠山集意为靠近山的集市，紧邻河北兴隆及天津蓟县，现如今已成为京津冀周边村民生活用品和农副产品的重要交易集散地，有"京东第一集"之称。每逢农历二、七开集，早上五点多就陆陆续续有人在街边摆放自己所售卖的物品，直到当天的中午十二点前集市结束。清晨驱车行驶经过集市，人还没有很多，但集市已经井然有序地摆放完毕。惊讶于售卖商品之多时，集市的长度也吸引人的注意，开车从头到尾行驶尚需十到二十分钟左右的时间，更别提步行逛完全程。卖自家种植的蔬菜水果、各类农具、床单、从天津拉过来的水库鱼、各类干货等，所售之物多为自产自销，还有传统手工酿造的米酒、刚出锅的油条等，掺杂着多地口音的叫卖声、招呼声及讨价还价声，极具烟火气

靠山集

的生活场景在靠山集每五日就重复一次,很难想象这般景象已经持续了600余年。

九月前往,在靠山集大集里出现最多的莫过于平谷最为有名的大桃,往往在集市里能找到品质极佳的大桃。驻足在一摊户前,卖桃的阿姨绝非一个劲儿地让你买桃,而是热情地招呼着将洗好削成块的大桃给游人品尝。拿着那块桃往前继续逛集市时,发现口中的香甜久久未散去,便不禁折返再次光顾阿姨的小摊,交谈甚欢之时轻松收获一袋惊喜。今天的靠山集大集市场容纳了近5000家商铺,每次开集的人流量可达上万人次,商户的平均销售收入在两三百元之间不等。纵横交错的集市中,有不远百里驱车前来的城里人,也有周边地区为了赶集翻山越岭前来的乡民。在这汇聚了人间百态的集会中,最能直观地了解当地风土人情。

TIPS 小贴士

路线

将军关村位于平谷区的东北部地区，北与河北省兴隆县陡子峪乡相邻，西与黄松峪乡相邻，交通较为便利。自驾车可从三元桥上机场高速路，从机场一号候机楼口出进入顺平快速路，再往新平蓟路方向行驶，至金海湖治安检查站再按路标行驶即可到达。乘公交前往可从东直门乘852路公交先至平谷城区汽车站，再转乘平29路往兴隆陡子峪方向即可到达。

住宿

将军关村作为北京市最美乡村，民俗旅游业发展较好，村内农家院、酒店等住宿设施一应俱全。

饮食

将军关村位于平谷东北部的深山区，且毗邻河北省，农家菜种类丰富，除了将军关栗子宴和灌肠，各类山野菜众多，总能给味蕾带来最美的体验。

黄松峪村：古韵犹存的长城关隘

黄松峪村，三面环山，一面平川，明长城仿佛巨龙穿越而过。黄松峪不仅位于通衢要隘处，也是一处风水宝地。村落原为石城式建筑，古朴秀美，坚固实用。作为明清时期长城线上的重要关口，古村依长城而建，东南西三面均建有石城墙，城南建有门楼，由青砖砌筑而成，甚是雄伟。数百年来，村内古迹众多，以黄金开采与冶炼技艺出名的传统技艺也曾使其名扬万里，五档花会在村内外的演绎让村子多了几分热闹的民俗气息。在两山峡谷之中，黄松峪村山上均为松柏和灌木草丛，山下为各种果树，村内植被覆盖率较高。明珠般的黄松峪水库坐落在村子上游，一泓碧水，为黄松峪村平添了无尽的灵气。

苍龙戏水——黄松峪关长城

黄松峪长城 图片由黄松峪乡政府提供

　　黄松峪关长城地处黄松峪村北，因附近山上松树繁茂而得名。其关两侧建有敌楼，且两边为山，中间为谷，状若咽喉，也因其地势十分险要而在此处设关。据传自修长城起国家就派武官把守，黄松峪水库西坝头，有一处房屋旧址叫西营寨，曾是守关士兵放哨的地方。黄松峪原来也有城墙，现在只有东面城墙还有些残留可证。过去黄松峪东街几乎每户门口都有一株槐树，后因建设等原因被砍伐，只剩村北一株老槐树。

　　据说当年的黄松峪关十分壮观。《光绪顺天府志》地理志中记载有："黄松峪关正关水口城下、内外平漫、通人马、极冲。"《明长城考实》一书中记有："黄松峪关据《四镇三关志》载：永乐年建关口处地势较平漫，能通众骑为极冲之地，据当地老乡说，关门原设有两座较大的空心敌楼，修黄松峪水库时连城墙一起拆毁。"可惜的是，关城被永远压在了水库大坝下。

　　黄松峪长城从村北穿谷而过，由于20世纪70年代黄松峪水库的修建，将此处的长城一隔两段，黄松峪关也早已不复存在，至于是否因为水库修建而毁，也不得而知。站在山脚下向上仰望敌楼，山野中充斥着满眼的翠绿，山水恍若具有生命，呈现一派生机勃勃之景。顺着林间小路攀爬黄松峪长城，快接近山顶时会蓦地发现前面的路已经消失在一片杂树之中，若想再向上就完全是在葱绿色的植被中攀爬而行。

　　平谷境内的长城除了个别的敌楼，绝大部分的城墙和敌楼都是就地取材，以碎石垒筑而成。黄松峪长城也不例外，沿着小道攀爬时也会发现黄松峪长城都是用不修凿边角的山石垒砌，有些敌楼的门竟是以条石搭建而成，整段长城甚至看不见一块城砖，因而黄松峪段长城建筑质量相对于其他地方的长城而言较差，大部分地段已基本坍塌。举目远眺，景色十分秀美，绝不同于八达岭长城，也不像箭扣长城那样过分惊险刺激坎坷。温暖的阳光柔柔地洒在黄松峪长城的城墙上，也洒在城墙边旺盛的草木上，使

矿山遗址公园 照片由黄松峪乡政府提供

野草与砂砾中的断壁残垣透露出一种残酷的美。明长城是黄松峪文明的象征，不仅记录了过去烽火连天的岁月，还是历经漫长时光后发展而来的古老与沧桑的最好印证。黄松峪长城在丛山峻岭、蓝天碧野之间昂首矗立，用自己残缺但傲然的身姿，向我们述说着那段历史。

含着金的大山石头

　　黄松峪乡秀美的自然风景吸引了众多游客争相前往，与此同时，因境内矿产资源丰富，黄松峪的黄金文化随着矿山公园的建立正逐步向世人展示其魅力。提及黄金文化，黄松峪乡距今已经有一千多年的挖金史，当地流传的黄金开采冶炼技艺颇具盛名。黄金的获取是一个繁琐复杂的过程，金子是从矿石中提炼而成，而含有金子的矿石就是山体岩石结构中形成的条线的岩石。含金地段砂线一般呈立体分布，也就是山体中有砂线，山下也分布较多（采金人把含有金子的条线称为砂线，把开采出来的矿石称为砂子）。但也有地皮红的情况，就是地表的砂线含金较多，而深部含金很少或不含金。采金人将含金的砂石运往山下碾碎，再通过拉溜、煅烧等方法进行加工。进入20世纪90年代，黄松峪黄金开采加工从广西引进了粉碎机，用汞来做吸附剂，以提炼纯度极高的成品金。

　　黄松峪乡曾是平谷区黄金的主要产区之一，当地人曾笑称"大山里的石头都含金"。其矿区黄金开采始于唐代，矿山开发历史悠久，拥有20多个矿洞，且当地人十分精通黄金开采冶炼技艺。采金虽然富裕了当地群众，但也给当地生态环境造成了极大的破坏，把青山挖出一片片"秃疮"，废弃的矿渣遇大雨可能出现泥石流。提纯、冶炼黄金时要用汞、氟化物，给环境造成难以恢复的污染，大山逐渐呈现满目疮痍之像，在此情况下，黄松峪国家矿山公园应运而生。走进矿山公园，不难发现园内拥有的奇特自然景观和人文景观，至今仍保留着诸多采矿遗址，坐落在园区内的金矿博物馆将展示、研究和教育等多种功能整合于一体,穿越古今的"时光隧道"的打造,为园区新添了几分梦幻色彩。黄松峪乡黄金开采和冶炼技艺虽然有着辉煌的历史,但随着金矿的封闭,黄金开采与冶炼技艺面临着传承发展的问题。赶上冬天前往,会发现黄松峪一带被瑞雪笼罩,为彼时萧瑟的平谷平添一丝凉凉的浪漫情调。三四级的北风不仅将天空刮得清透碧蓝,还将不远处的云朵吹得飘移不定,给人以变幻莫测之感。幸运的话还可以看到三两个农民背着最原始的铁锤榔头等工具穿梭在一堆堆废矿石中寻找金子的身影,含着金的大山石头所拥有的独特魅力总是具有无穷的吸引力。

乡土情怀五档花会

黄松峪村民俗文化具有十分久远的历史。刚进村庄,20世纪的中国农村气息就扑面而来。村内保存着较为完好的农村供销合作社和粮库遗迹。村里有几处石头墙老房,墙基或转角处可见当年城墙巨大的条石和厚厚的城楼砖。倒座菩萨庙西侧的老房古香古色,木质门钉上雕刻着寓意"福寿"的蝙蝠和大桃。北大殿变成了民房,房前古槐生机盎然立于街中央,像是停在岁月里,始终代表军衙守护这里一般。黄松峪村子内能人众多,唱戏、懂戏的人也不少。早在20世纪50年代,黄松峪的评剧团就相当出名,经常受邀前往其他村演出。黄松峪的五档花会也曾名噪一时,高跷、五虎棍、小车会、十不闲、大鼓这五大会的人数达二三百人,占当时全村人口的三分之一以上,但今天的黄松峪村保留至今的仅有小车会。这五档会,以五虎棍为大,其余四档会都得去接五虎棍,因为五虎棍是讲赵匡胤被董家五虎围住,郑子明看到,用此棍法打败董家五虎,救下了赵匡胤,郑子明救驾有功,五虎棍也就沾了光。凡重大节日或村里有喜事,都要"走会"庆祝。早上八点半,花会展演在铿锵有力的鼓乐声中正式开始,火红的狮子虎虎生风,欢乐的秧歌吸人眼球,黄松峪有名的小车会、十不闲等特色项目轮番上演,引得现场观众连连叫好。舞龙、舞狮、高跷、旱船、跑驴、五虎棍、独轮车、灯彩秧歌、腰鼓、提琴演奏……在现场便能轻易发现身穿黄色练功服的小学生们挥长棍、架短棒,一招一式甚是威武,让人不禁为之点头称赞、拍手叫绝。

五档会白天晚上都要表演,晚上表演时,人们通常一手握香束,一手提纱灯或点燃的松树明子前来围观,现场一片灯火通明,热闹喜庆。

黄松峪村每逢重大庆典都要去祭拜当地有名的七座庙,小车会和十不闲就是其中两支重要的文艺队伍。十不闲是黄松峪村自建会起就有的一档会,他们手里拿着各种各样的道具,鼓、锣等进行伴奏的同时,需要伴以不同的动作,其中一人需要扛着十不闲的架子。每到一处表演,就需要绕场,扛架子的人在一旁进行指挥。十不闲所唱的有时是传统曲目,有时则是以几个人对话的形式表演小话剧,流行曲目也不在话下。十不闲的唱词往往通俗易懂,唱腔也简便易学。小车会是黄松峪立会

小车会表演　照片由黄松峪乡政府提供

时就有的组织,请师傅教学后组织队员进行一定规模的排练,一代代往下传续。小车会主要组成人员有阔夫人、坐车人、公子哥、拉车人、推车人,保镖手持霸王鞭,还有侍童、侍女、教书先生等人,根据不同人物特点,做出不同的表演姿态。除了需要扭动身体外,有时还要唱上一段,没有固定的会歌,一般以流行小调填上新词为内容。黄松峪的小车会表演形式,为群众喜闻乐见,普及范围较广,若在表演现场,说不定还能跟着哼上一曲儿。

黄松峪村的庙宇文化也极为兴盛,村里有九座庙:老爷庙(关公庙)、菩萨庙、真武庙、弥勒庵庙、玉皇庙、五道庙、山神庙、龙王庙。祭拜时需要由管事者烧香,并进行祷告,参与祭拜的五档会成员需要站好,并向神像作揖。一方水土一方神,对于平安喜乐、婚配子嗣、财富官运、健康长寿等的祈求,直接维系着当地人的宗教信仰。早上六七点的庙会就已经热闹非凡,五档会的成员已经化上夸张的妆容并穿戴就绪,总有感到新奇的游客睁着大大的眼睛盯着从他们面前走过的一个个表演者,也许并不能听清表演的每一处情节和内容,但一到情绪高亢时,就会有相应的鼓声随之急促敲打起来,表演者总是能用他们精湛的技艺赢得身边游客的一阵又一阵的叫好和掌声。仔细看那一个个表演者,不难发现其中有面容稚嫩的年轻小演员,也最能真切地体验到技艺被传承下去的希望。

黄松峪水库的怡人之景

黄松峪水库位于平谷县东北部长城脚下黄松峪村口处,于1971年建成,距今已有50年的历史。

黄松峪水库秋景 照片由黄松峪乡政府提供

两边的高山自然包围着中间一潭清澈平静的库水，若是下雨天或雨后赶往水库周边，淡淡的薄雾笼罩在山间，连绵起伏的山峰倒映在水库中央，宛如江南水乡，十分梦幻、秀美。在水库边向远山望去，山上苍翠之景不禁令人心旷神怡，古朴雄浑的长城绵延在这一片郁郁葱葱的美景之中，恍若一条丝带连接起黄松峪水库边绵延的群山。水库的源头则是一条悠悠的山谷，一直通向群山深处，连接起石林峡等周边一众景点。

坐上动力竹排，泛舟于水库之上，不时掉下的雨点像是"点燃"了湖水，噼里啪啦，响声回荡在每个人的心间，很是有趣。慢慢行驶于湖面，岸边的景色逐渐呈现在眼前，形状各异的石块，像是立刻要扎进湖水里，与站在水库边上观赏到的是不同的景致，但留在心里的却是同样的迷人景色。不一会儿，雾气升腾在近处和远处的青山上，眼前一片静美的景象，就像是一幅山水画，美不胜收，让人一时间流连忘返。今天的黄松峪水库已经被大多数游人所熟知，观赏美景的同时，也是极佳的露营地。盛夏的黄松峪水库周边有连片且熟透的桑葚，因不被人知晓，往往只能任其成熟后散落在地，好不可惜。秋天的黄松峪水库更是绝美，漫山的彩叶在风中飞舞，秋风吹拂湖面碧波荡漾。不如远离一次城市的喧嚣，带上三两好友，来一趟京郊远足，品一品黄松峪水库的怡人之景也是周末不错的选择。

TIPS 小贴士

路线

黄松峪乡位于平谷区的东北部,东南与金海湖镇相连,西南与南独乐河镇为邻,西与熊儿寨乡毗邻,西北与镇罗营镇相连,北、东北与河北省兴隆县接壤,因而交通极为便利。自驾可从京平高速行驶至夏各庄出口出,沿途经过顺平路、夏鱼路、昌金路及胡关路即可到达黄松峪乡。乘公交前往可从东直门枢纽站乘852路快车至平谷汽车站下车,再转乘平38路至黄松峪站后步行达到。

住宿

黄松峪乡依托石林峡等风景区发展特色旅游,农家院及各式酒店纷纷成立,服务设施等均较为完备。

饮食

农家菜品齐全丰富,如远近闻名的雕窝烤全羊、水库鱼、山野菜等。

雕窝村：京都『王府井』

雕窝村原来是一个只有50户左右人家的深山区小村落，西邻素有"北方巨石第一园"之美誉的石林峡，南傍黄松峪水库一汪碧蓝的净水，水岸一侧便是万里长城。雕窝村依托山野峻岭等生态资源，发展民俗旅游，吸引众多游客争相前往，2009年被评为"北京最美乡村"。来到村子，一定要听一听当地老人讲述"雕窝"名字背后神奇的故事。在雕窝村的村口举目远眺，便一眼望见黄松峪水库大坝和盘在群山之巅的长城。巍峨无比的长城、秀丽怡人的山水及依偎在长城怀抱的京东石林峡，是来到雕窝村不容错过的自然风光。来到"十里画廊"山川间的雕窝村，可以尽情地游山玩水，吃住农家，在独具风情的农家院中享受悠然自得的惬意。

雕窝村

"雕窝村"的传说

相传100多年前，雕窝村东北部有一条深沟，被称为柳溪沟，村西头有一个高高耸立的悬崖陡壁，十几丈高，没有一个人能攀得上去，就是灵巧的猴子，怕也难爬上去。悬崖的上方有一个洞，有一年来了一个大老雕住在这个洞里。老雕身体巨大、体魄雄健，常常为恶百姓，起初叼食当地人喂养的鸡、猪等家禽，而后发展为伤人、吃人，使得方圆几十里的百姓都不得安宁。当地的百姓找到当时的民国政府，由政府派军队来到了雕窝，在老雕外出觅食之际，用乱枪击毙了老雕，崖洞内的小雕在一片枪声中吓得四下飞逃，在另一个崖洞内住了下来，并在此生儿育女过着极为快乐的生活。但好景不长，有一年，这山上又来了一条大蟒虫，体粗像大缸。从此，老雕再无安宁之日，刚下蛋，大蟒就蹿进洞里把蛋一口吞进去，出生没多久的小雕一时间皆为大蟒嘴下之物。老雕与大蟒拼杀了几次，都以失败告终，且死伤惨重。治不了这条大蟒的老雕就想到了去搬救兵，它从北方搬请一个钢翅子鹰来。终于有一年的春天，老雕经过几年的积蓄，自觉力量强大了许多，认为时机已经成熟，便在钢翅子鹰的帮助下，全面展开了收复家园的战争，一场动物之间的殊死搏斗便悄悄展开了。老雕和钢翅子鹰来到悬崖前，蟒虫正把头探出来晒太阳，钢翅子鹰飞得很高很高，盘了几个圈，一个不注意，蟒虫就被钢翅子鹰有力的翅膀煽下了悬崖，一阵呼呼的风响过后，"轰"的一声巨响，大蟒迅速坠到了崖底。然后，钢翅子鹰像离弦的箭一样从上往下猛扎下来，一下就把蟒虫的脑袋切掉了。因后来大雕也在此住过，便得雕窝村这一名。但雕窝最初的写法是"刁窝"二字，可能是当地人认为写起来方便，于是沿用多年。著名作家王蒙入住雕窝后，觉得用"刁窝"不妥，寓指"刁窝"有刁民，于是，报请国家民政部将"刁窝"改为雕窝，于是就有了今天的"雕窝村"。

京东石林峡：尽享山林之气

京东石林峡位于平谷城区东北20公里处，因峡谷内山峰根根直立，仿佛片片石林而得名。石林峡有东西两片石林，远观气势宏伟，近看则形态各异，异彩纷呈。景区石林高耸、峡长谷幽、林木葱郁、松柏苍翠，九瀑十八潭如珍珠般散落其中，宛若一幅融合了北方壮美与南方清秀特点的天然画卷，有诗对其称赞道："早知石林生南国，至此方知读书浅"。石林峡山峰高俊陡峭，遍布石林的奇石、巨石形态各异，在一片葱郁的山林中，除了坚毅的石林挺立其中，还有那些苍翠的奇松怪柏挺拔其上。漫步石林中，会发现随处可见的还有大大小小的瀑布，分布在不同石林之间，穿越过一道道石坎最终在一条溪流中相见，清澈见底的溪水和圆润可爱的小石头，十分养眼。石林峡内遍布巨石，有的重达1000多吨，这些巨石或竖于高崖之上，令人心惊胆战，若站立于石林峡的斜坡上，恍若立刻便会倾倒一般。峡谷最窄处仅六七米，如天开一线，每行于其下，实在是令人心惊不已。溪水两旁，山体挺拔，树木苍翠，沿溪而行，恍若穿行于峡谷之中。石林飞瀑之水从峰顶奔流而下，倾泻至谷底潭中，气势磅礴，潭水在日光照耀下，水声潺潺、清澈婉转，尽显山水相依，交汇于谷底而自成一段山水佳话。

在石林峡龙王山顶峰，可以看到石林三绝之奇景：古今第一钟、奥运第一锣、华夏第一鼓。古今第一钟坐落于主峰之上，而奥运第一锣和华夏第一鼓则分别坐落于主峰的两翼。还在山下时，便能听到从山上传来的钟、锣、鼓之声，清脆之声随着风一齐进入众人耳内，每每听到此声，便急切地想立刻攀登到山顶，亲身体验一番敲锣打鼓的妙趣。亲临石林三绝，不仅能切身感受中华文化的亘古延绵，更能发现现代文明和中华文明一脉相承的绝妙之处，在石林峡山间真切探寻"锣鼓敲响震天地，钟声一鸣撼诸神"。

来到石林峡，就绝不能错过超大UFO玻璃观景平台。观景台坐落于石林峡景区主峰之巅，也是目前世界上最大的玻璃观景台。整体以飞碟为原型，悬浮于空中，形似鹰眼且雄伟壮观，因此也被称为"宇宙之眼"。观景台距崖底400多米，走在晶莹剔透的玻璃台面上，恐惧与刺激感便油然而生，站在观景台最外侧放眼远眺，石林峡乃至周边一众美景尽收眼底。若遇上晴朗天气，也可远眺金海湖和眼前连绵不绝的群山盛景，黄松峪水库就在观景台的右前方。

石林霞光 照片由黄松峪乡政府提供

　　石林峡的七彩池被誉为"瑶池小云南",也是景区新添的不可错过的网红打卡地。七彩池坐落于石林飞瀑底部,由大大小小的水池组成,所有的池水来自于同一条瀑布,从天而降的飞瀑忽地落入下方七彩世界,蓝的如宝石,绿的如翡翠,黄的似暖玉,每当阳光照射其上,便能呈现出七彩斑斓的胜景。水池形状也各异,似葫芦、镰刀或莲花,远远观之也能轻易发现其惟妙惟肖之处,徜徉其中便能深感凉爽惬意,沿着一旁小道顺势而下想走近观赏之时,惊觉池边已站满或在直播,或在自拍,又或穿着汉服穿梭游览于其中的游客,从这般争相前往拍照之景中便能体会七彩池的诱人之处。

　　上山顺着峡谷幽深小路而行,一旁的小溪潺潺,且一路均有林荫遮蔽。但下山时则是太阳高照,游走其间,不免发觉山高地阔,人之渺小,环顾四周,不禁感叹自己竟行走在一幅绝美的"石林画卷"之中。接着向下行走,发现下山之梯近乎陡立,且为人工用铁板制成,这"惊险"之路只能往前而无回头之路。经过老鹰洞和猴洞时,虽然铁梯十分陡峭惊险,但仍有游客一边"颤颤巍巍",一边停留下来驻足拍照,心想迈过一路艰险而收获的震撼之景怎能就此别过。走过由一个个小木墩联结而成的小桥,就抵达了上下山的交汇路口,走出石林峡大门,回望身后起伏连绵的群山,仿佛是被宇宙精心打造的艺术品,在每个人的心中留下的都是无穷无尽的美感。

如意农家院

在如意农家院里品尝雕窝烤全羊

　　四面环山邻水的雕窝村,将美景和热闹都集中在这片小地方,进村时太阳才一竿子高,可这里已是人山人海。各式各样的轿车穿梭其间,街道两旁人头攒动,无论是雕窝村的村民还是前来游玩的游客,脸上都洋溢着喜气。行走在熙熙攘攘的街巷,一时间被这人间烟火气打动。忙着烧火做饭的村民,男女老少齐上阵,劈柴大灶噼啪作响,大铁锅里的热菜已咕噜咕噜等待随时出锅,新鲜的水库肥鲤香味扑鼻,引得众人齐聚拍照称赞叫绝。傍晚时分,农家院飘出烤肉香,一边欣赏水景山色,一边饮酒吃肉品茶,好不热闹。来这儿的游客几乎都会点这道菜——烤全羊,它已经成为远近闻名的名菜,曾在平谷区第三、四届乡村民俗旅游"农家饭(菜)"厨艺技能大赛中取得第一名的好成绩。从村头走过,就会看到每个农家院的门口都架着大型的烧烤铁架。每年下来,雕窝村要烤6000多只羊,这里的烤羊采用农家散养山羊,以往较多使用传统果木炭熏烤,需加配料腌制后直接在木炭暗火上烧烤近三个小时,如今改用电烤的方式进行烤制,羊肉色泽更为均衡、黄亮,皮脆肉嫩。雕窝烤全羊与众不同之处在于其特别选择三到四个月的小羊,肉质更加鲜嫩,相比于绵羊肉肥瘦适中,羊肉色泽黄亮,油脂分布也很均匀,吃在口中,烧烤特有的焦味和佐料的香味中和了羊肉的膻味,嚼几下,烤肉的味道在嘴里扩散开来，几乎要满溢而出，此时，配上一杯啤酒，当下便有一种赛过神仙的享受。

作为2002年雕窝村最早开设的一批农家院，如意农家院每天都接待着来自全国各地的游客。穿过石林峡风景区入口熙熙攘攘的人群和摊户，行走三分钟左右便能看到搭满葡萄架的院落，走进去，写有"雕窝如意"的石头吸引了一行人的视线，院内摆放的花花草草将悠然自得展现得淋漓尽致。在农家院老板娘的热情招呼下，一行人穿过结满葡萄、为小院带来一片阴凉的葡萄架，不禁被挂满墙面的荣誉证书和图片所吸引，"特色美食奖""最佳民俗特色宴总成绩第一名""诚信农家"等，时任北京市委书记刘琪也曾做客如意农家院的图片引得众人频频赞叹。农家院历经近二十年的风雨依然能保持农家院建设时的初心，诚信经营、努力创新，将具有地方韵味的特色美食带给来自全国各地的游客。尽管农家院内部整体看起来并没有那么新，但足够干净整洁，择菜的几位阿姨有说有笑，院内将餐饮、娱乐等生活休闲集于一体。贴在院内墙壁上的售卖土鸡蛋的纸板也体现着农家院的纯朴和地道。

地道的农家菜，纯天然的特色野菜，配上威名远扬的雕窝烤全羊和自家酿的红酒、白酒，约一个闲暇的周末，与来自五湖四海的朋友齐聚这个农家小院，谈天说地，大快朵颐。大隐于市的农家小院看似远离城市，却又那么接近于城市，即使在雕窝村也能深切体验城市的精彩，两全其美也不过如此。

TIPS 小贴士

路线

雕窝村位于平谷区黄松峪乡，东接金海湖镇东涝洼村，南与黄松峪水库相连，西接湖洞水景区，北临塔洼村等。自驾车可从京顺路转顺平路，进入区内沿路有绿叶形指示牌，牌子上所标注的"金海湖、大溶洞、雕窝"是一个方向，过一小段盘山路和水库后就到达了雕窝民俗村。乘公交前往可从东直门枢纽站乘852路公交车至平谷迎宾环岛站，转乘25路公交车到石林峡下车，再步行到雕窝村。

住宿

周边有京东石林峡景区及邻近黄松峪水库、湖洞水景区等，乡村旅游业发展较好，农家院较多且服务设施完备，可接纳较多游客的入住。

饮食

雕窝烤全羊、农家院特色美食，山野菜较为丰富。

北寨：中国红杏第一村

被誉为中国"红杏第一村"的南独乐河镇北寨村，位于平谷区东部，三面环山，森林覆盖率高，景色宜人，具有得天独厚的自然旅游资源。历史上的北寨是明朝守军的一个营寨，尽管今天已不见踪迹，但村子里如铜墙铁壁似的山峰，还能让人不由得联想起"营寨"的身影。一年四季的北寨村都有特色景观，初春的杏花率先绽放，漫山遍野；夏日杏树枝头硕果累累；深秋红彤彤的柿子犹如高挂的灯笼，冬天雪后放晴的北寨银装素裹，颇有几分妖娆之感。村里的民居多依山而建，红砖砌筑的平房别有一番韵味。值得一提的是，北寨村拥有近百年的红杏栽培历史，20世纪50年代北寨村民通过野生杏树嫁接而成的红杏树，到今天已有上万亩的规模。前往北寨村，不仅可以一览北寨段长城的雄姿及平谷国际徒步大道上选手们挥汗如雨的激情，还可以在杏花海中自由穿梭，在红杏园内体验农事，乃至认领自己的土地，享受剪枝、除虫、采摘和收获的乐趣，岂不美哉。

北寨红杏：尽享采摘之乐

北寨村位于燕山山脉东端浅山区一条狭长的山谷里，昼夜温差较大，独特的地理位置、土壤条件和宜人的气候，造就了品质与众不同的北寨红杏。据当地人介绍，北寨红杏有着近百年的的栽培历史，今天万亩的北寨杏林发源并繁衍于最初的两棵杏树。令人称奇的是，这种杏唯有在北寨生长才有如今酸甜可口之味，林业人员曾将此品种杏树的树苗拿到其他地方进行试种，收获的果实却酸涩无比，令人难以下咽。2008年北寨红杏获得首个"北京唯一性农产品"标牌，2015年，"北寨红杏"被评为国家地理标志性保护产品，北寨村成为名副其实的中国红杏第一村。

北寨红杏采摘节在每年六月中下旬（夏至前后）到七月中下旬举办，采摘节还包括如徒步健身、观光摄影等其他内容丰富、参与性强的文体旅游项目，游客在充分享受采摘乐趣的同时，还可以亲身感受北寨别样的秀丽风光。

赶上采摘季，进入北寨红杏采摘园，山林环绕，驻足远眺，满眼绿意、生机勃勃。山上、沟壑间果树林立，一颗颗圆滚滚的金黄色杏子色泽艳丽、黄里透红，在绿叶的映衬之下，格外显眼。繁盛的果实和近在眼前的满园的果香，枝繁叶茂下的每一颗饱满的果实都在向游人表达着丰收的喜悦，迫不及待地吸引游人前去品尝一番。提着入口处的小篮子便可直接进入园内自由采摘，游人在采摘过程中说说笑笑，尽享自然之美、采摘之乐、乡土之怡人。不经意间会发现杏树下有许多自然脱落的杏，还有一些在采摘时被碰掉的杏。身旁的农户介绍，这些都会变成最为天然的肥

杏花海　照片由北寨村提供

料,通过绿色环保的方式进行处理,来年结出的果实也会更甘甜。在采摘园内能最为直接地感受到自然万物的生生不息,颇为有趣。

光是看到这些杏,就让人垂涎欲滴,掰开一看,果肉厚实饱满。采一颗熟透的红杏,一口咬下去,满口的香甜,丰沛的汁水充斥了整个口腔。不仅味道可口,而且含有维生素C、胡萝卜素、蛋白质、钙、磷、钾等多种营养成分,并且有止咳平喘、润肠通便的功效,是医食兼优的杏中精品。采摘疲倦了,便可席地而坐,任额头的汗珠被微风吹过。当下不禁将思绪放空,恍若回到了小时候,爬树、捉迷藏、担心而又期待着有人能找到藏在大树后的自己,那一颗颗甜杏的味道,既是丰收的味道,又是无忧无虑的味道。

抗日堡垒村的红色荣光

在一条狭长的山谷中,北寨抗战遗址就深藏于此。抗日战争时期,北寨为八路军保存着粮食、弹药、服装等大量抗日军用物资,隐藏着八路军伤病员。北寨人民在党的领导下,成立武装民兵队,保护抗日物资,保护子弟兵,保卫家园,与日本侵略者进行了不屈不挠的斗争,成为冀东西部地区一个著名的抗日堡垒村。

循着对北寨人民英勇事迹的大致了解,一行人迈上探访北寨抗战遗址之路。若是有幸在春天进入北寨山里,就会看到路边一簇簇的杏花。从一段水泥路逐渐走至土路,回看身后恍如一幅动人的国画,眼前的山林由近及远展现在眼前,深浅错落有致,颜色从灰到黑,近处的山上有一丛雪白的杏花,点缀在荒草色的树木之间。走向抗战遗址的路越来越崎岖,山石横立在山间。一段时间的攀爬过后,终于抵达目的地,尽管遗址已被毁得面目全非,很多石头杂乱地堆放其间,但脑海中仍涌现出英勇的北寨人民顽强战斗和努力生存的场景,遗址不再,但精神长存。无论过去多久,那段波澜壮阔的历史,都依然激励着这片土地上的人民。树立在北寨的红色精神坐标,从未消失。今天的北寨呈现一片崭新的新气象,北寨红杏香飘万里,逐步走向品牌化,将北寨村带出一座座高山的同时,也将北寨过去作为抗日堡垒村的红色精神传扬千里。

古老长城与现代国际徒步大道

据史料记载,南独乐河镇段长城全长约 3.5 公里,从黄松峪水库大坝沿着一侧陡峭的山脉而过,通过北寨村等地后,越过井台山后往北直至熊儿寨乡。北寨长城由于年代甚是久远,且多取材于当地的石块,年久失修致使墙体损毁较为严重。位于北寨的北城寨自然村,距长城口150 余米,整体规模较小,西侧依山势而建。北寨段长城不同于其他地区的长城,没有高不可攀的城墙,更非青砖建成,完完全全由当地石块组建而成。有幸去到北寨段长城寨口,极为险要的地势不禁让人生发出一股压迫感,抬头向寨口两侧望去,仍存有过去敌楼的遗迹(被北寨人亲切地称为墩台子)。城墙一旁的道路上杂草丛生,上山的道路被乱木包裹着,没有当地人的带领怕是要在树木丛生之中迷失前行的方向。越过乱石、杂木,迈过崎岖艰险的地势,终于抵达北寨长城西楼堆子附近,远远望去像是有人蓄意在此堆放整齐的石块,谁能想到眼前这些并不起眼的石堆正是从遥远历史向我们走来的长城遗址。

如今这条长城的路线,已经被开发成了"北京·平谷国际徒步大道"。徒步大道的起点设在中国红杏之乡南独乐河镇北寨村，途经四座楼山景区，终点为熊儿寨乡花峪村。从北寨出发，万亩杏林开满了似雪般的杏花，即便只是从徒步大道上经过，每朵杏花的香味也能飘出万里，让人不禁回头看的同时，也希望能带走这一路的芬芳。徒步大道所经之地，植被覆盖率较高，树木葱郁、山花烂漫。一路前行，平坦的柏油路和两旁郁郁葱葱的树木将徒步的疲惫全都舒缓开来，温暖的阳光时不时透过树叶打在脸上。行至中路，蜿蜒的小河陪伴在左，绿意正浓的苍翠之景陪伴在右，景色美如画。

国际徒步大道

TIPS 小贴士

路线

北寨村位于平谷区南独乐河镇北部地区，东临鱼子山村、京东大峡谷，南近庙沟村，北接熊儿寨乡，西与京东大峡谷相邻。自驾车可从京顺路转顺平路方向行驶，进入平谷城区，在918路终点站路口左转，进入平蓟路，再行驶至南独乐河路口左拐往北行驶，区内沿路有绿叶形指示牌。选择公交车前往，可从东直门枢纽站乘852路大站快车，坐两站至平谷汽车站，再同站换乘往北寨方向的平39路，坐14站即可到达北寨村口公交站。

住宿

紧靠京东大溶洞、湖洞水、京东石林峡、京东大峡谷等景区，已建的农家乐、酒店等较多，且服务设施十分完善，可满足游客不同的住宿需求。

饮食

远近闻名的北寨红杏，地方特色农家菜：贴饼子、玉米粥、柴鸡炖蘑菇、炸香椿鱼儿、炸花椒芽儿等。

鱼子山村：秀丽山水中的红色山村

平谷山东庄镇的鱼子山村位于平谷区东北部一个曲折狭长的峡谷中，村子被连绵的群山所包围，明长城从村子北面蜿蜒而过。原为明长城重要营寨的鱼子山寨，因寨旁有巨石，且巨石之上皆为黄褐色斑点，形如鱼子，得名鱼子山。村子紧挨风景秀丽的京东大峡谷，村内建有北京市爱国主义教育基地鱼子山抗日战争纪念馆，红色文化及怡人的自然风光在此得以融合发展。广阔的湖面、苍翠的山野及古老的长城，使鱼子山村成为踏青的首选之地。欣赏美景之余，人们还可以品尝当地特色美食——鱼子山一锅掀，穿越村后的抗战遗址崇光门，一览长城古堡等都不失为一种美的享受，鱼子山也由此吸引着全国各地的游人。

打不垮的鱼子山

打不垮的鱼子山

  鱼子山位于山东庄镇东北部，抗日战争时期是著名的抗日根据地，因此也成为日军重点扫荡的目标，日军在这里制造了数起惨案。在中国共产党的领导下，根据地不断发展壮大，鱼子山成为当时平谷抗日战争的中心。抗日战争时期的鱼子山，曾为冀平密抗日联合政府所在地，也是平谷县抗日斗争中心。当抗战烽火燃至冀东时，鱼子山人民从未妥协，仍然与日军进行艰苦卓绝的斗争，鱼子山第一个建起了党支部，成为冀东闻名遐迩的抗日根据地。八路军冀东军分区的兵工厂、供给所、卫生所就设在村北狭长险峻的山谷岩洞中。那时的鱼子山，橡树漫山遍野，郁茂森然。兵工厂就用橡树烧炭，代替焦炭化铁，制造弹药，运往前线。日寇将这块坚强的抗日根据地视为眼中钉、肉中刺，仅1941年就曾十余次围攻清剿鱼子山，杀死群众180多人，十多户被杀绝，两千多间房屋被烧毁。根据地军民凭借险要地势，与残暴敌人艰苦斗争，房子烧了搭窝棚，窝棚烧了就住坝根、山洞、密林。背靠燕山，与盘山隔川相望，进可攻，退可守。抗日战争时期，鱼子山与盘山南北呼应，形成了摧不垮、打不烂的抗日游击区。

  鱼子山抗日战争纪念馆位于平谷东北十公里的鱼子山村，京东大峡谷景区内。在一个曲折、狭长的山谷中，两侧山峰连绵，高山林立，恰好形成一道天然屏障，鱼子山抗日战争纪念馆就以如此

京东大峡谷 照片由鱼子山村提供

朴素的模样展现在人们眼前。随人群一同进入纪念馆，其内部共分为五部分，通过历史照片、文字说明和实物等多种方式，向人们讲述着难以忘却的历史，并将那段历史呈现在每一个人眼前。看着眼前的历史实物，在场的每个人都仿佛回到了那个炮火连天、民族危亡的时代，心灵经受了一次革命的洗礼。橱窗里陈列的八路军军服、民兵自制的地雷及缴获日军的军服和刺刀等物品，连同展现的一幅幅展示打不垮的鱼子山抗日根据地真实面貌的逼真图画，整个空间内三维的构造给人身临其境的感觉，复原景观沉重地撞击了在场所有人的心。从纪念馆出来时，感觉在这山川沟壑之中，此起彼伏地回荡着动听的抗日歌谣："打倒日本！打倒日本，救中国！……棋盘坨，山崖高，壮士血花红……绿油油的庄稼满山遍野青纱帐儿起……"

京东大峡谷：大自然的鬼斧神工

京东大峡谷距市区八十多公里，南与盘山、东与黄崖关长城、独乐寺、清乐陵、雾灵山等景区毗邻，成为镶嵌在京津唐地区的一颗光彩夺目的明珠。驱车沿夏鱼路北上，道路两旁层峦叠嶂，穿过蜿蜒山路不断向前，路的尽头便是集高山、峡谷、湖水、深潭为一体的京东大峡谷。漫步峡谷内，也许只是一个转身、一个远眺便能看见眼前那一抹最美的风景，或许就是咫尺之间，美景就在触手可及的地方绿意盎然、熠熠生辉。碧波万顷的龙门湖，仿佛一块翡翠镶嵌于群山之间，湖面澄明如镜，两边的群山叠嶂，葱翠绵延无边。行舟于这宽阔的碧水之上，将两边的青山甩在身后，波光粼粼的湖面一时间被剪出一条白浪，在这满目春色的幽谷之中欢快地翻腾。停船上岸，跟随山路前进的方向，大峡谷的静谧幽美慢慢舒展开来。夏日的烦躁闷热被这幽谷徐徐的清风带走，吹来清凉的惊喜。行至一高崖山谷前，飞泻而下的瀑布在山石巨大落差之中化身为水雾，洋洋洒洒飘落在山间，一股沁人的爽朗之感拂面而来，顿时抚平行走之疲倦、内心之热燥，让人霎时间凉意丛生。

景区内娱乐项目惊险、刺激，令人回味无穷。乘坐世界最长的京东大峡谷世纪滑道，"跃雄关天堑，窥君山壮景"。缆车将景台山与大峡谷连为一体，大峡谷峡险幽深，景台山高耸连云。来到京东大峡谷，胆大的游客绝不可错过的便是铁索桥。悬挂式铁索桥，尽管桥身、桥台等皆具备，但丝毫不影响桥身剧烈的晃动，游客被要求走桥的中间道，两侧的铁链看起来颇为牢固，但每次过桥的人数仍需进行一定控制。从桥上颤颤巍巍地走过，不禁被周围的景色吸引，峡谷内的峭壁，脚下的悬崖深渊，身后时不时传来游人的尖叫声，都为这趟旅程增添了诸多趣味。缆车和滑道也是来到京东大峡谷景区值得一试的特色，在缆车之上举目四望，松林翠柏、逶迤险峰等随着缆车的逐渐升高也一一展现在眼前。带孩子前来游玩的游客更倾向于选择峡谷内的滑道，佩戴好安全装备后乘着专门的滑车一路穿过峡谷内的山林，体验滑道刺激的同时，将峡谷内的景色尽收眼底。此外，京东大峡谷在每年的7月至10月举办采摘活动，在这里可采摘到杏、苹果、梨、山楂等新鲜果品。

如今山脚下的村落，一改贫困山村原貌，纷纷筑起一幢幢别墅洋楼和干净舒适的农家小院。抗战时用来对抗敌人的荒郊野岭，如今成了一处处耀眼夺目的旅游景区，已是游人如织、络绎不绝，使这沉寂的山沟越发生动了起来。断裂的山脉东西蜿蜒，大峡谷之脊由此产生。那反方向的侧面山谷，不同地形，多种多样的植被，恰似一道绚丽多姿的幕景。贯穿于谷底和山巅的高空索道与石阶上最长的快速滑道并驾齐驱，稍上一点，是玄武岩的顶部和肥沃的林野，广阔的山峦，分出两种不同的物候条件，生长着喜阳的橡树和喜阴的油松。登上主峰环顾四周，十几棵亭亭如盖的百年老榆，以苍劲无畏的气魄，看守着山间的万物。不远处的长城跌宕起伏，在崇山峻岭间蜿蜒盘旋，那雄伟的气势顿时使人心境开阔。

鱼子山一锅掀

鱼子山一锅掀是主食与菜品同时制作完成的一道既省时又美味的农家传统美食，是当地几代农民智慧与饮食文化的结晶。其种类繁多,有豆角粘卷子、豆角焖面、肉锅粘卷子、棒子饽饽炖小鱼等,口味多样,道道让人赞不绝口。

一锅掀做法比较多,豆角粘卷子最为常见。从菜园里摘一些新鲜的豆角,鲜嫩的五花肉切成细片下锅煸成金黄色,绿油油鲜嫩嫩的豆角去蒂并在山泉水中洗净,下锅翻炒后,放入提前熬好的高汤,再加入适当的调料小火慢炖。同时用雪花粉做好面团,擀成大面片,在面片上抹上油,撒好盐后,从一侧到另一侧裹起来做成一个大面龙,然后将它切成宽度为手指宽的面条,将这些面条向两端拉长后,再拧成麻花状,卷子便制成了。待到开锅的时候,将卷子并列地铺在豆角和五花肉上,让高汤半浸没,大约20分钟就可以出锅了。

待到美食出锅的时候,将豆角、五花肉、卷子都盛在一个大盘子里,端上桌,热气腾腾,香气扑鼻,让人食欲大开。卷子包含有豆角、五花肉、高汤的综合香气,劲道十足,豆角颗颗饱满、豆香扑鼻,五花肉更是肉色鲜亮、肥而不腻。一家老小围坐在一起,品位这道热腾腾的平谷特色美食,感受农家的亲切温馨。这道菜既包含了菜豆角和五花肉,也包含了主食卷子,既简单又普通,但村民的真情、真心、真意都融入在这里面,不愧为鱼子山一绝。

在崇光门里寻觅长城遗迹

鱼子山村三面环山,地势崎岖且险要,连绵不绝的山峰似是要将这村庄以天然的屏障层层包裹起来。顺着村内蜿蜒的公路,往京东大峡谷方向行驶,穿过老年康养中心的铁门进入院内往右行驶至院落尽头,便能在宽敞院落的一隅发现古老的城门楼。门楼单层,下设门洞,穿越而过便能发现其完整的模样,写有"崇光门"字样的正楷门额于抗日战争时期题写,现完好放在券拱门内。经当地人介绍,仅存的这座南门楼,新用很多砖石加以修葺,因而今日依然能完整展现。崇光门又名"子光楼",因抗战期间平(谷)密(云)兴(隆)联合县委书记李子光等经常在这里开会研究工作,故当地群众又称其为"子光楼"。让人十分惊奇的是,门楼旁杂草树木丛生,却不曾想紧靠在门楼一侧的便是一处长城古堡,从远处看像是仅仅用石头堆砌的石堆大小,但走进古堡便深觉自身的渺小,抬头向上看也不能一下望见古堡的顶端。

作为抗战时期八路军后方补给所的兵工厂遗址,"双峰圣水洞"原为寺庙,这座遗址也位于京东大峡谷景区东北面的半山腰之上,作为抗战时期的装配车间,鱼子山根据地的军民克服了难以想象的重重困难,经当地老人介绍,那时的鱼子山军民上山砍伐橡树烧成炭,为前线制造炸药,再由民兵运到前线,鱼子山人民在这段历史中做出了巨大牺牲。无论是见证抗

崇光门

战历史的崇光门、兵工厂遗址还是屹立至今的长城古堡,当亲临现场观看、小心触摸之时内心也依旧有止不住的激动,被这些来自历史的遗迹深深触动的同时,还为这背后一段段打动人心的鱼子山军民和奋斗不屈的历史所深深感染。

TIPS 小贴士

路线

鱼子山村位于平谷区山东庄镇的北面，北临京东大峡谷、熊儿寨乡，南接小麻子峪村，东临南独乐河镇的北寨村等。前往鱼子山村自驾车可从东直门进入三元桥，沿机场高速路行驶，进入京平高速后从夏各庄出口出，进入平谷平蓟路，在夏鱼路口左转，按绿叶形导向牌行驶即可到达。乘公交前往可在东直门外乘918路，在平谷世纪广场公交站换乘平12路，往京东大峡谷方向至鱼子山二队桥路即可到达。或从东直门乘852路，在平谷汽车站同站换乘平12路，往京东大峡谷方向即可到达鱼子山村。

住宿

作为红色旅游资源较为丰富的村落，鱼子山村的农家院开设得较多，其基础设施也较为完备，部分农家乐开设了线上预定渠道，十分便捷。

饮食

鱼子山民俗村紧挨着京东大峡谷景区，农家美食有一锅掀、贴饼子、玉米粥、炖柴鸡、四季野菜、香菇炒鸡蛋、炖小鱼儿等，丰富多样且口感俱佳。

熊儿寨：尽享山乡生活野趣村

熊儿寨乡位于平谷北部山区，燕山南麓古长城脚下，北临镇罗营镇，西与大华山镇接壤，东接黄松峪乡。熊儿寨乡于明代成乡，据史料记载因南山有熊而得名，又因所在地古时为边关隘口，设营寨防守。明武帝二年（1369）兴建熊儿峪营统领本寨，遂称熊儿峪寨，后演化为熊儿寨，并沿用至今。境内生态环境优美，林木覆盖率高达80%以上，因而享有"世外桃源""天然氧吧"的美誉。熊儿寨乡景观多样，是国家级生态乡，境内有含平谷区最高峰的四座楼风景区，有以浪漫为主题的老泉口山野公园、远近闻名的"四座楼"文玩麻核桃及带有红色记忆的北土门战斗遗址等。在熊儿寨乡能切身体会远离城市喧嚣之感，在近距离与当地村民交流的同时，充分体验山乡的慢生活，游人皆不亦乐乎！

北土门战斗遗址

北土门战斗遗址铸就"红谷魂"

抗日战争之际,平谷遭受了日本帝国主义铁蹄的践踏。在中国共产党领导下,同八路军一起,与日本侵略者浴血奋战,最终赶走了日本侵略者,得到了解放,从而留下大量遗迹。作为一段历史的见证,北土门战斗遗址成为平谷区的爱国主义教育基地,北土门战斗纪念碑就位于熊儿寨乡北土门村西门北土门战斗遗址上。"北土门、熊儿寨战斗"是抗战时期在冀东西部地区组织的一次重要战斗,骁勇善战的十三团以少胜多、以弱胜强的战斗奇迹被载入史册,铸就了平谷大地的"红谷魂"。

北土门战斗遗址就位于北土门村后山的山顶上,沿着修缮后的台阶,拾阶而上。快到山顶之时,露出一片开阔之地,据身旁的村民介绍,此地即为当年八路军与日伪军战斗的地方。在蒙蒙细雨之中攀登向上的过程,也能深刻体会到当年战争攻克过程中的艰辛。战斗遗址基地内保存着将军墓、烈士墓、英雄纪念碑、宣誓广场、团指挥部旧址等大量抗战历史遗迹。在北土门战斗遗址中,有一处特别的景点吸引了游人的目光——一棵名为英雄树的百年松树。英雄树在北门战斗中历经风雨,遭受弹痕累累的同时,却依然屹立在这片遗址之上,挺拔茁壮。每每

四座楼 照片由熊儿寨乡政府提供

注视松树之时,恍如看到凝聚在松树上的历尽磨难、百折不挠的八路军精神。而一侧的几块石头,是在北土门战斗中被重机枪击中的石头,和松树一样布满了弹痕,以此可见战斗的激烈。

四座楼:平谷最高峰的清秀与巍峨

四座楼风景区因山顶上存在四座明代长城敌楼而得名,几座条石作基,上为砖垒,楼间有城墙相连的几座长城空心敌楼,如今只能见到三座遗迹,剩下的一座则是渺无踪影。雄伟壮阔的万里长城,和巍然独秀的山岳中耸立的敌楼构成了一幅耐人寻味的秀美之景。逶迤不绝的群山,云蒸霞蔚的峰峦,宛如仙境楼阁一般。

通往四座楼的山路,蜿蜒崎岖,朝左便能看到北土门九里山峰,右面尽是熊儿寨境内的逶迤群山。继续加油前行之际,不一会儿便能在山谷的空隙之中,依稀看见四座楼的山顶,但同行的老乡却说,四座楼与此地尚隔二十余里。即将进入四座楼景区之时,没有遮掩的碧空之下,满眼的绿色令人着实赏心悦目,两侧的山崖互为映衬,山中的油松林、奔腾起伏的群山还有远处张家台民居稀疏散落在山谷之中,溪水潺潺之声随着四座楼景区的渐进而不断清脆悦耳。眼

麻核桃 照片由熊儿寨乡政府提供

前浮动着轻纱一般的迷雾,四座楼景区在众人的视线中若隐若现,由青砖垒筑而成的长城敌楼,在一片苍翠之中蔚为壮观。山上风高松密,林中芳香扑鼻,置身其中暑气顿消,堪称京郊休闲的绝佳去处。

掌上明珠麻核桃

麻核桃源于汉隋,兴于唐宋,盛于明清。两千多年的历史变迁发展,麻核桃享誉世界,并形成中国独有的核桃文化。其中最值得一提的便是平谷熊儿寨乡的四座楼麻核桃,其代表品种一度有"一核难求"之势。今天的四座楼景区作为市级自然保护区,群山峻峭,山间多悬崖峭壁,海拔地势较高,极为出名的乾隆老款闷尖狮子头、四座楼狮子头等麻核桃名品就出自此山之中。据老一代人介绍,平谷的先人们曾经将食用核桃的种子、枝芽、树苗等通过传统的农业手段,种植在这片土地的山林之间,这也使得山间的野核桃和食用核桃之间能得以串花杂交,再经过自然变异,陆续形成了有名的四座楼麻核桃代表品种。今天的四座楼群山之中仍然保存有十几株树龄近300至500年的原生麻核桃古树,其结出的果形十分独特,也是现今文玩市场难得一寻的原生树和鼻祖。令人称奇的麻核桃将收藏和健身融于一身,在把玩麻核桃的过程中,可以利用其尖刺、棱角及本身所凸起的部分,采取揉、搓、压、捏等技法达到运动双手的目的。长期把玩麻核桃能够帮助舒脉通络,活血化瘀,从而达到强身健体的效果。当地人笑称:"核桃不离手,能活八十九。"在手的长期揉搓之下,麻核桃逐渐被汗液浸润,渗透进油脂,再加上时间的打磨,最终成为一件红亮油润的艺术精品,不愧为爱好者心中的"掌上明珠"。

四座楼麻核桃已有两千多年的种植栽培历史,从外表看,麻核桃树和普通核桃树并无太大差异,树干、树叶等难以分辨。但四座楼地区的麻核桃因为历史悠久，树龄较长，因而树木较为高大古老。有幸亲临种植基地，不难发现树龄有500多年的古树都穿上了一层"保护的外衣"——为了保护其不被外在因素损坏，村民架起铁架将其团团围住。在种植地现场不难发现，核桃园内还种植了大量玉米、蔬菜等农作物，树下放养了大量的鸡鸭等家禽畜，一派和谐生动的景象淋漓尽致地展现在眼前。麻核桃种植生产过程中的种养循环，巧妙地将两者相结合，引得众人频频点头称赞。长期的麻核桃生产实践，使平谷四座楼地区形成了独具特色的麻核桃系列文化活动，极大提高了当地麻核桃知名度的同时，也丰富了该地区农民的精神生活。

老泉口的美丽传说

老泉口村位于平谷熊儿寨乡的北部，以"三园"为特色，房前屋后是菜园，道路两旁是花果园，全乡就是大公园。村子沿山谷散列分布，特殊的地理环境和与众不同的气候，使村内的山、泉、林、木等奇花异草构成了独特的自然景观。老泉口村结合樱桃、杏、桃的采摘和食宿，配以大桃之乡美誉的特色标签，吸引了众多游客前往。作为历史悠久的山村，老泉口村始建于清朝嘉庆年间，因村中的一眼老泉而得名。

关于这口老泉，流传着一段历史的传说：相传当年铁拐李云游时路经此地，见群峰跌宕，绿荫流动，便驻足头枕装有琼浆玉液的宝葫芦小憩，一觉醒来便神游而去，谁想从宝葫芦里渗出一滴琼浆玉液，顿时化为清冽甘甜的一眼泉水。此泉四季喷涌，三伏天泉水冰彻入骨，喝一口顿觉暑气全消；三九天泉边雾气缠绕，暖湿气流扑面而来润肌滋肤，村子也因此得名为老泉口村。

驱车到达老泉口村，风景秀丽、空气爽朗之感扑面而来，绿意渐浓之际，抬眼相望，恍若进入如桃花源般美景之地。从老泉口村内一条岔道一路行驶，路口处有显眼的"老泉山野公园"字样。驱车沿着蜿蜿蜒蜒的水泥路从山下向山谷中逐渐深入，山路两旁种满了当季的各式农作物，栗子和挂满枝头的红果在风中舞动着诱人的身姿。越往山上，路况就越是崎岖蜿蜒，大约十五分钟后车子停在了公园的门前，在门卫大爷的带领下，一行人终于抵达老泉池。还未完全抵达池边时一阵凉意便已袭来，捧上一捧送到嘴里，甘甜爽口，手上仍有泉水冰凉之感。泉水就从后方的石壁中破孔而出，源源不绝地流淌出来，老泉口就在群山环绕的谷地之间。来自大自然的礼物，哪怕只是涓涓细流，也有一种天然的韵致，更别提老泉口那连绵不绝的泉水了。据村里老人介绍，两百多年来，每逢大旱时期，整个山谷的村民都会来此取水，因而老泉也是村里的生命之泉。被层峦叠嶂的山崖植被遮蔽的老泉，一直散发着青春的活力。

老泉口

桃木爱上熏鸽的美食之旅

东沟桃木熏鸽充分利用平谷特有的二十二万亩桃树资源，把桃木的清香和药用价值充分融入鸽肉中。用多种中草药的百年老汤煮熟后再用桃木熏制而成的鸽子风味独特：色泽棕红、皮肉剔透、外酥里嫩、香而不腻。据《名食掌故》《特色菜肴》等书记载：清朝雍正年间，灵丘县衙官厨李进才、李有才兄弟，研究制作出熏鸽。后来二人在城里开了一间饭馆，专制熏鸽出售。父承子业，代代相传，到了清朝末年，李运继承这一传统技艺，又摸索出一套独特的制作方法，达到了炉火纯青的地步，是慈禧太后钦点最喜欢的小食。因烹制加工时加入多种中药，所以熏鸽具有益脾健胃、补虚理气、养精安神的效用，且吃时趁热，不走油、不跑味，很受当地村民的欢迎。

桃木熏鸽，卖相极佳，桃木的清香完全融入到鸽肉中，单是咬一口，幸福感就会爆棚，然后，外酥里嫩、香而不腻的味道更直击心脾。据店老板讲，这个桃木熏鸽之所以味道这么美，就是熏之前会把鲜嫩的乳鸽放在加入香叶、桂皮、大料、肉桂、花椒等熬制的汤水中煮熟，然后在大柴锅中倒入白糖和桃木锯末加热，让桃木和熏鸽亲密接触，才会产生那独一无二的味道。四月的熊儿寨百花盛开，充满无限的生机和活力，除了欣赏熊儿寨乡的美景和感受当地著名的红色文化之外，桃木熏鸽也让众多游客为此流连忘返。制作桃木熏鸽较为地道的应属许永新农家乐，一进农家院，满院香气扑鼻的熏鸽正在制作当中。用自制的老汤调料，烧开水后放入鸽子煮一小时，然后捞出来用桃木进行熏制。纯天然的制作工艺吸引了一批又一批游客争相前往。

TIPS 小贴士

路线
熊儿寨乡地处平谷区北部生态建设区的中心位置,东靠黄松峪乡、南独乐河镇北部山区,西接大华山镇,北临镇罗营镇,南接王辛庄镇、山东庄镇。自驾可从东直门进入三元桥,进入机场第二高速转京平高速,再从东高村口出,进入平谷城区后从平程路向北直行15公里即可抵达。公交出行可在东直门乘852路至平谷世纪广场,再转乘平11路即可到达。

住宿
熊儿寨乡因四座楼景区、麻核桃等吸引大量游客前来游玩,境内农家院、酒店等层次不一,其服务设施均较为完备。

饮食
地方山野菜较为丰富,可在任一农家院内尽享桃木熏鸽、熊儿寨大煎饼、萝卜丸子汤等农家菜。

镇罗营：北边雄镇的英姿与浪漫

镇罗营镇位于平谷区最北部的深山区，地势险峻，三面环山。作为古代边关重镇，初建于明代，为戍守边境，抵御外患，在镇罗营先后修建山城两座，分上、下营，时称猪圈头营。明嘉靖二十三年（1544），因在此拘押过俘虏，故又改称镇虏营。清初因厌其名，取其谐音改为今称。境内古城遗址众多。镇罗营镇物产丰富、峡奇谷幽、历史久远、民风淳朴、文化厚重。镇内气势磅礴的古长城、风景宜人的村落、丰富多产的果品和采摘园及独具特色的桃花玻璃叶宴等吸引众多游客争相前往。

石长城

镇罗营：石长城的自然博物馆

  镇罗营为明代平谷境内在长城内外建成的营寨之一，也是目前平谷境内长城线路最长、古长城遗址最多的地区，境内现存多座敌台、关口、营寨、烟墩、烽火台、碑刻、匾额及明代石长城遗址，因而也被称为"石长城自然博物馆"。尚存的遗迹、遗址和昔日狼烟四起的烽火台巍然屹立于长城之间，用其穿越数百年的沉稳坚守着镇罗营这一方土地。

  镇罗营四周山势险峻，登山望远，明长城若隐若现，跌宕起伏在高低错落的山间。如一条不见首尾的长龙，遨游在燕山山脉的每一高险之处。近看镇罗营的长城，发现皆为大块毛石垒砌而成，古城墙一眼便能望见的沧桑似在向游客诉说这城墙斑斑弹痕的故事，彼时的镇罗营见证了当时军民齐心与日寇浴血奋战、长期殊死的武装斗争的英勇，城墙之上的斑驳是面对日寇惨无人道行为时的流泪痛心且愤恨的永恒见证。

  恰逢春花烂漫之际，从长城垛口向山下望去，无论是身旁还是对面山坡上，都已竞相开放，远处的平川之上，大片大片的桃花竟如同红粉的海洋。就在那杏花、梨花和桃花开得如云的地方，曾经战火纷飞、血流成河。据说激战结束后,镇罗营的硝烟在山间飘荡、弥漫,竟迟迟不肯散去。顺着身旁的垛口用手轻抚古老的城砖,手掌稍感湿润,仿佛城砖也在为那段古老沉重的历史而流泪。

  镇罗营镇内共有 20 个小山村,据史料记载,抗日战争时期,在这个小小的山村群落中,竟有 59 名烈士为国捐躯,平均每个村落就有三名。镇罗营自古就是军事要塞,是英雄辈出、不可征服的热土。穿越历史的烟云,再望群山古墙之时,举目四望,镇罗营的每一道营寨都秉承着不屈的古训。漫步在平平仄仄的古道上,似乎城墙上的每一块石板里都能踏出一段血色的往事。远处山脊上蜿蜒、斑驳的明长城遗址在夕阳之中显得如此壮阔苍凉,古城墙的平台及山脚下散落的民居那么妩媚清晰,伴着山行地势高低错落的分布,层层叠叠且有序地零落在山间,炊烟袅袅之景就像将《桃花源记》中的美景活脱脱展现在眼前一般。群山连绵,莽莽苍苍的古长城起伏于山崖峭壁之间,巨龙般俯卧在山脊上,迎风伫立的烽火台,就是镇罗营在明长城昂起的龙头。

玻璃台:"长城脚下的最美乡村"

  镇罗营镇的玻璃台村坐落于平谷区最高峰东指壶峰脚下,背倚雄伟壮阔的万里长城,南望熊儿寨乡四座楼,北接南水峪关,群山环抱的玻璃台是平谷区境内海拔最高的纯深山区村落,也有"边关山寨"之称。优越的自然环境和长城资源,为村落大力发展民俗旅游业提供了机会,玻璃台村于 2008 年被评为"北京市最美的乡村",并被誉为"长城脚下最美的乡村"。据村内老人介绍,玻璃台村原本建在长城脚下一大块平缓地上,台地的四周同时生长着许多高大且粗壮的玻璃树,而村子的南山之中又产有冶炼玻璃用的石英矿,因而取名为"玻璃台"。

  往村子的东北望去,便能看到东指壶峰。从玻璃台前往东指壶的路弯弯曲曲,逶迤盘旋在山间,甚是壮观。从山下一路向山顶驾车行驶,眼前一道道曲折蜿蜒的公路,宽大的路基像是新开垦的一片片梯田,盘旋着向山顶而去。再从山顶向下看去,上山时所经过的公路就像一把巨大且神奇的梳子,轻缓地梳理着如发般生长的山间林木。平谷区唯一的白桦林就坐落在这沿途的山水之间,嵌入大山的"九曲十八盘"如梦如幻般勾勒出山林的模样。

  玻璃台村的西南边又有不一样的惊喜,"一线天"景区的雄奇壮观,即便山不算高,却也称得上大自然的"鬼斧神工"。仰头望去,两侧石壁宛若刀劈斧砍过一般,陡立于山崖,仅容单人侧身才能穿过,一行人不由得为这名副其实的"一线天"而深感惊叹。据当地老人介绍,明洪武帝朱元璋到边关视察督建长城,来这里后遇高山阻隔,便不能继续前行。霎时间他一气之下拔出宝剑猛地劈下去,只听"咔嚓"一声,山崩地裂,此山被宝剑一劈两半,朱元璋才得以从石缝中穿过,形成今天令人拍手叫绝的一线天。

玻璃台村

从村口进入,新建的旅游标识因造型奇特、颜色醒目而活跃在众人视线之中,整齐有序排列悬挂的大红灯笼晃动着身子欢迎游人的到来。河道里的潺潺流水、新建的亭台及河道旁长势喜人的绿树,从步入村子的一开始便将其勃勃生机传达给众人。经了解,由于玻璃台村独特的地理环境,植被覆盖率高达 90% 以上,年平均气温较市区低,由此吸引大量游人在夏季前来纳凉避暑。走进玻璃台村,不难发现这里四面环山,山峦起伏、溪流交错、苍翠的树木繁茂,眼前如同别墅般的民居和围绕一旁的山峰将玻璃台村描绘成一幅秀美的山水画。山间弥漫的浓雾也无法遮住眼前的青翠和远处俏丽的山峰,若想暂离都市的喧嚣寻一处静谧清幽之地,玻璃台村无疑是极佳的选择。

桃花海里尽享采摘之趣

平谷作为著名的大桃之乡,境内二十多万亩的桃园将长城环绕其间,形成凡长城之处皆能见桃园之景。每逢四月中旬起,镇罗营就有大片粉红的桃花开始装扮起明长城内外,世外桃源的美景和古老沧桑的长城交相辉映。只见蔚蓝的天空下,深褐色的桃树林一行行、一排排延伸至天边,桃树上盛开着深深浅浅的粉红色的桃花,每一朵桃花都带着粉色的花瓣和茁壮的花蕊,像是在相互争奇

桃花海里映长城

斗艳，灵气极了。远远望去，大朵的白云在蓝天上尽情游动，远处那些桃花在阳光照耀之下渐渐连成片，春日的镇罗营俨然成了花的海洋。徜徉在镇罗营的桃花海之中，一股香气包裹全身，久久不能挥散。一阵风过，柔弱的桃花落英缤纷，撒了游人一身的粉红。

吸引众多游人争相前往的除了村子古朴纯真的景色外，还有为众人称赞的玻璃台村观光采摘园。玻璃台村观光采摘园内的水果种类繁多，每年从六月开始，采摘期长达六个多月。黄金梨、精品杏、红果、苹果、柿子等，身在其中，深感丰收之喜悦，又不禁惊叹于这个美不胜收的村落带给众人的太多意外，望着满园的硕果，按捺不住内心的激动和惊喜。

桃花玻璃叶宴：让味蕾跳支舞

欣赏万亩桃花海之际，必然不能错过玻璃台村有名的桃花玻璃叶宴。由玻璃叶制成的四平八稳的玻璃宴是当地有名且为当地农家乐必备的特色菜品。一般而言，玻璃宴总共有四盆八盘，村民取"四平八稳"为其赋予吉祥的寓意。也因为当地山上盛产玻璃树，而玻璃树叶又具有清心、润肺、明目的功效，因而村民一直把具有特色的玻璃叶当做盛器及烹饪辅料。过去生活艰苦，玻璃台村的人将随处可见的玻璃树的树叶摘下来晒干贮存起来，蒸东西时用来替布垫底，做出来的饭菜清香扑鼻，当地村民就用这一独特的玻璃叶的香气创造出一系列独特的美食，久而久之就成为远近闻名的玻璃叶宴。玻璃叶宴制作工序相当简单，例如玻璃叶排骨，将炸好的酥黄的排骨用泡过的玻璃叶卷起来，放到蒸锅中蒸十分钟左右即可出锅，玻璃叶的清香会随着蒸的过程渗透进排骨之中，味道极佳。包括南瓜、梅菜扣肉、菜团子等，只要将玻璃叶铺在下面上锅蒸即可。在玻璃叶宴中，玻璃叶豆腐是被当地人引以为豪的一道菜，采用山泉水和各种豆类制成点卤豆腐，再用玻璃叶进行压制，炖熟后放到玻璃叶上，做出来的豆腐香味独特、浓郁清新，口感细腻、鲜美、爽滑、筋道，是游人必点的一道美食。玻璃叶鱼、玻璃叶豆腐、玻璃叶排骨、玻璃叶南瓜，再将盛开的桃花摘下来洗净放至其间进行点缀，虽不可食，但也让这道玻璃叶宴平添了几分美感，颇具食欲。

TIPS 小贴士

路线
镇罗营镇位于平谷区的最北面,东与河北省兴隆县六道河子镇接壤,西与大华山镇毗连,南与熊儿寨、黄松峪二乡为邻,北与密云县大城子乡交界。自驾车可从京通快速路转京哈高速,从燕郊李齐庄左转,进入密三路,从平谷县城向北,按照指示牌即可抵达。乘公交前往可从东直门枢纽站乘852路至平谷畅观楼下,再转乘平34路即可到达镇罗营镇。

住宿
镇罗营镇内景区较多,如玻璃台村结合一线天、东指壶峰景区发展旅游业,特色农家院初具规模,具有完备的住宿条件和基础设施。

饮食
当地农家菜十分丰富,如玻璃台民俗村的玻璃叶豆腐,张家台民俗村的擦咯豆及东四道岭民俗村的萝卜丝饼和野生百草养生宴等。

丫髻山：京东道教圣地

丫髻山位于平谷刘家店乡境内群山之中，自唐始建庙宇以来，至明清时期逐渐成为北方道教的名山，因为远看山顶两块巨石恍若古代女孩头上的丫髻，由此得名。丫髻山坐西北朝东南，山势起伏连绵，松柏苍翠茂密。四十八级台阶直登山顶，山后的绝壁山谷让人不禁望而生畏，山脚村落拥抱，庙宇亭阁坐落山间，故有"近畿福地 北方泰岱"之美誉。玉皇阁、碧霞元君祠等十多座著名道观坐落于其上，连同山下的紫霄宫，这一系列建筑群被称为"京都名胜大观"。

丫髻山庙会活动　　照片由北京非遗中心提供

京东第一庙会：丫髻山庙会

  丫髻山庙会，号称京东第一庙会，于2021年被列入国家非遗名录。丫髻山庙会既有宗教朝觐意义的香会，又有结合民间技艺表演性与自娱性、竞赛性相结合的"武会（花会）"，包括体现普通民众服务善举的"文会"，集民间艺术、传统文化、民间信仰、商贾休闲等内容于一体。

  据史料记载，清代康熙、乾隆等皇帝，几乎每隔十年即游幸丫髻山一次。每年农历四月初一到初十，为丫髻盛会之期。京西掸尘净炉老会必提前到达，打扫台阶，清刷殿宇；龙灯老会先于香道四十八盘上布好花灯彩盏。至期货商蜂拥而至，各占其地，排列山下，百货俱全，争相售卖；各种民间花会，云集山前，一路朝山，争相献艺。那成千上万心诚意虔的善男信女，从四面八方赶来，举香膜拜，一步一叩，直到山顶；老弱饥民争来粥棚，寻粥讨饭，叫苦求怜。举山上下，人山人海，香烟缭绕，锣鼓喧天，热闹非凡。

  关于丫髻山办灯会，曾有一个小插曲。据山上现存的清嘉庆十三年（1808）所立《京都龙灯老会挂灯献茶碑》记载，每年举办"一山善人"灯会"费用浩繁，盛事难继"。其中的"一山"二字灯会的主办者颇能筹集些钱财，所以一直维持到立碑时（嘉庆十三年）而未辍。而"善人"二字灯会的主办者，由于平时积蓄不多，再加上年成欠收或捐钱的人少，因资金拮据，一度停办。至嘉庆癸亥年（1803），有一些王公勋戚来丫髻山进香，偶然过问"善人"灯会停办的原因，表示愿意捐赠白银五百两，"寄存生息，即以每年所得息银七十金为灯主茶水之资"。此后，由于有了活动经费，"'善人'二字灯复灿然如故矣。"这种集资办灯会的做法，早在乾隆时期就已开始。现存山上的一通乾隆

丫髻山庙会花会表演　照片由平谷区文化与旅游局提供

五十九年（1794）立的碑上，就刻有"京都顺天府大宛二县永四牌楼北八艺朱处会同外西安门内旗民众善人等重修"字样，说明灯会早已闻名遐迩，连住在京城的人也解囊资助了。

　　如今的丫髻山，每年农历四月初一到十五，都有着规模宏大的庙会。来丫髻山进香、观灯的人骈肩叠迹，不可胜数。一进村，五里长街的街道两旁，各地商贩云集，摊点星罗棋布，卖风车、泥人、汽车等儿童玩具的，平谷农产品展销，包括小黑枣、栗子、核桃等，碰碰车、网红秋千等十余项休闲娱乐互动项目及飘香四溢的风味美食都充斥其间。村里几个打麦场的，也都变成了文艺团体为庙会助兴演出的临时"戏园子"，这里有轻音乐歌舞团、河北梆子剧团、评剧团，还有杂技、大型气功、驯兽表演，就连一些老艺人也露出了自己的绝活儿。令人惊叹的是"走会"的人踩着一米多高的"高跷"上山，以及那些能从山顶上三皇殿山门前几十级石阶上单腿跳下的人，被游人誉为技术最高者，旁观者都不由得为其捏一把冷汗，待艺人们顺利平稳站立后又不禁为其连连鼓掌赞叹。

　　尽管大多数丫髻山的庙宇都被毁坏，但若登其上，就会发现丫髻山还留有庙基和十五六通清朝以来立的石碑，特别是"东髻"和"西髻"上的玉皇阁和碧霞元君祠的台基，依然非常高大且坚固。登临其上，环顾山林，四周景色尽收眼底。蜿蜒的河水恍如丝带，从群山怀抱的小盆地中间飘逸而过，山间桃花梨花缤纷开放，竞相争奇斗艳，整个丫髻山充满了诗情画意。

　　穿过成片的桃树林，一路上不时有横挂的条幅"丫髻山旅游圣地欢迎您"闪过，延伸四五公里。柏油路边快速走过一队队浓妆艳抹踩高跷的队伍，踩着一米多长的高跷如履平地，据说皆为各乡普通的农民。庙会期间，十万盏各色灯笼依据山势，沿着登山步道装扮丫髻山。由群众演员表演"皇家敬香祈福"仪式，为游人再现丫髻山皇家道场昔日祈福的盛况，配上万众瞩目的"太极拳表演""道

教音乐展示"等活动,在营造庙会文化氛围的同时,使游客更为直观地感受到丫髻山的文化底蕴和魅力,让人不由自主地在心里默默祈愿国泰民安。

丫髻山匾额雕刻技艺:让情怀入木三分

匾额又称为门楣上的家国,为古建筑的"眼睛",它不只是典雅的装饰品,更蕴藏了丰富的人文内涵。丫髻山匾额雕刻技艺源于平谷道教圣地丫髻山庙宇匾额,后经历代传承人创新发展而形成独具魅力的实用艺术形式。丫髻山手工匾额雕刻共有五代。第一代刘启,现在仍能看到他雕刻的阴文匾"松叶柏茂"。板材虽然破损,但字迹清晰。第二代传人是刘启的儿子刘永昌。他的一块匾额"锄奸、锄邪、锄恶、锄顽"目前已被传承人收集。第三代传承人刘臣,从小跟其祖父和父亲学习木工和雕刻。第四代传承人杜德东,成为书法和雕刻双修之人,他以祖辈相传的匾额雕刻技艺为基础,又结合多年雕刻经验多次尝试突破传统,让"刀笔书法"不再只是想象,同时也让其家族世代传承的匾额雕刻技艺焕发新生。

亲临刻匾现场,才能亲身体会丫髻山匾额雕刻的是文字之形,雕刻技艺中更为讲究"刀笔合一",即所展现的不仅是形,更是书法的飞白、浅重等神韵,以及下笔者运笔时的动态美和笔意美。匾额手艺人先用刨子将一块木板打磨平整,手握刻刀,略一思忖,刀锋便娴熟谨慎地一次次在木板上用力刻下,随着刀笔不断移动位置,片刻工夫,虚实区分、飞白取舍的字体轮廓已大致显现。匾额雕刻是文学艺术和雕刻艺术的结合,艺人既要懂木工活、油漆活、雕刻技艺,还要有一定的美术书法造诣。

传承人杜德东在雕刻匾额　照片由平谷区文化与旅游局提供

沿途美景之老象峰景区

从丫髻山出来后,便可驾车去不远的老象峰景区一览奇景。老象峰景区位于平谷大华山镇小峪子村北五公里长的大峡谷内,因景区内有天然老象巨峰而得名。关于老象峰还有一个被人传扬至今的故事:老象峰本是一头天地所生的神象,经千万年修炼便有了思想,聪明睿智并精通人语。丫髻山的碧霞元君娘娘曾在老象峰上修炼得道,当她发现神象后便把神象收为自己的坐骑。盘山老祖得知此消息后愤愤不平,势夺老象坐骑归己有,于是与碧霞元君娘娘斗法,决定以掷色子的办法定出神象归属。色子一落,碧霞元君娘娘获胜保住了神象,并将心爱的神象放养于草木丰盛的丫髻山旁,又有一对崇拜碧霞元君娘娘的夫妻甘愿化作石人为碧霞元君娘娘看管神象。盘山老祖和碧霞元君娘娘当年赌神象归属的色子如今也化作了一块方方正正的巨石为曾发生的一切作证。

景区内森林茂密、山崖陡立,三十多处别具特色的景观点缀其间、奇趣盎然。峡谷内千亩果园硕果累累,野菊花漫山遍野,争芳斗艳,可供游人采摘观赏。老象峰酷似巨象而得名,远而观之,不难发现巨象头朝西,尾朝东,恍如正在俯首垂鼻汲水的老象,整个景区风光古朴,自然野趣十足,毫无人工雕琢的痕迹。前往老象峰的山路越来越窄,山草越来越高,抬头一看,一峰突起,仿佛耸入天际,抬头向上观之,岩壁越发陡峭,由东向西排列着三个大洞。一路攀爬向上,路势崎岖,于是在颤颤巍巍之中将人牵拽至老象的肚子底下。在管山人的带领之下,一行人前往北坡观象台,举目四望,纵深十余里,这座海拔500多米的山峰,俨然一只大象,从东南向西北蹒跚而来,如此奇峰美景慰籍了疲倦的一路行人,给大家带来无尽的雅趣。

TIPS 小贴士

路线

路线：丫髻山位于平谷区刘家店镇北部。自驾可从首都机场高速转京平高速，在马昌营、密云出口出，经密三路、寅北路到达。公交可从东直门公交枢纽站乘852路至平谷汽车站，再转乘平19路或郊82路至前吉山下车。

住宿

丫髻山位于刘家店镇，镇内民俗旅游开发较为成熟，可提供各种档次的住宿服务。

饮食

刘家店镇内有多家饭店、农家院，主要以当地农家菜为主，特色菜品包括烙饼、炖吊子、大棒骨等。

古北雄关叠翠峰

Miyun Great Wall with Waves of Plants

墙子路："V"字长城寻遗觅古

墙子路村位于密云大城子镇。这里依山傍水，山清水秀，具有丰富的历史文化遗产和民俗文化资源。在墙子路，既可以在村内寻访长城遗址，感受独一无二的庙会与花会文化，也能在村外不远处领略古堡遗迹，攀爬独一无二的"V"字形长城，在历史与现实的交错中，感受这个长城脚下古老山村的独特魅力。

独一无二的"V"字长城　照片由墙子路村提供

叹"V"字长城壮美

墙子路本不是村名,而是明代蓟镇总督下辖的西协四路之一。墙子路一带地势险要,高墙塞岭,关堡横川,是重兵据守的兵家必争之地。洪武年间,朝廷在此地始建墙子路长城,后经嘉靖、万历、隆庆多朝修建,最终在这崇山峻岭间建起了绵延万里的长城。旧时的墙子路,管辖着方圆百十公里的长城。今天人们熟知的墙子雄关、小关门长城和"V"字长城,只是墙子路长城很小的一段。

墙子路长城曾经见证了历史的沧桑巨变。明清之际,墙子路长城被清军三次攻破,见证了清王朝统一中国,在时局稳定后堪负着保卫京师和清东陵的重任。民国时,军阀混战、土匪横行,墙子路长城屡遭日寇入侵,墙体受损严重,城砖多被拆毁,用于村舍及梯田的修筑,唯有墙内夯土及垫石尚存。如今的墙子路长城,虽隐没在灌木枯草之中,但不论从远处眺望,还是从高空俯瞰,都能觉察其路途艰险。拾级而上,偶有短小支墙和精美残台点缀,已不见"高墙严垛,烽台相接,重兵镇此"的宏伟模样。旅行至此,不免平添一番苍凉唏嘘、咏古怀今之味。

顺着山路艰难行走,终于到达山巅的一座敌楼。年久失修的敌楼略显破败,一旁散落着敌楼一侧掉落的青砖。虽然饱经风霜,但敌楼的架构却依旧稳固。拱顶、瞭望窗保存完好,只是入口处的大门已经塌毁。走进敌楼,布满青砖的地面长满了青苔和稀疏的几丛灌木。站在箭窗前,远处是雾

气蒙蒙的高山,还有那若隐若现的密林。从另一侧走出敌楼,对面是高大巍峨的长城。这段长城起于青龙山麓,龙首昂起,飞腾蜿蜒,墙体高大、蹬道威严,五座敌台连珠成串,锁谷踞峰。墙体依附的是两座一高一低、错落有致的山峰,并随着山势起伏,形同牛角矗立,呈现几乎90度的凹角,这就是全国最大、最著名的"V"字长城。虽然山上长满了密林,但这"V"字长城的形状却依旧十分显眼,足见山势之险峻及长城建筑的浩大。不过,也正是这"V"字长城的艰险壮阔,才使得墙子路长城声名远播,源源不断地吸引着全国各地的长城爱好者。

古村新貌初体验

既是边防重地,必有供将士休憩生活、安置家眷、繁衍子嗣的营城。旧时,墙子路关建有规模浩大的营城,供将士们驻守。随着营城内人口的不断增多,久而久之,驻边的营城演变成为远近闻名的大村,这便是墙子路村的前身。墙子路古营城始建于明洪武年间(1363—1398),曾设东西南三门。东边叫永熙门,西边为安边门,南门为墙子路。城池建筑全为砖石结构,城廓大体为长方形,北墙随山势呈半圆形。营城西、南均可与四路枢纽的石匣镇及密云城相连。在历史的变幻中,曾经的营城古迹早已难寻,墙子路村也在不断的发展中散发着新的魅力。

如今的墙子路村,背靠高大巍峨的青山,村南是流淌而过的清水河,四时之景皆有不同风趣。置身村内,古村的景象已然不复存在。房屋整洁,街道平整,规矩的石板路,大街两侧的民居院墙都装饰成了青砖灰瓦的古朴样式。墙面还增添了精美有趣的灰色浮雕。虽然几经改造,但镶嵌在高墙上的青砖却见证着这个村落悠久的历史。踏在村中的青石板路上,不见孩童嬉戏,也不见当年金

墙子路村全景　照片由墙子路村提供

戈铁马，只剩一阵淡然的静谧感笼罩在村舍间。

顺着街道继续徒步，便可看到在原址复建的戏楼。戏楼也是青砖灰瓦，立着四根红漆明柱，前檐檩、枋上涂着油漆彩绘，木枋上写有"墙子路村戏楼"。戏楼前有片大空地，是村民平常休闲娱乐和大型集会的重要场地。每年二月初二龙抬头的日子，村委会都会请梆子戏团在戏楼上为大伙儿唱上一天。村子里的男女老少都会齐聚戏楼前，那场面别提多热闹了。

戏楼北侧是京承铁路墙子路火车站。二十多年前，北京出发前往东北地区的火车都会在这里停靠。精明的墙子路村民，利用这短暂的停车间隙，用高高的树干挂起货物，贩卖给车窗里的乘客。"十亿农民九亿商"，那张脍炙人口的全民经商的照片正是出自于此。如今，因为铁路提速，墙子路站已不再有列车停靠，但这小小的车站却并未荒废。站里的建筑刷着明黄的油漆，站台整洁而冷清。站台的一侧，立着泛黄的白底木质牌子，醒目地写着"墙子路站"四个大字。在周围山清水秀的映衬下，清新而又古典，踏在铁轨上，顺着铁道望向远方，周围是丛林、村庄、庙宇，内心都随之平静了下来。

"观音洞"和"三堂庙"

边防重地，交通要道，各地人马往来交错，催生了墙子路地区丰富的民间信仰。墙子路村曾建有三堂庙、观音洞、火神庙、关帝庙、真武庙、马王庙、城隍庙等十余座庙宇。可惜的是，这些庙宇在战乱之中被毁，仅有观音洞和三堂庙仍然留存。

观音洞位于墙子路火车站的铁轨一侧。庙的主体巧妙地嵌入一座天然洞穴之中，洞口是传统庙宇的样式。透过门缝望去，洞穴并不深。洞穴中供奉着观音娘娘，两侧是还愿的锦旗。同行的人告诉我们，这里的观音娘娘特别灵验，每月初一庙门打开时，十里八乡的民众都会来此求子，香火很

是旺盛。

三堂庙在戏楼北侧。据说三堂庙被毁前,有前后两殿。前殿供奉关公画像,墙壁上有斩华雄、单刀会等栩栩如生的壁画。后殿有兽脊飞檐、画栋雕梁等精美建筑。复建后的三堂庙,看不见原先精美的壁画和建筑,只保留了原址三开间硬山顶的结构。三堂庙的正殿供奉着佛祖释迦摩尼、道教太上老君和儒教孔老夫子三尊塑像,左右分别是两位菩萨塑像,西面供奉了三座娘娘塑像和一位未曾在别处见过的"喉骨老爷"塑像。村里人说,只有墙子路才有喉骨老爷,保佑人祛除气管炎、百日咳等疾病。

三堂庙的院内东西各有一块小的"影壁",分别镶嵌着一块石匾额。一块匾额刻有"永熙门"三个大字,另一块则刻着"安边门"。两块石匾规制相同,字体敦厚、饱满,是墙子路营城东门和西门洞上的匾额。城墙拆毁后,这两块匾额曾被村民拿去做自家门口的台阶,村里小学的蔡世文老师发现后,自己出资为村民重修台阶,才把这石匾拆出,镶嵌在三堂庙的影壁上。墙子路上的古营城,虽然已经被毁,但这遒劲、高大的石匾却显示着旧日营城的高大气魄。

原汁原味民间花会

庙会期间,四乡八镇的香客都会汇集至墙子路,热闹的花会表演更是必不可少。在这众多的花会中,墙子路的"同意圣会"远近闻名。每年的花会表演,都是人山人海、盛况空前,十里八乡的村民,甚至还有北京城里的游客,不惧路途的遥远,专门到此一睹同意圣会的表演。墙子路村的"同意圣会"是一个地地道道的老会。1936年由蔡德茂、蔡仲三、蔡荣忱联合四乡民众发起。同意圣会共有十三档子会,包括墙子路的吵子、狮子、开路、校车会、龙灯会、虎斗牛、二达子摔跤,南沟的高跷秧歌、

永熙门影壁

后沙岭的大鼓，小梯子峪的十鼓弦，关上的音乐、老庙沟的大筛及大杆沟、北沟、泉水沟的中幡。

  同意圣会的表演一般在正月十五上午九时开始。花会队伍从南边村口进入，锣鼓喧天，鞭炮齐鸣。前有"金锣开道"，花会总督执旗引路，后方是龙门旗，横幅书写"墙子路民间花会"七个大字，再往后是中幡、舞狮、吵子档、大鼓、高跷、二鞑子摔跤、猪八戒背媳妇、十不闲、腰鼓队、小车会、音乐和地秧歌等传统会档表演。各档花会都会拿出自己的看家本领各显其能。大鼓震天动地，音乐吵子清脆嘹亮，中幡表演惊险奇巧，高跷秧歌载歌载舞，舞狮活灵活现，小车滑稽活泼……花会所经之处，若有村民在家门口摆放桌子，备上烟酒、水果、糕点等礼品，各路花会队伍还会专门为此户表演一番，互致问候。这在当地被称为"敬神"。置身其中，一定会被热闹的民俗传统所感染，领略到与大都市截然不同的生活方式。

命途多舛"轿子坊"

  处于交通要道的墙子路，是民间文艺的繁盛之地。除了庙会与花会外，村里更有四乡八镇唯一传承下来的轿子坊。轿子坊是在红、白喜事中演出的民间演艺班子，演奏乐器包括笙、管子、唢呐、笛、鼓、响板等。所奏曲子丰富多样，丧事缠绵、低徊，喜事欢快、热烈。旧时，密云城区、石匣、古北口的百余个村庄，都曾有过轿子坊，但却只有墙子路村的轿子坊传承了下来。

同意圣会献档表演　照片由墙子路村提供

　　墙子路村轿子坊创立于清末民初,最初名为王家鼓乐班坊,创始人名叫王景元,共有演员七人。所奏曲目大多是师父口传心授,专门经营祭祀、庆典、红白喜事。新中国成立前夕,墙子路轿子坊由王衡老先生接管。他在传统曲目上新旧结合、推陈出新,使得此地的轿子坊远近闻名,邀请者不计其数。此后,轿子坊在"破四旧"中彻底中断,轿子、乐器全部被损毁。改革开放后,墙子路轿子坊随着群众的需求又悄然兴起。王衡老先生念念不忘这门民间艺术,承担起复兴沉寂多年的轿子坊的重任。后又经村民王树才等人经营,墙子路轿子坊获得了文化部门和媒体的关注,实现了短暂的复兴。

　　遗憾的是,由于老艺人故去,短暂复兴的轿子坊面临着后继无人的困境。传承人王树才的家中挂着当年申请非遗时轿子坊的全体成员拍摄的一张乐班排练的照片。照片里的艺人们或已仙逝,或是面临着疾病的困扰,能够出来活动的艺人不足五人。幸运的是,虽然无法以轿子坊的形式出来活动,但这些艺人却仍然活跃在墙子路的乐队里。他们不时地参与一些红白喜事的演出,并在这一过程中收徒授艺,如同星星之火一般。希望在不久的将来,他们能重振轿子坊往日的辉煌。

TIPS 小贴士

路线

墙子路位于密云区大城子镇,自驾可从京承高速大城子出口出,经Y401、密兴路、S311路抵达;公交可乘坐890快车到达密云汽车站后,换乘密16公交车,在墙子路站下车。

住宿

墙子路村民俗旅游发展处于起步阶段,村域内有一些农家院落,可提供基本的住宿服务。

饮食

墙子路村有一些民俗餐厅,可提供简单的农家菜。

黄岩口：一个未被开发的"瑞士村"

北京长城爱好者中有这样一个说法："走完怀柔的长城，大学毕业，走完密云的长城，研究生毕业，走完全程大黄岩口北侧这段长城，便是考上了博士生。"这样的俗语从侧面说明了攀登黄岩口"天险"长城的难度。依靠着长城文化，黄岩口正以其桃源般美不胜收的"瑞士村"景色、壮丽多彩的大小黄岩口美景、天然城堡杨家峪等村落文化吸引着游客的到来。攀登者和考古家们也在这幅长城画卷中，不断书写着自己的故事。

群山环绕

黄岩口"天险"长城

  一条浩浩荡荡的大黄岩河劈山开河,将大山分割成南边的棒槌山和北边的鹰窝楼山,两壁夹峙间,大黄岩口睥睨两岸,此处便坐落着大黄岩口北段长城。大黄岩口长城盘踞在河北省兴隆县的交界线上,因山脊陡峭、林木茂密,多数城墙年久失修,蜿蜒盘旋在崇山峻岭间,涉足之人很少。黄岩口长城并不高,200多米高的山梁上,两侧山势雄奇陡峭,山岩之处巨石露出,苍劲的野草,金黄色的灰岩峭壁和铁青色长城相互映衬,如同耐住岁月侵蚀后的铜墙铁壁,傲然矗立。站在长城之上,居高临下,俯视河谷,只见两山夹缝中,小清水河逶迤而来,盘旋而去,清水河西岸山势呈山前断裂的地貌,人马根本无法攀登,长城在这里戛然而止。

  黄岩口长城属于京畿防御体系中特别重要的一段,地势险要,是兵家必争之地。明代《四镇三关志》这样记载:"大黄崖关,永乐年建,正关,通单骑,冲,余山通步,缓。"

  崇德七年(1642),皇太极发动了生前最后一次入关之战。在进军统帅阿巴泰的带领下,两翼大军分别从界岭口及黄岩口毁墙而入,可想当年黄岩口征战之艰辛。

黄岩口长城秋景　照片由北庄镇政府提供

昔日雄壮的长城经岁月洗礼，很多地方已经受尽岁月侵蚀，断断续续，也有的已经风化，但好在大体保存还好。两三米高的城墙，青砖白泥，斑驳残缺，苍老的躯体透着沧桑和劲美。在奔腾的巨龙身上，一处贯穿墙体的洞显得格外引人注目，断石之处空间颇大，从这道伤口可以看到长城的内脏——以石料充当骨架，外表砌大约60厘米的青砖墙，山风从洞口呼啸而出，宛如长城痛苦的呻吟，不由得让人生出几许惆怅。

再往西走，便是一段段已经翻新过的黄岩口长城，似荒野中突兀地杂入了现代建筑，有些打扰了这本该苍苍莽莽的野性之美。整齐且崭新的现代砖，用标号水泥勾缝粘连，依仗着原长城的足迹铺延，整齐划一，颜色鲜亮，使原长城与新长城相比有着格格不入之感。顶端的两座新修敌楼，砖墙堆砌，却忘了箭窗和箭垛，被包裹得严严实实，宛若城中的变电所或水泵房。新旧交替本就是万物发展的规律，旧长城砖被废弃堆积在新长城的两侧，曾佑护一方平安的城墙像一位风烛残年的老人，叹面容苍老，身躯断缺。

登黄岩口长城，情绪忽高忽低，十分复杂。险峻的长城，高昂矗立的敌台，蜿蜒曲折的山峰，让人心生的豪迈之情和脚下艰难行进时露出的惊慌相互交织。陈旧的墙砖，残破的长城躯体又让人心生悲怆惆怅……也只有当身居高峰，看到这一幅波澜壮阔的长城画卷在眼前展开时，这种怅然复杂的情绪才会一扫而光。

黄岩口水关

一个未被开发的瑞士村

在黄岩口长城脚下,一条溯流向北的大清水河穿流而过,一个尚未被完全开发的"瑞士村"便坐落于此——黄岩口村。村子之所以得此名,全因其地势与美景。

进村之后迎面是一座几乎90度垂直的绝壁巨石,此石名叫小石虎,与河北承德石虎村的大石虎遥相呼应,构成了北京野外活动爱好者口口相传的石虎线。村子四周山峰呈锥形,到处可见悬崖峭壁,黄岩塔林峰形独特,剑入蓝天,据说是华北地区面积最大的天然塔山群。夏日时节,金黄色的岩壁在阳光的照耀下显得辉煌而灿烂,绚丽而热烈,简直令人不可直视。等到眼睛逐渐适应了光线,得以仔细观察,会发现黄岩口的山石颜色深深浅浅,并不是只有一种黄色,水平的节理清晰平整,不同时期的沉积物颜色变幻,如韵律一样优美。甚至有地理学家在此地的山石中发现了海绿石,引人注目的是绿宝石颜色代表着此地曾经是浅海地区。各种年代沉积物的存在,让这里的岩石色彩斑斓。金黄灿烂的石头山上还被很多绿油油的小树装点,它们见缝插针般密密麻麻地攀附在峭壁上,硬生生地为自己开辟出方寸的生长之地,展示出惊人的生命力。

越过小石虎,一潭碧水映入眼帘,这里的潭水极深极清极绿,像一块水头极足的帝王绿翡翠。蝴蝶、豆娘、蜻蜓流连于水面之上,留下一圈圈涟漪。听村民说潭水深处可达20米,不少大鱼栖居其中,每年夏天都会有熟悉水性的村民下水捞鱼。潭水的出口是一个水坝,碧绿的潭水在此处流向低处,激起银白色的水花。当地的村民说这

瓮城遗址

里原本是一处长城水关,水关从岸边到山体横跨河口,但是在20世纪50年代的时候就逐渐被拆除,到了70年代,为了建造工程量浩大的黄岩口截流水坝,水关的砖石基本被拆除挪作他用,如今只剩下山体边上还有一点儿水关痕迹。

蓝天白云下是金黄灿烂的锥形山体,高山巨石倒映在清澈碧绿的潭水之中,潭水随地势流动,汇成奔腾跳跃的河流,河流两岸土地平旷、屋舍俨然、果树成荫、花香满坡,景色如诗如画,确实和瑞士有些相似,让人沉醉其中。

瓮城寻踪有奇遇

边关一带多有战事,黄岩口村古时也曾建设城堡用于防御。旧时,边关重镇的黄岩口村建有瓮城,当地人把瓮城的平台叫作台上,将瓮城称为马圈。瓮城可能用来圈马,并不排除还有别的军事用途。长城连起对面的崖壁,拦住关口,再修到山上。站在瓮城,正可观测关外敌情,若有来犯,可先得知,还可发动攻击,护住关口。沿着村子一侧的小路,几经盘旋,终于到达了一处残墙之下。石垒的墙体高不足一米,断断续续,若不是下方立有文保碑,很难找到这瓮城的遗址。由于年久失修，大部分瓮城只剩地基，如今成了田地周边的低矮围墙，有些墙上还堆着附近人家的柴火，上面爬满了不知名的藤蔓。

瓮城的周边，有一个地道的农家院落。院子的院墙不高，只有一米左右，堆砌院墙的青砖看上去和瓮城同出一脉，中间立着一扇双开的深色小门。四合院落的房子是传统的瓦房样式，院内左侧种植着一棵粗壮的核桃树，上面已经结满了核桃；右边则是一株合欢，虽然不大，但也十分茂盛，靠近屋子的地方还栽了一株银杏。推门进入，院内的小块土地也被打理得很好，种植着一些瓜果蔬菜。茄子紫得油亮油亮，玉米黄澄澄，还晒着一些红艳艳的姑娘果。走近细看，才发现这窗棂仍然保持着古色古香的韵味，窗户上还挂着雪白的窗纱，窗沿上摆着一朵绿肥红瘦的杜鹃，花影映在窗纱上，又是一处小景观。虽是乡村的一处农家小院，却处处体现山里人家的美好。

天然城堡杨家堡和"老君堂"的故事

黄岩口村的河西是城墙，不远处有一座名为"杨家堡"的古村。旧时，曾将长城沿线的军事防御指挥机关"千总"设在这里。杨家堡以狭长沟谷地带为屏障，四周的河流为掩护，城堡凭借险要地势，虎视眈眈地注视着四方敌情。明代末年，清军攻入此地，兵强力壮，却也是浴血奋战，最终才攻入中原。多尔衮、豪格、阿巴泰征战此地的故事还在广为流传。与黄岩村不同，杨家堡村子规模较大，户多地广，还保留着一些古旧的民居。村中还有一所年代久远的关帝庙，虽然已是破败，但关帝庙大殿内的梁柱还是原物。墙上残存着壁画，栊上也有彩绘，山墙也依旧是老墙，上面的檐舱也是旧物，雕刻图案很是精致。杨家堡得名于杨家将。村民告诉我们，村子的后山坡就是杨家坟。传说守护一方的杨家后人忠骨铮铮，长埋于此。穿过村子，后山已是野草丛生，松柏常青，站在此地，杨门一家的故事不时涌入脑海。

地方古老，也就有着不少民间故事和神话传说，此地便流传着一个棒槌山"东窗户"与"老君堂"的故事。传说太上老君行游至此，发现大黄岩口群山怀抱，峰奇林秀，便停下来欣赏美景。他向东一看，透过窗户一位老太太正在纺线，再定睛看，却见是一个蜘蛛精得道，化为人形，正在吐丝修炼。太上老君搭起宝弓，射出银箭，而蜘蛛精见银光一闪，手疾眼快，立刻打掉支窗户的棍子，关闭窗户，伺机而逃。太上老君的银箭射在崖壁上生成千年古柏，枝桠伸展，树根盘龙错节，穿透岩石，昂扬向上。几百年后，这棵古柏被毁，但树根却奇迹般活了下来，长出的柏婴子，坚韧挺拔，熬过严冬酷暑，欣欣向荣。由于其位置在东，村里人便称之为"东窗户"，与之相对的村西那座山峰，山石形似一位坐着的老人，身姿挺拔，傲然挺立，当地人称为"老君堂"，镇守此地妖怪，庇佑一方平安。站在此地，东西观望，当真神奇，景色与故事果真遥相呼应，引人入胜。

小黄岩关口"一脚踏两省"

　　小黄岩口在大黄岩口西南 10 里处，以城墙相连，两口同属一个脉系，在两山壁立山崖间遥遥相望。绵延的山峰排在一起，山口和关口随着山势起承转合，像笔架，像驼峰，又像手指。山色相同，朝霞和夕阳的余晖下，一片金黄，美不胜收。

　　山间沟谷公路旁，矗立着一块写着"万里长城"的碑牌，看见此界碑也就意味着已临近河北边界。沟谷间小河涓涓细流，河床铺满碎石，低凹处能见积水汪汪。沿着山势走向，河在此处转了个 90 度的大弯儿，自南向西而来，拐弯之处堆积着山上塌滑的碎石，碎石之间，一段垒得整整齐齐的条石，便是此地的城墙。城墙连接处就是小黄岩城堡。城堡是由巨石累积，高不足 1 米，总共只有几十米长。旧时，城堡依仗着较高的地势，背靠险峻的高山，面朝宽阔的大河，四周以河为护翼，稳稳护住城内。城堡旧时建有城门，东山建有军楼，30 多间房屋并肩而置，一字排开，供将士们临时居住。木楼对面建有关公庙，内有关公铜像，怒目而视，手持青龙偃月刀，气势轩昂。庙墙上绘有三国故事，栩栩如生，桃园三结义的豪情壮志，鼓舞人心。庙前有四角亭院，庙后有四棵大松树，坚韧挺拔。清代时，这是此处通往东陵的要道，100 多名官兵驻守在这里，传说慈禧太后也曾多次从此经过。

　　山上山下景致不同，山梁上看不出村落的样子，没想到下来便是一处令人不愿挪开目光的落脚之地。在新的设计理念下，这里房舍崭新，统一规划，成排连片，全然一片新农村景象。在四合院的农家小院内，白墙青瓦，与大自然的山水融为一体，浑然天成。古朴的客房里，装有抽水马桶、空调、洗浴等现代化的设备，古老的景致和现代化的设施交织在一起，吸引着众多游客造访。

TIPS 小贴士

路线
黄岩口村位于密云区北庄镇。自驾可从京承高速沙太路、北庄出口出，经兴阳线、X556 到达。公交可乘坐 980 快车至密云汽车站，再换乘密 33 路到达。

住宿
黄岩口村旅游发展较为成熟，有不同层次的民宿酒店，可提供各种层次的住宿服务。

饮食
黄岩口村的当地饮食以地方特色农家菜为主，特色菜肴有炸河虾、炖鱼和山野菜等。

碧水仙居令公村

令公村,靠北坡,金银财宝十八锅;朝阳洞、万花山,二柏搭枝好神仙。这首世代流传的歌谣,生动地描绘了令公村的三大景观,城堡、古树和山水。这个群山环绕、依山傍水的古村落,正以独特的景致,吸引着各方的游人纷至沓来。

令公古堡

寻访古堡"村中城"

  令公村位于密云区太师屯镇东北部,村子依山而建,有山脉依托,支水川流,山水环抱,能够聚气藏气,是适宜居住的风水宝地。村人姓氏多为王姓,据家谱记载,王姓始祖起于太原,明朝初年从山西迁居密云,辗转落于古北口开枝散叶。后因明末战乱,某支迁至本村。因先祖曾居于古北口杨令公庙旁,因此新村得名"令公"。村内建有明代古堡,古堡背倚青山,村民原居于堡内。随着定居村民的逐渐增多,一座座新居依次而兴,围绕城堡,建起了许多的院落。古营城内已经容不下逐渐溢出的住户,村舍环绕在城堡的外墙,形成了"村舍围城、村中有城"的格局。

  令公村的古堡是建于明洪武年间的古营城。营城坐北朝南,只设南门,墙体由山石垒砌,城门洞和墙上的垛口用条石和青砖砌筑。几经岁月的洗礼,城堡墙体已经破坏严重,但砖石垒砌的城门洞和部分残墙尚存。一踏入古营城城门,就能看到一座花坛式的石坛。村民告诉我们,这其实是一口直径颇大的古井。因为长久无人使用,上面加盖了木盖子,四周更是长出了许多的花草,形成了花群拥簇古井的景致。古井的历史颇为悠久,取水的井绳更是密云地区少有的铁质九连环。这口古老的水井世世代代滋养着令公村的村民。令公村人历来讲礼仪,旧时家家户户来这古井打水,依次排队,从未出现过插队或是其他纷争。

  宽窄不一、曲径通幽的大小街巷连接着古堡内的各个宅院。道路的尽头,一户人家的墙角嵌着"泰山石敢当"的碑刻,据说是为了镇宅所用。巷子两旁的民居,多沿袭了旧时的院落格局。榫卯结构的木顶,小青瓦硬山脊,檐下青砖雕花配上墙角飘来的花花草草,为居民增添了几分雅致的情趣。踏进一户人家,瞬间就被它那古色古香的院落,小巧典雅的装饰和丰沛的历史情调所吸引。这些昔日守军将士的驻所,早已在岁月的洗礼中成为普通人家居住的院落。繁华落去,唯见沧桑。岁月抹去了旧居人工雕饰的痕迹,但当年的熙攘与繁荣却依稀可见,让人不禁遐想起那一段段被岁月湮没的传说。

  走出胡同,这才发现,脚下的水泥路已经变成了一块块青石板铺就的石板路。在这古老的街巷里行走,脚下踏着清凉的石板路,零距离地触摸着令公村曾经的历史。那曾经有过的喧嚣与繁华,早已随着时间的流逝无影无踪,只留下这岁月的沉淀,任恬静而优雅的时光穿越。

碧水仙居"仙居谷"

  从城堡里出来,顺着村头的南河往前,就到了葱郁的万花山"仙居谷"。仙居谷前,是一条水量颇丰的小溪。由于今年北京汛期水量大,清澈的溪水漫过了低矮的路桥,汽车从中穿过,激起的水花四处飞扬，竟有一种呼啸奔腾的感觉。穿过景区的大门，左侧是仙居谷的精品民宿休闲区。仙居谷里流出的小溪，曲曲折折流过每一栋木屋。河里是精心栽植的荷花，岸边是一排高大的柳树。碧绿的柳条垂下，掩映着这山水画廊之家，让人有一种宛若江南的错觉。

沿着修建完善的步道，顺着山势向上攀爬，就能到达令公村的老峪沟水库。20世纪六七十年代，在大修水利的热潮下，令公村的村民们在这深山的沟里，将溪水拦腰截断，修建成了如今宽敞高大的老峪沟水库。站在水库的堤坝上，平静深邃的水库湖面散落在山谷间，青恋叠翠在湖中波光丽影、倒影重重。水库的左侧，是装备齐全的瞭望台。坐在瞭望台宽敞明亮的躺椅上，可以舒舒服服地享受清风的摩挲，聆听潺潺水声，欣赏湖水山色。

穿过水库，就达到仙居谷的腹地。仙居谷依山傍水，群峰环绕，沟涧林荫蔽谷，常年溪水不息，潭瀑众多，雾水映衬下宛如仙境。从沟谷到山巅，随着季节的更迭，杜鹃、桃李、绣线菊、山樱桃、山菊花、映山红等各色山花竞相争艳，使仙居谷呈现出迷人的色彩。三清观、二柏搭枝、朝阳洞、万花山，民谣里面描述的都在仙居谷内。每到夏天，前来游玩的人们络绎不绝，远离都市，远离尘嚣，只为感受这一番世外桃源般的景象。

二柏搭枝三清观

在令公村，有着一座道教圣地——三清观，当地人俗称"二柏搭枝庙"。三清观前，两棵古柏树高耸入云，枝叶交缠，迎风沐雪，千年相依。山风吹过，柏枝作响，如泣如诉。关于这两株古柏，村里有一个传说。相传这二柏是由一对情侣幻化而成。他们彼此情深意长，但受到双方父母阻挠，于是躲进深山。三清神仙被他们的忠贞爱情感动，将二人点化为柏树，从此二柏连理，长相厮守。走进三清观，古朴的院落并不大，中间的主殿供奉着道教的玉清元始天尊、上清灵宝天尊和太清道德天尊。村民传说，这三位天尊非常灵验，从家人健康、婚姻求子再到事业功名，世世代代庇佑着令公村人。每年的四月十五，三清观庙会，四方信众都会来此朝拜，好不热闹。

烈士书写红色情

令公村不但有抗击外敌的长城情愫，还具有一段热血感人的红色历史。1944年，承兴密联合县政府的情报站站长王守政与一位姓何的侦察员奉命到令公一带执行侦察任务，夜宿老虎沟的两户人家中，不料被人告密，日军连夜进山抓捕。站岗民兵发现敌情，赶紧通知二位侦察员撤离。二人商量，不能独自离去，把危险留给百姓，决定要与老乡共度危险时刻。敌人将两户人家团团围住。为

仙居谷

把敌人引开，保护老百姓，王守政二人冲出包围，向大山深处跑去，终因寡不敌众，相继被抓。日军把他们连夜带到设在令公村的日军情报站，对他们进行残酷的突击审讯。王守政宁死不屈，经过一天一夜的痛苦折磨，没有吐露一字。在自知不能生还的情况下，他假装招供，哄骗日军说东山上藏有武器和粮食。令公村的东山，山石林立，地势陡峭，山上只有一条羊肠小路，周围都是悬崖峭壁，山下就是百丈深渊。王守政把敌人带到悬崖边后，用力挣脱身后日军的束缚，直向前边的敌人冲去，想把敌人撞下悬崖，与其同归于尽。由于身体被捆绑，行动受限，加上敌人已有所戒备，王守政撞敌不成，于是勇敢地跳下了悬崖，身体被挂在半山腰的一棵柏树上。敌人连开数枪，王守政壮烈牺牲，年仅38岁。

　　在落日余晖中，走出古堡，恋恋不舍之际，回想起英烈们御敌于城门之外，何等从容与壮烈！纵然今天已是太平盛世，不见了长城烽火，也不闻凄风苦雨中报警的锣声，但城堡遗迹犹在，纵目所及，远山如黛，暮云四合，炊烟四起，农人晚归，走在这片土地上，分明能感到无垠的宁静中弥漫着无数动人的历史瞬间……

TIPS 小贴士

路线

令公村位于北京市密云区太师屯镇域东北部。自驾可由京承高速G101出口出，经京密路、松曹路到达；公交路线可乘980路到密云汽车站，再换乘密39路，到达令公村。

住宿

村内有少量的农家院落，可提供住宿服务。村南仙居谷景区建有特色民宿区，有河边小独栋套房和别墅，可根据需求提前预定。

饮食

村内有少量的民俗餐厅，可提供系列农家菜品。仙居谷餐厅菜肴丰富，特色葱花饼、水库鱼炖豆腐、仙居谷肉肠和香葱菌菇炒鸡蛋等是当地的特色菜肴。

吉家营：古堡人家的寻常生活

燕山山脉之间，长城如巨龙随着山势蜿蜒，安达木河自东向西缓缓流淌，就在长城东部、河流南岸，一座村子孤零零地坐落在山坳之间，四面被高高的城墙"包裹"起来，仿佛与世隔绝。这处群山环绕、水流聚注之地，就是古村吉家营。明代万历年间编印的四镇三关志记载："吉家庄营城堡一座，洪武年建"。如今五百多年过去了，虽然古堡已有所残缺，但依然能看出精妙的构造和布局。大户人家和书香门第留下的大院与牌匾还默默守望在原地，彰显着村子的底蕴和文脉。

古堡"迷"城

沿着公路行走，穿过一片田地，就看到吉家营古堡的镇远门。镇远门的牌匾饱经沧桑，已经蒙上了历史的烟尘，要仔细辨认才能认清字迹。绕着城墙行走，发现巨大的条石底座上垒砌着青砖，偶尔墙上有残缺，露出烟灰色的内里。城砖之间的黏合剂用的是白石灰。村民们告诉我们，这些石灰都是用糯米汁调成的，如此才能建筑起坚固无比的城墙。缺损的城墙头上，遍生青草野花，历史的沧桑映衬着生命的顽强。

沿着一个斜坡可登上城门，夕阳西下，落日余晖，隐没于群山之中的古朴城堡内偶尔有炊烟袅袅，好一派烟火人间的景象。俯瞰村落，发现这个古堡和其他地方不同。吉家营的东西两座城门并不是直接相对，而是被特意错开形成两条主干道。除此之外，城堡中还有许多依山就势而建的巷道，错落有致，但宽窄和朝向却少有相同，街道巷子相互交错形成迷宫般的路网结构。这样的设计是出于战略的需要，当城堡被敌人攻克时，无论从哪边堡门攻入，堡内居民和官兵在撤离过程中都可以在曲折的巷道中和敌人周旋，为撤退争取时间。

从城墙上下来，太阳还未完全落山。远方淡淡青山影、一抹红霞痕、半轮落日残，全都被拱形的城门所框住，形成了一幅绝妙的风景画。走进城门，感觉门洞极宽极高，可通车，人在其中说话自带立体声混响音效。终于进入城内，马路并不宽阔，却是干净整洁，两侧白色的栅栏内种着粉色的菊花，饱满的小脸儿朝向游客，为古老的村子带来了勃勃生机。

城堡内的民居大都保留着瓦房这种传统建筑形式，墙裙用巨大的卵石堆砌，建房用的石头和砖，多有从城堡上拆下来的，窗户狭小而高，利于保暖，一些老屋的瓦顶上长满了一种粉色的塔形多肉植物，当地人称之为"瓦松"。令人惊奇的是，北方的房屋一般都是坐北朝南以获得更充足的日照，这里的房子却多是坐南朝北。村民们告诉我们，这是因为吉家营背靠"金椅背"，面朝小清河，即南面是山，北面是水。如果依然按照坐北朝南的方式建宅，民居面朝大山，背靠河流，既不利于光照，在风水上也不吉利。所以，村子的民居多因地制宜，采用坐南朝北的设计。

郝家大院与里仁为美牌坊

旧时，村子里有一位郝姓财主。相传以前郝家非常有钱，从太师屯到兴隆再到三岔口都是他们家的土地。从北京城里运回银元，足足用18匹骡子拉了3个月，可见郝家之富有。虽然郝家后人已经搬离了村子，却将这郝家大院留在了吉家营。郝家大院是村中有名的大宅，仅是门口处的景致就可见一斑。

镇远门

大院的门口是规整的条石砌的阶梯，传说阴雨天也不湿脚。大门旁边有大块的上马石，显示着主人的气派与富有。门口的滴水檐头上印刻着狮子纹，寓意降魔驱邪、护法镇宅。拐进一个小巷，迎面就是一面影壁。影壁本身为素面，有简单的菱形花纹，屋檐下的两侧有砖雕，一块雕刻着石榴和葡萄，象征多子多福；另一块是石榴花，寓意红红火火。年长的村民至今还记得，旧时影壁下方是青砖垒砌的小水池，寓意"聚宝盆"。影壁左右两侧的石墩上，分别雕刻着枝上鹊与松下鹿，寓意喜上眉梢和福禄延年。如今的郝家大院已经为村民们居住。原本大院被切割成不同的小院。推开一家院门，院子里种满了各色的蔬菜。火红的辣椒、黄色的玉米、金色的南瓜给这古旧的大院增添了许多人间烟火的气息，也让生活在这里的民众，铭记并传承着郝家大院的故事。

里仁为美牌坊是村子里的又一处古迹。"里仁为美"出自论语——"里仁为美，择不处仁，焉得知？"意思是居住在有仁德的地方才是好的，不居住在有仁德的地方，怎么能说是有智慧的呢？里仁为美倡导的是家庭和睦、邻里团结。里仁为美牌坊修建在村子外侧的一个小巷子里，传说是巷子里一位名叫王彦惠的教书先生所建。穿过古村，没走多久便看到了高高的拱形建筑。一堵青砖墙中开了一扇拱门，上方镶嵌着一块用白灰抹过的石板，书写着"里仁为美"四个墨字，牌匾旁有供人休息的石凳。一位乘凉的大婶告诉我们，在这个里仁为美的巷子里，邻里关系非常和谐，书香气浓，历史上接连出了好几十位秀才举人呢。

古村故事多

在吉家营古城东三里处，有一个摩崖石刻，村里人称为梆梆石。如果有人拿石头往岩石上敲击，对面的山上会发出回音，如同北京天坛的回音壁。关于梆梆石的来历，村里还流传着一个小故事：

过去的吉家营，有一个非常贪财的地主。一群南方的商人来到本地之后找到了地主，给了他一颗瓠子的种子，承诺如果地主能够帮他种100天，助他拿到瓠瓜，他就会利用瓠瓜带地主打开一座山门，找到里面的金银财宝，双方平分。不过地主不仅贪心，还没有耐心，等到瓠子长到第99天的时候就把它采摘下来，偷偷地把山门打开了。只见里面满是金豆子，还有一头金牛正拉着金碾子磨金粉。财主见了之后立刻起了贪念，慌忙拿起各种金银财宝往自己口袋里装，但是因为他的瓠瓜没有成熟，山门不受控制，不停下坠。财主一边拿金子，一边往出口跑，金子又多又重，财主跑得气喘吁吁，就是不舍得扔掉一部分金子。最后金牛跑了出来，地主却被困在了里面。山门关上以后，整个山地中间就坍塌了。因为山中有洞，敲击一侧，才会发出回音。

齐庄子是吉家营西面的一个小自然村，古称齐家庄。村后有座小山，人称四平山。山顶曾有古庙，相传是为纪念北宋名将呼延庆而建。北宋初年，因受奸臣陷害，双天官呼延丕显一家三百余口惨遭灭门。所幸当时其幼子呼延庆串亲戚不在家中，才幸免于难。在忠良帮助下，呼延庆绕往北方，隐姓埋名，以躲避奸臣追杀。年幼的呼延庆隐居大王庄，习武学艺，长到十六岁时，已身高体阔，力大无穷，武艺超凡。为了除奸报国，洗雪沉冤，师傅叫呼延庆改名王庆，遍游北方，寻访高手，切磋武艺，历练闯荡。呼延庆一路闯荡来到齐家庄。当时这一带与契丹接壤，因北宋朝廷对契丹求和，每年输帛纳贡，边地还算平静，双方也互有往来，呼延庆来到齐家庄，便借住齐员外家，发出消息，在此设擂比武。齐家庄后山四平山，山顶有两亩宽阔地，擂台就设于此。呼延庆为擂主，设擂一月，先后战胜当地及北方来的契丹壮士二十余人，满月收擂，继续游历他方。五年后，他回京报仇，后又登台拜将，挂帅西征，讨伐西夏。

吉家营西北二里的安达木河有一深潭，名叫观音潭。此潭深不可测，潭水墨绿，往下扔块石头，根本就溅不起水花。这里的景观奇特，夏日黑雾腾腾，冬日白雾弥漫。当地传说，观音潭里曾经住着一个"魔"。每到夜间，一团白雾从潭中冒出，沿山谷向周围山村游荡。到了村落之中，有时轻飘飘穿过门缝和窄巷，有时颤巍巍堵塞大街和城门。虽然没有害人的经历，却经常吓得人失魂落魄，闹得周围村庄的人夜晚不敢说话出门，早晨不敢起早干活。有一日晚间，观音打坐南海普陀山，遥望西北方一线白雾冲天而起，掐指一算，知道是北方魔怪道行大长，须及时镇服。观音驾祥云朝西北方而来，魔却隐入潭中。观音取下一瓣莲花投入潭中，立刻化为巨石。魔怪求饶。观音慈悲为怀，仁爱为先，并不想把这个无大过错的魔杀死，于是抬手一指，莲花停止生长，给魔留下了性命。观音吩咐此魔要造福百姓，晚间再不许出来，只准早晨阳光出来时才可以出潭松松筋骨。魔依令而行，每当太阳升起时，它才沿山谷走上个把小时，于是造就了"雾灵晨雾"这一名胜景观。

人间烟火农家饭

从村子的东头逛到西头，就是城堡的西门。城墙砖垒制的西门巍峨庄严，最上方的城砖规规整整，靠近门洞附近的时候逐渐形成一道道拱形，二者的交界之处有一块古朴的石头匾额，经过百年的风霜，门洞上的牌匾已然发黄，字迹模糊不清。

最引人注目的是城门口两棵巨大的槐树，树枝伸展，在春夏交际太阳刚开始发威之时为路人带来片片绿荫。槐树应当是上百年的古树，如今被汉白玉的栏杆圈起来作为保护，一路走来又渴又累，在树下倚靠着栏杆喝口水、乘会儿凉，不时闻见阵阵清香。抬头望去，原来正是槐花开放的时节。"古树发新花，香风入肺肠。玉华凌空舞，林荫涌素裳。"村子里最负盛名的农家饭就是这槐花饭了。在这古村里，人人都是"采花高手"。身手敏捷的村民身背镰刀，两三下就爬上了这高耸的大树。他们动作灵敏，长镰刀所到之处，结满繁花的枝条就会随着"咔嚓、咔嚓"的声响落到地面。捋下槐花，

城堡遗址

清甜的味道随着花汁溢出来,吹一吹表面的尘土,可以直接放到嘴里,口齿生香。做成的槐花饭,清香可口,沁人心脾。用槐花炒上本村的土鸡蛋,颜色微黄,散发出诱人的光泽,花朵的清甜和蛋香相互映衬,口感松软,让人难以忘怀。

  除了槐花饭外,当地的一种野菜龙须菜也是一道特色菜肴。龙须菜颜色翠绿,顶尖儿处卷曲纤细,如同胡须一般。清洗过后的龙须菜,点缀上青红辣椒,再配上蒜泥,鲜甜脆爽,十分过瘾。最妙的当属卤水豆腐。本村产的黄豆,配上卤水就点制成地道的吉家营豆腐,尝一口嫩滑醇香,豆香满满,蘸一点儿北京人爱吃的二八酱,更是绝佳。用豆腐做成的红条子肉碗是当地的硬菜。红条子肉碗又称红木梳背,上好的卤水豆腐冰冻后,盖上过水油炸的五花肉条,配上本村的大料,煮上两三个小时即可。这红条子肉碗,肥而不腻,酥烂爽口,是当地难得的佳肴。

TIPS 小贴士

路线
吉家营位于北京市密云区新城子镇。自驾可从京承高速古北水镇出口出,经马北路、松曹路、Y255 路到达。公交可乘 980 路到密云汽车站,再换乘密 50 路,到达吉家营村。

住宿
吉家营村的住宿以农家乐为主,基础设施较为齐全,可提供基本的住宿服务。

饮食
吉家营村有多家农家菜馆,有龙须菜、槐花、豌豆苗、香椿芽等时令蔬菜,还有卤水豆腐、二八席等特色菜肴。

头道沟村：白岭关下柏岭泉

从新城子出发，松曹路的北侧，雾灵山脉往东依次分布着四条山沟。头道沟是这四条山沟的第一条，山沟下的村庄因此得名。盘旋在雾灵山上的长城成为了"强驴"圣地，村里更是流传着关于山脉的诸多传说。随着民俗旅游的发展，这个古朴的村庄建起了一栋栋现代化的民宿，坐在小院望长城，成为了这个小村新的时尚。

"强驴"圣地白岭关

从头道沟的村委会出发,沿着山路往里走二里就到了雾灵山的山脚,五里就到了雾灵山的山脊。在这起伏不定的险峻山峰上呼啸盘旋着的就是白岭关长城。提起最为惊险的长城路段,大部分人会想起"一箭扣双雕"的箭扣长城,或是"险、密、齐、巧、全"的司马台长城。不过,众多北京户外运动者都把白岭关长城列为最险峻的长城。明代修建长城时,只是在这里修建了敌楼,并没有建城墙。一来是因为这里地势陡峭、山顶崎岖,非常人不能及,只需要修建敌楼即可起到一夫当关万夫莫开之意。二来,这里地势太过险峻,在技术并不发达的过去,实在无法在这山巅上建设长城这一浩大的工程。因此,白岭关长城成为了北京长城中为数不多的有楼无墙的长城。

沿着山路往上,漫山遍野都是灌木、蒿草,并无明显的山路。一路踩着碎石、蒿草,跨过山涧、小溪,攀着石块、藤条,才能攀行至山腰。站在山腰极目远眺,长城雄踞的山脊似一条卧蟒盘绕曲折伸向天际,山脉顶端的雾气接着白云,好似天上的仙境。快到长城关上时,行进变得更加艰难。各种狗牙、鲤鱼背、鲫鱼刺轮番上阵,山顶之陡峭就像亿万年前有一条大鱼悲壮地死在了山口一样,脊背上的利刺化成了奇形怪状的岩石,牢牢地扎在山体之上。每走一步都要提心吊胆,只有手脚并用、心无旁骛才能到达。攀岩至一个垭口,前方似乎没有路了,只有一处断崖。此时立于山巅,前后左右似乎都是绝路,不由得头晕目眩、冷汗津津、心生绝望。进退维谷之际,才发现前方树木上系着一条红绳,有人留下了标志!于是咬紧牙关、鼓足勇气,颤颤巍巍地前行,终于发现有一处勉强可下脚的空地,用绳子拴在了一棵树上,将自己慢慢放下来,才长舒一口气。

无上风光在险峰,一路上虽然艰难险阻,却也隐藏着诸多历史之中的古迹。白岭关为两伏两券砖砌拱形门,关门洞宽度仅容一人一马通过。白岭关明代称柏岭安寨,明万历四年(1576)《四镇三关志》载:"柏岭安寨,洪武年建,狗皮岭路,通单骑,冲,以西墩空,俱山险。"从此遗迹可见当时之险要。门洞东壁劈有登城步道可以直接登上城墙,驻足白岭关上北望,可一揽广阔的北国风光,东眺可见"京东第一峰"雾灵山及南侧群峰,东端的花石楼与孤独楼隔山险狗皮岭而居,西与司马台长城毗邻,长约5里,有关门一道、空心敌楼八座、登城步道两孔,敌楼上有供士兵居住的铺房。

白岭关长城的东三楼被驴友称作"丰碑楼",若是从它的西侧望去,无论如何也与"丰碑"二字联系不到一块儿。坍塌严重的楼室仅剩东、北两面残墙,长城墙砖倾泻而下,铺满了整个小山头,活像一把椅子。残墙上门洞箭楼露出空隙,像椅背上的格栅。说它是"土王座"倒还贴切,"丰碑"似乎风马牛不相及。但若是绕到其东侧再回头望,不禁让人精神为之一振。它的另一面方方正正,垛口整整齐齐,屹立在众山之间,高大威猛,无比突出。陡峭的山势和方正的敌楼相互映衬,到处都是尖利的弯折,少有柔美的弧度,让整座楼看上去气势非凡,给人以沉稳肃穆的感觉,确实像一

"强驴"圣地白岭关长城 照片由怀道县村委会提供

丰碑楼　照片由头道沟村提供

座不朽的丰碑，屹立在这巍峨的山间。

　　白岭关长城的东五楼雄踞于狗皮岭西端的峭壁之上。东五楼的基座使用的不是条石，而是就地取材，用颜色各异的大块巨石垒砌。只有顶层垛墙和北侧门洞用城砖砌筑，因此被驴友们称为"花石楼"。从远处望花石楼，在阳光照耀和满山绿意掩映之下，色彩斑斓、分外妖娆。花石楼也是白岭关长城的东部端点，从这里向东全是悬崖峭壁，一直到千米开外的孤独楼。因为路途艰险，步行无法通过，花石楼与孤独楼之间的联络，不得不依靠狗皮岭南麓的烽火台。

神工鬼斧窟窿山

　　在白岭关西侧的山上有一个巨型的山洞。这个山洞高5米，宽3.5米。村民们称之为"窟窿山"。窟窿山西北十里开外，也有一座窟窿山与之对应。两洞从北向南，自山顶向下斜穿过山体，长城恰好由上越过，构成了雄险万分的"长城卧桥"之势。从下仰视，宛如两个望天洞眼，颇觉天高云淡，万里长城气势如虹。这种洞城巧妙组合的景观，在整个明代长城建筑中可谓绝无仅有。大自然的神工鬼斧与人间的智巧有机结合，令人惊叹不已。

　　站在白岭山上，放眼望去，群峰起伏，云海翻腾，千岩竞秀，万壑藏云，郁郁葱葱，飞红滴翠。此情此景，不禁让人心潮澎湃，思绪万千，上下几千年，纵横千万里，民间传说、英雄故事涌进脑海，任思绪飞扬，纵横驰骋。

柏岭泉小院

柏岭泉：望得见长城的古风小院

  在白岭关长城脚下、头道沟村北，坐落着特色民宿"柏岭泉小院"。白岭关旧名柏岭安寨，后来因为关口附近的山石呈白色，人们逐渐称之为白岭关。在这小院的西边，有一口古老的泉眼，冬暖夏凉，口感甘甜，历经百年从未断流过。出于对村子历史的铭记，也是为了纪念这股世世代代滋养村民的泉水，小院的创始人将这个民宿命名为"柏岭泉小院"。

  柏岭泉小院全是用天然的石块垒砌而成，不仅冬暖夏凉，更与白岭关长城花石楼的石墙和周边的环境十分匹配。小院的门后是一面精致的锦鲤影壁。院子是一个精致的三合院，具有鲜明的北方特色。室内有不少外露的原木框架和老榆木家具，能够闻到属于木材的清香味道。在院子的西厢房，房主还陈设了不少老物件儿：长城砖、老瓦当、葫芦、宝刀、大哥大、收音机、缝纫机、老电视……每一个老物件都在讲述着自己的故事。西厢房外是一个露天的露台，露台设有观景台、野餐草坪和果园菜地。露台旁摆满了绣球、杜鹃、太阳花……鲜花们争奇斗艳，不时有蝴蝶飞来。躺在露台的躺椅上，抬头就是雄伟的白岭关长城，在这惬意的环境里，约上几个好友，小酌一杯，岂不美哉。

  山野美食是柏岭泉小院的特色，馕坑羊肉更是一绝。柏岭泉小院的羊肉采用当地野生放养的山羊肉。宰杀后用小院西边的泉水浸泡一晚，去除肉腥后，再加上十几种调料和香料混合成的秘制腌料，均匀地涂抹在肉块上，腌制三小时后，串成羊肉串，贴近炽热的馕坑壁边焖烤45分钟即可。大串的羊肉三瘦夹一肥，外焦里嫩，入口微微一抿，瘦肉筋道入味，肥肉更油爽可口，有着一股子带劲透

柏岭泉小院西厢房的老物件

爽的油脂香。这里临近密云水库，水质优良，柴锅炖水库鱼也是小院的招牌菜。柏岭泉的鱼采用雾灵湖野生鱼，豪放的大柴锅加新鲜的水库鱼，再贴上一圈杂粮饼子，清香鲜美，让人垂涎欲滴。想吃素的话，还可以点上一盘泉水古法手工豆腐，有机大豆与天然矿泉的碰撞，刚成型的豆腐不需复杂加工，只需蘸上一点儿秘制小料，就很鲜美。

耳边是泉水叮咚的声音，面前是山间徐徐吹来的清风，碰杯喝点儿小酒，自带的燕京、小刀、牛栏山……轮番整上，微醺之际仰卧在躺椅上，入目的是星点点、月团团，还有那远处依稀可见的古老长城。

TIPS 小贴士

路线

自驾可从京承高速古北水镇出口出,经马北路、松曹路、Y260路到达。公交路线可乘980路到密云汽车站,再换乘密38路,到达头道沟村。

住宿

当地旅游开发较为完善,以中高档民宿为主,有柏岭泉小院、依山小院、望山小筑等多个精品民宿,可提供住宿、休闲娱乐等服务。

饮食

头道沟村有多家民俗餐厅,菜肴以农家菜为主,特色饮食有馕坑羊肉、柴锅炖水库鱼、古法手工豆腐等。

云岫古堡遥桥峪

在密云最北处，重峦叠嶂，连绵起伏，遥桥峪村就坐落在这深山峡谷的隐秘处。遥桥峪北部靠山，南部临着安达木河，因为村子面朝河流，需要架桥以渡，因桥不稳而得名"摇桥"，后逐渐演变成"遥桥"。在遥桥峪，白日可绕城观赏胜景；夜半可登墙仰望星河；仁者乐山，可去云岫谷领略山石之美；智者乐水，可到雾灵感受水的动与静……如此丰富多彩，无怪乎有密云的作家自豪地称遥桥峪为北京旅游第一村。

遥桥古堡

昔日长城戍边堡——遥桥古堡

  遥桥峪古村是明代驻军的城堡，与周边曹家路、花园、关门、黑谷关、吉家营形成进能攻、退能守的防御体系。明代称这里为"河加营"，清代称"遥桥谷"。城堡始建于明代洪武年间，万历二十七年（1599）重修。走进遥桥古堡大门，只见堡体坚实厚重，嵌着一块石质的匾额，上书"遥桥古堡"四个大字。和高大厚重的堡体相比，堡门却显得十分狭小，大点儿的车辆都无法通过，无处不体现它易守难攻的军事气质。堡门处有三棵古槐，年份最久的那棵和城门相对，用白色的栅栏围挡，里面长满了粉色和黄色的小花，十分清新。另外两棵分布在堡门左右两侧。古槐下是石狮，圆雕蹲立、身配饰物，昂首挺胸、瞪目鼓瞳，两头狮子一前掌踏地，一前掌踩石球，显得十分威武有力。

  进入堡内，才能感受遥桥古堡的厚重历史。顺着登城马道走过，一路抚摸厚重的墙体，古堡的墙基是用河石砌成，历经岁月的洗礼，却依然巨大而光滑。鹅卵石的上方才是铺设的青砖，厚实坚固，偶尔还能看到用石头制成的、从城墙楼子上伸出的长长的水槽，这是城墙特有的设计。堡门上方保留着最初的碑文，上面写的倒不是"遥桥古堡"，而是"遥桥谷堡"。传说，遥桥峪村曾经是戚家军驻守时期修筑的一个粮仓，"谷"字便由此得来；也有人说因为遥桥峪处在山谷之中，

古堡内的民宿

十分隐蔽,所以被称为"谷"。仔细观察地面,还能在堡门楼地面上发现柱脚的墩座,墩座中间还有方形的卯榫槽洞,想来原本此处应该还有二层建筑。查阅地方志,果然发现此处堡门上曾有座砖木结构城楼,城堡四角各有哨楼。门楼、哨楼的墙体凸出,便于观察和射击,可惜门楼、哨楼后来均被毁。

站在古堡上方向东眺望,崇山峻岭之间有长城蜿蜒蛇行,隆起的敌楼像巨龙的脊背。这便是遥桥城堡的重要之处,它以东侧云岫谷山羊精楼为耳目,与司马台至曹家路一带长城遥相呼应。长城上如有敌情,山羊精楼狼烟即起,城堡内的明军就可以迅速集结,飞速增援长城守军。烽火狼烟无觅处,戍边古堡今犹在,遥桥古堡曾经守卫长城内外,经历四百多年沧桑,依然屹立不倒,就像一位古代将士,身披玄甲灰衣,忠诚地坚守在高山莽林当中。

今朝民俗旅游村——遥桥峪村

在古堡的城墙上,不仅能看到堡外崇山峻岭、长城逶迤,还能看到遥桥古村今日欣欣向荣之景。城堡的东北方,是蔚为大观的遥桥峪水库大坝,这是北京首个混凝土大坝。高54.62米的大坝,遥望过去,气势逼人。正北方向是一座敌楼,上方却装着金属的信号发射塔。古老沧桑的土黄色长城敌楼和高耸入云的银色金属天线混搭在一起，有一种神奇的科幻感。南方和西方是一座座青山，在白云朵朵的蓝天之下分外妖娆，"我见青山多妩媚，料青山见我应如是"。遥桥峪四面环山，偶尔听到鹰唳的声音在山谷中回荡，不由得让人感慨当地生态环境的优良。

回望脚下，堡内一座座院落整整齐齐，院落内一畦畦菜地被打理得精精神神。村内的房子大多古色古香，屋顶的瓦片鳞次栉比，有一种韵律和美感。保留以前的传统并不意味着亏待现在的生活，不少民居屋顶上都放着太阳能热水器，街上立着太阳能电灯，或许有人觉得"穿越"，但却显示着新农村蒸蒸日上的景象。

不少民居前挂着住宿餐饮的牌子，多数与当地的特点有关，如戍边居、把总府、古堡客栈、遥桥古堡饭庄等。大鱼缸、葡萄架、屋檐红灯笼、灯下木桌椅，这里的民宿大都布置得十分清雅。用来待客的最佳美食就是水库鱼。遥桥峪紧邻雾灵湖，这里水质极佳，产出的鱼也十分鲜美。灶台下柴火劈里啪啦，灶台上炖鱼咕噜咕噜。土法炖制的鱼肉鲜嫩可口，没有半点儿土腥味，还可以加宽粉、豆腐、贴玉米饼子，浓郁的香味呼之欲出。一些精明的老板因地制宜，用小桥将城墙和民宿的二楼露台连接起来，并用杜鹃、月季、绣球等各种各样的花朵装饰自己的露台。晚上，可以在这露台上烤串、喝酒。若是嫌露台施展不开，一步就能迈到城墙上，在上面或立或坐，甚至躺着吹风、看星星。酒到酣处，不少风流潇洒的才子弹着吉他诉说情思，也有那寄身江湖的汉子仅凭肉嗓道尽烟尘。此时此刻，此情此景，一切烦恼都烟消云散，只觉得月涌江流、天地广阔。魏文帝曹丕曾作诗云："丹霞夹明月，华星出云间。上天垂光彩，五色一何鲜。寿命非松乔，谁能得神仙。遨游快心意，保己终百年"。应当如此。

萧疏野趣云岫谷

云岫谷风景区位于遥桥峪的对面的山上。走进云岫谷不远，便能看到一个废旧的儿童训练基地。那是一个巨大的金属架构，银色的金属闪烁着冷峻的光芒，上面有一些攀爬类的训练项目。在林密草盛的自然风景区之中出现这样一个废旧而庞大的钢铁巨物，颇有末日废土的感觉。沿着山路向上，逐渐发现谷中群峰夹峙，碧水潺潺。夏季水盛，溪流漫过了一处石桥。这里的水清清凉凉，波光粼粼，河底的小石子都清晰可见，实在是个玩水的好地方。谷中溪流汇聚成五个水潭，三叠瀑布，奔腾的山泉沿陡峭的岩壁跃入崖下，粉红的岩石被清流碧水切割成深潭，银白色的浪花在红色的河床里翻滚、跳跃。在阳光的照耀下，好似无数条彩练飘落谷中，美丽无比。五潭成梯，三瀑为帘，这就是被当地人称为"五彩三叠"的奇观。

云岫谷另一个独特的景观是"水秀石红"，铺在水底大面积的岩石红得像凝固了的血脂，把洁净的溪映成了红色。民间传说是仙女们不小心挥落的胭脂落入了凡间。其实这是亿万年前的造山运动形成的红色安山岩，在溪流的冲击之下被脱去尘垢，显示出滑润的朱红色。

云岫谷不仅水美，山峰也奇秀。云岫谷的深处，山峰巨石，形态各异，千奇百怪，蔚为大观。有的如神仙禅坐、沙弥听经；有的如仙女玉立，婀娜多姿。藏龙涧、七仙峰、奇仙屏、南天一柱，每个山峰都流传着一个优美的传说，令人叹为观止。

高山滑水雾灵西

云岫谷向东两公里就是雾灵西峰景区，雾灵山是燕山山脉的主峰，"因其高峻，有云雾蒙其上，四时不绝"而得名。雾灵西峰即雾灵山西麓，这里山清水秀，景色宜人。整个雾灵西峰旅游风景区占地近20平方公里，动植物资源十分丰富，几十年树龄的野生栗子树、猕猴桃树、山楂树、山杏树及数十种中草药等遍布山坡上、河谷间，成熟季节随处可摘，灵气充裕，草木溢香；狍子、獾猪、山羊、野兔、山鸡、松鼠等可爱生灵更给这里增添了无穷情趣；不过雾灵西峰最有特色的还是高山滑水项目。

雾灵西峰的高山滑水是漂流中最野的玩法，被称为浪尖上的过山车。整个滑道是由专业团队打造的国际级高山滑水赛道，全长3000多米，落差168米，滑道所过之地是西峰峡谷风光最佳之所。滑水之前，工作人员会为游客们穿上救生衣、戴上安全帽，做好防护之后才能坐上橡皮小艇。工作人员会提前交代注意事项，两个人一艘船，体重较重的游客坐在船的后边。等一切都准备就绪，上游水库开闸放水，小艇顺着湍急的水流直冲下去，游客们乘坐着船顺势而下，耳边只留下同伴的欢笑与呼喊，身边只剩下白色水浪，劈头盖脸地浇透全身。

依山而下的滑水道，节奏也在时时变化。有的时候渠道较为平缓，橡皮艇缓慢悠然地驶过，游客们还可以观赏周边的风景，嗅闻草木的芳香，体会怡然自得的惬意；有的时候落差很大，回旋滑、空中滑、离心滑，感受跌宕起伏的波峰浪底，绝对是惊险刺激。其变化交替层层叠叠，让人欲罢不能。

在较为平稳的滑段，还能看到同行的游客们突然纷纷掏出早已准备好的道具朝着同伴的船发起攻击。近距离杀伤力最强的还是朴实但有效的水瓢，一大瓢水从天而降，往往能浇得对手双眼紧闭，毫无还手之力；远距离攻击就要用水枪，射出的水流虽然比较细，但是射距长，可以精准打击。玩乐的时候难免不小心"攻击"到不认识的游客，经常会引发一场新的"战争"，有的船队因此被"两面夹击"，无奈之下只能认输，匆匆逃离。打水仗这种童年的"幼稚"游戏，往往能唤醒人们心中最美好的回忆，不论是否相识，好像都可以一起肆无忌惮地打闹，冲破心中的藩篱。

雾灵湖

赏水休闲雾灵湖

  在云岫谷的北侧,是安达木河上游的雾灵湖。宽敞的湖面波光粼粼,湖水碧绿幽深,仿佛从天际滑下来的宝石,有着写意般的唯美。雾灵湖附近有游船租赁的服务,若是有条件,一定要坐上快艇在湖面兜上几圈,湖面平滑如镜,快艇迅疾而稳当,在极快的速度之下,大风吹散了头发,也吹散了胸中淤积的块垒,一时间只觉得神清气爽,有苏子凭虚御风、遗世独立之感,一旁的游客忍不住发出呼喊,声音久久回荡在湖面,此乐何极!

  雾灵湖的北岸是秀丽的雾灵山庄。从雾灵山庄俯瞰雾灵湖,山水之间,界限分明,湖光山色、尽收眼底。整个湖面像一面古镜灿烂生辉,偶尔经过的几艘小艇划出纵横交错的波纹,好似遗落在镜子上的几缕青丝,转眼间又无影无踪;湖面清澈,又像美人水光潋滟的眼眸,湖岸上的树木茂盛,像美人纤长的睫毛,至于周边的山峦,自然是眉峰与山根,微风吹拂,树木飘摇,水波荡漾,恰似美人眉眼盈盈、秋波暗送。

  来到雾灵湖,不能不看湖水尽头的遥桥峪大坝。遥桥峪大坝像一座桥,把西边的卧龙头和东边的老婆山连在一起。两条回水如同二龙出水一般,伸延3公里。在这宏大的水坝前,人显得无比渺小。这个依靠劳动人民心血建成的大坝,至今仍然发挥着保障北京城市日常用水、调节洪水的作用。每每想到这些,除了对于美景的欣赏和对于大坝的震撼外,心中还流淌着对劳动人民的敬畏。

TIPS 小贴士

路线
遥桥峪村位于北京市密云区新城子镇东部,可在东直门乘坐980路快车到密云滨河大桥站下车,再换乘密39路到达遥桥峪下车;自驾可从京承高速出发,从古北水镇出口出,经马北路、松曹路、巴梁路、Y255到达遥桥峪村。

住宿
遥桥峪村的民宿旅游发展十分成熟,农家乐、民宿、高档酒店应有尽有,基础设施非常完善。

饮食
当地的饮食以农家菜为主,素菜包括龙须菜、木兰芽、花椒芽、豆腐等;荤菜以灶台鱼最为知名,炸河虾、烤羊腿、小鸡炖蘑菇也很受欢迎。

「绝胜雄关」曹家路

曹家路村地处雾灵山北麓、安达木河北岸,是密云、兴隆、滦平、承德四处交界地。因地处边关要道,自古以来都是兵家必争之地。这里不但有兵马从戎的古堡、古长城和古营城遗迹,还有风景秀美的雾灵山龙潭风景区,完美地融合了人文景观和自然风光,成为长城沿线一颗耀眼的明珠。

曹家路城墙遗址

"绝胜雄关"古营城

曹家路营城始建于明朝洪武年间（1368—1398）。据记载，营城为虎头形，似卧虎藏龙，设东、西、南三门，分列三方，各据险要，东门为"绝胜雄关"，南门名"延胜门"，西门题写着醒目的"曹家路营城"，城东南设有便门，北山上建有城墙。旧营城用山石垒砌灰浆勾缝。城内建有游击署、中军千总署。东门外有校军场、演武厅、点将台，想必此处曾有无数赤胆忠心的威武将士。曹家路所辖长城各寨口的守将都由这里点将上岗。围绕曹家路营城，周边村落均建设了城堡，形成了"梅花式"布局，多点布局，一呼百应。城堡里以前有十来家中药行。城堡内外庙宇众多且各具特色，玉皇庙、娘娘庙、城隍庙、老君庙等十五六座，但遗憾的是，如今这些庙宇都已无存。曹家路营城因战争而辉煌，因安宁而没落，清初守防的作用减弱，末年渐而废除。根据《畿辅通志》记载，顺治六年（1649）曹家路营城裁减了游击，雍正十年（1723）又裁减了守备，只设都司、把员各一。驻守兵马也大幅裁减。清代还有都司署、把总署等办公衙门，现已无遗址。站在村子东北角，地势明显增高，能够看到村里许多屋顶，北城墙也更为真切。

如今的曹家路村是个大村落，有七八百户，约两千口人，下辖5个自然村。宽阔的安达木河就在村南由东向西流过，安达木河较曹家路营城有着一定的海拔差异，河水倏忽漂过，自上而下望去正是一片宽阔的水域。曹家路古营

大戏台

城损毁十分严重，原先的三个城门全部拆毁，只剩北墙和南墙。北墙相对来说保存最为完好，虽有残破倒塌，却断断续续地在村北陡峭的山脊上绵延两三百米，山不高却险，长满了扎人的荆棘，本地人也很少攀登。南墙只有安达木河北岸上有一小截残存，多为毛石所砌，少部分青砖风化严重，墙下露出两三层条石，可以想见当年城墙结实坚固的模样。站在河边打量古城，破败的城墙并不笔直，而是略呈曲折。墙上留有几处用于排水的口子，方便城内用水及疏通雨水的需求。宽阔的安达木河冲刷着河床里的各式圆润石块，岸边的城墙铺满爬藤青苔，顺阶而下还有一口封存的古井，很有一番古朴的意境。营城中的房屋还留存着些许城墙垒砌的旧房，门窗还能看出民国时期建筑的特点。胡同里一处门楼最引人注目，上有门档，两旁雕砖装饰，显得格外精致。村民介绍说，这个院子是以前的丘家地主院，当年最阔绰的三进院落，如今不知何人安居其中。

村里有一座老戏楼颇为壮观，戏楼色彩鲜艳分明，高大漂亮，梁下蓝面的匾额上用暗红的大字写着标语，牌匾上方是一排黄花绿叶的向日葵烘托着一颗光芒四射的太阳。朱红雕花的柱子上挂着两只落了灰的大灯笼。戏楼下两侧立着两座淡粉色的基台柱子、金黄色的灯台支架和酷似八爪鱼造型的路灯，中西结合，美丽活泼，恰到好处。村民们说，这戏楼是1958年建起的。戏楼建造的场地本是村落举办庙会、集市的空地，村民们自发动员，义务劳动，拆除了三官庙、娘娘庙等建筑，才盖起了这座戏楼。

雾灵看山

听林海松涛,观日出晚霞

从曹家路村往东三公里,便是大名鼎鼎的雾灵山景区。雾灵山位于河北省兴隆县境内,1998年曹家路与兴隆县达成协议,修通通往雾灵山及其周边包括龙潭在内的四个景区的公路,北京的市民不需要绕道河北,便可直接抵达雾灵山。

雾灵山为燕山山脉主峰,海拔2118米,地跨京冀两地,为京东第一高峰。远眺而去,可见山顶积雪颇多,至五月仍未融化,景色奇特,故"雾灵积雪"被收录为密云八景之一。清朝初年修建东陵,雾灵山被划在陵区之内,禁樵猎。经过二百多年的封山育林,此处丰富的野生生物资源得到保护,猿鸣山涧,草长莺飞。大片森林覆盖,浓翠蔽日。山中有大面积原始森林,高等植物千余种,密密匝匝,亦有大量珍稀野生花卉和中草药植物,素有药山之称,另有野生动物数百种。雾灵山四季皆景。春天五彩山花绽放,犹如世外桃园;夏季,潺潺流水伴着阵阵松涛,满眼碧绿;秋时,层林尽染,张扬着自然的生命;东来,玉甲银盔,粉妆玉砌。每一季、每一景,都足以使人忘却自我,融入自然。

由曹家路村往南约10公里,可直达龙潭景区。随着海拔攀升,沿途的山色大有不同。奇峰峻石,层林叠翠,石崖上攀生着灌木,步道旁小溪蜿蜒,山林里各式各样不知其名的秀木让人心旷神怡。进入景区后,一路溯溪而上,便可先到"小壶口瀑布"。瀑流

山间瀑布

从崖顶飞泻而下,如白练抛空,恰似从壶口泻下,恢宏磅礴,一泻千里。瀑布上方的将军峰,似一位将军站立千年只为镇守这宝壶。瀑下的水潭俗称"二龙潭",取排行第二的龙潭之意,正可谓水不在深,有龙则灵。继续前行,便可见龙潭瀑布。此处位于峡谷深处,四周森林密布,古树参天。瀑布飞流直下,落差达55米,水落之处,形成一条偌大的水潭,即龙潭。水少时,水依贴着直上直下的崖壁,轻悠而落,随着崖壁颜色的不同,水过处,时而白色、时而黑色,形态颜色,妖媚多变。崖壁凹凸,纹路弯曲,水时薄时厚,左右游走,似犬牙差互。水多时,河水一反常态,沿沟谷毫无顾忌地滚滚而来,滔天骇浪,直取人心魄。流到石崖顶上,便猛劲探出身子,跳荡着翻腾而落,如倒卷珠帘。转身来到瀑布下缘,只见茂林深处,山开旷望,银光闪烁,一匹白练从天而降,如细雨纷飞,瀑珠化作团团白雾,升腾于绝壁之上,经阳光折射,化作一道七彩虹幕,映得四周石壁五光十色。登临远眺,便觉凉风阵阵,温顺的溪水汇集成湍急的水流,冲向断崖,似脱缰野马飞奔而下,发出轰隆隆巨响,若雷鸣,似洪钟,如擂鼓。龙潭潭面略呈扇形,200平方米,最深处可达10多米,碧绿的潭水冰凉刺骨,生存着冷水系节肢动物钩虾。酷暑盛夏至此,顿觉周身凉爽。春冬时节,两峰之间便会夹峙着一面极为壮阔的厚厚冰壁,凹凸不平的冰壁反射着刺眼的阳光,如同一块巨大的蓝绿宝石镶嵌在雾灵山间,晶莹剔透。

农家乐纵享农趣，泡泡屋观赏星空

　　游雾灵山，食宿在曹家路是最为方便的选择。经过二十多年的发展，曹家路当地的农家乐发展非常成熟，可以提供各式各样的农家菜品。森林里的野蘑炖柴鸡、卤水豆腐蘸汁、香煎河虾、水果山楂冻、掉渣葱油饼是客人们必点的菜肴，而配上蘑菇、干菜、玉米的雾灵野生鱼锅，更让人爱不释手。经过一天尽情的游玩，多少有些疲倦，回到休憩处，点上一桌丰盛又地道的密云特色农家菜，让人疲惫尽消，心情舒畅。

　　除了原汁原味的农家风情，精品民宿也能迎合部分旅客的需求，离曹家路不远的大安峪村有独一家的"泡泡屋"，是雾灵山民宿的网红。泡泡屋分大床房和亲子房，房子三面悬空，被森林、山涧围绕。屋内的装修设计也以森林元素为主，造型各异的星空灯点缀其中，拥有观景绝佳的大落地窗。住在泡泡屋里，如同置身密林一般。抬头望月，天边的星星点点与身边的泡泡交相呼应，仿佛置身童话王国。

TIPS 小贴士

路线
曹家路村位于北京市密云区新城子镇东部，自驾可从京承高速出发，从古北水镇出口出，经马北路、松曹路到达曹家路村。公交可在东直门乘坐980路快车到密云汽车站下车，再换乘密52路到达曹家路村。

住宿
曹家路村民宿旅游较为成熟，村内的主干道有多家农家院和旅馆，出村后至景区道路上也有不同价位的民宿可供选择。

饮食
曹家路村有着众多的民俗饭店，以"世玉饭店"最为知名，可提供野蘑炖柴鸡、卤水豆腐蘸汁、香煎河虾、水果山楂冻、掉渣葱油饼、雾灵野生鱼锅等特色美食。

花园村：在北京东极过向往的生活

在燕山山脉主峰雾灵山的北麓，安达木河的源头之处，隐藏着一个景如其名的村庄——花园村。相传花园村原名瓜园，成村之前曾有一户山民在近水源的平地里种植了大片菜瓜，除了自家食用之外，还送给村邻或者出售，故远近均称此地为瓜园。明代隆庆（1567—1572）年间，民族英雄戚继光时任蓟镇总兵，巡视边关，率属下来此，见漫山遍野鲜花盛开，烂漫幽香，田夫往来耕作，屋舍俨然，便驻足一指，问向导此为何地，答曰瓜园。戚继光笑曰："这名字岂不辜负了满地的鲜花，我看分明就是花园，大花园。"向导返回村后报告地保，"戚将军为我村赐名叫花园。"地保说这花园确实比瓜园好听，且二者谐音。花园村因此得名，沿用至今。

如今的花园村，森林茂密、四季花开、山水相依、钟灵毓秀，古老的明长城环绕四周，山涧的溪流缓缓流淌，很早就被评选为"北京最美乡村"。花园村在北京的最东部，与河北省承德县、滦平县和兴隆县相邻，是"鸡鸣四县"之地，故有"北京东极"的美誉。2009年由村民集资入股开发的"北京东极"仙谷自然风景区正式对外开放营业，主要景点包括黑谷关、京都晨曦、五虎水门等。

时光的痕迹：黑谷关城堡

花园村的东侧，是旧时黑谷关的所在地。黑谷关是旧时长城的重要关口，其南为雾灵山北麓，山高林密，岩崖绝荡，北侧峭壁悬崖，岩险高峻，岩黑色深，遮挡日光，故称黑谷。从地图上看，本来从西向东蜿蜒而来的万里长城在此处突然折而向南，像一只鸟头的模样，而黑谷关就在鸟嘴处。旧时，这里曾是河北承德、兴隆、滦平和北京密云四县交会的交通要道。明代地理学家徐霞客游历至此，曾留下七律一首："山山攒簇雾灵山，壁陡崖悬不可攀。今我才知来绝塞，古人于此控雄关。"史料记载，曾经的黑谷关城堡坐南朝北，城堡南墙与长城相连，北城墙依河岸路南垒砌，东城墙接东南崖头处于公路边，城堡东北角与黑谷关水关相接，西城墙顺山坡而下。整个城堡呈长方形，南北长约180米，东西长约160米左右，面积近30000平方米。黑谷关城堡关口的东山和西山十分险峻，只有两山之间的黑谷关中通一路。黑谷关建有一个陆门、一个水闸，均为阻止敌人的侵犯而设。进关便是兵营古堡，古堡内东城有一个大戏台和关帝庙，西城为商贾交易之所。每逢五月十三日，当地举办关公磨刀会，口里关外的各地商贾云集于此，相当热闹。

随着时代的变迁，黑谷关城堡早已不复以往繁华。城门静静地坐落在花园村东口，墙基部分是大块的条石，整体由青砖垒起，白灰勾缝，古朴而肃穆。进入城洞，左右两侧的条石上保留着深深的圆形孔洞，是为了配合以前的城门结构。向上望是拱形的城门顶，能够看出明显的修复痕迹，中间部分的旧砖逐渐有些凹凸不平，糯米浆制作的白灰逐渐被侵蚀殆尽，像老人脸上掩藏不住的沟壑；两侧部分的新砖平滑整齐，勾缝的白灰十分显眼。新旧两相交织，让人心里忍不住生出一种惆怅和感慨。再往前去是一处台阶，台阶之上是原本的城池，不过如今已经成为一片郁郁葱葱的玉米地。登高望远，依稀可以辨认出原本方形的城堡遗迹。风烟掩埋了这座城池，绿色的种子又在烟尘上生发，周而复始，生生不息。

四县交界处，观京都晨曦

2000年，经国家测绘局测定，花园村东大绝壁上的黑谷关敌楼是北京市第一缕阳光照耀的地方，即北京市的最东端，引起了不少"驴友"的兴趣，纷纷跑到这里感受京都晨曦。

进入花园村村东，能看到蓝天白云之下北面的山野一片葱绿，山尖上露出一角敌楼，居高临下，睥睨众生，战术作用十分明显。燕蓟之地，天朗气清的时候景色尤为开阔。天空蓝得像海，白云朵朵似一片一片奔涌而来的浪花，山野铺开了深深浅浅的绿色，在大自然鬼斧神工、层层渲染的背景之下，一座敌楼雄踞在绿树深草之间，偷偷窥视着崖下的人。换个角度可以看到敌楼的主体，整体

黑虎关城堡

京都晨曦

五虎水关门

保存得十分完好,顶部的建筑还在,箭窗完好,得益于山高路险、人迹罕至。在阳光的照耀之下,敌楼被镀了一层金色,这种金色并不扎眼,让人想起漠北铺天盖地的黄沙和将士百战之后被磨穿的金甲。敌楼上长出了几棵树木,颇成气候,不知是哪阵风、哪只鸟带来的种子。夏天绿意盎然,春天竟能开出粉白的花朵,这种柔美与刚强的搭配让整座敌楼多了一些在边关极为难得的浪漫气息,颇有"春风终渡玉门关""又见春闺梦里人"的缠绵之感。

在敌楼之下黑谷关广场南侧立着一座石碑,上书"京都晨曦",是由密云著名书法家于宝顺所写,还有一块状如卧牛之石,上刻着:四县交界点,周边阴刻四个箭头,分别指向交界的四县:滦平县、密云区、承德县、兴隆县。花园村被称作"一脚跨两省""鸡鸣闻四县",就是指村东与河北省兴隆、滦平、承德三县交界,一脚就能踏出北京,进到河北地界,每当太阳升起,雄鸡啼鸣,四个县的百姓都能听到。在这样的地方迎接北京的第一缕阳光,格外有仪式感。

雾灵山寻虎记:五虎水门关

距离黑谷关不远,雾灵山的北麓,有一座独特的水门关,称为"五虎水门关"。水门关是明长城的组成部分,其主要作用是疏通、排泄山沟里的水,同时具有军事防御的特性。五虎水门关处在两座山的关隘处,有东西相通的两个拱形券门。券门上内外两侧各有一石雕的虎头,城门下的道路为大块青石铺就,与城门城墙浑然一体。门洞的内墙壁上有石槽,顶部有天窗。登上长城来到城门上方,这里杂草丛生，到了天窗处，发现有石质构架与天窗连接在一起，应是升降城门所用。门洞上的虎头，质朴而威武，似忠于职守的卫士看护着关口。不过找来找去，门洞上也只有四虎，第五虎在哪里呢？原来出城门顺石径而下不远处有一卧石当道，卧石的凸起处雕刻着一只老虎头，翘首南望它的同伴和城门。这样奇妙的设计，如果不注意寻找真的很难发现。料想一定是修建此关时，能工巧匠们迸发出的奇思妙想，让这五只老虎相映成趣。

为什么要不辞辛苦地在水门关雕刻出五虎的形象呢？当地有传说，明代建造长城的时候经常有野猪拱门，屡建屡毁，后经高人指点，修建五虎守卫关门后，野猪就真的不来骚扰了。穿越装饰着虎头的拱形券门，抚摸卧在草丛中的老虎石像；登上五虎水门关的顶部，看看穿越水闸门的长形孔洞，不禁惊叹长城建造者们的睿智和伟大的创造精神。

在五虎水门关东侧，也就是东砬子山崖的顶部，矗立着一座敌楼，人称探头楼子。山崖顶部地势险要，东侧崖壁陡峭直立，顶部狭窄，建楼基的面积不宽裕。楼基紧临崖壁外沿，从下方仰视首先看到的是敌楼的顶部，只觉得敌楼仿佛要从悬崖边上探出脑袋似的，可见"探头楼子"名不虚传！站在探头楼子的顶部，东可见崇山峻岭横亘在眼前；南可望雾灵山上古树参天；北可俯瞰来时的羊肠小路，如白练般缠绕在五虎水门关谷底，时隐时现；西可放眼黑谷关以北，古长城如巨龙舞动，气势非凡。整体景象磅礴逶迤，蔚为大观，令人叹为观止。

雾灵山黑龙传说

黑谷关至五虎水门关这段长城地势险要，属于新城子镇东端长城。新城子镇长城以黑谷关为分界线，划分为北部长城和南部长城。北部长城延伸到黑谷关北山后，在山梁上连建两座敌楼，一头扎进了黑谷关的谷底。在谷底连起了水陆二关及关堡，又昂头直立蹿上黑谷关南面雾灵山后坡的一处山崖，绕过探头楼子。

当地传说，探头楼子建好以后，长城本应该沿着山脊往东南，可把雾灵山圈在长城以内。就在探头楼子建好准备向东南方向行进的时候，雾灵山接连三天三夜发出悲切呜咽的哀鸣，像是有着莫大的冤情。修长城的官兵和民夫听后于心不忍，只好就此住手，等待时机。原来雾灵山是一条黑龙，在雾灵山地区修行历练上百万年了。既然是龙则属于天马行空之物，不愿受到人间的管束。当它得知一道长城像腰带一样把它圈住，又圈在长城以南的时候，它感觉到自己的命运到了生死攸关的时候，也到了为自己的命运奔走呼号的时刻。于是雾灵山在夜间就幻化成一个穿黑袍的老头儿去了北京的金銮殿，跪在万历皇帝龙榻前，请求把雾灵山圈在长城以外。万历皇帝问其故，黑袍老头儿说："雾灵山山高林大，喜冷不喜热，宜远离闹市繁华，更不愿意受到任何约束。而长城以南属中原之

地，气候燥热，闹市如云。又有长城围挡，不利于雾灵山发展生存，请皇上三思。"万历皇帝先是不允，黑袍老头儿就连跪了三夜。最后，万历皇帝见他执拗，便挥挥龙袖，对修边将领说："随他去吧。"于是，修城官兵只得以探头楼子为转折点，向西修城。在穿越雾灵山后坡低洼处时，建起两孔水关门洞，继续西南行，把雾灵山甩在了长城以外。

民间传说当然并非史实，长城这样建设更多是考虑军事效益和经济成本。不过古长城在雾灵山的山前山后绕来绕去，最后真的形成了一个极为剧烈的弯折，把雾灵山圈在了长城之外，这也是事实。这样的奇景为当地的老百姓增添了几分谈资，也为雾灵山增添了些许神秘的色彩。

蘑菇屋里向往的生活

"开荒南野际，守拙归田园。方宅十余亩，草屋八九间。"田园是中国人的心灵故乡。随着城市化的进程，越来越多的人在都市中生活，享受着都市提供的便利。不过，在格子间被工作折磨得焦头烂额的时候，在地铁里盲目地随着人流行走的时候，在早出晚归一周见不到一次落日的时候，突然就感到无比疲倦，想要回到童年，回到有爷爷奶奶在的田园。

正是因为这样的心情，综艺节目《向往的生活》才能在年轻人当中形成如此大的传播力。嘉宾们住在宽敞的农家小院"蘑菇屋"里，每天干干农活儿、做做饭，迎接老朋友，享受美食、美景和美酒。这样简单朴实、无忧无虑的生活突然对年轻人充满吸引力，节目赢得了一片好评。观众纷纷打听这座田园小院在哪里，原本想着这样山清水秀的地方应当在距离北京很远的南方，没想到竟然就在密云，就在花园村。

村子的主干道上，立有蘑菇屋的指示牌。顺着指示牌一路向前，两侧都是接连不断的柳树与杨树。初秋时节，落叶堆积，踩起来哗哗作响。道路的尽头就是蘑菇屋了，进屋之前就能听到哗哗作响的水声，原来蘑菇屋前临着一条清亮的小河。进去之后首先看到一个藤架，上面缠满了南瓜藤，开着南瓜花，结着金灿灿的小南瓜，可怜可爱。院中的景致与节目中并无二样，旁边立着一架青石碾子，墙上挂着金灿灿的玉米和红彤彤的辣椒，节目组搭建的灶台残留着黑烟熏过的痕迹，整个民宿就像它所在的村庄一样被鲜花围绕。院子中央就是节目中出现过的凉棚，上面缠绕着紫藤花，美丽又清香，还能遮挡一部分太阳，节目中大家在这里吃饭、喝下午茶、闲聊乘凉，现在也成了院子里最抢手的地方。坐在这里与家人朋友一起用餐，谈谈生活和理想，感受微风吹拂，捕捉落日余晖，留下值得珍藏的回忆。入夜了，还可以躺在院子里，数着天上的星星。密云乡村的夜空澄澈如水、星罗棋布，市区内很难看到这样的景象。在清风明月、犬吠蛙鸣的陪伴下，不由得发出"久在樊笼里，复得返自然"的感叹，这才是真正的"向往的生活"。

TIPS 小贴士

路线

花园村位于北京市密云区新城子镇东部,自驾可从京承高速出发,从古北水镇出口出,经马北路、松曹路、Y251 路到达曹家路村。乘公交前往可在东直门乘坐 980 路快车到密云汽车站下车,换乘密 52 路到达花园村。

住宿

花园村依托雾灵山、五虎水门关、京都晨曦等景点发展乡村旅游,村域内建有农家乐、民宿和高端的别墅度假村,可提供不同层次的住宿服务。

饮食

花园村有多家民俗饭庄,水库鱼、红皮扣肉、雾灵山蘑菇、时令野菜、家乡肠等都是当地的特色菜肴。

司马台：长城之最与古北水镇

小汤河蜿蜒而过，在燕山山脉中段切出一处略微平坦开阔的弹丸之地，名曰司马台村。此地地势险要，山脉交错，西有蟠龙山，北有卧虎山，南有龙背山，紧邻"京师锁钥"古北口，是华北平原通向松辽平原和内蒙古高原的门户，战争时期，这里是兵家必争之地，今天和平岁月，这里是京师人民怀古畅今必去古村。在这里，既能看到长城最美的景致，欣赏文化大观麒麟影壁，又能在新近开发的旅游小镇里近距离地感受长城内外的多样非遗，来一场古镇星夜的奇遇。

"长城之最"司马台

司马台村因司马台长城而闻名遐迩,司马台长城依险峻山势而筑,以险、密、齐、巧、全五大特点著称于世,而且集自然景观与文化景观为一体,具有丰富的历史含义,1987 年就被列入世界遗产名录,是我国唯一保留明代原貌的古建筑遗址,被联合国教科文组织确定为"原始长城",更被人们称为"中国长城之最"。

登司马台,最好是晴日,无垠蓝天之下,可以看到长城随着刀锋般的山脊一路奔驰弯折,宽的地方可以走马,窄的地方只容一人通过,隆起时似虎啸原野,蹲伏时如潜龙在渊,气势磅礴。更有看头的是 35 座大小不同、形态各异的敌楼,因地制宜地建立在各个制高点上,威风凛凛,冷峻挺拔。

司马台长城

　　司马台长城上的敌楼有着极为深刻的历史意义，它的建造和中国历史上一位著名的民族英雄——戚继光关系密切。1567年，东南沿海的抗倭名将戚继光被调任燕蓟，带领数千余名浙江义乌的子弟兵来到蓟门，威风赫赫。在北方边境的15年中，他重修长城，整顿军纪，被后世赞叹"险、密、奇、巧、全"的司马台长城正是在戚继光统领蓟州防务时所独创，它们大小不一，形态组合各异，是按照驻军的官衔等级、驻防人数及地形险要程度来修建的。各个敌台之间互为犄角，相互救应，敌台里都配备有火炮，足以抵挡北部的鞑靼骑兵，美学价值和军事价值完美结合，世所罕见。

　　司马台段长城35座敌楼当中有两座最为著名——望京楼和仙女楼，只有看到它们，才能真正体会到何为"长城之最"。望京楼处在司马台长城的东段，修建于一座拔地而起的山峰顶端，是司马台长城的制高点，海拔986米，为空心砖眼楼，两层砖石结构。若是从下向上仰视，只见饱含着历史沧桑的残破墙体耸立在一座当地人称老虎山主峰的垂直腾空突起的山尖上，在阳光的照耀下显示出金灿灿的颜色，盯的时间久了，不仅眼睛被光线刺激出了泪水，而且脖颈都仰得有些酸疼。若是从上向下俯视，视野极其开阔，万里无云时依稀可见北京城的轮廓，夜晚时分可以欣赏城内万家灯火，故称望京楼。登斯楼也，顿感身临天高云淡处，襟袍为之一爽。站楼头，壮丽关山，巨龙蜿蜒，豪情壮志，奔腾于胸，人生之快，尽在于此。

仙女楼在望京楼的西侧，是众多敌楼当中建造得最为精美的一座，同样坐落在老虎山一个陡峭的山尖上，海拔仅次于望京楼。由于受山顶面积限制，它只能建得纤细修长，南北两边与悬崖紧贴，东西靠只有40厘米宽的单边墙相接，墙两边也是悬崖。楼的下部用条石合缝，上部用磨砖达顶，内部有青砖砌成的两条大拱、三条甬道、十个券门。顶部正中心砌成了蛛网形状的八角藻井，四边是四个砖柱。楼门石柱上还雕刻着两朵并蒂花捧着一个仙桃。整座楼无论是从整体外观，还是内部细节来看，都给人以精巧、细腻、秀丽之感，仿佛这不是人间战争的防御设施，而是一座仙境楼阁。

文化大观麒麟影壁

司马台长城不仅以风景雄险和历史内涵著称，还以集长城文化之大观闻名于世。在这段长城中发现了众多文物，最值得一提的是在司马台长城西13号敌台中间有一座麒麟影壁。

麒麟影壁通高1.99米、宽两米多。影壁下部是几层砖砌成的须弥座，上部盖以瓦顶，中心便是砖雕麒麟图。只见麒麟四蹄生风，收臀耸腰，尾巴上翘，鬃毛飘拂，目喷口张，回首长啸，刚烈壮美，八面威风。麒麟是中国神话当中的祥瑞之兽，它寓意天下太平，诸事如意，希望民族强大、子孙繁盛，并赐予守城将士威武雄壮的气势与力量，能够保卫一方平安。麒麟两侧是圆柱形的砖框，以竹节作为装饰。北京的影壁为何与南方的竹节结合在一起？据说就是和当初跟随戚继光来到北方的浙江子弟兵有关，将士们远离家乡，借物抒情，以竹节寄托悠悠的乡愁和饱满的家国情怀。一块影壁寄托了古代中国百姓对于和平的向往，也蕴含着将士们对于家乡的思念，意味深远。由此可见古人在修建这段长城时独具匠心，将军事与美学思想巧妙地融为一体，使司马台长城不仅利于实战，同时也是难得的艺术佳品。

如今司马台长城不仅白天风光极佳，而且是唯一可以夜晚攀登的长城。白天登长城，宜领略司马台之雄奇；夜晚登长城，可感受司马台之闲逸。道路的两侧是橙黄色的光带，宛若游龙，提醒边界，护佑游人安全；长城下是大名鼎鼎的古北水镇，灯火通明，笙歌不息，一片人间乐土；向上看深蓝的天空澄澈通透，没有高大建筑物的阻挡，夜空仿佛要朝人扑过来，星光点点，和人间灯火相映成趣；夏夜多风，长城地势险峻又无遮无拦，耳旁是风声呼啸，仿佛一曲戍边壮士唱了千年的苍凉歌谣，游人背风行走，肋下如生双翼，一仰头就要眠在风里；鼻息间再无城市汽车尾气那令人难以忍受的味道，风声呜呜，带来的是来自山谷的水汽，清新的松木芬芳，或许还有不知名的花香。

水镇秋色

夜晚登司马台长城,不仅能感受到视觉、听觉、嗅觉、触觉的多重盛宴,在呜咽风声当中触摸饱含沧桑的砖石,更能体会到古代戍边将士的心情。那些来自他乡的将士,包括戚继光,或许也曾在某一个夜晚倚靠着砖墙,想着自己的心事。时光虽然如江水滔滔无情逝去,但是当年的明月还在,旧时的长城还在,曾经的麒麟影壁还在,人类共同的情绪还在。科技发展虽然日新月异,但是人类的情感相通,古人的情绪,或思念家乡、或立志卫国,今人依然能够被触动。

古北水镇品非遗

司马台的长城下方,是新近兴起的网红打卡地——古北水镇。初秋时节,站在长城上,俯瞰山下的小镇,碧绿的河水倒映着青色的石墙,散发着浓郁的江南水乡的韵味。红色的爬山虎爬满了石墙、屋檐、桥头、小巷等处,宛如一幅清丽的水墨画。不同于香山红叶的漫山遍野,这里的红叶有着鲜明的层次,艳红、黄红、青红交织在一起,层次鲜明却又交相辉映。在红叶的映衬下,古朴的石墙、木质的大门装点上秋日的艳阳与萧瑟,山水小镇居然展现出一种柔和、梦幻的底色。走进小镇,处处可见民俗风情。明清风格的灯笼铺、北京特色的小吃摊、颇具年代感的旗袍店、热闹的大戏台,说相声的、拉洋片的、演皮影儿的……各式各样的店铺和艺人构成了一条回味历史、怀念过去的时光隧道,令人流连忘返,其中最不能错过的就是密云的非物质文化遗产——司马小烧。

司马小烧采用高粱、大米、糯米、小麦、玉米五种粮食制作而成,民间称之为"五谷烧酒",这

司马小烧

星空下的小镇

种酒的酿制工艺大致为原料配比、浸泡、蒸煮、打量水、堆积、降温、加曲、发酵、蒸馏、半成品酒、陈酿、勾兑、过滤、成品，小烧度数很高，酒体醇厚，香味浓郁，很受欢迎。它的雏形是民间御寒的烧酒，公元1568年，蓟州总兵戚继光着手修复以古北口长城为中心的蓟镇长城，由于工期较短，为了抓紧时间完成，于是在冬天大批量酿制烧酒来御寒。司马台冬季漫长而严寒，修筑长城的工人和戍边的将士们工作辛劳、夜以继日，冬夜里来一口司马小烧，从喉头进胃袋，仿佛在身体里面点燃了一簇火焰，瞬间暖了起来。司马烧酒的作坊一般都比较小，产酒量有限，因此自那时起又将这种烧酒称作"小烧"。久而久之，"小烧"从工人和士兵当中流传出来，在司马台及古北口盛极一时，打出了北京老白干的美誉，和密云地区的烧肉、烧饼并称为密云三烧，有诗赞云："漠外举囊浇相思，酒香把归司马台"。今天，司马小烧已经成为当地的非物质文化遗产。

司马小烧的酒坊位于古北水镇景区水街历史风情区，还未进店，便能闻到满鼻的酒香，瞬间勾起了肚子里的酒虫。门口不大，一串儿长灯笼，上书"司马小烧"四个大字，迎风飘摇，招揽顾客。走进酒坊，院内竖着大酒缸指示着演示区的方向，其后是各种坛坛罐罐堆砌得层层叠叠，倒也成了一项景观。顺着楼梯进到地下一层的酿酒作坊，酒香味愈加浓郁扑鼻，灶台、大锅、酒坛、大曲……这里几乎有传统酿酒法的全部设备和工具，堪称一个小的酿酒工艺博物馆。在游客的参观中，师傅们按照原始的工艺进行操作，经蒸馏后小烧酒便流淌下来，游客们可以随意品尝，用小杯闷上一口，55度的白酒竟然入口很柔，不辣咽喉，入口几秒钟后感受到一股暖意从腹中生发出来，额头微微发汗。热意初歇，一股高粱、小米的香甜气息渐渐上升，久久不散。从大门口闻到酒香便蠢蠢欲动的馋虫终于消停了，它的主人却爱上了这柔和回甘的味道，不得不到前台买了一瓶。烧酒包装精致，陶制的小酒瓶线条柔和，上一层黑釉，用金漆写了司马小烧四字，上面用草绳蓝布封口，颇有古意。拿酒落座，看到酒坊的招牌，原来店里还有酱猪蹄、鸡腿、凤爪、花生等下酒小菜，还有冬季特色酒酿圆子。于是和朋友点了一份套餐，外面寒风大作，室内谈兴正酣，气氛热烈，烧酒入喉，尽性舒坦。其间还听到隔壁桌一群青年热情澎湃，从曹操、关羽、司马懿谈到如今的大国重器，时不时大声争辩几句，或是爆发出一阵欢快的笑声，想必是一群军事迷。不得不佩服组织者的想法，在寒风凛冽的古北水镇喝着小烧谈论军事，极为应景！

古镇星夜奇遇记

古北水镇还有一个美丽的名字，叫星空下的小镇。夜幕降临，燕山山脉之上灯光亮起，司马台长城仿佛一条游弋的金色巨龙，又像夜空当中的银河，星空下的小镇绝非浪得虚名。

一到夜晚，如织的游人就像被人引导一样纷纷聚集在望京街的音乐灯光秀广场，期待着即将到

古北水镇夜景

来的表演。灯光秀表演是集结了现代 3D 技术，将音乐、灯光、喷泉创意地组合在一起的一种特殊表演形式。白天，这些楼阁和喷泉池看不出来有什么特别之处，到了晚上，音乐声一响起，整个建筑就会被光影赋予"生命"的魔力，随着音乐舞动起来，屋顶上的瓦片跳起舞来了，楼阁旋转起来了，还有个调皮的小姑娘跑到建筑上去了，她竟然穿越时空遇到了一位古代的将军……同时喷泉也随着音乐的节奏，翩翩起舞，时而优雅婉转，时而又喷出几十米高的强大水柱，甚至还会喷出熊熊火焰，每一次喷出火焰，瞬间的灿烂当中都能看到身边人惊奇的笑脸。

如果说望京街音乐喷泉已经是星空下的古北水镇最亮的一抹风景，那么，日月岛广场的无人机孔明灯表演，更加让人叹为观止。一盏盏孔明灯升上天空的时候，仿佛成了天上的星星，无数美好的愿望被人们悄悄许下。令人惊奇的是，古北水镇的孔明灯并非传统的孔明灯，而是现代的无人机。无数孔明灯在盛大的音乐声中缓缓升起，随后变换出各种美轮美奂的造型。在一个微风吹拂的夏夜，执一人手看着无数的孔明灯在夜空中翩翩起舞，既梦幻又浪漫。在古北水镇，不少年轻人都穿着汉服或者清装，男男女女，衣香鬓影，蛾儿雪柳黄金缕，笑语盈盈暗香去，仿佛自己真的像灯光秀里的小姑娘一样穿越了时空，来到百年前的古镇，参加一场盛大的节日。时空踏碎，古今同游，呼朋引伴，人间乐园。

TIPS 小贴士

路线
司马台村位于密云区古北口镇东部，紧邻古北水镇。自驾可从京承高速出发，从古北水镇出口出，经马北路到达司马台村与古北水镇。乘公交前往可在东直门乘坐980路快车到密云汽车站下车，再换乘密51路到达司马台村。

住宿
古北水镇开发非常成熟，景区内有大量高档的酒店、民宿，司马台村也有大量村民开设的农家院落，可提供各个层次的住宿服务。

饮食
古北水镇内有许多的饭店，可提供粤菜、京菜和西餐等各种饮食。司马台村的农家院多以本地菜肴为主，炖鱼、葱花饼、炸河虾和炸花椒芽是当地的特色菜肴。

京师锁钥古北口村

在众多有关于长城关隘的赞美诗中，一句"地扼襟喉通朔漠，天留锁钥枕雄关"以朗朗上口、气势雄壮的态势描绘了古北口重要的战略地位。行走村中，俯仰之间，皆为美景，脚踏之处，皆为过往序章。方圆数十里，除了历史古迹在诉说着过往外，古村落中的非遗文化等正被发掘开采。这段曾经守护祖国边疆的长城在数百年的发展中正逐渐将其所蕴含的宝藏毫不吝惜地展示在世人面前，让人感叹此行不虚。

蟠龙山长城

历史长河中的古城

　　古北口村背靠燕山，位于长城脚下、潮河之滨，东有蟠龙山，西有卧虎山，南接青峰、叠翠二岭。据历史记载，古北口村已经有近4500年的建置史，近3000年的防御史，1500年左右的长城建造史，近1000年的营城史。早在新石器时代中晚期，北京地区便有了燕山南北文化的接触，古北口正是当时燕山南北文化交流的天然通道之一。此外，古北口村地处潮河燕山之界，中原农耕文明与北方游牧文明在此汇聚交流，碰撞融合。战争时期为兵家必争的军事重镇，和平时期是沟通内外的陆上贸易的重要关口。随着当前长城文化带的发掘，古北口村已经成为一个以千年军事古镇为核心，包含古长城体系、自然风景、人文景观、历史古迹、军镇文化等特色的历史文化重镇了。

　　来到古北口村，必须攀登这曲折绵延的古北口城墙。丛生的杂草在秋季里发黄的神态映着夕阳落下的余晖，将那些几度中断、残破不堪的城墙衬托出一种雄浑的悲壮感。城墙与长城确实有不同之处，攀爬城墙并不需要太多的体力。只因城墙依山势而建，蜿蜒起伏甚而陡峭，再加之荆棘遮挡或者砖石松动或者遍是碎石的困扰，有时突然在前方形成小断崖；有的段落的城墙也只剩下一面单边，墙外便是峭壁之天险。在重踏历史之路的过程中，需时刻小心谨慎，自然给此行加上了很多惊险刺激的成分。

　　曲曲折折，终是爬上断裂城墙的最高处，居高临下，远近高低景色尽收眼底。不远处的卧虎山长城与蟠龙山长城，一个巍峨一个蜿蜒，一龙一虎相互响应，形成虎踞龙盘之势；整个古北口村的全貌纳入眼底，在两山之间，古北口位居咽喉之地，是一龙一虎间钳制之命脉。1550年8月"庚戌之变"后，宰相张居正派戚继光修筑长城，戚继光在修复古北口长城时，不仅保留了北齐长城，还在长城墙外又加砌了长城城砖，才形成了古北口城墙如此坚固的防御体系。这道屏障就这样矗立在此千百年，极目望去，中原之地幅员辽阔望不到边，那里人民长期富足太平的生活，也多亏了这些戍边战士们的付出和热血。在这群山之峰，一股"鲲鹏展翅，九万里，翻动扶摇羊角。背负青天朝下看，都是人间城郭"的豪情也就这样冲上了心头。要是身逢乱世，是否人人都有勇气到这驻边之所，与风雪黄沙为伴，抱有马革裹尸而回的壮志呢？

庙宇丛生的古北口

　　驻边地带文明交错，商贸繁盛，随之而来的就是村落的兴起。买卖商人的沟通来往和定居便促成了小镇和居民聚居区的雏形，来自北方的牲畜、粮食和药材等和来自南方的布匹、茶叶、瓷器等物品大量经过此地，边关小镇的古北口逐渐商铺云集，店铺林立，成了周边首屈一指的大镇。

不同地域的民众在这里生存发展，不同的信仰汇集于此，造就了古北口村庙宇林立的奇特景观。古北口每隔几步便是一座庙，每座庙宇都各有特色。即使同拜关公，也供奉成不同的形态。"清风岭，叠翠岭，一步三眼井，两步三座庙，七郎坟，令公庙，琉璃影壁靠大道"，村子流传的这句谚语，贴切地形容了村中的庙宇之态。资料记载，到民国初年，古北口村大大小小的庙宇共有十四处之多，其中真武阁庙两座，三官庙三座，关帝庙五座，七神庙、财神庙、药王庙和杨令公庙各一座。村中百姓每逢年节必有庙会，燃烛焚香，作揖叩首，虔心祭拜，自有一番热闹。

穿过古城门，就是古北口村享有盛名的药王庙。药王庙以"一庙套四庙"闻名古北口。除了主庙药王庙外，还有关帝庙、观音阁和龙王庙三座庙宇。进入大庙，一旁是砖砌的元宝焚香炉，眼前是一座气派的"慈星济民"牌楼。焚香炉个头极大，通体黝黑；牌楼色彩鲜艳，气势逼人。仅凭这焚香炉与高大巍峨的牌楼，足见当年香客络绎不绝之势。主殿药王庙就在牌楼后，中间供奉神农氏，西侧华佗、孙思邈，东侧扁鹊、张仲景。主位神农氏尊像面色红润、栩栩如生，透露出严谨而又权威的气势。站在神位前，不免让人想起当年神农尝百草的非凡勇气及造福后世的慈心与责任感。

药王庙西侧是关帝庙，供奉着武财神关老爷。关帝庙对面是高大、漂亮的大戏楼，戏楼的台子约有一人高，旁边有一座小土地庙。庙会期间，戏楼每年都会请来戏班唱戏。主庙东边倚着城墙处，有一个较为陡峭的台阶，小巧的观音阁和龙王庙一南一北地坐落在台阶的平地上，这便是那句"两步三座庙"的由来。戏楼和关帝庙中间是地势较高的瞭望台。站在瞭望台上，左侧是爬满青苔保存极为完好、模样壮阔的城门，右侧是整齐风雅、传统建筑式样的民居，远处山上的长城敌楼也在落日余晖中清晰可见，古朴的景致一览无遗。

琉璃影壁的传说

恋恋不舍地踏出"一庙套四庙"的药王庙，立刻就会被门口一座高三米、宽四米左右的琉璃影壁所吸引。旧时，药王庙前就立有琉璃影壁，却因为战争等原因早已损毁。如今的琉璃影壁是近年来新建的。复建后的琉璃影壁色泽鲜艳、光彩四溢，雕刻也十分细致。影壁的下方是大海的样式，绘有游鱼、海马等动物。影壁正中装饰着一幅二龙戏珠的图案。村民们介绍，这里二龙戏的"珠"其实是一只大蜘蛛，圆鼓鼓的大肚子里藏着无价之宝，古北口村民常用它来预测天气。晴天无雨时，只要蜘蛛的肚子上挂满了水珠，就说明要下雨了。阴雨连绵的日子，只要蜘蛛的肚子是干的，就预示着马上放晴。

围绕这座影壁，还有这样一个传说：以前的古北口，有一位老爷卧病在床，四处请名医看病，吃了不少药，可病情反而越来越重。一天，老爷昏了过去，家里人围在病床前哭哭啼啼，回天乏术，心急如焚。正在这时，大门忽然打开，一位白须老者走了进来。只见老人捋了捋银白胡子，来到老

琉璃影壁

爷病床前,为其把脉后说:"不必着急,我开草药三剂,病人吃吃看效果如何。"说完,用手在老爷头上轻轻一摸,病人的双眼就睁开了。几服药吃完,老爷的病果真好了。家里人都想找到这位郎中,好好地感谢他,可谁也不知道他在哪里。老爷自己好像记得,当时迷迷糊糊听神医临走时说"有事到古北口药王庙找我"。于是大家就到药王庙来进香。进庙堂一看,白胡子神医果真就是古北口药王庙里的药王。老爷为了感谢药王的救命之恩,就在庙门外做了这座琉璃影壁。因其位于古北口城的北门外,紧临出关大道,后靠瓮城城墙,故有"琉璃影壁靠大道"之说。

串联起人情的四合院和"人"字骨架街区

在古北口村,几乎家家户户都沿袭了过去的房屋格局,四合院成为了这里民居的标配。南北走向的老街,东西延伸的街巷将村落各处的四合院连接在了一起,形成了一纵四横的鱼骨式的村落格局。这些宽窄不一、尺度宜人、结构清晰的路网,将居住、商业、交往等空间密切联系起来,组成了一个充满人情和活力的聚居村落。站在城楼上,可以看到村落的街巷始于北侧溪边的小桥,向南数百米后便形成了一个分岔口,一边向城门外延伸,一边延伸至西侧的楼门外。阡陌交错的街巷,如同"人"字一般,从古北口旧城向镇区、南关、东西关三个方向绵延。不知这样的设计,是早期的定居者对孔孟之道的遵循,还是村民们自发的产物。

九曲黄河灯阵

绚美花灯

绚丽壮美的九曲黄河灯阵

　　古北口村更因九曲黄河灯阵闻名。2008年,九曲黄河灯阵成为第二批国家级非物质文化遗产。每逢元宵入夜,华灯璀璨、鼓乐喧天,村民游客们欢呼声震天,共迎新的一年。古北口的九曲黄河灯阵集合了灯阵、花会、戏曲多种元素,三百六十一把高粱秸秆栽排成横竖均为十九行的方阵,按周易九宫八卦的方位,以富贵不断头传统图案九曲而成。不管从什么角度观看,灯阵都能成行。

　　正月里的黄河灯会持续三天。灯会期间,如果风平日暖,预示着一年风调雨顺、五谷丰登。"转九曲,活到九十九",村民、游客若能顺利通过连环灯阵,预示着一年消灾祛病、平平安安。如若走错,困在阵中或原路返回,则预示一年不顺。如果不想探险,最好的办法便是跟着花会人群队伍亦步亦趋,共赴终点祈求平安。

　　最为精彩的当属晚上的花会表演了。随着阵上灯竹一齐点燃,锣鼓唢呐齐奏,五面中幡做前引,狮子、轧鼓、高跷、十不闲、吵子、音乐会等依序而入,边走边演。大人小孩都蜂拥而至,跟随着花会队伍顺畅前行,灯光人影交织。花会和人群绕完象征一年的三百六十五盏灯,踏遍象征中华九州的九曲黄河灯阵,经历了种种的曲折、磨难后,预示今后的道路畅通无阻,都是大福大贵、大吉大利的好日子。两个小时的花会表演后,热闹的大戏随即开锣。不管是参与者还是游人,全都不由自主地沉浸在欢乐之中,欢笑声和锣鼓声混为一体,温暖着边关的寒夜。

独具特色的花灯制作

　　九曲黄河灯阵所用各种花灯,皆出自古北口当地艺人之手。古北口人世世代代沿袭着祖辈们正月里闹九曲黄河灯阵的习俗,而这花灯制作的技艺也世世代代传承至今。花灯制作的技艺颇有讲究。每到立秋后,艺人们需要将此时的毛竹砍下,切刀破篾,绑扎粘贴。此后,还必须经历蒸竹料、下料,到扎花骨架、糊制灯笼面,再到装饰绘画、装花灯穗、上灯钩和风干等步骤,才能制作完毕。花灯制作的每个环节都有独特的技艺手法,每个步骤都要求严格认真,容不得一丝马虎。唯有选择上等的竹料做骨架,用纯棉线上蜡捆绑牢固,花灯体架端正、比例协调,才算制作完一架牢固结实的花灯骨架。值得一提的是,古北口花灯,灯面绘制的各种题材,都取材于本地的历史文化典故。在粘粘连连、修修剪剪的来回往复中,一双双精巧的手做出了一盏盏精美的花灯。每一盏花灯都饱含着艺人们对于家乡浓浓的热爱之情,凝聚着他们对于家乡的历史自豪感和文化自豪感。一盏盏花灯也将古北口历史的风云变幻,带到了祖国各地。

TIPS 小贴士

路线

古北口村位于密云区古北口镇政府驻地。自驾可从京承高速 G101 出口出，经京密路到达。公交可乘坐 980 快车到密云汽车站，再换乘密 25 路到达古北口村。

住宿

古北口村民俗旅游发展成熟，有 130 余户星级民俗旅游户，可提供农家乐、中高档民宿等多层次的住宿服务。

饮食

古北口村内有多家餐厅、农家饭庄，石磨豆腐、满族二八席、柴锅炖鸡和水库灶台鱼是当地的特色菜肴。

千年文化河西村

在北京市密云区古北口镇一块平坦的小盆地中，坐落着一个拥有两千多年历史的古村落，名唤"河西村"。河西村北枕卧虎山，南接青龙山。村中环境宁静、风景秀丽，青砖灰瓦、苍茫古道、鸡犬鸣吠，处处优美如画，让人心旷神怡。壮观的长城遗迹、悠久的庙宇建筑、难得一见的百家姓现象和独特的说话方式，是河西村独一无二的特色。

雾中的蟠龙山长城

姊妹楼

兵家重地柳林营，千年古韵话河西

河西村原名柳林营。据说这里旧时古木参天，一片葱茏，尤以柳树最为繁茂。村里建有衙署，又有校场，还大量屯兵驻守，故名"柳林营"。在街中部路北，设有直隶提督署衙门，占地达数十亩。20世纪20年代，提督衙门府用作小学教学场所；六七十年代后，由于入学人数增加，古建筑被拆除，建成平房校舍。如今，昔日提督府衙门旧址已变成了占地宽阔、有着崭新校舍的古北口镇中心小学。唯有门口两尊威武雄壮的石狮子，昭示着这里往日的巍峨庄严。

潮河如带，山如卧虎，长城如练，将河西村装扮得威武雄伟、古朴典雅。潮河水性湍悍，声响如潮，自河北省滦平县西部流入密云区后，经长城关口古北口，从河西村南流过。"四面环山，一水中流"成为河西村独有的韵味。河西村背倚之山为卧虎山，地势险峻、陡峭。山峰南缓北陡，脊尖底宽，山形颇具卧虎之势，头高尾低，头卧西山，尾扎潮河，威猛雄壮。千百年来，北方游牧民族不断顺潮河南下，中原王朝在此布下重兵，在河西村的四周修建了高大巍峨的长城。巍峨雄壮的山势，加之虎头上的长城楼台，虎背上的长城墙体，虎尾的水门奇观，令人拍案称绝。

行走在河西村，路旁点缀着青砖灰瓦的平房，隐隐传来几声鸡鸣狗吠，渲染出一派牧歌情调。河西村的民居大多是因地势而建的，大部分都是坐北朝南四合院、三合院的建筑格局。漫步在这里的老街上，历史留下的老宅院会时时映入眼帘。马家大院、孙家大院、刘家大院、杨家大院等，比比皆是。一座座古朴的院落，书写着一个个鲜活的故事，讲述着一段段古老的历史。河西村的主干道，就是过去沟通关内外的古御道。康熙年间，朝廷开始在承德修建避暑山庄，同时在沿途修筑了600多里的御道。当时的河西村，南部为川原湖淀，往北则绵延叠翠，再加上这里的古镇雄关和起伏蜿蜒的万里长城，风景如画，康熙、乾隆、嘉庆、道光皇帝对此多有赞誉。从北京到承德的御道也特意经过河西。当地传说，皇上从京城出发后，由密云经九松山、石匣城、遥亭，过南天门，渡潮河浮桥，再向东岸北行，经古北口村内的大街出关后，常在古北口河西村提督府驻扎一晚，第二天再行进前往承德。皇帝在河西村驻扎，足见河西风景之秀丽，也正因为如此，河西才成为这御道上的重要节点。

蟠龙山上姊妹楼

河西村古迹众多，不仅有闻名于世的蟠龙山长城，更有万里长城中罕见的姊妹楼长城和跨度最长的水关长城，其中以蟠龙山长城最为知名。沿着村北的栈道行走，出了村口后，就是蟠龙山长城的起点七郎坟。七郎战死后，河西村的村民为了表彰其节义，为他修建了坟茔。七郎坟高5米，直径达两米多。坟形如塔,耸然直立,举目可望。穿过七郎坟后,便是蟠龙山长城的入口。攀爬的山路并不难走,精心设计的木质栈道、素质拓展器具和野营用的木质地台显示着这里已经是开发成熟的旅游景点。山路的两侧还有演示长城砖烧制过程的雕塑,以供游客休闲放松,增添关于长城的知识,起着陶冶情操的效用。沿着红色的栈道,很快就能到达长城一侧的敌楼。巍峨险峻的敌楼,成了如今京冀两省的分界线。里侧密云古北口,外侧是滦平县的巴克什营镇,脚下是滔滔不断、终年奔腾的潮河。

数百年的沧桑,抹不掉蟠龙山长城历史的神采,反而更为它增添了无限的文化魅力。在戚继光修的明代万里长城中,这段长城敌楼和城墙形成最富变化、景观最为壮美的一段长城。蟠龙山长城在古北口长城的中段,和卧虎山长城、铁门关、水关长城同时构成了古北口长城防御的核心。整段长城全长五公里,设有敌楼四十多座。长城顺山脊走向,连绵起伏,像几条巨龙环绕盘踞在山顶,以险、奇、巧、密著称,无论是在军事学、建筑学还是艺术等方面都有很高的考察价值。此外,蟠龙山长城不仅有明初长城、明末长城,还有北京最早的"北齐长城",构成了"城中城""城套城""城上城"等奇观。多样的敌楼更是蟠龙山长城的一绝。将军楼、二十四眼楼、三眼楼、五眼楼,还有那士兵们思念家乡的好望楼,各个敌楼形态各异,恰到好处地矗立在各个制高点上,威风凛然,别具一格。

登上蟠龙山长城,看到的不是人山人海的喧嚣,不是精心修补后的刻意,而是恰到好处的点缀和时光在长城上的雕刻。群山绵云中的夕阳投射出橘黄红的色谱,照射在斑驳的城墙上,反射出一道道金黄色的亮光,坚挺地支撑着每一个攀登者的步伐。

见证民族和谐的清真寺

处在交通要道的河西村,吸引了不同民族的人们在这里繁衍生息,造就了这里多元文明的交融,村里一座古老的清真寺便是这一历史的见证。村民们也不知道清真寺修建的具体年代,只是告诉我们,他们的祖辈在这里定居时,村子里就有回族定居,还有这高大巍峨的清真寺。清真寺位于村子南部潮河西岸,占地面积近两千平方米。推开大门,院内高耸的参天大树,遮蔽着耀眼的阳光。脚下却是杂草丛生,很难行走。大门一旁的石碑记载着,河西村清真寺重修于明崇祯二年(1629)九月,清康熙年间,西宁人马进良到古北口柳林营提督署任提督,再次翻修了清真寺。

整座清真寺规模宏大,正殿坐西朝东,是明三暗九的格局。正殿前面是门廊,殿顶是南北两条大脊,脊头有栩栩如生的青砖透雕的小兽。与正殿相连的是一个双层木楼藏经阁,楼顶为一个宝葫芦样的瓷缸大顶。正殿南侧为三间讲经堂,堂内部宽敞大方,木板铺地,朱红色的六根红漆明柱,整齐森严。

清真寺

两侧山墙各开三扇窗户,四面墙壁上悬挂着32块金字匾额。北侧为阿訇居室和沐浴室三间。院子的一个角落里,高大的槐树下静卧着一眼水井,为这静谧的清真寺,增添了几分古朴清幽之感。

百家姓氏一家亲人

多元民族的交融,来往商客的定居,塑造了河西村包容开放的文化氛围。如今的河西村,虽只有1900多口人,却有着包括满族、回族、蒙古族、朝鲜族、苗族、裕固族在内的多个少数民族。共有百余个姓氏,是全国唯一一个拥有千年历史的百家姓村。

河西村的百家姓中,除了常见的张、王、李、赵等姓氏外,还不乏"桐""索""巴"这些并不常见的姓氏。河西村地处军事要地,又是远近闻名的商业重镇,来自五湖四海、不同姓氏的驻军在这里落脚,繁衍子嗣。此外,河西村紧邻潮河,土地肥沃,水利资源丰富。即便是在饥荒战乱的年代,村里的粮食也能自给自足。周边不少村落,甚至是河北的姑娘都愿意嫁到河西。这些外来的"河北媳妇",为村里又带来了四十多个姓氏。

百姓村里的家家户户对自身家族历史格外珍视。每家每户门前都挂着一块统一制作的木质名牌,书写着河西村逐渐融合成为"百家姓村"的过往,记录着这家主人的姓氏、祖籍与祖先迁入村的年份。沿着门牌号走过家家户户的门口,眼前浮现着每家每户迁入河西村的景象。四面八方的民众,带着各自的历史与文化,迁徙到这片肥沃富庶的土地上,逐渐融合成为一个多元和谐的村庄,在这河西

河西村乡情村史陈列室

村里凝聚着中华民族多元共生的历史。

　　姓氏虽有百家,但是村民却亲如一家人。几百年来,村民们和谐共处,从未出现过拉帮结派的现象,更无任何打架斗殴的事件。村里敬老、爱老之风盛行。走在河西村的大街上,精神矍铄的老人们坐在槐树下,纳凉休息。村内的广场前,几位老人一边运动,一边谈笑风生。曲径通幽的胡同里,不时传来老人爽朗的笑声。每年的重阳节,村里还会举行一年一度的"百家饭"活动。河西村的百家饭,并非其他地方的长桌宴,而是在重阳这一天,家家户户走出家门,相互串门,品尝别家的美食。每一年的百家饭,都是河西村最为热闹的时节。家家户户,饭菜飘香,邻里之间,推杯换盏,共话家常,其乐融融。

只语一半露八分

　　在河西村,还保留着一种当地人特有的说话方式,这就是被称为"半拉子话"的"露八分"。"露八分",顾名思义,就是一句话只说八成,留下两成供人遐想。在河西村,人们习惯于将一个四字成语或短语的最后一个字隐去,而这省略的内容才是真正要表达的意思。这种特殊的语言适用的范围十分灵活广泛,涵盖姓氏、亲属称谓、身体部位、饮食穿戴等多个方面,有褒有贬,颇有趣味。相传,河西村"露八分"的说话方式,最早始于明朝末年。当时古北口是"北捍朔漠、南通幽燕"的边关,是周边地区繁盛的商品集散地,商贾云集,商号林立。为了最大限度地保持商业机密,商贩们在做买卖时创造了一种只有买卖双方才能听得懂的暗语,这就是露八分的起源。经过几百年的发展,露八分也逐渐演变成现在人们茶余饭后的闲谈方式。随着时间的流逝,虽然现在的年轻人已经不再使用,但村里的老人们却还能娴熟地用这种巧妙的言语打趣。

"慌里慌，你干啥去？"

"去医院找高高在，看锯齿獠。"

"中午吃什么呀？"

"鸡啄碎。"

这是村里两位老人使用"露八分"的一段对话。初听这段话，会觉得丈二和尚摸不着头脑，仔细琢磨，才发现这里面大有趣味。原来，一个姓张的人就叫"慌里慌"，隐去了"张"字。姓尚人就叫"高高在"，隐了上（尚）字。"锯齿獠"的本意应该是指牙，而"鸡啄碎"省去的米才是最重要的答案。原来这段话表达的是这个意思：

"老张，你干什么去？"

"去医院找老尚看牙。"

"中午吃什么呀？"

"米饭。"

说话不说全，留有余地，这种语言习惯融合了中国传统文化中的中庸之道，让双方交流时能留有余地，从而将矛盾缓和或是让溢美之词的效果放大，使得语言发挥最大的效果。更多的时候，这种说话的方式，能以轻松幽默的语气，表达村民的价值判断。比如一个赵姓村民，如果人品好，深受村民们的喜爱，他可能就会被唤作"吉星高"。如果他的人品没有得到大家的认可，人们可能会唤他"云山雾"。仔细一想，其中蕴含的深意，不免让人会心一笑。

"露八分"的说话方式，还在时局动荡的时候派上过大用场。民国年间，不少伪警察在山路上设卡盘查，抢夺客商的钱财货物。有一次，走在前面的商人碰上了伪警察，便高声喊："我是慌里慌，有游山逛！"伪警察不知何意，后面的人却都明白了。"游山逛景"，原来是有伪警察呀。这下大家都改道了，伪警察也就无从下手了。抗日战争时期，日军在古北口一带设立关卡。在日军重兵把守的哨卡，如果通行时有人遭遇麻烦，就会通过"露八分"向同伴发出警告，对方马上心领神会，或是有所准备，或是避开日军，赢得生存的机会。

河西村就是这样一个美丽、悠远、神秘的古村。岁月湮沉、兵燹摧残，这里早已不见往日奢华的行宫、高耸的城墙，没有映日交辉的画楼绣阁、寺院古刹，更无旧日的千般绮丽、万种繁华。但这并不影响人们在这里临风怀古、叩问沧桑。观柳林营城的风云舒卷，忆无数英雄前赴后继，河西村凭借自己足够的历史积淀，显示出了独特迷人的魅力，唤起了深沉的兴废之感，吸引人们循着荒台野径、败瓦颓垣，去凭吊昔日的辉煌。

TIPS 小贴士

路线
河西村位于北京市密云区古北口镇。自驾可从京承高速 G101 出口出，经京密路、古下线到达。公交可乘坐 980 快车到密云汽车站，再换乘密 25 路到达河西村。还可乘坐市郊铁路怀密线，终点古北口站即位于河西村内。

住宿
河西村民俗旅游发展非常成熟，村内有大量的农家院落和中高档的民宿，可满足不同层次的住宿需求。

饮食
河西村内有许多民俗饭店，铁锅炖鱼、柴锅炖鸡、摊鸡蛋、贴玉米饼子是当地特色的菜品。

潮关：潮河岸边有古村

潮河源自河北丰宁，似一把利剑，劈开两山，涌入古北口。途中有小汤河、安达木河等支流汇入，势力壮大，奔向西南，又与白河相汇，合称潮白河，成为北京城北面的重要水系。它一路南下，别密云，过顺义，涉通州，至天津，入渤海。在潮河的密云段，有一座高耸的东梁山挡住了去路，河流在此处拐了个巨大的弯儿，像条舞动的绸带，由东向西再折回东。潮关村就处在这巨大的弯折当中，南北西三面被潮河环绕，只有东边为高高的山梁，与陆地相接，状如半岛。

这个三面环水的小村凝缩着厚重而丰富的历史。明代的潮河关城堡曾雄峙于此，如今遗迹尚存，其中的瘟神庙因内藏四目神而名扬密云；百年来，瘟神庙对面的戏台上艺人们演遍了人间的悲欢离合，殊不知他们自己也是悲欢离合的一部分；村外不远处则是潮河关惨案纪念碑，碑体像一把利剑直插天空，诉说着中华民族的血泪与冤屈……来此地怀古，不禁会想起一句词："千古悠悠，有多少冤魂嗟叹。空怅望，人寰无限，丛生哀怨……"

潮关村城堡遗址

瘟神庙正殿

涛涛潮河水，巍巍潮关堡

潮河川是旧时关外进入京城的通道，也是非常险要的一道关口。河水两侧，山势颇有形状，左蟠龙，右卧虎，形成关口，是历来兵家必争之地。防御者费尽心思，在山顶筑起长城，水中设计水关。明初洪武年间，沿河两岸建立许多营寨用来驻兵防守，共有7座之多，又于重要部位先后筑起城堡，可进驻更多的士兵，存储更多的武器装备，所以称为营城。

潮关村位于潮河东侧的潮河关城堡内。站在村口，南北两边是耕地，北面有卧虎山。山峰处两块巨岩颇似两只老虎，相对而卧。山脊上，长城蜿蜒，敌楼相接。

潮河关城池是座正方形的石头城，格局很小，东西南北城墙各长150来米，其中东西城墙依山而建，南、北、西三个方向面对潮河。行走在潮关村内，还能看到由大块毛石垒成的西墙。西墙白灰勾缝，墙面平整，约有5米厚，4米多高，约155米长。听当地人说，西墙和南墙曾经有过城门，西门正中还嵌有一方石匾，上镌刻"雄峙潮河"四个字，如今两门已毁，石匾也不知在何处。北墙残缺，西北角外墙拆成坡状，可以登上城墙。墙上有几米宽的土垄被村民们种上了蔬菜，为这古老沧桑的城墙增添了不少人间烟火的气息。东城墙在山坡上，于树丛中能看到一些碎石墙基。南城墙已经无存，房舍把城里城外连成一片。北城墙是北齐时期长城的一部分，也是古北口较早的关塞。明初对城堡重新修缮，加高加厚，成为防御核心。史料记载，当年的潮河关，不仅城内屯兵，城外同样驻扎兵马，以扼守潮河故道。旧时，潮河故道是古御道的必经之地。清朝初期，皇帝后妃文武百官每年夏天到承德避暑或去围场打猎，都需要出皇宫、奔密云、至石匣，自南天门进入古北口，然后顺着潮河故道抵达潮河关，再从潮河关到河西。潮河关的重要性可见一斑。

如今的潮河关，房屋相连、街道纵横，诸如腾达胡同、潮关大街、中心街二条等街道的路名记载着村子古老的历史。村民们说，20世纪70年代修护村坝，拆去了南城墙的石块。之后在80年代，村里人盖房，拆掉了东城墙。城内存有一些老房子，却已无多。所幸瘟神庙还比较完整。

神秘瘟神庙，内藏四目神

在潮关村，有这样一个传说，旧时潮河水经常泛滥，水灾之后瘟疫流行，被观音菩萨知道了，禀告给了玉皇大帝，玉皇大帝就让一位神仙下凡。神仙下到人间尝尽百草，终于寻到治疗瘟疫的草药良方，解救了受苦受难的人们。人们为了感念这位神仙，就为他立像、建庙、上供、烧香、敬拜。

瘟神庙的位置十分显眼，一进村就能看到，是一座坐北朝南的仿古建筑。从大门进去，右手边就是正殿，殿门两侧都有门神，左侧的图案经过风吹日晒已经模糊不清，右侧保存较为完好，能够看出绘画的线条十分流畅，门神身上缠绕的绫子飘摇如流风回雪，姿态风流。

正殿面阔三间，进深两间。瘟神庙是硬山顶、清水脊，板瓦屋面，方直台基，周边砌的是明造砖垛石墙，还有耳房和配间。庙内雕梁画栋，东、西两面墙上有着早已斑白的彩绘。北面墙上，正中间只能看到二龙戏珠的墨色壁画，龙纹栩栩如生，宝珠却被抹上了大白。当地人告诉我们，正殿中间原本供奉的是真武大帝，但是现在神像已经不复存在，只留下了二龙戏珠的壁画。20世纪20年代后，瘟神庙正殿改造成了村里的粮仓。为了防止粮食受潮，在宝珠的部分开了一个窗户，便于通风，后来又砌上了新砖。然而原本的壁画已经被毁坏，无奈就刷上了白灰。

北墙左右两边是人物画，六尊一排，各有三排，人物众多，栩栩如生。人物画色彩鲜亮，绘制年代可能有所不同。村民们告诉我，壁画作于明代，清朝做过修复，后一直保留至今。这些壁画经年日久，色彩不褪，鲜艳亮丽，令人称奇。画中各路神仙都站立在祥云之中，有的白面长须，手持朝笏，衣袂飘飘，姿态风流；有的蓝色皮肤，怒目圆睁，面部长有鸟嘴，威猛可畏，有的须发皆白，手捧仙果，面容可亲……最为特殊的是其中的四目神。村民传说，进入瘟神庙看到四目神像后，会产生头晕的感觉。不过四目神是光明的化身，能驱除疾病，寓意吉祥，保护人间安全。旧时，每到农历初一、十五，村里都要唱大戏来祭拜这位"四眼神"，以示敬重。

关于四目神，当地还有这样一个传说。相传1933年长城抗战爆发后，日本侵略者曾住在潮关村西边一个八道楼子里。一天夜里，抗日部队摸进了日本军队的营地，剿灭了敌军180多人。惨败的日本军队认为是潮关村的人给抗日部队带的路，在村中见人就杀，见房就烧。一位准备要烧瘟神庙的日本士兵在进入寺庙不久后便慌乱地从庙中跑出来向上司报告，说他进入以后头晕目眩。害怕惊动神灵的日本官兵慌忙离去。因此，在村里房屋大量被毁的情况下，瘟神庙还是保留了下来。

百年老戏台，何人是"李才"

在瘟神庙进门之后的左侧是一个百年的老戏台，戏台不大，远远望去平平无奇，只是戏台后方的一堵墙壁上隐隐有些墨迹，似乎是一些壁画。走上前台，才发现原来墙壁上密密麻麻画着的并不是壁画，而是近百年来到这里演出的艺人们留下的打油诗和涂鸦。

"壁画"的内容显示着，光绪年间一个名叫小聚元班的戏班子曾来此地唱戏。此外，祥和泰、喜庆班、春顺合、玉顺班、义顺和、六合班等戏班都曾在不同的时间踏足过此地。有的艺人长期漂泊在外，不免有思乡之情，于是提笔在墙壁上写下"天上下雨想（应为"响"）叮当，忽然想起我家娘"；有的不放心家中亲眷，但是手中无钱，没有颜面归乡，写下了"人在外面心在家，家中还有一枝花。高堂老母不相见，手中无钱南（应为"难"）回家"；有的或许没有获得好的待遇，

瘟神庙的戏台

赌气在墙上写下"古北口不好唱在（应为"再"）也不来了"；有的虽然身在乡野，但是胸怀天下，在墙面的一侧写下了"天下太平"四个歪歪扭扭的墨字；还有的可能是想表达一些自己的哲思，于是在墙壁一角画了一个满脸严肃的和尚，旁边提诗曰："世人滩鸾一花红，家化也化一班同。滩鸾家花生贵子，滩鸾也花乐常空"。也有有才能的艺人大笔一挥，在墙上作画，亭台楼阁、京剧脸谱、动物花卉、官员顶戴都跃然墙上。

在诸多涂鸦中，一个人的名字多次出现，成为了十几平方米的墙面上绝对的主角，那就是"李才"。这位"李才"不知何许人也，但唯一可以确定的就是他人缘实在不好，满墙写满了骂他的话。文雅些的做个打油诗："玉顺班真可连（怜），有个小李在里边"；直白一点儿的直接画了一个满脸麻子、趾高气扬的小人儿，旁边标注——这是李才；还有粗俗一些的，画了一个全须全尾的王八，旁边写着李才的名字。或许这位李才是玉顺班残忍霸道的班主，才惹得众人如此的愤懑和憎恶，乃至在唱戏的墙壁上大书特书。谁知百年来这座戏台的墙壁一直保存着，这位名为"李才"的人物一不小心就"遗臭百年"了。

从墙壁上留下的涂鸦当中可以看出，这些来此地唱戏的艺人文化水平不高，经常写错字，但是这并不阻碍他们的表达，他们写的打油诗朗朗上口，有些字不会写就用简单的别字代替，实在不行还可以画简笔画。满目的涂鸦，是满目的嬉笑怒骂，也是过去渺小但鲜活的生命。他们在过去，被认为是低下的，但能为人们带来欢乐；他们曾被视为是麻木的，但涂鸦告诉我们，他们也会哭会笑会愤怒会揶揄会想家；他们从来不会出现在史官笔下，但是却用另一种方式把自己的信息传达到了百年之后的今天。

不能忘却的潮关惨案

现在提起古北口，人们更多联想到的是巍峨壮丽的古北口长城，但是中华民族在古北口还留存着惨烈的记忆。1933 年，日本侵略者悍然出兵侵吞热河省，并威逼华北，长城抗战就此全面爆发。有"京师锁钥"之称的密云古北口，是万里长城上的重要隘口，也是长城抗战双方投入兵力最多、战况最激烈、对战局影响最大的主要战场，中国军队在这里打响了北京地区抗击日本侵略者的第一枪。古北口战役历时 75 天，中国军队以伤亡 1.6 万余人的代价，毙伤日军 7000 多人，用鲜血和生命捍卫了民族尊严。到密云古北口镇寻访 82 年前古北口战役的遗迹，听到最多的两个字，就是"惨烈"，而潮关村惨案就是其中不能被忘却的记忆。

和村民交谈的过程中，发现大部分村民都出生在战役之后，但都从祖辈那里知道了这段沉痛的历史。那是 1933 年，日本的一个中队占领了潮关，中国的大刀队夜袭了驻防的日本兵，杀伤了 70 多人。被偷袭的日本兵恼羞成怒，第二天天一亮就闯进潮关村问罪，"人是从你们村过的，为什么不给通风报信？"并以此为借口大开杀戒，展开了两次屠村行动。4 月 14 日，日本鬼子第一次进潮关，从村西杀到村东，半天就残害了 71 名村民。村里的茅草屋，火光一片。一名村民的母亲曾告诉他，当时村里的青壮年能躲的都躲出去了，留下的都是不方便行动的老人、孩子。老人的父母带着两个哥哥逃了出去，在家的爷爷奶奶都被日本兵杀死。4 月 26 日，日军再次闯入，又有 12 名老幼村民被抓。日军将他们关进一间草房，用手榴弹全部炸死。经过这前后两次屠杀，全村 80 户人家死了 83 口人，409 间房有 360 多间被烧毁。血洗潮关，是日军在北京地区制造的第一起惨案。

为铭记这段惨痛的历史，密云有关部门在潮关村竖立了潮关惨案纪念碑，纪念碑以汉白玉作为基座，顶部呈方尖状，碑体黝黑。其正面刻着"潮河关惨案纪念碑"八个金色的大字，背面和侧面记录了具体的事件和村民的口述，声声啼血。从纪念碑向西望去，是一片绵延青山，山上影影绰绰有一处敌楼，与纪念碑所在的位置遥遥相对。村民们说，这处敌楼就是当年血洗潮关的日本兵驻防的地方。潮河的流水滔滔不绝，青山上的敌楼影影绰绰，每一片水花，都讲述着一段悲壮的故事，每一座敌楼，都记录着一段刀光剑影、皓月执戈的历史。山河不改，历史不灭。

潮关惨案纪念碑

TIPS 小贴士

路线

潮关村位于北京市密云区古北口镇西南。自驾可从京承高速 G101 出口出，经京密路、古下线到达。公交可乘坐 980 快车到密云汽车站，再换乘密 25 路到达潮关村。

住宿

近年来，潮关村大力发展乡村旅游，村域内以农家乐为主，可提供基本的住宿服务。

饮食

潮关村内有一些农家饭庄，炖鱼、农家扣肉、时令野菜是当地的特色美食。

西坨古：铁血沧桑英雄关

潮白河在河北滦平、北京密云一带有一条支流，名为牤牛河。每当山洪暴发之时，洪水咆哮而下，势如牤牛，故得此名。在乱川牤牛河北岸，崇山峻岭之间，巍巍长城之下，坐落着一座古关，名曰西坨古。明朝时期，这里曾是北去深平出塞的重要通道，抗日战争时期，这里是名震华北的血战——坨古梁抗日狙击战的发生地。细数历史尘烟，不由得感叹，燕赵古称慷慨地，此处也可谓英雄。

古村城堡遗址

关帝庙

访古寻幽过城关

《四镇三关志》曾记载:"西坨古关,永乐年建,正关并迤东墩空,通骑,冲","西坨古关堡至县七十里"。西坨古关建于永乐年间,能延伸到东墩,属于长城沿线的正关,并建有城堡相配,自然规格不低。想必是因为这一带地势险要,易守难攻,故而成为长城上的重要节点。

寻访这座古村并不容易,一路上需要过隧道、翻崇山,在经历一段漫长的隧道后,才到达了这座群山怀抱中的西坨古村。一进村,就能感受到这个古村的古朴、安静、祥和及尚未被开发的粗糙和生动。长者牵着漂亮的小毛驴从玉米地中间的小道儿缓缓走过,驴背上码着整整齐齐的柴火;村中到处可见的石碾,诠释着这个村庄的安逸。路边绽放的葵花,在阳光的照耀下发出耀眼的光芒,为这个悠久的古村增添了几分生机。

顺着村道一直往北走,就能走到古城堡的遗址了。村民介绍,这是过去的城堡南门。原来的城门洞有两人多高,砖砌的拱券整整齐齐,墙基的条石又牢又稳。城门两侧有杠窝,门下有柱脚石,顶上还建有城楼,颇具规模。20世纪70年代,因为修建学校,拆掉了城门墙上的砖石头,只剩下这残墙遗址。城墙的西墙外便是牤牛河,此时虽是夏季,水却不盛,远没有它的名字霸气,溪水跳跃,活泼秀丽。旧时城堡的遗址,在河水的映衬下,显得十分伟岸。不少民居依着城墙而建,房屋主体也是用城墙砖垒砌而成,城墙与住房浑然一体。院内种植的南瓜沿着城墙攀援,为冷峻的墙壁装点着暖色的花朵。绕着城墙行走,发现北城墙保存较为完好。这一面城墙连向东面,墙外已被改造成坡路。顺着坡道一路向上,城墙也随之降低。东墙由于临近山坡,又与坡上地面平齐,已经成为了上下西驼古村分界的道路。据说,东墙外曾挖了很深的壕沟以防骑兵攻击,如今已经被填平盖上了房屋。在西坨古村外的东西侧的山上,原本各有一处敌楼。只因年久失修,只有西侧存留着敌楼的基座,东侧已无任何痕迹。回想当初,两座敌楼居高临下,可两面夹击,还可把险情消息传递远方,引来援兵。如此严密布防,无须文字,便知兵家对此处的重视。

老庙新居显变化

沿着村中的主道一直向前走到尽头,一座古色古香的小庙出现在眼前,这就是当地的老爷庙,又称关公庙。整个庙宇虽然只有70多平方米,却是麻雀虽小,五脏俱全,庙门、正殿、配殿、院落皆备。小庙的建筑结构保存十分完好。正殿门前左右墙壁留有门神,墨迹较新,应是修缮时所画。进入正殿后,只见关公坐在正中,一手捧书,一手捋着胡须。周仓和关平神色恭谨,随侍左右。两侧的墙壁画得满满当当,应是关公夜读《春秋》的典故。相传此庙为清代所建,特殊时期庙内神像曾经被毁，小庙被征用作为小学，后来成了村民储存木柴的仓库，现如今又恢复起来。庙宇不言，却旁观了历史几番变化。

从小庙出来之后就是大片的民居。村子的房屋建筑式样非常一致。房屋的基脚用石头垒砌，中间是和城墙如出一辙的青砖，上方的椽子冒出头来，露出里面纵横的结构，房顶的瓦片鳞次栉比，弧度优美，屋脊两端上翘，秀丽灵动。道路尽头，一处别具一格的房屋引起了我们的注意。与传统民居相比，这栋房屋更有现代的感觉，青灰色的涂料使其和周围的环境相得益彰，房屋的门口是精心平整好的空地。进入院门，更是别有洞天。精心打磨的影壁，种满鲜花绿植的天井，散发着桐油味道的原木家具，还有那极具艺术感的竹木吊灯……房屋呈现出难能可贵的清新优雅。房子的主人介绍，这里是村里的第一家民宿。

返回村口的时候下起了小雨，一棵老树安详地站在细雨中，有了雨水的滋润，想必又会发出几枝新芽。原本以为村庄就像这老树一样，沉默地细数历史的年轮，却没有想到，希望正在孕育，变化即将发生。

残长城上寻"怪"楼

西坨古的四周，是高大巍峨的崇山峻岭。长城盘旋在群山之巅，人类的伟业与造化的神力相互较量，构建出奇妙的景观，以长城上的驼扁楼最为让人称奇。驼扁楼位于西坨古关城东北方一座海拔七百多米高的山崖上。敌楼基座宽 7.35 米，长 14.25 米，高 11.68 米，墙体保存完好，石基严丝合缝，基线笔直，青苔斑驳。驼扁楼是长城爱好者对它的俗称，"驼"字取自西坨古关，"扁"是因为它的形状并非方方正正，而是东西窄、南北宽的格局，所以叫驼扁楼。敌楼的内部没有回廊和砖垛支撑，而是一个中空的拱券顶大厅，显得十分开阔。山间的阳光从南箭窗照射进来，宛如金色的大厅。有驴友称这种形制为"空心筒拱式"，这在长城敌楼当中非常罕见。敌楼四周的箭窗完好如初，有的箭窗上还保留着保护的雉堞。南北的两个窄面，各有石条砌成的蹬道。从蹬道爬到敌楼顶部，发现楼顶的铺房已经坍塌，只剩两段残墙和地基。这样的景致，不免让人叹息。若是保存完整，密云地区就有第四座完美楼了。转念一想，偌大一个拱形空厅，中间没有支撑，上层还建有楼橹，底部居然屹立几百年不倒，长城的坚固可见一斑。

站在驼扁楼东箭窗眺望，不远处山头上有两棵松树，形状极美，西坨古的村民们称之为夫妻松，两棵松树一高一矮，并立而生。其中一棵高大伟岸，另一棵体态婀娜，枝叶相拥，远看真如百年夫妻伫立相守。站在山间，远望着夫妻松，耳畔响起了舒婷的那首《致橡树》："我们分担寒潮、风雷、霹雳；我们共享雾霭、流岚、虹霓。仿佛永远分离，却又终身相依。"树木本无心，皆是人有情。对

驼扁楼与夫妻松

于松树倾注的情感,体现了人们向往纯洁高尚的爱情。

驼扁楼西南方向一段平缓的山坡上建有一座高高瘦瘦的敌楼,这就是当地人戏称的"棒槌楼"。棒槌楼南北两面各有两个箭窗,东西两面的箭窗被破坏成两个大洞,顶部也被破坏大半,塌成天窗,中部几乎是空的,像一只支离破碎却仍然保持站立的高脚杯。巧妙的是,不知是哪只鸟或者哪阵风的杰作,一棵树苗从顶部生发出来,展开了小小的树冠,像一只伸向天空的手。春季,黄土色的敌楼上粉白的花蕾绽放,阳刚和柔美构成最经典的美学搭配;夏季树苗枝繁叶茂,微风吹拂,哗哗作响,像是给敌楼添上了铃铛;秋季日分,山明水净夜来霜,数树深红出浅黄,阳光下金色的敌楼和深红浅黄的树叶构成和谐的画卷;冬季里,繁华尽谢,举目黑白,铁枝凛凛,凌霜傲雪,又是另一种气象。

燕北血战坨古梁

在西坨古村的南部,有一座名为坨古梁的山梁。这里岩石裸露、寸草不生,唯独梁北制高点上长着一丛荆梢,像一撮毛发,所以又被称为"一撮毛"。抗日战争时期,这个地方曾经发生过一场名震燕北的血战——坨古梁抗日狙击战。

抗日战争期间,日本侵略者铃木部队朱狩中队的据点就设在西坨古村。从西坨古村爬上坨古梁,向南行走约30里就是董各庄村。这里设有日本华北部队的另一个据点。朱狩中队与董各庄据点的敌人联系相当频繁,几乎是每隔三四天就要去董各庄据点一次。他们出发的时间一般都选在拂晓时分,在董各庄吃过午饭后再沿原路返回,回到据点时刚好夕阳下山。朱狩中队的这一活动规律很快被八路军晋察冀步兵第十团掌握,十团决定消灭这股敌人。为了不打草惊蛇,在相当长的一段时间里,十团战士有意减少在该地域的活动,意在使敌人产生此地无八路军的错觉。

1941年8月13日,根据掌握的情况和敌人活动的规律,十团断定朱狩中队又前往董各庄据点,于是决定在当天进行伏击,地点就定在"一撮毛"南面。这里大大小小的山丘星罗棋布,适合发动伏击战。午夜刚过,十团战士在团长王亢的率领下进入了指定位置埋伏起来,构成了三面合击敌人之势。当地群众和自卫军紧密配合,主动站岗放哨、封锁消息,等敌人自投罗网。第二天,狡猾的敌人似乎有所察觉,出发时间较以前提前了。待我方侦察员爬上"一撮毛"山头时,敌人已经通过,直奔董各庄而去。天刚蒙蒙亮,敌人就已抵进头道甸子,刚好与隐蔽在这里的八路军特务连顶了个正面。于是,战斗首先在头道甸子打响。埋伏在其他地方的三个连队也迅速投入战斗。就这样,特务连迎头堵截,其他三个连从左右两侧猛烈射击。慌乱中的敌人极力寻找依托隐蔽物,企图顽抗,怎奈这山梁光秃秃无任何遮挡,只能暴露在八路军的枪口下。敌中队队长朱狩左冲右突,带着七八个人好不容易才冲出重围。可当他们刚逃出峪口转身准备向白马关逃窜时,十团政治处主任吴涛率三营八连前来接应,封住了敌人的逃路。经过一阵激烈的交锋,朱狩及其残部除一人被俘外其余全部被击毙。此战八路军共缴获轻机枪4挺、步枪50支、手枪3支及其他军用物品一批。坨古梁抗日狙击战震惊了敌人,也为当时的抗日志士们打了针强心剂。

扼守长城口,血战坨古梁。西坨古关不仅是一座历史的关,也是一座英雄的关,它见证了英雄的人民如何维护自己的骨气与尊严,也见证了中华民族反侵略的伟大斗争。

TIPS 小贴士

路线

西坨古村位于北京市密云区不老屯镇北部。自驾从京承高速顺密路出口出，经顺密路、密关路、兴阳线、黄下路和西东路到达。公交可乘坐980快车到密云汽车站下，再换乘密27路到达西坨古村站。

住宿

西坨古村民俗旅游尚在起步阶段，村内暂无住宿设施，需前往周边不老屯镇、冯家峪镇等地住宿。

饮食

西坨古村只有一家餐厅，需提前一天预订，特色菜肴有不老屯炖吊子、黄土坎鲜榨贡梨汁、西坨古木兰芽摊鸡蛋等。

扼守长川白马关

白马关村坐落在密云北部山区的白马川附近。山川长三十余里，山峡路窄，山峦起伏，地势险峻，从城堡北去十余里的长沟即为白马川。白马川附近就是白马山，明朝时白马山自然形成与蒙古部族的分界线，大山南面为明朝属地，北面为蒙古部族地域。明朝政权在白马川的山峡路窄的战略要塞修筑长城关隘，白马关长城就属于石塘路长城段。由于战略地位的险要，时至今日，白马关一直流传着名将杨六郎的传说；附近的长城上还保留着一座楼橹俱全的"完美楼"——老峪沟敌楼和一座历经沧桑的水关——洪桐峪；而在长城脚下，白马关古堡的城门诉说着当年"一夫当关，万夫莫开"的气魄，不远处的番字牌石碑见证了长城沿线多民族交流、交往、交融的历史。

白马关城堡

野马川上白马关

　　白马关村名字的来历有两种说法。一是见于《北京市密云区地名志》中的记载:"明初修长城时,从东北野马川窜进一匹暴烈的白色野马,到处狂奔,糟蹋庄稼,时而伤人,后被修长城的兵将擒服。长城关口因此定名'白马关',河称白马关河,成村后以关命名。"按此记载村名,真切朴实。另一种说法出于当地百姓的美好愿望,人们情愿把村名与杨家将联系在一起,由此便引发一个动人的传说。在距白马关不远处有个番字牌村,村西有条河川,河川两面山峰耸立、怪石嶙峋,河水湍急。不知什么时候,川里来了匹雪白耀眼的野马,狂野彪悍,驰骋于山林,嬉戏于浪中,一声嘶鸣令众山回应、野兽丧胆,无人能靠近,大家把这里称为"野马川"。一天,大宋将领杨六郎打仗路过这里,巧遇这匹白马正徜徉在水中。杨六郎慧眼识宝马,便从岸上飞身一跃,跨到马背上。马仰天嘶鸣,前蹄跃起,试图甩下背上的六郎,但见六郎腿夹马腹,一手紧勒鬃毛,一手扬鞭舞马。白马瞬时跃出水域,狂奔于岸。马跑得越快,杨六郎越发加鞭,就这样白马终于驯服地停下来,甘愿做了杨六郎的坐骑。因是水中得宝马,杨六郎便称其"白龙马",此地关口也随之改为"白马关"了。

　　关于村名的由来,上述两种说法均为传说而已。前种说法略显"真实可靠",后种说法完全取自民间愿景。因为白马关城堡建于明朝，杨六郎是宋朝人，白马关应该不存在杨六郎的踪迹。然而，白马关自古以来就是战略要地。《明史》记载，戚继光在镇守蓟镇长城的年代，曾多次视察白马关的防务，这一点却是不争的事实。

空心台上起楼橹

　　戚继光在《练兵杂纪》中述："今建空心敌台……建楼橹，环以垛口"，可见凡空心敌台上都应建有楼橹。楼橹也称楼格，是中国古建筑学术语，即"高台战具"，攻守皆宜。楼橹是建在敌楼上有屋顶的小房子，又称铺房，供士兵观察敌情、遮风避雨。经过数百年的风雨侵蚀破坏，现存的明楼橹百无一二。在民间长城爱好者当中，保存有完整楼橹的、修缮较为完备的敌台被称作"完美楼"，在北京及周边地区，楼橹结构尚存的"完美楼"仅以个位数计，白马关的老峪沟敌楼就是其中一个。2005年，张保田等一群长城爱好者驾车前往密云区白马关乡寻找抗战历史照片"八路军将领在白马关长城"的拍摄地点。经过一天雪中跋涉，虽然老照片拍摄点未能找到，却发现了白马关长城上的老峪沟敌楼，他们惊讶地发现，这栋敌楼虽然残破不堪，却保存着完整的楼橹。这样的长城楼橹建筑在北京地区仅存两三处，弥足珍贵。于是一行人就在长城小站上了发表文章和拍摄的照片，呼吁相关部门抢救楼橹。幸运的是，他们真的收到了北京市文物局信访办公室的回信，该部门已经决定批复白马关长城的抢险修缮方案，修复工作于当年12月顺利完成。

　　如今再看白马关长城老峪沟敌楼，青灰略带土黄色的方形楼台安静、孤独地坐落在山脊上，在天光云影的映衬之下，像个藏于深山的老庙，又像身躯凛凛的戍边将士。走进敌楼发现室内空芯，中室通道为三横三纵结构，各拱券以同样弧度的钢制拱顶支撑。在中室向北斜上方砌有条石阶梯，顺着狭窄的阶梯就能到达二层的铺房，也是楼橹，这是古代戍边将士的值班室。铺房南侧有一门二窗，门居中，门对面有影壁。东侧有一门居中，二箭窗分居南北；西侧有3个箭窗，南北侧各有4个箭窗。内外八字垛口墙壁完整，上下射孔齐全，垛口上石质的旗杆孔完好。仔细观察，连东门门槛上雕刻着的并蒂莲花都清晰可见。

　　经过了长时间的攀爬，此刻终于可以倚靠着垛口休息一下。静静地站在楼橹前，用手掌触摸青色砖石中艰难开出的小花，欣赏脚下波澜壮阔的山峦，感受夕阳洒在脸上的微暖，呼吸着山顶上清凉的空气，听着耳边呜咽的风声，心里突然变得十分安静。长城楼橹，听起来如此肃杀和冰冷，但对于戍边将士来说，在荒山野岭之中能够有一座坚固的堡垒可以生火、取暖、做饭、睡眠，一下子就从冷漠的自然当中分割出了一个充满安全感的小世界和野兽毒草绝缘。日复一日，戍边将士的青丝变成白发，挺直的腰背逐渐弯驼，终于，他们离开了这里，接替他们守卫边疆的是他们的子孙。

白马关城堡遗迹

洪桐岭水关

几百年过去了，一代代的戍边人不知所向，史官各啬，也不会记录他们的姓名。但我想，每一块砖石会记得他们在夕照下孤寂的剪影，曾聆听他们夜幕时分吹奏的苍凉笛声。所以保护楼橹不仅仅只是为了保护一种长城建筑形式，也是在纪念一群青史不留名的戍关人。

古关堡与洪桐峪

  白马关长城之下白马关河潺潺流过，岸边坐落着的就是白马关村。村子背山面河，山明水秀，绿树成荫，一片农家风光。即将进村的时候发现，村口立着一匹汉白玉的小白马，线条朴拙、造型可爱。没走几步就是村委会的大门，大门处又有一座前蹄飞扬的白马石像，显得意气风发、朝气蓬勃。进入村中腹地，又是一座白马雕像，这已经是进村以来看到的第三座白马石像了，果然是白马村，到处都有马的元素。石像之后屹立着一座保存完好的古城门，城门不大，只能过一人一骑，颇有一夫当关万夫莫开的气势。城门洞不高，据说是因为年代累积、地势抬升的原因。上有一米宽两米长的石质门额，上书"白马关堡"，勾边阴刻，四方排序，如同印章。城墙下面露出五层方正的条石，上面垒砌的青砖有些风化伤损，增添了几分沧桑。门下立有长城保护碑，上面记载明永乐年间开始在此修建城堡，嘉靖三十年（1551）又加高加厚，几代人选中此地，想必对其重要性有着共识。

  一进城堡大门，迎面墙上写有白马关的文字介绍，想来是在发展旅游产业。中午时分，城内人少，一行人溜溜达达，在城内自由探看。进城不远，场地颇为开阔，屋角长出一棵槐树，旁有古井，上面安装了电机，竟然还在使用，听老一辈人讲这里曾经是衙门的所在地。街上多处可见石槽、碾盘等石器，有好奇的还可以去推一推、转一转。此地的古井、古树和石头碾子共同构筑了村内的公共空间，一群老人摇着蒲扇在槐树下乘凉聊天，闲适安详。城堡里有不少老房子，有的已有几百年历史，多年没有人居住。瓦片缝隙中开出荒草野花，荒颓中孕育着希望的美感。

  沿着城墙逛，北墙已经十分残破，和村居融合在一起，只有一个并不宽敞的便道。相形之下，西墙倒是保存得不错。当地的书记介绍，城墙也有"穷""富"之分，这段石墙就是很好的例子，西城墙在明代之前就已经建设，明朝时期经过了修缮，修缮前期财政比较充裕，整体都是砖墙，到后期财政不足，就变成了石头城墙。如今的城墙上长着草木，还攀援着南瓜藤，挂着小黄灯笼似的南瓜花，一派乡村田园风光。

  站在城墙上抬头北望，两边大山对峙，中间就是当年的古道白马川。山路崎岖惊险，关口就在不远处。关口过往的多是商旅、游客、行人。建造的瓮城固然是战时所需，更有平日的平安。人们南来北往，赶起骡马毛驴，推上小车，装上各类农产品，换回北面的毡子、毡帽、羊皮。古道上常有骆驼往返，城堡内外开有店铺，空场衙门处还开有酒铺，颇为繁华。如今，每年秋后，村民们走在古道上，贩卖收获余下的粮食、农副产品及日常生活用品，换回关外盛产的土豆、莜麦等。

在白马关村北部不到 1 公里的地方就是洪桐峪水关，即密云 25 号水关。长城水关是长城墙壁中间的一个洞门，也就是以前穿城壁以通城内外水的闸门，以此作为水的流通处，防止城墙被急流冲垮。寻找洪桐峪水关的旅程像一场探险。水关距离公路还有近 1 公里的路程，如果不是有当地人带领，根本无法得知该从何处找寻。经过一片长满了老虎藤的平地后，又进入了干涸的河道。河道里碎石密布，大者如熊似虎，不时堵住道路；小者如鹅卵，铺成嶙峋地面；行人一脚高、一脚低，有时候还要借势攀爬。沿着河道追溯百米，终于看到了水关，绵延的长城城墙在此处突然出现了一个石拱券式的门洞，像巨龙身上贯穿的伤口。关口上墙外包砖已经剥落，露出碎石内芯。进入水关内部，洞上方竟然有用作关门的石梁和上下门轴孔，或许此关在洪涝时期为泄洪口。坐在巨型河石之上仰望长城水关，想象夏季山洪暴发的时候，夹杂着树枝、泥石的黄河水像千军万马一般冲击长城，甚至可以将几百公斤重的巨石前移几十米，最终从水关泄出，随后逐渐淤积至下游的平原。水关与其说是长城的贯穿伤，不如说是长城的呼吸孔，它的存在保证了长城的安全。

番字天书求平安

在白马关北约 5 公里处是番字牌村，村子散落在白马川河两岸，周围高山峻岭、松柏滴翠、景色清幽。河的南岸是顺河修建的柏油公路。河与公路之间有一座东西狭长的小孤山，此山东西长不足 30 米，平均高度 5 米左右。然而，就是这座小山上的"天书"，让番字牌村名扬京华。番字牌位于道路旁边的孤山上，随着沉积作用，山体的一部分被埋在了土壤之下。一些番字的上半部分显露在空气中，下半部分却隐没在土地里。沧海桑田，都是时间的伟业。

番字的文字共有 33 组，字刻有大有小，大的 40 多厘米，小的也有 10 多厘米。字体排列整齐、行距分明。虽然已年深日久，字迹却异常清晰。这些字体有的似蒙文，有的如满文，字的上端和尾部还刻有类似标点的小符号，有的像手捧着一滴水，有的像一朵莲花。岁月将这些文字侵蚀得模糊不清。匠人雕刻的痕迹也已经仿佛天然生长的花纹。世事变迁，路边的青草正在疯长，这些"天书"虽然经风历霜却仍然保留在崖壁上，让人感受到时间的流逝。

关于"番字天书"的由来，当地有多种有趣的传说。一种说法是番字是祝福过往行人平安的吉言。因番字牌村西北可达河北丰宁，东北可达河北滦平，属交通要道。这里又属边塞，战事繁多。加之森林茂密，虎豹等猛兽多有出没，因而在路旁山崖上刻上祝福的吉言，保佑人们旅途平安。第二种说法是少数民族祈祷打胜仗的祷告词。番字牌地区在历史上曾属关外少数民族统治地区，驻扎过少数民族军队,为了祈求神佛保佑其开战胜利,故将祷告词刻于路边山崖上,军队行进时能看到,以做鼓舞士气之用。第三种说法更为神奇。传说番字是镇妖符。番字牌村地处边塞,战事多,死亡人员多,很多战死的将士魂魄不能回归故里,一到夜里就传来哭喊声,吓得当地人不敢出门。村里人烧香祈求上苍。突然某天夜里雷声大作,天空中一道金光闪过,有人看见一条黄符从天而降,落到小孤山上。第二天清晨,小孤山的山崖上有了谁也不认识的文字。从此,这里夜间再也听不到哭喊声了,人们都说小孤山上的文字是上天降下的镇妖符。

  传说终究是传说,直到1987年,"番字天书"之谜终于解开。经中国社会科学院民族文字研究所专家辨认和鉴定,石刻文字为梵文、蒙古文、藏文三种文字。每组字的内容均为佛教的"六字真言",即"唵、嘛、呢、叭、咪、吽"。行数较多的是"六字真言"的重复刻写。每组字尾部一行或几个小型字是落款或纪年。如"阴火兔三年",即元泰定三年(1326),还有"军队造""幸马"等落款。1983年,在原番字牌乡医院东山坡上还发现过一块高近两米的立石,壁上刻有一个大型字体,字高1米有余、宽约35厘米,远看像画,近看是若干字拼成的大型组字。经辨认是梵文组合图,即佛教的"十相自在图"。在驻军关口和交通要道刻下字符,乞求旅途平安、驻地吉祥,这既符合元时大都之俗,也满足当地信佛的蒙古族军人等的需要,印证了北京地区多民族迁徙混合的历史。

番字天书

TIPS 小贴士

路线

白马关村位于北京市密云区冯家峪镇。自驾从京承高速顺密路出口出，经顺密路、密关路、兴阳线可到达白马关村。公交可乘坐 980 快车到密云大剧院下，再换乘密 61 路到达白马关村。番字牌位于白马关村北 5 公里处，可沿兴阳线前往，亦可乘坐密 61 路公交车到达。

住宿

白马关村民俗旅游尚在起步阶段，村内暂无住宿设施，需前往周边冯家峪镇等地住宿。

饮食

白马关村没有餐饮设施，需前往周边冯家峪、石城等地用餐。

冯家峪:『槐城一体』与崖壁蜂场

冯家峪镇位于密云西北部白马河川中。源自番字牌村的白马关河,顺着山谷从北向南流淌到这里,与从西面上峪方向流出的溪流汇集在一起,形成了冯家峪这个古镇。这里有着新奇险绝的"崖壁蜂场",壮观的长城遗迹、京城第一古槐,更不乏山清水秀的优美环境,是密云长城沿线的重要节点。

残存的城墙遗址

长城古堡今犹在，缝补甲胄留村名

  关于冯家峪村名的由来，当地有着这样的一个传说。相传古代有一位将军率兵到了司营子附近御敌，在与辽将征战中甲胄被撕破，战后行至一地休息时，脱下甲胄缝补，故将此地称为"缝甲峪"，后谐音"冯家峪"。村民们更愿意把名字的来历与著名的杨家将联系在一起，村民口中的将军变成了鼎鼎大名的穆桂英。虽然没有史料证明传说的真假，但冯家峪的重要地位自然是毋庸置疑的。旧时的冯家峪，是华北通往塞外的重要孔道，作为中原与游牧民族的分界线和屏障，自古为兵家必争之地。

  明洪武初年，为了防止北元南侵，朝廷将明代以前边墙上的关隘利用起来，加固修整，凡幽、燕北面的山险、崖上重要地段设关，一般地段设口。冯家峪一带，共建有72座敌楼和12座烽火台，连接着四周的长城。如此密集的关隘，显示出这里地理位置的险要。此外，更是在冯家峪及其周边修建了冯家峪口和冯家峪堡。冯家峪口地势陡峭未筑墙，只是在沟谷中间前后并排设四道口门，口门两侧东西两山对峙。短短的百十米内，就筑有四道石墙和水门，足见这里山势险峻，地位之重要。遗憾的是，由于洪水和年久失修，这些珍贵的军事设施已经全部损毁，只能在这巍峨的两山间，追怀昔日关口的雄伟。

　　冯家峪堡位于冯家峪口门东，建有东西二城堡，为石塘岭关管理。东堡位于旧冯家峪村域内，西堡则位于上峪村域内。冯家峪作为长城的一个关隘，明、清时均派兵将戍守。距离东堡西南隅180米的北山最高点上建有一座哨楼，与西面上峪哨楼和西口外哨楼遥相呼应。如今，东堡被民房包围，城垣几乎拆尽，只可见西垣、北垣的些许痕迹。在东垣的一侧，残存的几米长墙基，向人们昭示着城堡曾经的存在。

　　上峪城堡为冯家峪二堡的西堡。城堡始建于明代永乐年间，迄今已有近600年的历史，是在北京明长城中保存较为完整的古城堡之一。这座城堡是为修建这段长城时的驻兵屯粮之地，规模小巧，东西长约一百五六十米，南北宽约一百二三十米，墙体高达六米多，全部是用毛石、白灰砌成。与大多城堡不同，上峪城堡只设一座东门。门洞凹进城墙体四五米内，敌方若攻入城门，必先进入城墙体内，守方反攻之，犹如瓮中捉鳖。城门内也有特殊，一道铁闸连接起来两道大门，便是严密的防御机制，夜晚只需关闭两道城门，放下铁闸，城内的人便可安享睡眠，勿惧敌人来犯。城墙四角建垛子，城门上建有门楼，殿宇三楹，雕刻精巧，技艺精湛，庄严雄奇。内供关帝塑像，旁边站关平及手持大刀的周仓，正气十足，威慑八方。

　　虽然历经风雨冲刷洗涤，上峪城堡四面墙体却仍然存在。南墙北墙保存完整，墙体内侧是大块毛石垒砌，外侧包着十三层条石层叠垒砌。条石切割整齐，堆砌有序不乱章法，城墙敦实，多以条石构建为主体，少许以青砖相持，黏合度较高。城堡以碑为额，石碑以毛石堆砌黏合水泥筑成，写着"上峪城堡"。城门匾额上的石碑，记载着过往一段峥嵘岁月。抗日战争时期，上峪村曾被日军占领，城堡原石碑被战火打碎，散落民间。由于城堡太过结实，八路军攻占上峪时，始终无法攻入村内，最终只能乘着黑夜，才攻占了这座古堡，将日军赶走。20世纪70年代，村中的长者四处寻找城门石碑残片，用水泥砌着青砖，终于凑成了如今的石碑。

"槐城一体"上峪村

　　上峪村坐落在欣欣向荣的槐树丛中。村子在山岭间开出一块平坦之地，村界状若蜥蜴，躯体丰硕，四肢延展，在崇山峻岭之间匍匐前行。村中原有三眼古井，泉水甘甜清冽，滋养一方水土。茂盛的槐树丛中两棵上百年的古槐脱颖而出，高大粗壮，枝繁叶茂，姿态摇曳，被称为"北京第一古槐"。此外，村里还有明清时期的古堡窑洞。历史残迹、古风古韵，槐与城相得益彰，不同凡响。

　　进入城门，是连通城内南北的一条主街。主街两侧是现代化设计的新房，只在空当处，偶尔有一些为数不多的老房子。这些老房子大多沿袭了旧日的格局构造，大门置六级宽大石阶，以条石为

槐城一体

眼光娘娘庙

房基，以青砖垒砌。毛茸茸的青苔遍布墙角台阶处，蛛丝遮满了窗棂，烟火熏染的梁架，墙上斑驳的印痕，残垣断壁的旧房遗迹中曾经的辉煌仍可见一斑，一阵遗世独立和疮痍之感交织心头。

上峪村之独特，在于城与槐、人与树相得益彰的融洽。大街小巷内，每隔几步便有一棵高大粗壮、枝繁叶茂的古槐屹立。树冠遮天蔽日，树荫中郁郁葱葱。"北京第一古槐"冠大荫浓，高20多米，干周长7.5米，传说为汉代所植，有两千多年历史，是北京的"古槐之最"。如今，这棵两千多岁的大槐树树身早已中空，树结多处扭曲隆起，树干也已经向一侧倾斜。人们将树中间的空洞做了填补，在树的南侧刷了蓝漆，以使树木能够更好地抵御蛀虫。由于槐树倾斜严重，村民唯恐主干担负不住，便保护性地锯掉了一根粗大的树杈。巨大的疤痕上涂满了药物，再用几根长长的铁棍支撑，似乎是给这棵老态龙钟的老槐送去一根拐杖，让它得以安度晚年。老槐树似乎也有灵性一般，回应着人们的关照。虽然树的主干已经枯死，但仍在两侧生出了茂盛的新枝，生机盎然。

当地人传说，这棵槐树颇有灵性，能够庇护一方。村民们将其视为吉祥昌瑞之树，树上缠绕着红布条，树前有焚香燃烛的残迹。每家新添孩童，村民必往古槐的枝干上挂上红布条，烧香敬酒许愿，以祈祝福，长命百岁。此外，古槐也是科举及第的象征，考试之季，许多村民携带考生一起到此叩首礼拜，企盼子孙后代得魁星神君之佑，登科入仕。

每逢夏日，上峪村便享受着槐树给人们的惠泽。槐树枝叶茂密，绿荫如盖，树荫婆娑，给人们送去清凉。槐花芬芳，拾来新鲜槐花和自家母鸡下的土鸡蛋，油锅清炒，香气四溢，一道原汁原味的"槐花炒鸡蛋"惹人垂涎欲滴。拨开花朵，便是粒粒槐米，是清热解毒、止血降压的良药，让人以最自然的方式回归健康。当然也别忘了醇香可口的槐花酒及香甜可口的槐花蜜，槐酒配肉，槐蜜配酸奶，就是夏日夜市中最美的体验。古树伴古城，见证了历史的车轮滚滚向前，留下了当下生活的岁月静好，在恬静的大自然中，身体得到舒展，心胸也不自觉地宽广了起来。

传承至今的"眼光娘娘庙"

上峪村的东门外，建有一座眼光娘娘庙。娘娘庙修建的年代已无从可考，当地村民却认为，这座眼光娘娘庙是上峪村最为古老的建筑。上峪娘娘庙古朴别致，红漆木柱、青砖石墙，屋顶墀头砖雕，正殿东墙隐隐绰绰地残存着些许彩绘残迹，好似两个披四合如意云肩的少妇，画风柔和流畅，神态惟妙惟肖。如今娘娘庙中建有三间正殿，主殿曾供奉着眼光娘娘塑像金身。塑像极为宏伟，五凤冠加顶，缯带垂于双肩。圆领大袖衫金碧辉煌，如意云肩端庄优雅，以花卉及寿山福海图案镶衣服边缘，寿字纹印于裤腿之处。娘娘的双手捧金睛宝眼，以庇佑百姓远离疾病，消除众生眼疾，明是非辨善恶。每年三月初六为娘娘的诞辰，香火鼎盛，叩拜之人络绎不绝。此外，娘娘庙旁边厢房的墙壁上绘有三位分别穿蓝、绿、白色的长者的画像,岁月侵蚀让这些绘画失去了原有的色彩,但依稀能够看出瘟神、药王和青苗神的存在。人们供奉这些神灵,乞求一年的风调雨顺、幸福平安。

悬崖壁上挂蜂箱,匠人手作杏仁油

在距离新上峪村不远处的西口村附近,有北京的首座崖壁蜂场,也是全国首屈一指的崖壁蜂场——"悬蜂谷"。 若驱车驶入位于雄奇陡峭山崖之中的的盘山公路上,远远就能见到数百只色彩斑斓的蜂箱,错落悬挂在百余米高、近乎直角的硕大绝壁上,蔚为大观,令人望崖兴叹。在周边的一些小崖壁上,同样悬挂有蜂箱。

金秋十月,是北京密云深山崖蜜的收获时节。每年此时,蜂场都有专业的"蜘蛛人"攀上百余米高的峭壁,进行"悬崖割蜜"。一根绳子从山顶垂下,采蜂人悬在半空,贴着崖壁缓缓下降,发现有适合的巢蜜,便用割蜜刀取出后封存,再放进身后竹制的背篓中。蜂箱的安装也是一件难事,山顶上要事先打好地桩,"蜘蛛人"将安全绳一头固定在地桩上,一头系在身上,一点一点下沉到岩壁上,然后用膨胀螺栓挨个儿将蜂箱钉在山上。3面峭壁,600个蜂箱。20个"蜘蛛人",整整干了一个月时间,恐怕只有极具胆识和手艺的匠人才敢如此劳动吧。

见此奇景,难免发出蜂箱为何挂在高高的悬崖上的疑问。事实上,崖壁养蜂,可以最大限度减少人为干预,也避免了蛇、鼠对蜜蜂的侵扰,还原了野蜂传统生活的环境。劳动者的智慧与胆识,实在令人钦佩。每逢秋季的割蜜节,场面惊险刺激,游客不仅能欣赏到这一人文、自然奇观,还能品尝到新鲜的蜂蜜,观看悬崖蜂场,了解中蜂饲养方式以及游览峡谷。此外,还可以体验手工制作蜂蜡唇膏,留取亲手所制纪念之物。

除了独特方法酿制的蜂蜜外,冯家峪还有一个宝,那就是纯手工制作的杏仁油。用冯家峪杏仁油做的油饼,有一股浓郁的杏仁露香味,清香扑鼻,让人无法忘怀。杏仁油的制作很是复杂,工匠要专门去山上采摘苦杏仁,用石碾子碾成末,再用松针烧火炒制。此外,制作人需要用一双"铁手"将滚烫的杏仁末从锅里捞出,在手中攥成油。之所以如此,是因为手工制作的方式能比机器更好地保留杏仁的风味。杏仁的出油率很低,一斤苦杏仁只能出一两杏仁油,因此十分金贵,售价也偏高。来到冯家峪,品尝杏仁油制作的美食或是购上几罐手工杏仁油回家,都是独特而又充满温度的选择。

崖壁蜂场

TIPS 小贴士

路线

冯家峪镇位于北京市密云区三北地区。自驾从京承高速顺密路出口出，经顺密路、密关路到达。公交可乘坐980快车到密云大剧院下，再换乘密61路到达冯家峪。

住宿

冯家峪镇民俗旅游发展处于起步阶段，镇中心有几家简易旅馆，村北5公里处有一高档民俗度假村。

饮食

冯家峪村主街分布有几家餐馆，可提供基本的饮食服务，杏仁油饼、山蘑炖鸡是当地餐馆的特色菜。

「密云首险」石塘路

古北关前月似霜,石塘岭下塞云黄。鸣笳夜半边声起,不是征夫亦断肠。明代许惔吟咏密云的塞下曲一诗说的正是奇险绝美的石塘路。石塘路历史悠久,文脉厚重,是明代长城重要的隘口之一,清代密云区志更是称其为"密云首险"。石塘路地处云蒙山东麓,坐落在烟波浩渺的密云水库西岸,村北依白河,秀美的云蒙山、黑龙潭等旅游景区环绕周围,非遗"玲珑枕"闻名全国,还有淳朴有趣的农家生活和精致美好的精品民宿,值得细细品味。

石塘路钟鼓楼遗址

探"密云首险",观奇景古迹

  石塘路处密云西北重地,历来被称为长城的重要关隘和交通要冲,为蓟镇西协、密云四路之一。优越而险要的地理位置造就了石塘岭堡、石砌长城、空心敌楼、鹿皮关等险要卓绝的景致,更赋予了石塘路"密云首险"的美誉。

  石塘路初为石塘岭堡,明嘉靖年间改设为石塘路。石塘路城堡原呈正方形,周长2000米,共置4门。城内中心有钟鼓楼一座,东西分设文武衙署。北、南门外分别着一石匾,上书"石塘岭"和"石塘路"。石塘路城堡北城为旧城,建于明洪武年间(1368—1398);南城为新城,建于明万历年间(1563—1620)。城堡中心是距今已有四百多年历史的钟鼓楼;城垣周围布防严密,堪称固若金汤。城南300米处的山顶上,筑空心敌楼一座。敌楼居高临下,警告四方。在石塘路的营城内,也修建有不少敌楼,其中以"南楼"最为出名。南楼南面依山,北面傍水,俗称"链船楼"。当地传说,石塘路像条船。如遇洪水,此船极易漂走,修了南楼便如同在这里下了一条锚,把船牢牢地拴住,船也就无法冲走了。

  时间将曾经不可撼动的古营城拆解成了残块。如今的古城堡,只留存着一座残损的钟鼓楼和一口四眼古井，以及残存的城墙地基和城南修缮一新的空心敌楼。残损的钟鼓楼就在村口不远处的一户农家院旁，钟鼓楼只剩基座和几段残墙。楼下铁牌记载，石塘路钟鼓楼曾下辖二十三处关砦，东自陈家口堡，西至开连口关，城段延伸125公里，负责95座敌楼的设防和兵力部署，民族英雄戚继光也曾在此镇守。村民介绍说，石塘路的钟鼓楼坚固无比，坍塌并非战乱所致，而是毁于一场严重的地震。走进钟鼓楼，发现这敌楼大石条的基座坚固无比，青砖筑就的券门洞，白灰勾缝，虽然历经岁月的洗礼，却依然屹立不倒。

从钟鼓楼往南，穿过京承铁路后，就可见到依山而建的石塘路长城。这段长城是全国独有的"石砌长城"，初建于明洪武、永乐年间，隆庆、万历年间又加以修补改建，墙体均由石料构成，内填夯土，外侧叠筑垛口。长城的敌台下垒条石，上砌青砖，城墙两侧马道以下有一条宽达十余厘米的缝隙，显得格外特别。青白条石垒砌的长城都是就地取材，如若白龙腾空，蜿蜒起伏于山谷之间。更为奇特的是，长城修建时依照山体走向，恰好修建在"U"形弯处，以御敌防卫的攻势朝向南方。山崖上，"非仙罕至"四个大字仍依稀可辨，印证着历史岁月的沧桑，也见证了古人修建长城的雄心壮志。

石塘路不仅是军事险要之地，更有得天独厚、鬼斧神工的"自然之险"。石塘路城西部的鹿皮关和鹦鹉崖即是绝佳例证。鹿皮关因地处降蓬山西麓，附近山崖岩石断面处有似鹿皮斑纹者得名。此处长城从白河东西两侧山顶直插谷底，似双龙戏水，紧锁白河。关在白河岸，扼控河谷。关口狭窄，仅容一人一骑通过。两侧是悬崖峭壁，危岩险峻，称得上一座"一夫当关，万夫莫开"的险关。鹦鹉崖是一块俨如鸟形的石崖，绿羽红喙，崖下清泉汩汩，终年不绝。漫步石塘路，遥想当年这里"金戈铁马，气吞万里如虎"的战争场面，感慨物是人非、桑田巨变，不由得生出几许惆怅。

云蒙山麓观林峰，黑龙真潭寻水迹

行至石塘路，必登云蒙山。云蒙山自然风景区位于密云区北部，处于燕山山脉中，高山林立，群峰竞秀，是距北京市区最近的一座名山。人传云蒙山有四多：奇松怪石多，仙山古洞多，飞瀑流泉多，瑞木瑶草多，以景观优美著称于世。漫步在云蒙山中，远眺各式奇峰异石，在潭瀑烟云间漫步，享受森林天然氧吧的清新空气，使人心旷神怡，流连忘返。坐在通往山顶的缆车上，连绵起伏的云蒙山慢慢地展露它的美丽，越往上走视野越开阔，自然风景和名胜古迹有机精巧地构成了一幅动静变化的立体图画，如同置身人间仙境，世俗烦恼皆可遗忘。

黑龙潭与云蒙山两处景点距离不远。赏玩山景后，行至下路，便能到达坐落在轱辘峪中的

云蒙山景

山间飞瀑

黑龙潭景区。轱辘峪峡谷窈窕狭长、蜿蜒曲折，峪谷两壁陡峭奇耸、峰峦叠嶂。三瀑十八潭贯穿其中，在京郊绝无仅有。整个景区，一步一景，处处新颖，绝无重复之感。一进潭头，就把游人引入琼山闲境，使人欣然前往。游步道边是蓬勃生长的榆树、桑树、杏树等，桑葚已经成熟，杏子却还只有手指肚大小。树叶上、草叶上停靠着蜻蜓、蝴蝶、毛毛虫，俨然一片原始自然的山野。从峡谷右侧缘溪而上，地势忽高忽低，不觉就来到了通天瀑。瀑布垂直陡峭，壁如刀削，五十多米高的瀑布仿佛从天而降，烟霭升腾，弥漫山谷，冷气扑面。瀑布水冲击落入落雁潭，潭阔水深，清澈见底。水中游鱼清晰可见，潭边地势开阔，卵石纵横，山花野草茂盛。初春时节，常见大雁到此栖身落脚，喝水觅食，故有"落雁潭"之称。落雁潭旁是通向黑龙真潭的唯一古洞"迷人洞"。洞内幽暗潮湿，有一眼泉水，泉水终年不绝，清爽宜人。穿过一段陡峭的木栈道，终于来到了黑龙潭。黑龙潭景观绝妙异常，为十八潭之冠。潭体藏在岩石下面，潭口掩藏在峭壁之间，似露似不露。又好似一只瓷罐，四壁光滑口圆，肚大底平，水呈墨绿色，深不可测。潭口的南半径是椭圆形穴壁，北半径峭壁森森，水从五丈多高的危崖上垂瀑而下，崖壁中间是一道狭缝，宽不过一米，长数十米。狭缝内又拓出两个小潭，一个叫"春花潭"，一个叫"秋月潭"。 要看两潭全貌，需到每年的春秋两季，正恰似少女娇羞，藏于深闺秀阁之中，不愿轻易示人美貌。一路走来，才发现黑龙潭的山路颇为有趣。平坦处可在水中嬉戏，陡峭处又让人望而却步。正是这不可一概而论的地势，为这黑龙潭增添了一道道风采。

古城人家

随着石塘路民俗旅游的发展，村中不少人家陆陆续续地开始经营民宿，"古城人家"小院是石塘路声名在外的精品酒店式民宿，有一座三进三的传统民居院落。院内重点打造了"山水相依"的情境。前院的两口水缸中养着睡莲，后院一口水池、一座景观假山立在旁边。营造出了院外不见房、进院闻花香的感觉。从院内眺望台看向村子，农舍掩映在绿色之中；远闻山谷，只听泉水叮咚百鸟啼鸣，犹如世外桃源。

石塘路三季有花，松柏长青，绿树如茵，层林尽染，瓜果飘香，气候宜人。而古城人家的房间干净、大气，床边的玻璃窗大而明亮，恰好可供房客欣赏到窗外四时不同的美景，看向水灵无际的农田，白云碧空衬底，黄花绿叶齐开；再看绿油油的农田，似一条条玉带捆在山间；即便是在冬天，古城人家也不乏游客光顾。在这自然天成的院落里，尽情呼吸乡间的新鲜空气，观赏漫天的灿烂星空，让人流连忘返、乐不思蜀。

玲珑枕

享"玲珑枕"安眠,纯享农家乐趣

　　依山傍水的石塘路村民,竭尽所能地利用大自然的馈赠,创造出了丰富多彩的手工制品。"玲珑枕"就是其中的突出代表。"玲珑枕"又叫"耳枕",是能让耳朵舒适的枕头。玲珑枕用清凉下火的荞麦皮做枕芯,柔软舒适的同时又可以起到保健作用。此外,枕头的六面各留一个孔,侧身睡时耳朵刚好可以放在里面不被挤压。玲珑枕的做工十分复杂,需36块布料纯手工缝制,经一百多道工序才能制成。布料需要经过严格缩水处理,以保证做出来的枕头不会变形。纯手工缝制的玲珑枕,不仅带有传统手艺的温暖与馨香,更饱含着每个手艺人的热情。来到石塘路,一定要购置这样一个精致、舒适、充满文化旨趣的枕头,享受枕着"非遗"的香甜睡眠。

　　聪明智慧的石塘路人不仅发明了精巧实用的玲珑枕,还充分利用密云水库周边的蒲草资源,挖掘民间艺术,研发了各种草编制品。步入石塘路草艺馆,整个展厅都布满了各种各样的草编工艺制品,有凉帽、花篮、圆桌、座椅、托鞋、手摇扇子、菜篮子等40余种。如今,这些草编工艺制品不仅畅销国内,还远销日本,深受国内外朋友的青睐,不失为馈赠亲友的好选择。

　　石塘路村民利用着大自然馈赠的山水,积极开发各种农家旅游项目。春意盎然之时,可在此踏青、观赏,漫山遍野的红杜鹃、杏花、桃花、梨花五彩斑斓、争奇斗艳;夏日时节,可在这里观山赏水,享受水边渔村之乐;秋季住在这里,可以到采摘园采摘金丝小枣、蜜桃、李子、梨等。寒冬腊月,冰雪覆盖下的湖边小村,美得让人窒息。

TIPS 小贴士

路线
石塘路村位于北京市密云区石城镇。自驾从京承高速顺密路出口出，经顺密路、密关路、双石路可到达。公交可乘坐980快车到密云大剧院下，再换乘密68路可到达石塘路村。

住宿
石塘路村民俗旅游发展成熟，村内开设有多家农家院落和精品民宿，有高、中、低档不同层次的民宿可供选择。

饮食
石塘路村民俗饭店众多，灶台鱼、鱼头泡饼、砂锅豆腐、菜团子、农家炖柴鸡和炸花椒芽等是特色菜肴。

禅意小村黑山寺

密云水库西北2.5公里,有一个清幽恬静的小山村,叫作黑山寺村。村子地处云蒙山支脉五座楼山脚下,溪翁庄镇的西北方向,西与西田各庄镇白道峪村相邻。早在辽金时期,村庄西侧即建有黑山寺,村子因此得名。在"北京最美的乡村"黑山寺村中,有恬静优美的山间小景,林木参天的秀丽山林、生机盎然的民宿小院、五彩五味的养生面和四邻八乡十分有名的大集市民俗风情。

黑山脚下古村落

从村西的五龙头山上远眺，整座黑山乌云密布，山体通黑，即便一些略微高大明显的建筑也只能在这黑如墨汁般的底色中辨之一二，越是远眺，黑色越是凝重，果然名不虚传。进黑山寺村的路有两条，分别有着不同的景致。一条穿过空旷山野，娴静之中常有不经意间的趣味，山间的小溪，偶尔路过的奇石，两道旁的野树野花常常另有新意。另一条只需跟随导航提示，沿着河北路西侧盘山便可进村，下了高速路便离黑山村不远，沿途可见到一些村民在田间耕作或是山间放牧。

距离村子五六公里外的景色就已经在预告着此地会有别开生面之感，路边的土地整齐地种植着大片玉米，玉米穗花随风摇摆间便已经为邻里带去了秋天收获的信息。山谷两旁整齐的杨树林在风中沙沙作响，似拍着双手对游人夹道欢迎，两道边上的山桃花、山杏花漫山遍野、绚丽多彩、生机勃勃，让人心情都不自觉地舒展开来。

有水的地方便能滋养一方土地，以黑山寺为依托建立起来的黑山寺风景区在山水滋养下成为一方灵秀之地。景区中山高林密，林木覆盖率达 75% 以上，盛夏季节，漫步其中，满眼绿色，微风袭来，清爽怡人，吸一口林间空气，身心舒畅。春天，满山的花海是拍照的自然底板；夏天，绿树成荫是纳凉的好去处；秋天，漫山红叶鲜艳似火，更是不可多得的拍摄地；即使在冬天，这里也依旧松柏常青，雪花中若隐若现的树冠便是圣诞节的礼物。

村子西边的高山上，有着一棵千年平顶松。从不同距离不同角度观望，树型大小不变，奇妙无比。远远望去，山巅千年平顶松矗立其间，树干笔直挺立，树枝舒展延伸，像迎客松一般向来客致意。古栗树是黑山寺另一独特的景观，北方寒冬酷烈，霜降后万物入冬枯黄，但古栗碧绿如初，抵抗寒冬的萧瑟。此外，村里还有一棵百年大银杏树，每逢秋天，巨大的树冠下起来金黄色的树叶雨，美不胜收。

替身僧故事传说

黑山寺的西侧坐落着千年古刹大云峰禅寺，但因为身处黑山中，人们便习惯唤之为黑山寺。青山和绿树怀抱，香火祈愿萦绕，这座建于唐代初年的寺庙，至今还在庇护着一地居民的福祉，幽静肃穆的氛围中，仿佛只要虔心许愿，天上的神佛当真能够聆听到耳。闲庭漫步古寺，幽幽诵读的佛经声混合着阵阵的香火味，洗涤着游客的心灵。寺中有一口青龙井，为寺中僧人提供着日常饮用水，井边以石头砌成，手动拉水，因为水位总是高于两侧沟水，所以井水四季常清，甘甜可口，不亏不盈。

关于黑山寺，村里还有这样一个传说：

大云峰禅寺

　　明朝成化年间，皇帝找了一个叫戴勇的和尚替他出家，就住在黑山寺内。戴勇仗着他是皇帝的替身僧，横行霸道，再加上他身高力大，平日里不是打人就是骂人，庙里的和尚都管他叫"戴老虎"。更可恶的是"戴老虎"还叫和尚们修了一个长达十里的地下洞，整天欺男霸女，不仅要抢从此处路过的女人，而且十里八村的女子，只要他看中了，都逃不出他的魔掌。抢来的女人都藏在洞里，气得百姓们把这个洞叫"媳妇洞"。不知多少良家妇女在"媳妇洞"里遭难，百姓们实在忍受不了这般欺侮，就到衙门告他，但那些官老爷一听说是皇帝的"替身僧"就都不敢管了。后来，百姓们就联名上书皇帝，又选出带头人到朝廷告御状，有些大臣受过"戴老虎"的害，也在一旁随帮唱曲。皇帝为了笼络人心，降旨说："惊一惊，罢了。"百姓们恨透了戴勇，借皇帝的金口玉言，利用谐音，把"惊一惊"变成了"耕（当地读"京"）一耕"。在衙门官的支持下，乡亲们把戴勇捆了双手埋在地里，只露出脑袋，套上牲口，像耕地一样，连耕带踩，不一会儿，"戴老虎"便被"惊"死了。

我心安处是归途：风林宿

　　在大云峰禅寺附近，黑山寺村的"禅味小院"无疑是绝佳的投宿之地。小院始建于 2016 年，设计装修古朴别致，古典雅致的竹木小院、木质地板等设计与当地环境融为一体，在众多民宿院落中脱颖而出。风林宿共有 8 处院落散落在山村的树木掩映间，根据不同的主题，客房院落分别命名"缘

风林宿

五彩养生面 照片由黑山寺村提供

起""巢栖""翰墨香""晚山眉""西轩""青琅轩"等,颇有一番意境。

打开一扇古朴清香的木质小门,就听到一阵悦耳的风铃声响,这里院墙不高,使得院内院外的景色互通,拉近了游人与村庄的距离。秋收的金黄色玉米棒子成串地拴在门梁处,火红的辣椒串团团簇簇笑开了脸,门外大大小小圆润的鹅卵石铺成的小路,两面葱葱郁郁的树木相映成辉,整个小院内外生机盎然、恬静闲适。小院随处可见禅意,墙角种植着几丛瘦竹,风来摇曳,沙沙作响,雅致清新;屋角下是一尊小小的观世音菩萨的雕像,身形圆润,线条优美;左侧的厢房是一处禅室,可约好友品茗闲谈,读书晒太阳;也可以参加静修、瑜伽、手作、传统习俗活动;又或只与自己安静地独处,其间或能找到内心那份自在的纯真。

小院外的小路,每隔一段距离便是一株雪白色花朵锦簇的杏花树在旁守候。远离城市,这里的村民也仿佛更加懂得将更多的时间放在生活之中,清扫院落、晾晒被子、修葺院墙、张罗厨房,谈笑邻里、上山上香、下地采收,细微之处的漫不经心是与生俱来的闲适安逸,慢吞吞的生活节奏也让人离自然、离内心更近了。

禅村特色:五味五彩养生面

来这个具有禅意的小村,一定要尝一尝当地的特色美食之———五味五彩养生面。五味五彩养生面是以绿、红、黄、白、黑五种用果蔬汁和面而成的面条配上酸甜苦辣咸五种味道的卤汁。村民们认为,绿、红、黄、白、黑这五种颜色,对应我们身体内的五个脏器。多吃这五种颜色的蔬菜水果，对身体大有好处。具体来说，绿色面条由菠菜榨汁和面而成。绿色对应的是肝，多吃绿颜色的蔬菜水果对肝脏好。红色面条由火龙果榨汁和面而成，有着呵护心脏的功能。黄色面条由黄色彩椒和面而成或直接用玉米面条，脸色发黄或脾胃经常不适的人可多吃。白色面条由梨汁和面而成，适合经常咳嗽有痰的人。黑色面条由荞麦面做成，肾脏功能差的人应当多吃。五彩面配以甜、酸、苦、咸、辛五味卤汁，与人的肝、心、脾、肺、肾相互对应，这就是《黄帝内经》中的五脏五味论：甘入脾、咸入肾、酸入肝、辛入肺、苦入心。

用各种蔬菜汁和面制作的面条，营养价值丰富，看起来就像一幅现代美术作品，配合五种颜色的卤，五种味道，酸甜苦辣咸尽在其中，寓意人生百味。村内每个民俗户都是乡村酒店的一个单元，优美的环境、古朴的民居、诗意的楹联、浓浓的禅意，勾画出令人神往的禅味小村。

生活的气息：溪翁庄大集

领略了村中的禅味，也应该感受一下人间的烟火。溪翁镇上的大集在密云区名气不小，每月农历二五八（即农历初二、初五、初八、十二、十五、十八、二十二、二十五、二十八），便是周遭极为有名的大集市开集日。初入大集，商家的叫卖声、讨价还价声往往不绝于耳，初闻只觉吵闹，转瞬也会被这里溢满的乡情所打动。只见各小摊沿着街边铺展开来，不同的产品摆在不同的区域。附近村民自家所种瓜果蔬菜新鲜可口，还泛着清晨的露珠，农家的黄小米、红豆、绿豆等五谷杂粮颗粒饱满，颜色鲜艳。在这里能够看到各式各样的商品，价钱都非常低廉，但是品质绝对是上乘的，因为有好多商品是农户家自己生产的纯天然的产物。

农村赶集，明码标价的商品很少，更多的是张嘴讲价决定最终售卖价格。为了更好地突出自家商品，喊话器的扩音此起彼伏充斥着集市，"走过路过千万别错过"，"清仓最后一天亏本卖出"等一系列趣言妙语把整条街烘托得热热闹闹，讨价还价间买卖已经成交了。人流中来回穿梭，小贩叫卖声一声叠着一声，卖糖葫芦的、卖切糕的、卖点心的、卖玩具的、吹棉花糖的熙熙攘攘，乐趣十足……

每到冬天，溪翁庄大集更盛。一年一度，外出的打工人终于回家，携妻带子，买鱼买虾，一家人在市集中其乐融融，温馨热闹，似乎想把一年的缺失都在饭桌上补回来。时光荏苒，这么多年过去了，当网购进入越来越多人的生活时，当大小超市逐渐在村镇中建立起来后，这里的人们依旧没有丧失对赶集的热情，只因那里包含着一些现代化不可替代的浓浓人情味……

TIPS 小贴士

路线
黑山寺村位于北京市密云区溪翁庄镇。自驾从京承高速顺密路出口出，经顺密路、密关路可到达。公交可乘坐 980 快车到密云西大桥下，再换乘密 8 路支可到达黑山寺村。还可乘坐市郊铁路怀密线，在黑山寺站下车。

住宿
黑山寺村特色旅游发展成熟，村域内有大量的民宿、酒店，可提供不同层次的住宿服务。

饮食
黑山寺村有多家民俗餐厅，以特色养生菜肴闻名，特色菜品有五彩五味养生面、生态一品炖锅鲜等。

北白岩:"中国印摩崖石刻"第一村

北白岩村属密云区溪翁庄镇辖村。村子位于云蒙山南麓的五座楼山脚下。北白岩村堡城为明代军事营地,村子建有两座古堡,是典型的"一村双堡"。村内曾有远近闻名的宝泉寺,虽然寺庙已毁,村里却仍然流传着许多传说。置身村内,可直观山体大型摩崖石刻"中国印",也可欣赏水库风景,品尝当地的特色美食"鱼面春饼"。

中国印摩崖石刻

残存的南堡遗址

观中国印摩崖石刻，赏云龙涧如画美景

来到北白岩村，环顾四周，极目远眺，一眼就能被不远处云蒙山云龙涧主峰上壮观而鲜艳的"中国印摩崖石刻"所吸引。中国印摩崖石刻采用瓦背体格式，镌刻在海拔近千米的云龙涧主峰，这是经北京奥组委批准，由华夏文化纽带工程组委会和北京市密云区人民政府为纪念2008年北京奥运会共同建设的。石刻工程从2007年8月份开工，历时一年竣工，是百年奥运历史上第一次留下的永久性文化标志，更体现了中华文化与奥林匹克精神的结合。

站在北白岩村一隅，朝着半空中的"中国印"望去，只觉得色彩鲜艳、刻印清晰、字体娟秀，虽远在千米高峰，竟觉得近在咫尺，触手可及。目光被吸引之时，只觉得石刻之下的平台上隐隐约约有些黑点儿晃动，恍惚间突然意识到，那正是处于中国印所在的云龙涧主峰观景台的游客！单看石刻不觉如此宏伟巨大，与小如米粒的人影比起来，这才意识到，远观只能欣赏到中国印摩崖石刻的一半风采，另一半须得登高仰视方可体会。

为近观摩崖石刻，还需登上云龙涧主峰。主峰位于北白岩村不远处的云龙涧风景区，本以为攀登过程会显得艰苦，却未承想被上山途中的如画美景深深吸引。来到云龙涧，映入眼帘的是呈阶梯状分布的一汪汪潭水，潭瀑相连，山泉汩汩下流。逐步深入，便能看到怪石林立，峡谷中百米峭壁耸立两侧、高接蓝天，峭壁上的松柏姿态遒劲、状貌独绝。水色林景珠联璧合、相映成趣。不愧是集潭瀑、历史、古迹、百米悬崖峭壁、茂密山林于一身的胜地。难能可贵的是，如此胜景，游人却不多，俨然一片空山鸟语、寂静悠然的天与地。

不知不觉攀上了主峰，来到观景台。站在巨大宽敞的观景台上，仰望摩崖石刻，竟难以窥其全貌。一旁的资料显示着，石刻的"京"字印高达76米、宽38米，石刻深达半米。这些数字在亲眼目睹下具备了现实的震撼和温度。仰望这巨大的石刻，2001年北京申奥成功的喜悦、2008年中国在天灾人祸的冲击下仍然圆满地完成了奥运会举办任务的骄傲之情瞬间涌现，悉数袭来，令人心潮澎湃，万分动容。

双堡残迹难辨，灵蛇传说流传

北白岩村以其历史悠久的"双堡"著名。"双堡"即位于北白岩村境内的两座古城堡。一般说来，一村一堡是比较标准的配置，像北白岩这样一村双堡的情况实属不多见，因此也更显珍贵。北白岩的南堡坐落于村北的高岗之上，俗称"后城子"。堡城遗址早已面目全非，只剩台阶下的一块条石，可能是城墙遗物，地面长出荒草，颇有"城春草木深"的意味。北堡坐落在五座楼山脚，村民俗称"后坨"。北堡砌筑材料没有使用白灰灌缝粘接，整体结构与建筑质量较低，以前可能用作圈马。20世纪70年代，

遮天蔽日的古槐

平整土地时，残存的北堡城墙也被拆了，已无任何痕迹。城堡里一片平地，里面种植着果树。根据《北京市密云区军事志》的记述，南堡本位于"村内"，北堡本位于"村北"，但实际情况看来南堡未在村内，北堡所在方向虽与志书记载一致，却距离村子甚远。从文献和现实状况的出入可见，北白岩村的村貌和区划在历史的进程中也产生了诸多变化。古地今何处？物是人已非。

从北堡再向前走，有渡槽横跨两山之间。这条山沟称龙潭沟，潭水称为黑龙潭。村民传说，这里聚集了许多灵蛇，大的甚至有水缸一般粗壮。每逢二月初二，人们习惯来到这里，祭拜灵蛇，乞求降雨。村子里流传着众多关于蛇的传说：

一年密云大旱，有人来黑龙潭求雨，发现了一条小蛇，便用轿子请走，放到一个水坑里，结果水坑所在的地区降雨了。20世纪70年代，这里修建火车站，盖房时拆用了宝泉寺的砖石材料。奇怪的是，工程队在挖地基时出现了许多蛇，有的还碰出了血。开山凿洞时，总是塌方，还砸死过人。后来在渡槽这块平地上搭起戏台，请来戏班，唱了三天戏，不知是否巧合，以后开山就顺畅了。

故事中提到的火车站便是今日京通铁路的黑山寺站。旧时，黑山寺属于北白岩村。光绪年间《密云区志》中记载："黑山寺在柏岩庄（即今北白岩村）"。当时只有几户人家居住，黑山寺也被称为马蜂坎。随着时间的流逝，居民渐渐增多，黑山寺和北白岩自然分化为两村。修建铁路时，原本选址在黑山寺村域内。由于占地等原因，车站向东移，设在北白岩村域内，但仍称黑山寺站。

看完残存的双堡、与蛇结缘的龙潭沟和北白岩村的"黑山寺车站"，是时候回到村里转一转了。北白岩村庙宇众多，据说村里以前有戏楼及城隍庙、龙王庙等多个庙宇，最为知名的是宝泉寺。传说寺院北边的山间有一眼清泉，因此被人们称为"宝泉"，寺也因此得名。除了这座宝泉寺外，村里还有另外两座："中宝泉寺"和"上宝泉寺"。传说，北白岩村位于龙脉之上，城堡所处的高地即是龙头，因此必须用城堡压住。山根处有中宝泉寺，为的是压住龙腰。山顶是上宝泉寺，也就是"中国印"的位置，用来压住龙尾。三座寺庙费尽力气，只因龙头前面是白河。如今，三座宝泉寺只存遗址，早已没有遗迹。不过，上宝泉寺山门外的泉眼仍然源源不断地涌出泉水，流至山下。

旧时的宝泉寺建起了如今的北白岩村委会和幼儿园，寺中的一棵古柏也得以保存了下来。这株古柏正立于村幼儿园后院中间，被一圈水泥筑墙保护起来，朝南立着一座"古柏颂石碣"。古柏巍峨耸立，树冠高大，身体粗壮，中有空洞，关节处还长着漂亮的树瘤。古寺虽已不在，但古树仍巍然屹立，守护着园中孩子可爱稚嫩的脸庞，也守护着祖祖辈辈生活在这里的北白岩村人。

特色鱼面春饼，美味四季如春

北白岩村处于密云水库周边，拥有天然的地理优势，新鲜肥美的鱼儿是村民最宝贵也是最唾手可得的资源。虽然水库鱼早已声名远播，但北白岩村把鱼做出了新花样。巧手的村民李凤荣大胆创新，将新鲜鱼肉和进面里，经过一番琢磨和改良，制作出了十分具有特色的鱼面春饼，掺入了鱼肉的春饼不仅味道鲜美，口感也十分筋道，加上各种酱料、菜码和口味丰富的菜品，让人胃口大开，回味无穷。

走到村民李凤荣家的民宿饭庄，就能亲眼见识鱼肉春饼制作的全过程。她先用胡萝卜、菠菜、紫甘蓝等纯天然蔬菜榨汁和面，制作出绿、橙、紫、白四色面饼。绿色代表春天、紫色代表夏天、橘色代表秋天、白色代表冬天，故名"四季鱼面春饼"。不管什么季节来，都能吃到四季如春的幸福。随后，在彩色面团中加入适量鱼肉揉均匀，分成大小相等的剂子，两面均匀刷油，几个叠在一起，瞬间被娴熟地擀成薄如纸的圆月形薄饼。等所有的饼皮都擀好了，就用屉布包好，一起放入锅中蒸十分钟，薄得近乎透明的春饼就新鲜出炉了。若喜欢干香风味的鱼面春饼，还可以选择平底锅烙制，饼皮不进蒸锅，小火烙至两面微微发鼓，恰到好处的微黄色泽将人撩拨得食指大动，忍不住想尝尝又薄又筋道的饼皮。饼烙好之后，卷上摊鸡蛋、炒葫芦丝儿等地道的农家小炒，一桌味道鲜美、让人胃口大开的"四季鱼面春饼宴"就呈现在眼前了。春饼包着菜吃，有美味加倍的效果，取一张筋道薄饼放在手上，夹些葱丝，裹些面酱抹在饼上，再把鲜香炒菜夹到饼中，卷成一个馅料饱满的大春饼，咬一口，饼皮的韧性就着汁鲜味美的炒菜，滋味绝妙。

鱼面春饼不光满足了北白岩人自己的口福，也成了村里的一大特色。农历二月初二，老北京人都要吃春饼，也叫"吃龙鳞"，北白岩村一直传承着这一传统习俗。村里每年在二月二这天，都要举办"二

月二春饼节",村民们吃春饼、舞狮子、扭秧歌,热闹非凡,若是春节想体验一把纯正的京郊农村风味儿,北白岩村真是个恰到好处的好地方。

传统美食"密云三烧"

北白岩村所处的溪翁庄镇是离密云城区最近的乡镇之一,驱车只需20分钟左右即可到达。在北白岩村、溪翁庄镇游览一圈结束后,怎能不尝尝红极一时、历史悠久的传统美食——"密云三烧"呢?据史料记载,早在嘉靖二十年(1541),密云三烧技艺就已经在密云地区出现,至今已有近500年的历史。

"密云三烧"即烧饼、烧肉、烧酒。每一种"烧"都来头不小。其一是烧饼,首推位于县城鼓楼东大街吴家烧饼铺的烧饼,之所以不一般,主要在于打烧饼的技术高和用料讲究。早起后,捧上一只新鲜出炉、颜色金黄的吴家烧饼,轻轻咬上一口,便发现烧饼外焦里嫩,层层分明,内馅热气腾腾,花椒、大料、盐面和麻酱香气扑鼻,十足享受。其二是烧肉。密云烧肉,最有名的当属县城鼓楼前路西"四海居"牛二烧肉。来到四海居,点上一份烧肉。揭开笼屉,香味扑鼻,肉质油红发亮,味道浓厚,嚼劲十足,爽口不腻,口味独绝。若是肉皮上再刷上点儿香油,更是别有一番风味。其三就是烧酒。密云烧酒,以"聚源号""天聚号""汇聚号"三家酒烧锅生产的红高粱烧酒最为知名。密云烧酒多用大麦采曲,高粱酿造。出酒后,还要"墩"一段时间。烧酒酒香四溢、甘甜适口,酒性不暴不烈。饮酒时用铜酒壶或锡酒壶,当地俗称"酒嗉子",也有人把"酒嗉子"放在热水里温的,效果也很好。

来到北白岩,用一天时间欣赏美景,领略独特的地方文化,晚上捧上几只热腾腾的吴家烧饼,吊上一壶浓烈的烧锅美酒。来到四海居,再点一份浓郁扎实的烧肉。咬一口烧饼,嚼一口烧肉,抿一口烧酒,尽情体验一把纯正绝妙的密云滋味。

TIPS 小贴士

路线

北白岩村位于北京市密云区溪翁庄镇。自驾从京承高速顺密路出口出，经顺密路、密关路到达。公交可乘坐980快车到密云西大桥下，再换乘密8路支可到达北白岩村。还可乘坐市郊铁路怀密线，在黑山寺站下车。

住宿

北白岩村民俗旅游发展成熟，除农家院外，村域内还有多家精品民宿，可满足不同层次的住宿需求。

饮食

北白岩内有多家中高档餐馆，可提供多种地道农家野菜，以水库鱼最为知名。"凤荣民宿饭庄"可提供特色鱼面春饼，因制作工艺流程复杂，需提前预定。

山水长城黄花漫

The Lakeside Great Wall with Yellow Flowers

长城下的大水峪村

山水情趣大水峪

与密云地势高耸、山脉崎岖不同,怀柔山脉高低起伏、玲珑俏丽。大水峪就偎依在秀丽的青龙山下。村子的东边是大东河,河流的上游是壮美的青龙峡。古老的长城从小水峪出密云后,在大水峪的青山绿水间盘旋,形成了大水峪村峡谷长城、山水环绕的美景。世世代代在这里生活的大水峪人,在这山水的情趣间,创造了古朴、绚丽的村落文化,大水峪也成为了人们造访怀柔长城的首选村落。

两龙相拥卧长城

从大水峪村往北走,不到几里地的路程,就来到了青龙峡景区。过了青龙桥以后,两侧大山隔河相对,形成幽长深邃的峡谷,这就是过去的"大水峪关"。峡谷东边的山脉名叫苍龙峪,西侧便是青龙山。两座大山巍峨壮美,气吞山河。长城宛如青龙一般,在崇山峻岭中蜿蜒盘旋。两山相交处,便是青龙峡的长城景区。高山长城如同卧龙一般,将这一池清水拥入怀中,形成峡谷长城、青山绿水的奇景。

沿着登山步道爬上苍龙峪,就可以近观这秀丽的长城景致。岁月将时间的斑驳雕刻在长城的方砖上,青灰色的方砖铺成的地基显示着大水峪长城的厚重与古朴,穿越遥远的时空诉说着长城的古老故事。站在这山巅的垛口处,远方的密云水库,如同云朵一般,高耸在半空中。山下是碧绿的青龙湖,峡谷的清风迎面吹来,让人顿觉心旷神怡。

不远处便是长城的敌楼,这是过去将士们驻守御敌的场所。敌楼大多建在地势险峻的重要关口,多用岩石砌底,青砖和石头建造而成,显得格外壮观。大水峪长城有三座敌楼最为出名,分别是香椿楼、碾子楼和指挥官楼。旧时,朝廷修建长城,抵御外敌,常在长城沿线驻军屯守。这些屯守的将士靠山吃山、靠水吃水,在长城沿线发展特色的种植业。同行的向导告诉我们,旧时驻守在香椿楼的士兵们广种香椿树,使得这一带的香椿久负盛名。碾子楼里置办有特色的碾子,驻守的士兵就以加工粮食为生。沿着长城北上,原本修复的地基变得逐渐模糊,小道被杂草灌木覆盖,行走变得越发艰难。在一片长城的废旧转石中,香椿楼早已无处寻找。只是在一座敌楼的墙角处,青灰色

的石碾盘静静地卧在草丛中，表面布满了坑坑洼洼，显示着岁月洗礼的印记。穿过碾子磨盘后，一座有着小院、围墙的敌楼突然出现在了面前，仿佛长城脚下一户年久失修的农家小院。这就是当地人口中的指挥官楼。这里地势格外险峻，站在敌楼高处，长城宛如巨龙一般，在远处的崇山峻岭中蜿蜒盘旋，一直奔向天际。

与东边苍龙峪山上长城的原始风貌不同，西侧青龙山上的长城开发得较为成熟。玉皇台长城盘旋在青龙山中，外侧是陡峭的悬崖峭壁。在长城的映衬下，原本平缓的青龙山巍峨壮观，颇有气势。这里有三条登上长城的路线，既可以从斗关岭沿登山步道向上攀爬，也可以从观景亭出发，沿着山脊向上行走。若是腿脚不太方便，更可以乘坐缆车直接到达玉皇台。光滑的石山格外险峻，山间一棵棵青松努力地向上生长着。缆车在两山之间急剧上升，脚下是一望无际的万丈深渊，不禁让人心头一紧，紧紧地抓住扶手，不敢有一丝的懈怠。

缆车的终点是玉皇台，四座敌楼盘旋在玉皇台四周的悬崖峭壁上。这些敌楼相距不远，都是用青砖修建而成。敌楼有的单层，有的双层，内部结构有"田"字形、"日"字形和"回"字形。由于年久失修，无人居住，几乎每座敌楼的顶端，都稀稀拉拉地长着一些杂草。最高处的敌楼是玉皇台。虽然从外表看玉皇台与周边的几座敌楼相比并无特殊景致，但它傲然耸立，气势雄伟，远远地超出周边敌楼。站在玉皇台顶，迎着山间遒劲的北风，俯瞰远山，一股悲壮之情瞬间涌上心头。近处的山下，则是宁静的河防口村和不断蔓延的怀柔平原。

赏水休闲青龙峡

相较于大水峪，游人们似乎更加熟悉青龙峡。古老的沙河从青龙山和苍龙峪两山中奔腾而出，形成了青山绿水绕长城的景致。20世纪70年代，为了抵御沙河水患，怀柔政府在这里修建了长283米、高59米、宽4米的水库大坝。原本奔流而下的沙河在这里被雄伟的大坝拦腰截断，形成了如今高峡出平湖的雄伟景致。大坝将青龙峡景分为两个部分，南边是高峡平湖区，东岸是新近开发的极限运动场所。

泛舟青龙峡湖区，绿色湖水仿佛静止一般，湖底的水草、游鱼清晰可见，湖水映照着两岸的青山与长城，形成了一幅壮美的山水长城倒影的水墨画。不时有快艇飞驰而过，在平静的湖面上划出一道道深深的波纹，一直向两岸的高山蔓延而去。东岸的极限运动场地深受年轻朋友们的欢迎，最为标志性的当属蹦极这一极限运动项目了。青龙峡蹦极的跳台离水面约有70米，据说是北京市最高的蹦极跳台。站在蹦极跳台处，下方水库水光潋滟，

赏水休闲青龙峡

如同闪烁的鱼鳞一样,对岸充满北国风情的高山迎面相送,山颠是向远方蔓延的长城。年轻人腰间系着安全绳,从高高的蹦极台上纵身一跃,峡谷里回荡着蹦极手们惊险刺激的喊叫声。除了蹦极以外,青龙峡景区还有攀岩、7D体验等充满刺激的休闲娱乐项目。每逢节假日,极限运动的各个项目前总是挤满了年轻人的身影。这些极限运动项目,为青龙峡这个古老的山水胜地增添了几分青春的气息。

或许是因为今年雨水颇多,青龙峡的半山腰上,随处可见山泉涓涓流出,叮咚作响。捧一把这山间的清泉,甘冽可口,回味无穷。泉水旁边,大大小小的怪石形态各异,好似有灵性的生物一般,守卫着它们周边的一山一水。

三街六巷十二胡同

青龙峡景区不远处,便是旧时大水峪关的所在地——大水峪村。古老的村子因长城而生,守卫在这长城群山之间。关于村子的形成,村里有这样一个传说:

据说这里最早叫青龙,因为村西有一山,名为青龙山,村以山得名,故称青龙山。后来,明朝时期在这里修长城,一位监修官问当地一位村民,此处叫何名?村民说:"此村名叫青龙山。"监修官听罢,用手指了指青龙山下的大峡谷说:"这里一定年年发大水,对不对?"村民一听,忙说:"哎呀,大人说得太对了,这里年年山洪暴发,房屋倒塌。大人您说,这是为什么呀?"监修官说:"你们想想,既然有青龙,哪能没有大水?我敢说,青龙山下年年都会成为大水谷。"这位监修官的话,一传十,十传百,从此叫开了。于是人们就把青龙山下的村子叫作大水谷了。古时候,"谷""峪"通用,所以大水谷也叫大水峪。

明朝时,怀柔县志也记载着"大水峪村原名大水谷",明代修建的长城敌楼上同样也有着"大水谷"的记载,可知传说并不全为假。永乐年间,驻守的将士们开始修建大水峪城,城内建有东、西、南三座城门。由于大水峪是旧时京畿、怀柔通往关外丰宁、赤峰等地的唯一关口,所以也是边防重镇。《长城关堡录》有记载:"大水峪关,南至怀柔县三十里,东北五里至小水峪关,西南八里至河防口关。水口数十丈,五马可并,内外俱宽。永乐年建,通川谷。正关口并东山崖通单骑,冲;余通步,缓。北通丰宁大阁镇。大水峪河由口入边,南流入白河支流。居民有三百余户。地质硗确,物产不丰,然由口外运来粮食多存本关。交通亦便。唯出口道路狭窄,两旁山势巉崖嵯峨,其坡度约在八十以上,攀极难,沿途乱石,坎坷起伏,单人可行,故往来均系驮子。"旧时,朝廷大水峪关设有驻军,并设有供应边防将士饮食所需的粮仓。当时的大水峪粮仓,是密云中卫七座大型粮仓之一,专供怀柔四个关口用粮。

清代以后,随着边防战事的稳定,长城关口失去了战略防御的意义,城内的驻军也逐渐撤退。由于地处京畿通往关外的要道上,大水峪吸引了诸多居民前去定居,逐渐演变成为青龙山下的一个规模较大的村落,形成了三街六巷十二胡同的格局。此外,村子里还修建了包括玉皇庙、真武庙、阎王庙、五道庙、龙王庙、山神庙、土地庙、老爷庙、观音庙、娘娘庙、九神庙、三义庙、火神庙、药王庙、老君庙、夫子庙等在内的十八座古庙。村子外还建有两处戏台。逢年过节,这里车水马龙,商贾云集。

行走在大水峪的村里,文献里的城楼、庙宇早已淹没在了历史的尘埃中,没有留下一丝印记。只有村中大道上的那棵高大挺拔的古槐树,静静地诉说着这个村子的历史。漫步在村子的胡同里,街角一侧偶然会闪现出石头堆砌的墙角,土胚斑驳的墙壁和角落里布满尘土的竹筐显示着这个村子的深厚底蕴。在村南的公交站旁,一位年近九十的老人激动地告诉我们,我们脚下踏着的这方土地,就是过去的三街六巷十二胡同的中心。只是岁月变换、世事更替,村子里所有的古建筑全都不复存在了。大水峪"三街六巷十二胡同"的格局,也因为修路、房屋建设早已破坏。老人无不惋惜地感慨着,再过十来年,当他们离开时,恐怕再也没有谁能够记得大水峪村的历史风貌了。

大水峪曾是寡妇村

不能遗忘的岂止是大水峪的古村风貌,更有大水峪村民在抗日战争时期的苦难记忆。1933年,傅作义将军曾发动著名的长城抗战,同年9月,吉鸿昌和方振武分别率部队在大水峪、河防口等地会师,发起抗日反蒋的运动。七七事变后,日本侵略者占领了包括怀柔、密云在内的广大的华北地区。地处长城关口,曾有抗日活动的大水峪村成为日本侵略者重点打击的对象。

1941年10月13日,在宪兵队长安藤中佐的命令下,特高课课长木村光明率领驻扎在古北口的日本宪兵队和守备队包围了包括汤河口、琉璃庙和大水峪村在内的五个村子，抓捕抗日分子。在大水峪，他们封锁了每个路口，挨家挨户地搜查青壮年男性。当时日本兵是在天刚刚亮的时候突然包围村庄的，全村一共抓捕了 204 位青壮年男性。男人们被抓到村子的真武庙前集合。他们一只手与另一个人的一只手捆在一起，被日本兵赶上车带到了怀柔监狱，然后送到古北口监狱严刑拷打。当时的大水峪村，几乎家家户户的壮年男丁全被抓走，一夜之间，大水峪村成了远近闻名的寡妇村。这些被抓的壮年劳动力，大部分被判处了死刑，少部分被送到了日军在东北的监狱服刑，直到抗日战争胜利后的 1945 年，仅有 21 名大水峪村民返回村庄。在这些被抓牺牲的大水峪村人背后，是多少家庭的支离破碎，多少父母妻子的魂断心伤，多少无法抹平的伤疤，多少不能磨灭的痛苦经历。纵使岁月流逝，那些饱受磨难的大水峪村人早已化为一抔黄土，但那些悲痛却绝不会因他们的逝去而减轻，而是一点一滴沉淀下来，作为一段永不消逝的纪念，融于大水峪村人的骨血之中，世代相传。

难能可贵的是，日军的残酷统治并没有削弱大水峪村民的抗日斗志。在抓壮丁事件后，大水峪村的少年们加入了共产党领导的游击队，跟随着共产党在怀柔的崇山峻岭中参与了持续的抗日行动。当时共产党怀柔游击队的三个排中，来自大水峪的年轻战士就占了近两个排。寡妇村里的少年们，继承着先辈们不屈的精神，为抗日战争在怀柔的胜利做出了巨大的贡献。

长城脚下壁画村

漫步在大水峪这千年古村中，除了散布于村落各处的断壁残垣外，最吸引人注意的当属村中主干道两侧的数十幅色彩斑斓的壁画了。20 世纪 90 年代后期，大水峪村的民俗旅游迅速发展，由于缺乏统一规划，村庄环境日益恶化。2016 年，在社会主义新农村建设的战略下，大水峪村委会联合中央美术学院壁画系，在对村落历史特色梳理的基础上，在大水峪村组织了"美绘乡村"的活动。长城脚下千年古村大水峪，摇身一变成了充满时尚感与后现代意味的"壁画村"。

村里的主干道两旁，一幅幅壁画掩映着道路两旁的院落民居，为古老的村庄增添了几分生趣。这些壁画大小不一，大的约有 100 多平方米，小的不足 10 平方米。近 1000 平方米的壁画以流动在线的方式讲述着古村落悠久的历史，记录着村民们平凡却又富足的日常生活。壁画《伯符》讲述的是将军战争归来后回望大好河山的场景。《洪流》充分融合了大水峪边塞要关的历史与长城的元素，营造了万马奔腾的宏大场面。更多的壁画充分反映了当下村民的美好生活。《滚铁环的小孩》中，一个奔跑的小孩右手推着铁环，左手举着最新款的苹果手机，右脚穿着耐克鞋，左脚蹬着老胶底球鞋，右上方是微信的图标，充满着后现代寓意的壁画充分显示着乡土社会在现代化潮流中的裂变。《万"柿"如意》的壁画前正好长有一棵硕果累累的柿子树，画中的柿子与现实中的柿子树交相辉映、完美融

美丽壁画村

合……壁画将大水峪装点得分外妖娆,置身其中,有一种人在画中游,画随人在走,如诗如画的意境。徜徉在长城脚下,传统与现代、历史与时尚交融的壁画村里,一种独一无二、别开生面的感觉总是不期而遇。在巷子的尽头,豁然开朗的街巷、转身而现的时尚壁画更是让人有一种惊诧的美。

美绘乡村五年来,传统的壁画艺术和后现代流行街画逐渐走进大水峪村民的日常生活中,现代艺术与长城文化、村落生活的融合,为大水峪这个古老的村庄注入了新的活力,壁画正成为大水峪村乡村旅游新的增长点。

清香爽口家乡肠

行走在大水峪村,必要尝尝当地的美食"家乡肠"。传说这道美食和乾隆皇帝有着密切的关系。怀柔是旧时北京到承德避暑山庄的必经之路,乾隆五十三年(1788)更是在怀柔建有行宫一座。一年夏天,乾隆皇帝从紫禁城出发,前往承德避暑山庄,中途在怀柔行宫歇息。夏日酷暑难耐,乾隆皇帝食欲不佳,一旁的县令着急万分。思前想后,县令将本地二八席中的一道凉菜灌肠献给了乾隆。乾隆品尝过后,龙颜大悦。乾隆问县令:"此物何名?"县令回答:"乡村美食本无名,千秋期待天子封。"

美丽壁画村

乾隆听后振笔挥毫,留下墨宝"家乡肠"三字。从此,怀柔家乡肠便声名远播,成为当地的一道特色菜肴。

虽然家乡肠用料简单,制作工艺也并不复杂,却只有大水峪村的家乡肠,味道最是正宗。大水峪村的家乡肠,采用精瘦肉、香油、冰糖、淀粉、葱和姜等原料,此外添加了二十余种中草药,没有任何添加剂。在大水峪的街头,手艺人骑着三轮车,叫卖着这道有着悠久历史的地方名菜,摊前排队购买的食客也已排起了长龙。热情的摊主切了一段家乡肠,送给我们品尝。貌不惊人的家乡肠,尝起来却别有一番滋味。淡淡的肉香味夹杂着中草药的味道,香甜可口,肥而不腻。即便是单吃,也不忍停下。难怪排队的许多食客,纷纷叫嚷着要买回去给家人品尝。

TIPS 小贴士

路线

大水峪村在怀柔区东部,东北邻密云小水峪村,南靠邓各庄,公路交通极为方便。自驾车可从京承高速14号口出,至开放路环岛进3号口往青龙峡方向。公交出行可在东直门乘坐936路公交车直达青龙峡景区,或在东直门乘坐916路公交车到怀柔于家园,转乘H41路即可到达。大水峪与青龙峡相邻,可游山、玩水,欣赏长城美景。

住宿

大水峪是京郊特色民俗旅游村,村内有各种价位的民宿、农家乐,可提供完善的住宿服务。

饮食

大水峪村当地的农家菜种类繁多,除了特产家乡肠外,还有怀柔地道的二八席等特色菜肴,此外亦有烤虹鳟鱼及各种山野菜等。

河防口：长城古堡与滑雪胜地

河防口地处燕山山脉的南麓，往南便是一马平川、一望无际的平原，平原与高山交界的河防口，自古以来就是怀柔东部地区的重要关口，也是怀柔长城中最为重要的节点。在河防口，既可以看到古老长城的雄伟壮阔，也可以在古城里漫步休闲，品尝特产肖村梨，更可以在这里来一场冬日滑雪之旅。

独一无二的单边长城

还没走进河防口村,远远望去,长城似巨龙从东山腾越到谷底。在跨越一条小河和道路后,又爬上西坡,在起伏的山峦中绵延爬升。同行的向导告诉我们,村口的这条小河是沙河的支流,过去水流颇丰,长城在此设立水关,这也正是"河防口"中"河"的来源。如今,长城水关早已消失,曾经水量充沛的小河只剩涓涓细流,只有两侧山间残缺的城楼,记录着这里昔日的辉煌。

由于年久失修,河防口长城原有的23个敌楼只有东侧的东三、七、八、九号敌楼保存尚好。这些敌楼建立在悬崖峭壁之上,地理位置极为险要,常人几乎无法攀爬,正是因为这一原因,才使得这些敌楼很少遭到破坏,得以完整地保留至今。在这诸多的敌楼中,最值得一提的是被当地老百姓称为"夹扁楼"的敌台。"夹扁楼"始建于北齐,扩建于明隆庆三年(1569),是戚继光任蓟镇总兵时所建。夹扁楼建在一座狭窄的山峰上,周围是悬崖陡壁、万丈深渊。远远望去,悬崖之上的夹扁楼如同金鸡独立,卓尔不群、气势非凡。夹扁楼南北长、东西窄,长边开三个箭窗,短边为两个,是万里长城上唯一的一个长方形敌楼。"夹扁楼"的得名正在于此。

与其他长城不同,河防口的长城更以"单边长城"闻名。这里的长城,面向关外的一侧筑有高大的城墙,向内的一侧没有任何防护。当地村民传说,修筑长城时,国库亏空资金不足,所以才有了这样半吊子的工程。从远处望去,山巅的长城宛如一匹银色的长练,蜿蜒起伏、姿态万千。行走在这并不宽敞的长城上,外侧是惊心动魄的悬崖峭壁,内侧则是茂密的丛林。高大险峻的山上层林尽染,山风阵阵,单边长城像是缺翼的大鸟蛰伏盘旋于山间,曲折如长龙,沿着山脊而上,随弯就势、蜿蜒起伏。古老的长城与险峻的山势结合起来,融为一体,构筑了自然和人工相结合的牢固屏障。

边关城堡忆古人

旧时,河防口关是怀柔长城的重要关口。关口的南侧、小溪的东边建有河防口关的城堡。这座城堡南北长 250 米,东西宽 160 米,南向开一个门。城堡内原有一块匾额,有"河防"两个阴刻的大字。城堡内有三街六巷,北高南低,十分规整。城堡北面建有一座土地庙,城南建有一座观音堂,俗称"南庙"。过去河防口城堡内只有驻军,清代长城南北统一以后,各个关口不再驻军,城堡内渐渐有百姓居住。由于年久失修,缺乏维护,加之村民们建房均从城堡上取材,原有的城堡在民国年间逐渐坍塌,只剩下依稀可见的炮台基座和不到 10 米的土墙遗迹。

2014 年,怀北镇政府对河防口古村落进行了改造复建,不仅对村容村貌重新规划,还按照旧时的格局恢复了古堡的本来面貌。高大巍峨的城门楼子已经复建,上方阴刻的"河防口"和青砖修筑的城墙重绘着河防口村的历史底蕴。走进城堡,干净整洁的街道、青砖灰瓦的房屋隐隐地显现着这里旧时的车水马龙,记录着古堡的美好人事,也记录着过客的匆匆身姿。城墙上尚存的一丝豪迈之气,在微雨的秋风中生长蔓延。

街边的一块巨石上,正面雕刻着清代诗人潘其灿所作的《登河防口长城诗》,背面重绘的明隆庆三年(1569)怀柔边关图显示着河防口长城重要的战略地位。不远处,即是当地重新修建的刘庆堂故居。刘庆堂是河防口本地人,18 岁时考中秀才,后晋升贡生,曾经担管理县学的教谕。修复后的刘庆堂故居是一个高门楼的两进院,灰墙黛瓦,绿树掩映,古色古香。故居里摆放的物件都是旧时的遗存,在呈现刘庆堂生平的同时,完整地呈现着百余年前河防口人的生活景象。这古老的故居,仿佛一位忠诚的守望者,见证着河防口的历史沧桑,守护着这一方古老的城池,肩负着历史的沉重。

河防口古村落大集

刘庆堂故居

京东美味肖村梨

走在河防口村,近处是古色古香的城堡、村落,远处是山巅蜿蜒起伏的长城,古村外的沟沟岔岔处,到处都是生态梨园,种植着在北京城乡享有盛誉的红肖梨。村里至今流传着这样一条关于红肖梨的传说:

明隆庆三年(1569),官府始修河防口关,从山东征用民工前往筑城,时逢夏季烈日天旱,有不少人得了热病,有一个名叫肖魁的河防口村青年男子,听人讲北山山谷中有仙树,其果实清凉、脆甜、可解热毒。为了救治得热病的工友,肖魁便不顾辛苦上山寻找这种果实。在寻找果实的路上,肖魁从群狼口中救下了一只受伤的小鹿,恰巧这头小鹿为仙子红桃所生。仙女为青年的勇敢善良所感,于是将即将成熟的仙果私自赠予青年以救众人。王母因此事震怒,遂将仙女红桃打落凡间。依照红桃的口信,姓肖的青年寻她而去,自此杳无音信。昔日众人分食的仙果种子却意外地在此地生根发芽,遍地繁衍,长出了又脆又甜的水果,人们吃了消病去灾。为了纪念红桃和肖魁二人,人们就把这种水果叫作"红肖梨",并大量栽植。

传说真假不可知,但村里种植红肖梨的悠久历史却是毋庸置疑的。村里的梨园,树龄在100年以上的有3000多棵,200年以上的有500多棵。年长的老人告诉我们,他们还是孩童时,这些参天

丰收的喜悦　照片由怀北镇政府提供

的梨树就这么粗壮了。走在这古梨园中，数十根天梯如同"蚯蚓"，架设在高大耸立的梨树林中。那是村民们为了修剪树枝特制的单柱梯子。古老的梨树枝繁叶茂，阳光穿透厚厚的树叶，如星星点点般投射到碧绿的草地上，枝头上的一抹梨红格外闪耀。

　　红肖梨园的盛景固然美丽，红肖梨更是爽口宜人。河防口村地属燕山山脉的山前暖区，土质为沙壤土，昼夜温差大，光照充足，非常适合红肖梨的生长。河防口村种出的红肖梨，果子硕大，果皮白里透红，外表光滑，果核很小，皮薄肉厚。"正月糖梨二月肖"，刚摘下来的红肖梨，口感有些粗糙；存放一个月，红肖梨的糖分沉淀后，就会变得香脆酥甜、肉嫩无渣，口感极佳。

来一场冰雪之旅

　　在冬奥热潮的带动下，去怀北滑雪看冰，上"北极村"过冬成为北京市民冬季休闲娱乐的新时尚。享誉京城的怀北国际滑雪场就位于河防口村。地处高山平原关口的河防口有着独特的"冷湖效应"，寒冷的气候，外加高山到平原的过渡地带赋予了河防口修建滑雪场的天然坡度。关口以里有着成片的平地，更是得天独厚的滑雪港湾。怀北国际滑雪场是北京地区规模最大、开发时间最早的国

　际滑雪场,其最大落差是 238 米,建有 9 条初、中、高级雪道和一座滑雪乐园,其中最长的雪道长达 3800 米。

　　寒冬时节,滑雪场内的积雪厚度可达 1 米。湛蓝的天空,巍峨的长城,清新的空气,让人有一种置身雪国的错觉。白雪皑皑的松树上,更是挂着晶莹剔透的雾凇。在阳光的照射下,一颗颗雾凇洁白无瑕、晶莹剔透,宛若一片琉璃的世界。登上缆车,坐到山顶,长城美景尽收眼底,雪中长城分外妖娆。大自然的鬼斧神工和喜怒无常在这里发挥到了极致。

　　玩雪自然是华北国际滑雪场的首选项目。专业的雪友可以在这里尽情游玩,在长城间飞腾跳跃,更可踏着滑雪板,飞一般地冲向坡底,在雪花的激荡飞扬中,享受大自然赋予的惊险刺激。普通的

冰雪王国（照片由怀北镇政府提供）

游客也有着众多的选择，既可以玩高山滑雪、坐狗拉爬犁，也可以玩雪上轮胎、雪圈、雪地摩托、雪地射箭、马拉雪橇和攀冰，尽享冰雪乐趣。甚至还可以到河防口村民的家中，在冰雪上坐滑板车、土篮和竹筐等。滑雪场的大厅内还建有豪华的VIP休息区、书吧、咖啡厅等设施，设有餐厅和雪景别墅，也可以在这里常住，尽情呼吸雪后清新的空气，享受推开门就能看到"燕山雪花大如席"和"原驰蜡象"的盛景。

TIPS 小贴士

路线

河防口位于北京市怀柔区怀北镇。紧挨东庄村、椴树岭村、龙各庄村、峪道河村。自驾车可从京承高速转京密高速公路，在 G111 出口后走京加路即可到达。乘公交前往可从东直门乘坐 916 路公交车到怀柔于家园，转乘 H11 路、H18 路、H29 路等公交车到达。

住宿

河防口是京郊特色民俗旅游村，村内有各种层次的民宿、农家乐，可提供完善的住宿服务。城楼外也有大量的餐馆、民宿等。

饮食

河防口当地的餐馆以农家菜为主，特色菜品有炸花椒芽、开苞豆腐、烤红鳟鱼和铁锅焖卷子等。

慕田峪:长城脚下的栖居

自1988年慕田峪长城开放以来,长城脚下的慕田峪村一跃成为了北京地区的明星村。有着浓厚人文底蕴的慕田峪植被茂密,空气清新,更是在20世纪90年代后吸引了大批的国际友人前来定居。在慕田峪,既能欣赏到秀美之最的慕田峪长城,也能近距离地体验青瓦飞檐、石墙木柁的北方乡村。国际友人参与建设的时尚民宿,更能让人舒适、惬意地在长城脚下栖居,尽情地呼吸山间自由的空气,享受大自然赠予的美景。

慕田峪长城独秀

慕田峪长城独秀

来慕田峪，怎能不欣赏这秀美的长城。慕田峪长城在村子的北侧，是明代长城的典型代表。当时，刚刚建立政权的朱元璋吸纳了谋士朱升"高筑墙、广积粮"的建议，派大将徐达在北边修筑长城，慕田峪长城得以修建。朱棣定都北京后，长城的地位越发险要。永乐二年（1404），朱棣在此设立了慕田峪关。最初修建的长城多是用石头垒砌而成，稍有年头后就会自然损坏。明朝末年，戚继光坐镇蓟镇总兵，多次对慕田峪长城进行修补，加固了慕田峪长城的墙身，增建了空心敌台，修筑了双垛口，大大提升了慕田峪长城的防御能力，也使慕田峪成为怀柔长城中保存最为完好的一段。

在北京的诸多长城中，慕田峪长城被誉为"秀美之最"。雄秀、奇秀和峻秀是慕田峪长城秀美的三大特色。其雄秀之处在于高墙耸峙、敌台林立、烽火相望。慕田峪长城的两侧均有垛口。从一号敌台大角楼到四号敌台正关台，不足500米的距离就有四座敌台。大角楼至二十号敌台3000米的距离，

敌台、敌楼、墙台与铺房更是多达 25 座。此外,慕田峪长城还有北京长城少有的内、外支线。朝外的支线连接着十一号敌台,而内支线长约千余米的长城更被当地民众形象地称为"秃尾巴边"。高耸的城墙、密集的敌台不仅让人目不暇接,更为整个长城增添了雄伟、壮观之势。行走在慕田峪长城上,昔日长城上的猎猎风声在耳边回响,富有历史感的恢弘画面和冷月照边关的苍凉景象扑面而来。

慕田峪长城的奇秀在于其依山而建、起伏连绵的景致,最低处的一号敌台海拔仅有 486 米。在短短的 3000 米内,海拔上升到 1039 米。高耸绵延的长城如同一条腾飞的巨龙,仿佛上可接天。四号敌台正关楼上三楼并矗连成一体,更是慕田峪长城的一大奇景。三座敌楼正面墙上刻有"正关台"三字石匾,观台内分为上下两层,底层相通,可容纳百人左右。上层建有三座望亭,形成了主厅客厅的格局。这一造型新颖、结构别致的关台,是万里长城中独一无二的佳作。

慕田峪长城的峻秀之美在于极高的森林覆盖率,植被覆盖率高达 90% 以上,是北京红叶植被的密集区,无论何时造访,都能欣赏到四季不同的景致:春天来临时,漫山遍野的杏花、桃花与梨花竞相绽放，呈现出龙游花海般的雄伟、壮观；夏日时节，一片片松林、枫林将整个长城装点成碧绿的海洋；秋日时节，漫山红叶，层林尽染，美不胜收；冬天雪后，银装素裹，山舞银蛇，又是一派独特的北国风光。群山环抱、绿树掩映的古老长城，如巨龙如入海，闪转腾挪，吸引着中外游客蜂拥而至。

长城独有涂鸦墙

随着慕田峪旅游的发展，"万里长城慕田峪独秀"的美誉吸引了大量中外游客，外国游客的比例更是高达40%。作为文物保护单位，长城明令禁止游客涂鸦。但涂鸦等亚文化的兴起，使得慕田峪长城上遍布涂鸦、刻字，对长城带来了极大的破坏。慕田峪长城景区一直在寻求治理长城上刻字的方法，但并没有取得太多的收效。2014年，慕田峪长城管委会改变思路，变堵为疏，开始在景区内专门设立涂鸦墙，引导游客在涂鸦墙内涂鸦。慕田峪长城上的涂鸦墙，成为万里长城唯一合法的涂鸦墙，涂鸦文化也成为慕田峪长城一道亮丽的风景线。

慕田峪长城管委会最初只在14号敌楼西侧北铺房设立了两面5平方米的涂鸦墙，此后陆陆续续又在10号、14号敌楼内设置了8面涂鸦墙。慕田峪长城的涂鸦墙是用白色帆布覆盖在墙砖上，不会对长城文物产生任何破坏，亦可充分满足游客的涂鸦诉求。从外表上看，14号敌楼西北的北铺房并没有特殊之处。走进这栋小房后，却被眼前密密麻麻的涂鸦景象震撼。这些涂鸦既有中文，也有英文、日文、韩文和西班牙文。书写内容千奇百怪、五花八门，既有个人签名，也有国家的名字，还有对个人、亲友和长城的美好祝愿。更有一些充满着情趣与创意的涂鸦画像。屋顶上方的房梁处，贴着密密麻麻、色彩形式各异的贴画，既有足球明星的照片，更有充满寓意的漫画。这些色彩斑斓、创意无限的涂鸦画，在长城特有的青砖、房梁的映衬下十分艳丽，有着极强的视觉冲击力。站在这五彩斑斓的涂鸦墙下，眼前好似一幅

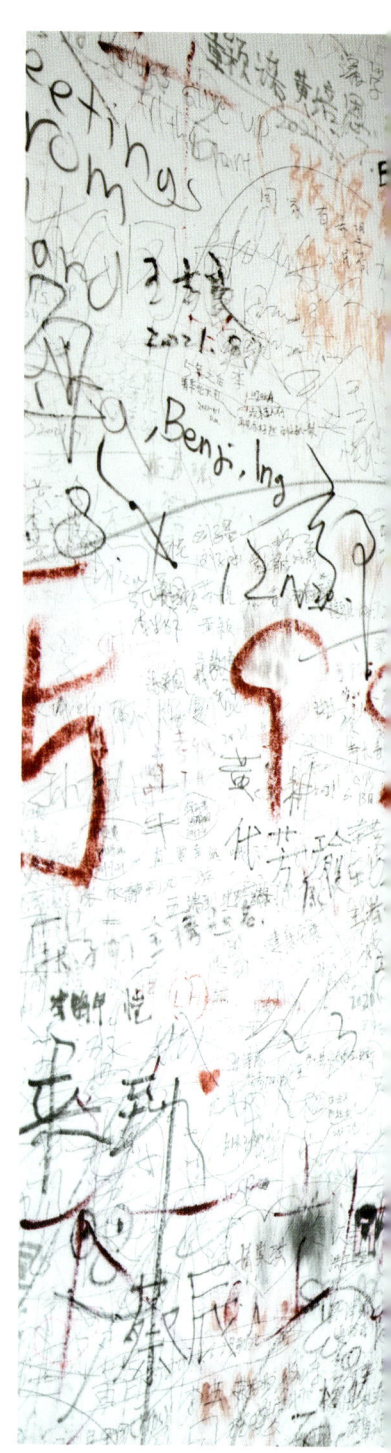

年轻人拿一罐漆,在路灯下快速炸满一座墙,然后消失在茫茫夜色里的景象。涂鸦所代表的、流行的亚文化,为这古老厚重的长城增添了几分青春与活力的色彩,也成为万里长城上独一无二的景致。

长城脚下的国际村

2018年,《世界旅行者杂志》曾邀请全球游客参与评选"世界最美十大景点"。位于怀柔的慕田峪长城排名第七,成为唯一入选的中国景点。虽然慕田峪长城在名气上不如八达岭长城,却深受国际友人的喜好。克林顿、奥巴马夫妇等国际政要来北京访问时,都曾前往慕田峪长城游览。20世纪90年代后,长城脚下的慕田峪村,更是吸引了大量国际友人定居,成为长城沿线屈指可数的"国际文化村"。还没走进这个村庄,就能看到村口旗杆上悬挂着的12个国家的旗帜迎风招展,旗杆旁边石碑上刻着"慕田峪国际文化村"几个大字。一旁矗立的现代化雕塑象征着五洲同乐,与石碑一中一西、相互映衬,显示着这个古老村庄的与众不同。喝着咖啡欣赏长城美景,吃着可口的中西式饭菜,住在瓦窑和旧民居改造的现代洋房里,在"土洋"之间享受韵味各异的别国浪漫是这个长城脚下国际村最大的特色。

慕田峪村与国际结缘始于1995年。当时,一对美国夫妇游览完长城后,租住了村民的一栋房屋,计划在此休闲避暑。度假期间,这对美国夫妇越发喜爱这个古老宁静的村庄,决定在此安家。此后,越来越多的外籍友人在慕田峪安家落户。截至目前,慕田峪村共有来自9个国家的22户外籍友人。这些安居在此的国际友人,或是开办企业,或是租住房屋并参与房屋的改造,慕田峪村也成为名副其实的国际文化村。

慕田峪村民的传统房屋多是清一色的老北京民居,青瓦飞檐,石墙木柁。国际友人对于村落旧宅的改造与利用,并非粗暴介入,而是将欧美的风格与生活理念嫁接在慕田峪这个古老的村落。漫步村中发现,改造后的房屋多为中西方设计理念的结合,青砖灰瓦的民居配上落地的大玻璃窗,现代的雕塑和古老长城同居一处,在保持中国北方传统民居原貌的同时,借鉴了西方建筑风格的精华,并加入了欧式壁炉、吊灯、油画等元素。这些改造后的民居融合了东西方人的审美观,饱含浓郁的艺术气息,给人以别具一格的美感和心灵的震撼。在国际友人的带动下,村民们也加入房屋改造的行列。芬兰小木屋、大落地窗、意大利风情的玻璃制品店出现在路旁两侧,院落里竖起了一个个现代的西式雕塑,一座座北方普通的农家屋被改造成了"四合院别墅"。原来公共服务的建筑也被合理转变为商务活动场所和艺术工作室等,在保留以往的建筑外部传统风貌的同时,屋内装上了欧式壁炉、吊灯、油画,有的甚至安装了浴缸、桑拿房等现代化的室内生活设施。走在这一间间房屋里,仿佛有一种置身国外的错觉。

并不大的村庄里,道路两旁密密麻麻地分布着小园西餐厅、巴西烤肉、首尔料理等30多家西式的公益坊、餐厅、玻璃艺品店、礼品店和乡村商店。在这里,能够吃到巴西烤肉、鸡肉汉堡、咖喱鸡肉饭、意大利食蔬面等世界各地的美食。小园西餐厅是其中一家颇有情调的餐厅。美国人唐亮夫妇和10多户外籍友人,因为喜爱古老壮观的慕田峪长城景观和优美和谐的自然环境,在慕田峪村租住房屋"安家落户"。唐亮夫妇租用了村里曾是小学的废旧房屋,对其进行了系统的改造。他们保留了那些历经沧桑的门窗、木梁架结构和用当地石块建造的毛石外墙,进行了油漆粉刷、修整,安装上了落地的大玻璃窗,装上壁炉、吊灯,修整了庭院,点缀上现代的元素和用具。一座原本破烂的废旧学堂就被改装成颇具浪漫时尚格调的西餐厅。现场悠扬的爵士乐演奏、可口的美国家庭式火鸡晚宴、品种繁多的西式菜肴和保留了中国传统北方民居特点的餐厅建筑巧妙结合,给所有到这里就餐的中外游客耳目一新的感觉。除了就餐以外,客人们可以在此购买工艺品,还可以参观、学习

小园餐厅

和亲手制作各种工艺品。小园西餐厅还专门设置了绘画室、展览室等文化活动场所，可以举办个人画展，也可以举办艺术名流聚会。展览室里摆放着中国传统的染成五颜六色的炉子。在斑驳的树荫下面，客人们更可远望长城美景，近品咖啡美酒。400年历史的慕田峪村转眼间变成了一个名副其实的"地球村"。不同于外面世界的喧闹混乱，这个融和着世界气息的小村子就像小园西餐厅对外发放的名片上写着的那句话：简朴的奢华——长城脚下的安居。

躺在瓦厂里看长城

在慕田峪众多的民宿中，长城脚下不远处北沟村的瓦厂酒店别具一格。2006年，这里还是北沟村一个濒临破产的琉璃瓦厂。瓦厂生产精致的琉璃瓦，却因为巨大的烟尘对周边环境的破坏濒临破产。在和妻子唐亮商议后，美国人萨洋租赁了这片土地，将这个废旧的瓦厂改造成了一个洋溢着艺术气息的乡村酒店。

改造后的瓦厂酒店，每一间房都保留了瓦厂的特色与趣味。客房全是瓦厂旧有的砖窑改建而成。在灯光的照耀下，这些色彩斑斓的红砖散发出一种厚重的浮雕感。墙壁和地面的碎画，全部是由废

旧的琉璃瓦片铺设而成。除了安装壁炉、热水器、吊灯等现代化的内饰外，萨洋还大胆地改变了当地坐北朝南的建筑传统，在不改变瓦厂既有屋顶北高南低格局的基础上，在室内自北向南逐级抬高地势，甚至在北面高大的屋顶开设朝北的天窗，使得 16 间客房既能最大限度地吸收自然光，又能使客人在任何一个角落欣赏到远处的山景和巍峨壮丽的长城。在保留原有建筑风格的同时，瓦厂酒店处处设置了鲜花、树木、绿植和草地的装饰，并用花廊将原有的三栋建筑连在一起，形成了一个封闭的中央庭院。除了客房以外，保留下来的 7 个原始瓦窑房改建成了 DVD 放映室、游戏室、会议室、行李房、卫生间等，通廊前有大片草地可供孩子们嬉戏，还设有通宵营业的西门房。

可持续发展的理念不仅贯穿在酒店的改造设计中，也是酒店经营始终坚持的原则。瓦厂酒店在北边建有自己的菜园，一年四季种着不同品种的蔬菜与水果，为酒店提供食材。酒店所有的房间都配有全天然的香格里拉农场沐浴产品，还为所有房间提供手工自制的拖鞋。这些拖鞋全部是有机物制成，客人们可以将其带走，或是留给酒店粉碎作为堆肥。此外，酒店坚持环保理念，最大限度地利用自然资源，对所有的有机物进行堆肥，对所有的废弃物统一管理。

住在瓦厂酒店里，既可以在通透的房间里用餐，在阳光的沐浴下，躺在柔软的大床上尽情地欣赏长城的美景，也可以在小院的树下摆上小菜开吃，来一个中西餐大荟萃。茶余饭后，可以结伴登上露天的看台，欣赏没有 PM2.5 的绝美星空，让原汁原味的乡野气息平静忙碌的心绪，净化洗涤心灵。

躺在瓦厂里看长城

TIPS 小贴士

路线

慕田峪村位于怀柔区渤海镇，周边紧邻辛营村、北沟村和雁栖镇的莲花池村。慕田峪村旅游发展成熟，交通极为便利。自驾可从京承高速怀柔出口出，过迎宾环岛、青春路环岛后即可直接通往慕田峪。乘公交前往可在东直门乘坐916路至怀柔北大街站，再换乘H24路到达慕田峪。此外，每天早上7点和8点30分，东直门有两班车直接发往慕田峪长城景区，下午2点和4点从景区返回。

住宿

慕田峪长城旅游开发时间很早，当地住宿等基础设施非常完备。涵盖精品民宿、普通民宿和农家乐等各个层次，不少民宿亦建有网站和微信公众号，可在网上直接预订。

饮食

慕田峪村有多家中外餐厅，既可以提供披萨、巴西烤肉、日式料理、韩式烤肉等餐食，也可以提供烤虹鳟鱼、柴锅贴饼子等地道怀柔农家菜。

神仙爱住神堂峪

长城脚下、丰宁公路旁的神堂峪有着美丽动人的神奇传说,是一个集长城遗址、自然山水和乡村旅游于一身的热点小村。这里自然风光秀美、山高水长,长城文化极为深厚。在乡村旅游的发展带动下,青山绿水、有着些许神秘意境的神堂峪吸引了大量的游客前往,近年来开发的怀柔不夜谷和虹鳟鱼一条沟更让神堂峪蜚声京华,成为怀柔长城必不可少的打卡胜地。

神仙爱住神堂峪

　　还未走进神堂峪，就看到远处的青山绿得发亮、生机勃勃。村子的入口是从神堂谷里流出的潺潺溪水，清澈的溪水在阳光的照射下泛着阵阵波光，沁人心脾。几个闲散的老人悠闲地坐在桥头的树荫下，仿佛人间仙境一般，让人有一种神堂峪果真名不虚传之感。

　　事实上，神堂峪最初并不叫神堂峪，而是叫鹞子峪。村子里至今仍然流传着村落得名的传说：相传盘古开天辟地后，鹞子峪丛林密布，花草丛生，是一片风光秀丽的山水宝地。一位云游天下的神医路过这里，看到这高山峻岭，听到这泉水声响，便决定在这神奇宝地居住。有一天，老人看到一个小孩儿，便告诉小孩儿，他是医生，村里面有生病的人，可以找他医治。谁知小孩儿却说，我们这里有几句话，"看病不求人，吃药找山神"。老人不解，小孩儿又说："出门薅把草，回家就是药。"老人顿悟，急忙询问小孩儿山上是否遍地草药，小孩儿回答："百药山上有，人人九十九，我们这儿的人生来长寿。"老人听罢，激动地对小孩儿说："我游山千座，览川万条，还未曾遇到如此宝地，真是'神仙召我来，采药不为卖，为此添个一（医），人人活一百。'我就在此安身采药吧！"于是，老人就开始砍树伐木，砌石打墙，修房建舍。几天之后，老人的房屋就修建完毕，在房屋的正门上，端端正正地悬挂着"神堂"的大字牌匾。此后，老人白天在山上采药，晚上为村里百姓治病施医。老人寿终正寝后，坐化成仙，村民们感念他的功德，为他修建了神堂庙，逢年过节香火不断。"神堂"这个名字就慢慢兴起了。因为这里处在两山之间，附近的村民们也叫这里"神堂峪"。

神堂峪的长城

干插边长城与废弃的古堡

　　蜿蜒壮美的长城，为神堂峪这一方净土增添了厚重的文化底蕴。旧时的神堂峪，是长城沿线的边关要塞，也是石塘路长城的重镇。明代时曾在这里修建了神堂峪关。《长城关堡录》记载："神堂峪关，在县城二十里，水口十余丈，人马俱通，永乐年建，串条子墩空通众骑，极冲。余通步，缓。"神堂峪关是亓连关以东的第二个关口，西与慕田峪的大角楼相接，东与河防口的龙庙岭相连，远处直接连通司马台。与慕田峪、黄花台、司马台等开发成熟的长城不同，神堂峪长城尚未开发，大体保持着旧时的风貌。神堂峪关周边保存较好的长城约有四公里，有敌楼三十余座。墙体大多由山石砌筑而成。由于年久失修，这些曾经风光无限的敌楼早已坍塌，随处可见的耸立的乱石显示着这里曾是长城的敌楼。敌楼之间是一些破碎的长满灌木的长城。这些长城大多数是由碎石垒砌而成，当地人称为"干插边"，最窄处的干插边不足一尺。行走在这荆棘密布、乱石残缺的长城上，历史的厚重与沧桑感不可抑制地涌上心头。

　　长40米、宽30米和高20米的敌楼坐落在神堂峪村北两公里，通往官地的道路左侧是神堂峪关最值得一看的盛景。神堂峪关的两侧以山崖为防，望京楼、烽火楼雄踞两山，用花岗岩条石垒砌的基座山石相接，气势非凡。深秋时节，远处高耸的群山中已是一副萧瑟之境，弯曲绵延的长城却依旧壮美，五彩斑斓的落叶在这敌楼上盘旋落下，一棵小树从敌楼的废墟中探出身来，生命的旺盛与长城的美景交相辉映，别有一番情致。

　　神堂峪村往北的两公里，是明清时驻军的神堂峪堡。神堂峪堡为正方形城堡建制，各边长83米，南墙正中开城门，城门为券洞式，墙体用大卵石和块石砌筑而成，上面建有垛口。由于神堂峪地处关口要地，屯兵人数众多，城堡内建有各种设施，是周边较大的村落。20世纪80年代之后，因为交通不便，城堡内的居民逐渐搬离，城堡内建筑倒塌，只剩下一片废墟，甚至连城墙也被周边村民拆得一干二净。2000年以后，一家公司为了开发旅游，在神堂峪堡的旧址处修建了一座度假区，建了一系列现代化的气派房屋。我们走到这座重建的古堡中，仿古式的城堡高大巍峨，颇有旧时风貌。只是高大的铁门紧锁，无法看到里面修复的景致。在城门的一角处，舂米的石臼、残缺的神堂峪关石碑、匾额及三门钢炮显示着这里曾经的辉煌。

神堂峪的野

　　从神堂峪关出发，经过官地村，就到了神堂峪自然风景区了。神堂峪风景区山峰峭拔、层峦叠嶂，发源于此的雁栖河从中穿过，四季水流潺潺。林间道劲地生长着各种植物，不时有动物穿梭其中，天然形成的怪石与灵山、清水交相辉映，宛若桃源仙境，别有一番野趣。

　　神堂峪的野，一在于怪石天成。神堂峪自然风景区内，分布着数不清的大大小小的鹅卵石，这些光滑的鹅卵石镶嵌在神堂峪的自然山水中，构成了一幅幅自然天成的山水画。山脚下的石片村，东西两侧的高山分布着两块硕大的片石，一侧山峰如龟，一侧山峰似雕，守护着山脚下的宁静村庄。在神堂峪半山的石壁上，分布着数以万计的花岗岩。在经历雨水年复一年的冲刷后，这些花岗岩光

一汪碧水

滑平整，好像两幅静止的瀑布，又好似九天银河倒泄，气势恢宏。山间的一座巨型石块，敲击后传出阵阵鼓声，当地人称之为"打鼓石"。龙潭之上，一座宽大的石头仿佛在求雨一般，得名"龙潭祈雨台"，与台下的潭水交相呼应。此外，景区还有济公神冠、一石三景、卧象堂、仙女洞、镇山神龟、圣人颂经、天书石等诸多石景。

　　神堂峪的野，二在于一汪碧水。神堂峪主峰天极顶海拔 875 米，山泉水从高山上汇流而下，终年不断，常年维持在 15 度左右，亦使得整个河流充满光华。漫步闲游，步抵峪底，便见百平方米左右的水潭，一块巨石正置河心。河水漫石而下，如瀑如帘。石下自成一潭，名为龙潭，潭水荡漾，清澈见底。龙潭四周，青山环绕，巨石横跨潭面，光滑如镜，错落有致。既可以在这里休息，也可以在这里信步闲走，享受自然的乐趣。山间的泉水串流而下，形成鸳鸯泡、鳄鱼潭等大小不等的水潭，小溪的下游，几十处泉水最终汇成了风光秀美的雁栖河。

　　神堂峪的野，三在于四时不同的景致。神堂峪茂密的丛林里，生活着獾、狍子、松鼠、野兔等上百种动物。有映山红、山菊花、荷包花、榛子、山樱桃、野葡萄等上百种山花野果。人和自然构成了一幅奇妙绚丽的场景。春天，这里百花齐放，争奇斗艳，将整个景区装点得清香袭人。夏日，这里树木繁盛，芳草茵茵，清澈的泉水从山间流过，凉风从丛林间吹来，暑意顿消。金秋时节，这里硕果累累，林间飘香，深秋时节，绚丽的落叶在北风中飞舞，别是一番盛景。冬日时分，白雪皑皑，松涛阵阵，奔腾不息的河水瞬间冻成冰，如银河倾泻一般，装点着冬日的神堂峪。

不夜谷里品虹鳟

不夜谷里品虹鳟

改革开放后,神堂峪自然风景区内雁栖河流域的石片村、官地村、神堂峪村的村民们依靠着神堂峪的秀丽山水,陆陆续续地开始了民俗旅游事业。1992年,怀柔政府也开始大力提倡生态旅游,提出了"开发一条沟,致富一条沟"的设想,大力发展长城脚下、雁栖河畔的神堂峪、官地、石片等自然村所在的一条沟。经过二十多年的发展,神堂峪村家家户户都吃起了旅游饭,旧时的古道雄关成了炙手可热的民俗旅游村。

漫步在神堂峪村中,两旁的民俗接待户鳞次栉比。改造后,别墅式跃层客房宽敞明亮的落地窗倒映着青山绿水。随意推开路旁一家民宿的大门,宽敞、整洁的客房,卫生间、空调、太阳能一应俱全。在神堂峪,现代设施与自然山水得到了完美的结合,游客们既能充分享受到现代化的便利,也能够欣赏这绝美的自然山水。

神堂峪村所在的这条山沟中,还有一个众人皆知的名字——"虹鳟鱼一条沟"。20世纪90年代,怀柔当地兴起了虹鳟鱼养殖热,天极顶流下的泉水水源丰富,常年低温,最适合虹鳟鱼的繁殖生长。雁栖河沿岸的这条沟,顺理成章地成了"虹鳟鱼一条沟"。远山、近水、长城、清泉、溪流、美酒、佳景……得天独厚的条件,使得神堂峪这一条沟成为了众多游客品尝鲜香美味虹鳟鱼的不二之地。山泉水养殖的虹鳟鱼,肉质紧实、口感鲜嫩,是其他地方远不能比拟的。村民们更是开发出了虹鳟鱼刺身、烤虹鳟鱼、柴锅泉水炖鲜鱼、垮炖虹鳟鱼等多种富有创意的吃法。鲜嫩的虹鳟鱼配上新鲜的吃法,让人唇齿留香、回味无穷。此外,当地农家乐还有"焖炉烤全羊""柴锅炖土鸡"等多种地道的农家菜。忙碌了一天的游客围灶而坐，一边欣赏着大好山水，一边品尝着乡间美味，真是人生乐事。

2007 年，怀柔区政府整合雁栖河、莲花河两条主要河流沿途的旅游资源，打造了涵括神堂峪、官地、石片、长元、莲花池、西栅子、八道河、交界河、大地、头道梁、北湾 11 个行政村在内的"不夜谷"景区，"虹鳟鱼一条沟"得到了极大的提升。如今，神堂峪风景区、石片村、官地村、神堂峪村在内的神堂峪民俗产业沟和北湾村、莲花池村、长元村的莲花河休闲垂钓沟在交界河村相连，成为闻名京华的"不夜谷"景区。在政府的统一规划下，不夜谷沟域经历了由单一的风景旅游和虹鳟鱼养殖，向集旅游度假、休闲养生、餐饮垂钓、观光采摘、文化体验为一体的乡村旅游综合体的转型，成为能够同时接待 1.2 万名游客就餐的大型旅游综合体。走进不夜谷沟，山林遮掩，绿树成荫，溪水潺潺，山间的泉水清凉透彻，神堂峪山间的清风徐徐吹来，道路的两旁汇聚着各式各样的渔场、酒吧、山庄等度假地。依山而建、临水而居的垂钓园和度假山庄各个食客盈门，两侧散发着霓虹灯光的"虹鳟鱼"招牌多得让人目不暇接。小溪边、山泉旁，到处都是围着饭桌开心吃鱼的游客，孩童在旁边无忧无虑地嬉水玩耍。美食美景交相辉映，让人流连忘返，美不胜收。

休闲漫步栈道行

2014 年，为了迎接 APEC 会议在怀柔召开，美化雁栖湖周边的环境，怀柔区政府修建了连通不夜谷至神堂峪景区的步行栈道。神堂峪栈道起点是不夜谷大门，终点是神堂峪自然风景区。全长 8.2 公里的纯木栈道依托现有山形地势，沿着雁栖河蜿蜒向上，串联起石片、官地和神堂峪 3 个村落，沿途有山谷览秀、太公溪钓、临空听泉、山野澄怀等 24 景，是华北地区最长的山水栈道。神堂峪栈道坡度不大，两旁设有扶手等各种便利设施，沿途更依据地势和水流情况，设有亲水平台和观景平台，是难得的亲子步行栈道，非常适合徒步休闲与亲子活动，也是游览神堂峪必不可少的打卡地。

木质栈道在雁栖湖两岸逶迤穿行，时而在水面上平铺直叙，时而在半山腰处舞动腰肢，时而隐秘于悠长的山洞之中，时而又掩映于密林深处。沿途山峰峻峭，长城巍峨、独具魅力。栈道两旁，高大的树木交相呼应，阳光如斑点般稀稀拉拉地投射下来，走在红木的栈道上，呼吸着山间乡野的气息，聆听着溪水奔腾的欢歌，丛林里的鸟雀不时传来清脆的鸣啼，让人有一种如临桃源仙境的错觉。栈道相依的雁栖河清澈见底，河道里

休闲漫步神堂峪栈道

散布着大大小小、光滑洁白的鹅卵石，如同群星，点缀着银河一般的溪水。清澈见底的河水里，不时有鱼儿出没玩耍。路边花艳果香，细小的紫色荆条花连成一片，不时有蜜蜂来回飞舞。摘一串深紫色的桑椹，甜进了心里；摘一捧鲜红的野樱桃，酸甜得让人忍不住咂一咂嘴。在翻越川谷度假村的后山处，原本狭窄的栈道建有一处平台。层峦叠翠间，蜿蜒盘旋的长城与高耸直立的敌楼忽隐忽现，东南一侧，雁栖湖畔尽收眼底，波光塔影，草坪翠绿，掩映于山湖之间，宛若人间仙境。栈道的一段是两座隧道，隧道不长，里面却是巨石裸露，渗出点点冰水，温度比外面低了不少，隧道的上方就是饱经沧桑的神堂峪长城。崇山峻岭中，静卧着古朴残损的断壁残垣，岁月的沧桑都凝结在走出隧道望见长城的那一瞬间。

TIPS 小贴士

路线

神堂峪村位于怀柔区雁栖镇丰宁公路旁,交通极为便利。自驾可从京承高速怀柔出口出,经雁栖湖西路和神石路后到达。乘公交前往可在东直门乘坐 916 路至怀柔北大街站,再换乘 H39 路到达神堂峪。

住宿

神堂峪长城旅游开发较早,当地民宿和农家乐较多。神堂峪外怀柔不夜谷沿线,也分布着数量众多的度假村,可提供各种档次的住宿服务。

饮食

虹鳟鱼是虹鳟鱼一条沟与怀柔不夜谷的主打菜品,几乎每家饭店都以此作为招牌菜。虹鳟鱼既可生食也可以烧烤,以烤虹鳟鱼闻名。此外,炸花椒芽、排骨扁豆焖卷子、摊鸡蛋也是主打的农家菜品。

西栅子：险峻长城与驴友大本营

西栅子是怀柔西北部一个普通的山区小村，坐落在黑坨山南坡，海拔615米。西栅子村环境优美，风景秀丽，东面、南面、西面都环绕着雄伟的长城，北面是海拔1534米的黑坨山。与怀柔长城沿线的城堡不同，西栅子村在历史上并不出名，一直到清代中期才形成村落。因为村民们用木栅做围墙，这个偏僻的甚至有些衰败的山区小村却是他们心中到清代中期才形成村落。因为村民们用木栅做围墙，所以得名西栅子。

在爱好长城的驴友的心中，这个偏僻的甚至有些衰败的山区小村却是他们心中的挚爱。西栅子村周边，山势陡峭，异常险峻，分布着"北京结""鹰飞倒仰""九眼楼""牛犄角边""天梯"等多个险峻的长城节点。由于这段长城蜿蜒呈W状，形如满弓圆月搭着一支利箭蓄势待发，驴友们将这些位于悬崖峭壁之上的陡峭、险峻的长城统称为箭扣长城，而西栅子也成为他们寻访"箭扣长城"的起点。这个古老的长城小村，也因此成为了长城旅游的大本营，有着赵氏山居等一系列小有名气的民宿。

此外，这个古老的小山村，因为传统的荆编手艺而走向了世界。

四个集合"北京结"　袁维忠摄影

四个集合"北京结"

　　位于西栅子村旧水坑西南分水岭上的"北京结"绝对是西栅子附近长城的标志性景观，这里海拔1500米，是怀柔长城最为险峻、壮观的地方。东西、南北两个方向的长城在这里会合，形成相邻的南、北两个会合点。1985年，中国地质矿产部遥感中心对北京地区的长城进行航空遥感调查，飞行器从高空俯瞰，三道不同方向的长城如同仙女飞过飘落的三条丝带，结成一个巨大的花结，由此得名"北京结"。

　　沿着步道从西栅子村上山，一条依稀可见的山道通向山巅的敌楼，并不好走的山路到处都是杂草、矮树。至少需要三个小时，才能走到北京结的敌台。那是一座高大的敌台，敌台的正中是一块半坦的烽燧。烽燧的正中曾岿然屹立着一棵高大遒劲的松树，几年前死去，只留下残缺的树枝在北风中摇曳。站在北京结的烽燧上，居高临下，一览众长城：北望"九眼楼"，南眺"鹰飞倒仰"，远处晨雾中的箭扣长城更是巍峨壮丽。晨曦时分，风云变幻，太阳初升，一缕缕金光从远处播撒而来，照在群山长城之巅。长城下的群山雾气腾腾，满目氤氲，颇有仙韵。山间的白雾好似丝带一般，绕着群山与长城。地面上的长城结与山间的雾带交相缠绕，让人忘记了这是天上还是人间。秋冬时节，群山林立，北风呼啸，残阳半壁，别是一番萧瑟壮美之境。

　　三方长城的会合,使北京结成为北京地区活的长城博物馆,形成了北京结长城的"四个集合"。内外长城的集结是北京结长城的第一大特色。明代长城有内外之别。外边长城与蒙古人的区域相邻,是从辽东经大宁都司经山势连接宣府四海冶过永宁,西北经独石口,再向西至大同迤西一线。内边长城是从山海关至古北口蜿蜒向西,过白马关转而折西南,经石塘路、慕田峪,继续西行至黄花镇,再经居庸关向西南,接白羊口、沿河口、紫荆关、倒马关,取道山西的平型关迤西一线。内外线的长城在北京结相会,使之成为北京长城的集大成者。蓟镇、昌镇和宣府镇的集结是北京结的第二个集结。《四镇三关志》记载,明长城设置九镇区划,北京地区的长城属于蓟镇、昌镇和宣府镇三镇管辖。北京结东临蓟镇石塘路,西界昌镇黄花路,南至昌平州,北至四海冶宣府地,与宣镇、昌镇分界处火焰山及蓟镇、昌镇分界点慕田峪邻近,处于三镇交界区域,地理位置格外重要。砖石长城与石垒长城是北京结长城的第三个集结。北京结地处宣府镇、蓟镇和昌镇三个不同军事区划,长城的形制有所不同。九眼楼往南,蓟镇与昌镇的长城是砖石结构,长城以条石为基础,上层是砖包毯的形式修筑而成。靠近宣府镇长城、九眼楼附近的长城是用毛石堆砌而成的,经过岁月的洗礼,如今已经变成了石碓状。北边宣府镇所辖的长城,完全是用毛石垒砌的简易的石墙。如今因为年久失修,全部塌成了石碓状,村民们形象地称之为"干插边"。单线长城与复线长城的集结是北京结长城的第四个集结。北京结东边和朝北的长城,是单线的长城结构,只是在一些敌楼、隘口处,才会出现环状、多层状的结构。在北京结以西的长城,除了主要隘口附近构筑的多层状、环状城墙外,大部分长城都有着相互平行、彼此相依的两道城墙,构筑一道完整的、纵深的防御体系。相较于东边和北边的山区,延庆盆地和北京平原是兵家必争之地,战略位置格外重要,长城的建设也格外考究,由此使得北京结成为了单线长城与复线长城集结。

神仙也愁"鹰飞倒仰"

"鹰飞倒仰"是箭扣长城中最为险峻之处。这段长城建于岩石裸露的悬崖峭壁上,随着山脉的走势高低起伏、弯曲多变。"鹰飞倒仰"的长城坡度大都在50度左右,最险处近90度,几乎垂直攀爬才能到达。长城脚下的台阶却只有几指宽,据说老鹰飞到这里要翻转身躯才能飞过去,由此得名"鹰飞倒仰"。

从西栅子村往上,一直攀爬四个小时后,才能到达"鹰飞倒仰"处。这段奇绝的险路被各种倒塌的石砖覆盖,上面长着密密麻麻、交错分布的灌木丛。其奇绝险峻,坡度极大,只能抓着城墙石缝里的树枝,艰难地向上攀爬。最险峻的当属"天梯"一段,这段七八十米长的长城,坡度最缓处也有70度左右,最窄处只有60厘米。高达四五十厘米的台阶,只有15厘米长。唯有四肢着地、手脚并用,才能勉强攀爬。翻越天梯后,也必须抓着石缝里的树枝,才能缓慢下行。因为地势险峻,又没有任何保护措施,包括"鹰飞倒仰"在内的箭扣长城时常发生旅游伤亡事故。在"鹰飞倒仰"附近的一块石头上,刻着这样一首打油诗,详细描绘了这一地段的险峻之势:"箭扣楼台鹰见愁,置

四个集合北京结 袁维忠摄影

身如同到霄几，俯视深谷鸟啼处，尽是桃花与绿柳。"

四方可见九眼楼

从北京结往北，沿着西大墙廊道，就可以到达位于火焰山的九眼楼。九眼楼建于明嘉靖二十二年（1543），地处宣、昌、蓟三镇交界，地理位置险峻，因为每面都有9个箭窗，故得此名。九眼楼是一座正方形双层敌楼，两层楼体坍塌得仅存一层，眼楼里设有军士来往巡视的环行步道。底部铺满了石条，上部用白灰砌青色城砖，楼下西侧有小平台，为军士集中的场地。平台北侧是砖砌的台阶，沿台阶可达敌楼西门。楼顶为砖砌券拱式结构，楼内宽大，可驻兵储器。此外，楼顶还向北开两窗，四面各有一门。

站在九眼楼向外远眺，群山起伏跌宕，沟壑纵横捭阖。绵延在青山上的绿树如同巨浪一般不断地向前涌起。远方的云霞映红了整个天边，山间腾起的水雾将长城萦绕。不远处的北京结、鹰飞倒仰清晰可见。墙缝里矮小的无名野花顽强地生长着，不时散发出一股清新而热烈的芬芳气息。

留住荆编手艺

西栅子村东、南、西三面环绕箭扣长城，北面是海拔1534米的黑坨山，山上长满了各种落叶灌木，以荆条最多。村民们靠山吃山，开发利用山上的荆条，形成了西栅子村独具特色的荆编传统。在物

荆编器物

资并不发达的过去，西栅子村几乎家家户户都会荆编。荆编的产品种类繁多——菜篮子、簸箕、筐子，西栅子的村民们几乎能够编织出所有的农业生产工具和日用盛物的器皿。

虽然只是一门手艺活，但这荆编技艺却很是讲究。村民林凤平对公公教给她的荆编手艺牢记于心：当年的，尤其是白露时节的荆条最好。收割荆条时，需要将权去净，然后将荆条捆后立放，晾干水分后再将其放在河套里浸泡几天，目的是让荆条变软，易于编织。泡软后撒上灰晾晒。荆条准备好后，就可以编筐了。编织时先是摆茎，通常摆成"米"字形，再用荆条压茎，要采用正反压茎法，目的是把摆成"米"字形的荆条压实了。接下来就是收茎，目的是做出雏形。最后锁茎，让所编的器物更加牢固。此后，就可以进行编条了。荆编通常是正着编一圈，反着再编一圈，依次往上编。高度够了，就可以收样了。当然，也可以根据编织的器物情况进行适当的调整。

在林凤平的口中，荆编就不是一件轻松的活计。只是跟随公公学习短短几年的工夫，林凤平的手上就已经起了老茧。这样劳力又劳心的活计，年轻人自然不喜欢。然而，这荆条编制的器物，粗犷中却又散发着浓郁的淳朴气息，让人爱不释手。荆条编织的篮子，棱角分明，打磨后深棕色的荆条在阳光的照耀下油光蹭亮，为这古老荆编增添了几分厚重感与历史感。更让人称奇的是，在这山野中自然生长的荆编耐磨耐重，不需任何连接就能承受极大的重量。荆条自然散发的味道，有一种沁人心脾的香甜。没有任何装饰的荆编，完全契合了都市人追求自然、本真的极简主义诉求。即便是随意摆放在家中的某个角落，也是一件别具一格的装饰。正是因为荆编原生态、自然的理念，以及由内而外散发出的淳朴气息，吸引了到西栅子游玩的国际友人林赛夫妇的目光。他们将林凤平的公公郝文起请到了英国大使馆，在"圣诞购物节"上展销荆编品，古老的荆编手艺走出了西栅子村，成为国际友人热捧的原生态物件。

长城情缘赵氏山居

随着野长城热的兴起，西栅子村的村民们陆陆续续地新建了不少民宿。在长城驴友们的心中，赵氏山居绝对是西栅子村最受驴友和摄影家喜好的歇脚处。"赵氏山居"的主人叫赵福清，是地地道道的西栅子村人。夫妇俩早年花了不少的积蓄，在西栅子村建了一栋二层小楼。二十多年前，长城热刚刚兴起的时候，几位驴友来箭扣长城摄影，晚上在赵家借宿。赵家夫妇的热情好客让他们很是感动，干脆长住在了赵家。此后，陆陆续续又有一些驴友和摄影家到赵家常住。在摄友们的建议下，赵师傅将二层小楼翻新，加盖了洗澡间，装上了太阳能，专门做起了旅游接待生意。

赵氏山居之所以成为西栅子村炙手可热的民宿，有三点原因。首先，赵氏山居的地理位置极佳，这里既可以远眺北京结、九眼楼、镇北楼，还可以远观到包括鹰飞倒仰在内的箭扣长城，是距离箭扣、北京结和九眼楼最近的民宿。其次，赵氏山居内精心打造的"影友之家"也是其备受驴友青睐的重要原因。入住赵氏山居的大多数都是长城爱好者，从西栅子村出发后，都愿意把自己拍摄的长城照片放在老赵家，和大家分享交流。于是，老赵干脆在家里建起了"影友之家"与"作品园地"，贴满了摄友们拍摄的长城照片。每一张照片都记录着不同时节、不同风貌的长城盛景，每一张照片的背后都记录着老赵一家和驴友们的深情厚谊。最后也是最为重要的一点，是赵氏山居里浓浓的人情味。赵师傅和夫人卢大姐都是热情好客的村民。无论是初次造访者，还是赵氏山居的熟客，除了基本的住宿服务外，赵师傅和卢女士总是热心地帮他们解决各种问题。过去驴友们攀爬长城，赵师傅常常充当免费向导，给驴友们带路上山更是常事。饥肠辘辘的驴友们返回下山时，卢大姐早已沏好了一壶茶，准备了一桌子地道的农家饭：柴锅熬的棒馇子粥、贴饼子，还有自己家里卤水点的豆腐。一顿丰盛而又充满温情的农家饭菜，让久居城市的人们感觉到难得的清新自然，也使得赵氏山居成为村子里炙手可热的民宿。

　　随着长城保护的日趋规范，如今已不再允许驴友们攀爬箭扣长城，赵氏山居却因为在驴友心中的重要地位至今仍然宾客满门。在女儿的帮衬下，老赵翻新了使用近三十年的庭院。除了更新家具、改造客房外，老赵拆掉了之前的小窗户，装上了宽大的落地窗，窗前摆设了竹编的藤椅。大厅内的餐吧，除了提供各种饮料外，甚至还能喝到正宗的咖啡。站在这高大的落地窗前，沐浴着山间爽朗的日光，眼前尽是一片翠绿的青山和绵延的险峻长城，大自然的雄伟壮观尽收眼底，理想的世外桃源近在咫尺。

赵氏山居

TIPS 小贴士

路线

西栅子村偎依怀柔区雁栖镇,周边与新村社区、柏泉社区、乐园庄村、陈各庄村、莲花池村等相邻。自驾可从京承高速怀柔出口出,经雁栖湖西路、范崎路和八西路到达。乘公交前往可在东直门乘坐916路至于家园站,换乘H25路到达西栅子。

住宿

西栅子村民宿发展较晚,可供住宿的地方不多,在村西靠近长城一线的西水坑分布着包括赵氏山居的几家民宿,可提供基本的住宿服务。

饮食

西栅子村的民宿可提供基本的农家菜,主打菜品有烙饼、贴饼子、板栗红烧肉、烤鱼和摊鸡蛋等。

渤海所：栗花沟里望古城

在怀柔长城沿线的多个村落中，渤海所的历史最为悠久。这个长城脚下的古村落，最早可以溯源至唐朝。由于地理位置险要，渤海所成为北京长城沿线的重要节点，朝廷在这里建设了规模宏大的城堡。岁月流逝，时光更替，旧时的硝烟战火已经消失在了历史的尘埃里。唯有村落一角陈列的石狮、石碑静默地讲述着这里昔日的刀光剑影。当年守城士兵们栽种的板栗，成为深山沟里一抹亮丽的风景线。战士们积累的板栗种植经验，也已经熔铸到渤海所村民的心中，他们世代相传的生活智慧，更于2007年入选第二批北京市级非物质文化遗产名录。

怀柔第一古村

在长城怀柔沿线的诸多村落中,渤海所的历史最是悠久,最早可溯源至唐代。武周圣历元年(698),粟末靺鞨人首领大祚荣在今天的吉林、辽宁一带建立了渤海国,后被薛仁贵征东所灭。开元二十五年(737),以突地稽为首领的粟末靺鞨人奉旨内迁,先迁入今北京城区附近,后又移居到现在的怀柔北部山区。这部分人自称渤海人,把驻地称为渤海。明代实行的是卫所制度,这里就被称为"渤海所"。

明代时,为了抵御北方民族的入侵,开始在北齐长城的基础上修筑新的长城。1421年,明成祖朱棣迁都北京,在昌平天寿山修建了明陵后,京北一带的战略地位就更加重要了。在北齐长城的基础上,东起山海关、西至河北怀来一线的京北长城终于修建完工。地处怀柔北部的山区,连接北方,西通四海、延庆,南接京畿平原的渤海成为长城上的重要结点。旧时,渤海所属于昌镇黄花路管辖,是昌镇长城最东边的隘口,下辖慕田峪关、贾儿岭口(营北沟陡楼)、田仙峪砦、擦石口(沙峪北沟)、磨石口、驴鞍岭口(大榛峪云岭)、大榛峪口、南冶口(铁矿峪水关子)等一关七口。此外,在渤海所旧城内还建有营城,并设有渤海仓。

渤海所古城始建于弘治十六年(1503),此后,隆庆三年(1569)三月至六年六月,又重新修补三座城门楼,筑城130丈。《怀柔县地名志》曾记载过渤海所古城城门的风貌:该城之城墙,周长1467米,宽4米,城高6.8米,墙体用0.6米高、长短不一的大块石条砌成。城内面积121万平方米。城设三门,城门上方均雕有石刻匾额。东门匾额"天山东府",西门外门匾额"拱护京陵",内门匾额"永固门",南门外门匾额"黄花路",内门匾额"渤海城"。

旧时的渤海所古城,城内有18米宽的"十"字形大街,街道正中砌有一排石条,直通三个城门。街道两侧是建城时就栽下的近百棵国槐。城内东北、西南两角设有宽阔的练兵场。南门外设有检阅兵马的操场,筑有3米高、6米见方的将台。西大街的北侧,是官府驻地的衙门。衙门大门的门外两侧,设有上下马石,还有一对两米高的石狮子。大门对面是一座10米长、8米高,用砖石砌成的大影壁。大门内还有两座宽大的石碑,记载着渤海所古城的建城历史。衙门西侧是囤放军粮的仓房。筑城完毕后，渤海所当时布防了千余人的军队，担负着内护皇陵、外防敌寇的任务。当时的渤海所，是怀柔乃至周边多个州县屈指可数的大镇。随着城镇的发展，迁入城中的居民不断增多。在这古城内陆陆续续地修建了十六座大小不一的庙宇。其中有供奉如来和十八罗汉的大寺，还有玉皇庙、娘娘庙、城隍庙、关帝庙、药王庙、龙王庙、圣母庵等多座庙宇。20世纪50年代，千年的渤海古城被陆续拆去，到了60年代，总长1467米的城墙已荡然无存，矗立在十字街两旁的120棵古槐也未能幸免，两座石狮子也被深埋于地下。幸运的是，1993年村里开挖自来水沟时，两尊石狮终于重见天日。

走进渤海所村，重修的牌楼高大巍峨，显示着这里边关古镇的威武雄姿。昔日的东城墙基、南城墙基已经变成了宽阔的柏油马路和主街道，西城墙基和北城墙基彻底成为居民房屋的基石。过去的军事衙署变成了商店，十字街那一块块被人踩出年轮的石条也因街道硬化不复存在，那些饱经沧桑、守卫街头数百年的古槐也已被现代的龙爪槐代替。漫步在这古城里，似乎难觅几百年前的金戈铁马与古城的风韵。然而，十字路口的老人却告诉我们，渤海所的秘密都在村委会大院一侧的库房里。在大院一侧敞开的库房里，一根根有着些许泥土气息的基石、石碑矗立在长满杂草的石板上，透露出一种顶天立地的精气神。古老的石板、斑驳的石墙、及地缝和墙缝里奋力生长的杂草流露出一丝不屈于历史的倔强。那曾长眠于地下数十载的石狮，坚守着一分威严，又丰富着权力的象征，透露出一丝难得的可爱。昔日的战火、古镇的沸腾、天下的熙熙攘攘还有静静流淌的岁月都凝练在这四方的天地里。

那些凝结着古老智慧的板栗种植谚语

秋日时节，在绵绵秋雨中，行走在渤海所的街道上，空气中弥漫着一股雨后特有的清香，夹杂着些许板栗特有的味道。在村子的牌楼下，里里外外都是忙碌的收售板栗的人们。渤海所一带板栗的种植，最早始于明代。当时筑城屯兵的将士们，需要大量补充体能的干粮，方便携带、营养丰富的板栗成为了他们的首选。渤海所一带地处燕山山脉的南麓，这里海拔不到600米，全年日照时间长，土壤微酸性，最适合板栗的生长。独特的自然环境使得戍边将士们带来的板栗在这片土地上生根落地，几百年来，渤海所当地的农民积累了一整套关于板栗种植的经验，成为这片土地上的民众世代传承的宝贵财富。

"松鼠种板栗"。听到长者介绍这句谚语，觉得很是奇怪，漫山遍野的板栗怎么能是松鼠种的。老人告诉我，这句谚语讲的其实是过去人与动物和谐相处的情形。渤海所的山里有很多松鼠。每当栗子收获的季节，松鼠都会爬上栗树，偷吃一些。吃不完的栗子，松鼠也会挖洞，将栗子放在洞内储存。松鼠的记性并不好，常常偷了栗子储存一堆后就遗忘了。第二年开春时节，埋在洞里的栗子就会发芽长出小树,这就是松鼠种板栗的由来。

"哪儿有空地往哪种儿"。过去,渤海所一带的老百姓种植栗子树,并没有太多的讲究。房前屋后,山梁岗上,只要有空地,什么地方都可以种植。正是因为容易生长,对环境没有太多的要求,才有了如今渤海所一带漫山遍野的栗子林。

"该换头换头"。旧时,人们种植栗子树较为随意,通常等栗子树自然结果。自然生长的栗子树最起码也得五年才能挂果。一些不好的品种,挂果的时间就更长了。近二十年来,渤海所的栗农们掌握了嫁接的技术,新生的栗子树长到两三岁后,就开始嫁接,当地农民俗称"换头"。嫁接通常选在清明前后,一般会选择好的品种。嫁接后不到两年,栗子树就能挂果。

"堂里堂外都挂果"。栗树长大以后,每年都要修剪树枝,目的是为了让栗子树的枝丫均匀,使得树干里外,也就是当地人俗称的"堂里堂外"都能受到阳光的照射,都能挂果。一般来说,树干

松鼠种板栗

栗花沟里赏板栗

外也就是阳坡，需要剪得稀疏点儿，树干里是阴坡，需要剪得重点儿。只有将挡光的枝都剪了，整棵树冠通风透亮，栗子树才能"堂里堂外都挂果"。修剪枝丫通常选在冬天，因为冬天是休眠的时节，大树枝掉下来也砸不到嫩芽。如果春天修剪的话，就会砸到嫩芽，这一年就白干了。

"招抱（páo）"。每年的七月底、八月初，需要在树下"招抱"，就是在树下松土，将树下的杂草翻耕后埋于地下。招抱松土之后，栗子树能长得更好。树下没有了草，栗子收获时掉下来也好捡。

虽然随着现代农业技术的普及，渤海所的栗农们早已开始使用现代化的农业技术，但这些沉淀着渤海所栗农千百年智慧的民俗谚语，沉淀着这片土地上民众的历史记忆，在现代化的今天仍然熠熠生辉。

栗花沟里板栗宴

2009年，在怀柔不夜谷打造成功之后，依托丰富的板栗资源，怀柔区政府在渤海所一带打造了新的盛景"栗花沟"，成为怀柔特色旅游的又一张新的名片。赏栗树、吃板栗、畅游板栗园，与百年古栗树亲密"零距离"，已经成为渤海所一带板栗旅游的新时尚。祖先们世代传承下来的板栗园，如今成为滋养着渤海所发展的"金山银山"。

从怀柔城区出发，沿着怀沙河畔西行8公里，便是有着"深山闺秀"之称的渤海镇栗花沟了。栗花沟南起三渡河，北至渤海所，怀沙河从中穿过，沿途是几个一衣带水的村子，总长8.1公里。在

这怀沙河畔两侧的大山上，竟绵延分布着4000亩的板栗园。栗花沟里的几个村子村名相连，因为流淌的顺序不同冠以数字排序，但都叫"渡河"。

六渡河村居于栗花沟的核心地段，清澈的怀沙河缓缓穿村而过，青山相对、青溪绕村的美景让人过目难忘。漫步在六渡河的村中，漫山遍野的栗树与四处姹紫嫣红的鲜花交相呼应，仿佛一片花的海洋。道路两旁，是高大成行的树木和粉刷一新的民居，与怀沙河两侧依水而建的餐厅相映成趣。远远望去，居住在这里的村民们，或是在健身广场上锻炼，或是在林荫下与邻居们聊着天，一幅山清水秀、其乐融融的山村图景。

漫步在栗花沟湿地公园的木栈道里，在怀沙河的小桥流水处，携爱人之手，伫立桥头，极目远眺，可远看青山碧野，听桥下流水，享受心灵宁静，天人合一，人间仙境也不过如此吧。累了，可以在凉亭休息，亦可在板栗茶吧小憩，远望青山，近品清茶，是何等的惬意。栈道旁边，是怀沙河的原生态湿地，除了一条石子铺就的林荫小路外，一切都是自然的原貌。小径一旁栽种的英姿勃发的大柳树，给葱绿的湿地增添了一分骄傲。风儿吹来时，柳梢伴随着河中的水纹荡起和谐的音符，是那么的美妙。湿地旁边是泛舟的码头。饮茶之余，泛舟在怀沙河上，纵情山水之间。风景并不限于此，从六渡河出发，一直到四渡河村，原始的滩涂、沼泽、镜湖和宁静的村庄、漫山的栗树、星罗棋布的农田形成了栗花沟一带独特的景致。

除了欣赏美景外，品尝美味的栗子是畅游栗花沟必须做的事情。金秋时节，深褐油亮、冒着热气、

飘着甜香、刚出锅的糖炒栗子是栗花沟沿线最为常见的景致。在六渡河村中心的"板栗文化广场"上，弥漫着糖炒栗子的香味。不少顾客更是从城里专门到此，购买正宗的怀柔板栗。栗花沟出产的板栗，肉质紧密、水分少，只需要用植物油翻炒，不需要放任何调料。炒出来的栗子颜色金黄，吃到嘴里，散发出浓郁的栗香，甜香满口，回味无穷。无怪乎这些城里的游客，宁可花上半天的时间，付上比城里贵一倍的价格，也要吃这地道的怀柔板栗。

除了糖炒栗子外，栗子宴不可不尝。栗花沟的各个村子，世世代代食用山上种植的板栗，用板栗做出了各种美食佳肴，如今更是推陈出新、花样百出，开发出了一系列特色的板栗美食。喜好清淡的可选栗子炒笋片、栗子三仙宝、栗子烧白菜、栗子拌黄瓜；好荤腥的可以尝试栗子焖肉、栗子鸡、栗子万福肉；还有作为特色主食的栗子羹和栗子面窝头。更有当今栗花沟的时尚菜"栗香腊肉"和"板栗娃娃菜"。浓香的板栗搭配上各种新鲜的食材，不需要放太多的调料，就能香气浓郁，让人停不下来。华灯初上，栗花沟的大小院落，都坐满了大快朵颐的食客。

在这栗花沟，除了欣赏栗花沟的美景、品尝最香甜可口的板栗外，还可以在这充满着田园情调的农家院落里驻足、歇脚，或是常住。在六渡河，几座独立的欧式木屋格外吸引人眼球。老板刘伯鑫是位年轻人，祖辈在六渡河生活。大学毕业后，回到六渡河的刘伯鑫大胆创新，将自家的房屋改建为充满着浓郁西式风格的三层别墅，并在旁边设计了几栋独立的、纯实木制作的欧式房车式木屋。高大的三角斜顶，纯实木的地板、墙壁和周围茂密的大树，让人有一种身处异域的错觉。随手推开一家农家乐的大门，院落里栽着高大的果树，红砖垒砌的高台上设有摩登的咖啡馆圆桌和座椅，圆桌上摆着鲜花，撑着大大的洋伞。院落里的秋千，静静地在花丛中等待着客人的到来。自然、田园、山水、风光都凝结在这清新淡雅的院落里，让人久久不愿离去。

TIPS 小贴士

路线

渤海所村位于怀柔区渤海镇，周边与慕田峪、东后峪、白木、桃峪、八渡河等村相邻。自驾可从京承高速北台路出口出，经北台路、庙城路、怀长路、桥平路、台关路和怀黄路到达。乘公交前往可在东直门乘坐916路至于家园站，再换乘H23路到达渤海所。

住宿

渤海所基础设施较为完善，有度假村、民宿、旅店等各个档次的住宿地点，渤海所往南的栗花沟沿线，分布着大量的民宿。

饮食

板栗宴是渤海所一带饭店的特色菜品，主要包括栗子炒笋片、栗子三仙宝、栗子烧白菜、栗子拌黄瓜、栗子焖肉、栗子鸡、栗子万福肉、栗子羹和栗子面窝头等。此外，铁锅炖鱼、烤虹鳟鱼也是当地的特色菜。

杨树底下敛巧饭

九眼楼火焰山往北的这段长城过去被称为东北口长城。由于年久失修,无人管理,这段长城几乎处于坍塌荒废的状态。两旁的密林遮天蔽日,只剩下一些残砖废石静守着这里昔日的辉煌。通往山区的道路人烟稀少,几乎看不到任何车辆。高大的白杨树与低矮的灌木丛林交相连接,遮掩着山脊中绵延盘旋的长城。东北口长城的尽头在琉璃庙的梁根村,这里曾是旧时东北口关的所在地。如今,这个宁静的小村庄早已没有了任何关于长城的遗迹。在梁根村三公里开外的地方,却是一个声名远播的村庄——杨树底下。这里流传着二郎神担山赶太阳和神雀的传说,杨树底下的村民们世世代代传承的正月里"敛巧饭"的习俗,也在2008年成为国家级非物质文化遗产。在村子西边的黑坨山上,废弃的金矿正变身为时尚的国家矿山公园。

大杨树下的古村落

怀柔北部,巍峨的长城在黑坨山的崇山峻岭间绵延盘旋,黑坨山的脚下,偎依着一个古朴安静的村庄——杨树底下。关于这个村子的得名,有这样一个美丽的传说:

传说当年二郎神担山赶太阳,曾把九个太阳抓住压在大山下。追赶最后一个太阳时,二郎神有些疲惫,就在一棵大杨树下的阴凉处歇息,想过一会儿等太阳一转,晒到自己的时候再起身,去追赶最后一个太阳。没想到大杨树的阴凉一直罩着二郎神,等他醒来后,太阳早已溜之大吉了。二郎神用扁担将这里的大山钻了两个窟窿,本想担走这山,压住最后一个太阳,可山太过沉重,二郎神担不起来,就将扁担和山都扔在这里。于是,这个村子因杨树得名杨树底下,这座大山也得名窟窿山,环绕在村子的周围。二郎神担山的金扁担,化成了杨树底下村数不尽的金矿。

虽然传说不一定是真的,但杨树底下却是一个地地道道的古村落。杨树底下成村于清嘉庆年间,村民们原来散居在黑坨山的四周。日军侵华期间,强行将村民们集中,形成了相对集中的村落格局。如今,杨树底下村坐落在黑坨山狭长的台地前,琉璃庙至四海的公路从村南的台地前通过,村前是一条清澈的小河。行走在村里的街巷上,路旁一簇簇野花竞相绽放,墙头上的南瓜花、西葫芦花开得正劲。阿姨们坐在门口,纳着鞋垫,老人们手持着蒲扇,在大树下乘凉、聊天。街角的碾盘处，一位大爷正赶着毛驴团团转，一打听才知道是在给黍子脱粒。

令人回味的不只是这个村庄浓郁的乡土气息，道路两旁颇具规模的民居更是村中的一大盛景。这些房屋多是民国时期的建筑，几乎都是坐北朝南、正房五间的建筑形式。房前有围墙和门楼，屋顶是传统技艺烧制的灰板瓦。房屋是用青砖和红砖建筑而成，前檐下装有木门、木窗。房屋正脊微翘，两端是微微隆起的蝎子尾装饰。屋顶上是一层层老式的灰色仰瓦，如同一片片鱼鳞微微泛起。两端的长瓦垄上压铺着四行板瓦垄，瓦垄间，一棵棵矮小的松树向上生长，既装点出房屋的年代久远，也使得整个房屋飘逸灵动。这种整齐划一、富有浓厚人文气息与历史底蕴的民居与村落的历史交相辉映，为这个长城下的古村落增添了一种别样的情趣。村民们自豪地告诉我，杨树底下不仅有山间新鲜自由的空气，更有让城里人艳羡的来自山林间的清泉水。村西的惊山梁上，有一股终年不断的泉水。村民们将水管直接引入，不需要任何动力就可流向村里的每家每户。捧一把这高山密林间的山泉水，明净澄澈、清冽甘甜、醇厚可口，这滋味绝非城里的自来水能比拟的。

登上村里的台地，近处的青砖灰瓦在绿树的掩映下，形成一幅美丽动人的画卷，远处群山连绵起伏，层峦叠嶂，如同青龙一般环绕着这个宁静的村庄。

神雀传说

杨树底下，因敛巧饭盛名在外。村里主街道的路口处，两座竹牌楼雅致美观。两边的石墙上，刻着杨树底下村人世世代代铭记的"神雀传说"：

最早在杨树底下村安家的是霍、靳两姓家族。他们定居杨树底下后，种地没有种子。这里人烟稀少、山高林密、村落疏稀，寻找种子确实是件难事。两个家族经过商量，各选派了一名身强力壮的小伙子，出外寻求粮食种子。俩人翻山越岭、爬山涉水，走了一天一夜，总算找到一户人家，好言好语地相求，乞讨了一把谷子；谢过主人后，两人将谷子装入布袋，便兴奋不已地往回返。半途中，由于过于劳累，两人商量休息一会儿，便把装谷子的布袋放在身旁的大岩石上。布袋刚放在石头上，手还没有完全离开，就翻滚到岩石裂缝上，谷粒几乎全部散落在石缝里。两人急忙收拾，却因石缝太窄手无法伸进，急得满头大汗，一筹莫展。正在这时，只见几只山雀飞来，直奔他们身边，落在岩石裂缝上，将头伸进石缝里，用尖尖的嘴叼啄谷粒。更奇怪的是，山雀叼出来的谷粒并没吞进肚里，而是一粒一粒，全部放在两人面前，而后叽叽喳喳像欢呼胜利似的，向天空飞去。二人看到山雀善解人意、无私助人的这一幕，既惊奇又惊喜又感动。他们重新装好谷种，双手抱拳，对这些有灵性的山雀，边作揖边深情地说："感谢神雀前来相助，来日定当报答……"

二人回村后，将此事告知了众乡亲，男女老幼听了之后感慨万千，纷纷表示回报山雀恩德。由此，村民每当做熟饭菜后，先扬饭喂麻雀（麻雀俗称家雀儿，谐音"家巧"），以感山雀之恩德。

此后，村里规定每年正月十六这天，由十几岁的小姑娘自发组织，一起到各家各户敛收粮食、蔬菜，然后聚集于一处，由成年人搭锅垒灶，妇女将敛收来的粮食、蔬菜做成各种丰盛的熟食、菜肴。开饭前先扬饭喂"雀儿"，然后全村男女老幼再一起共进"敛巧饭"，预示着来年风调雨顺、五谷丰登、六畜兴旺。

正月里吃敛巧饭

杨树底下村人牢牢地记住了这神雀救人的传说，并将祖辈们世世代代传承下来的"敛巧饭习俗"发扬光大。2009 年，村里修建了敛巧饭文化广场，成为杨树底下村最亮丽的风景线。5000 平方米的敛巧饭文化广场上，分布着高大的仿古戏楼、70 个灶台组成的连体灶台棚、能容纳 500 人就餐的 3 个聚餐棚、12 个休闲草亭以及横贯广场东西的文化通道。此外，村里更在广场北面公路旁修建了高达 10 米、直径 2 米的神雀台。神雀台的顶端是高约 1 米的挥翅落定的山雀。柱子表面是以剪纸手法雕刻的山雀衔种、山民耕种的写意场面，生动地再现了传说中神雀叼出种子护佑此方先民的情形。

每年农历的正月十四至十六，杨树底下村的村民们都同他们的祖辈一样，在村子里"扬饭喂雀"，全村一起"敛巧饭"。正月十六早上 8 点多钟，在村中长者"敛饭喽"的高喊声中，50 名十几岁的小孩分头出发，到各家各户和村里的粮仓处敛收粮食。他们将敛收回来的小米、肉、冻豆腐、萝卜干等，交给广场上村里年长的妇女们。广场的一侧，小车会、高跷会、秧歌会等民间花会表演轮番上阵。最惊险刺激的当属高跷会的表演，艺人们踩着 1.2 米的高跷不时地弯下身来，一边行一边表演着蛤蟆吸水、乌龙摆尾等惊险刺激的动作。广场的另一侧，热闹的斗鸡、斗羊表演，同样吸引了数百名观众围观，不时爆发出热烈的掌声。

约莫 9 点左右，老者高喊"生火点柴喽！生财气，点旺运，预祝财源兴旺，日子红红火火。水开下米喽！水开财源滚滚，下米五谷丰登"。如同收到指令一般，柴锅前的家庭主妇们摩拳擦掌，开始准备"巧饭"。在敛巧饭文化广场的北侧，热气腾腾的大锅一字排开，锅里炖着由猪肉、粉条、酸菜、海带丝、冻豆腐、萝卜干等做成的"巧饭"。浓烈的北风将"巧饭"的香味四处吹散，整个广场都洋溢着一股浓郁的饭香。身着碎花服饰的家庭主妇们，在柴锅前各自忙碌着。她们忙着添柴、加汤、煮粥和捞饭。村里的儿童，或是在广场上热闹地奔跑着，或是在灶台前给大人们打着下手。

中午 12 点整，在长者们的操持下，开始扬饭喂雀仪式。老者将做好的饭放到神雀台前，鞠躬祭拜，再向东西南北四个方向一边扬饭，一边高喊"小家雀别着急，你要吃的预备齐；快快飞呀来这里，

敛巧饭

这里丰收有吃的"。扬饭喂雀后,村里的孩童端着热气腾腾的"巧饭",敬献给村里的老人和外地尊贵的客人。在老人们"敛巧饭,大伙敛""巧饭节,大家办""一吃心灵手巧,二吃财源滚滚来""不打架,不红脸;邻里睦,谋发展""吃它个益寿又延年""吃它个日子赛神仙"的祝福声中,最为期待的吃敛巧饭终于到来了。游客、村民竞相前往柴锅旁、争碗抢筷,待盛满饭菜后,围站在村民们搬来的桌子旁边大口地吃饭。更有好酒的游客,对着瓶口畅饮起来。在这全村参与、众人狂欢的盛宴里,村里古老的历史再一次得到了展演,而村民们世世代代传承下来的敛巧饭的习俗,也熔铸进了杨树底下村人的灵魂深处。

吃完巧饭后,村民们要去村口琉璃河"走百冰"。因为"冰"与"病"是谐音。新春时节,行走在这冻结的冰块上"走百冰",寓意是"走掉百病、去掉百病",好运一年到头。

荒废的圆金梦矿山公园

传说杨树底下埋着二郎神的金扁担,地下都是金矿。没想到,杨树底下真的是一个"含着金钥匙"的村庄。20世纪80年代末,地质工作者在杨树底下村发现金矿,1990年,怀柔县黄金公司开始在杨树底下村开采黄金,建成了北京地区最大的金矿——崎峰茶金矿。2000年,崎峰茶金矿因为环境污染关闭。金矿关闭后,怀柔黄金公司投入大量资金,改造矿山自然环境,并建成了当时北京唯一一个

729 矿洞宾馆

以自然环境和黄金文化为一体的国家矿山公园——圆金梦矿山公园。除了对露天矿山复垦绿化，修建休闲桌椅、假山喷泉等景观外，圆梦山矿山公园最大限度地保留了金矿开采时的景致，按照公园的标准进行了改造，并因地制宜地建了一系列旅游配套设施：原本开掘的矿洞改造成了酒吧，运送矿石的轨道被改造成了矿洞游览的缆车，废弃的存矿渣坑也被改造成了碧波荡漾的淘金池……

　　由于经营不善，这个盛名在外的国家矿山公园，日渐荒废。还未走进公园，道路一侧枯黄的草坪上，一个个破旧废弃的蒙古包彰显着这里曾经的喧嚣。公园的铁门锈迹斑斑，门口的广告牌也早已泛黄。穿过铁门，房屋的露台上，是一排排早已破旧的遮阳伞，伞下的座椅在风雨的洗礼中锈迹斑斑。公园的亭台、廊柱上，顽强生长的爬山虎拖着枯黄的茎干和枝叶，像装饰过的铁丝网，又像密布的水渍。公园接待处的大厅内，粉刷的红漆已经剥落，有的好像是手撕裂的，有的好像是自然风干。一旁的接待台前，乱七八糟地散放着过期的杂志。登记台旁边，手工绘制的矿山主题的壁画却与这衰败的景象格外匹配，一股浓郁的历史感、萧条感与衰败感扑面而来。废旧矿洞改造的 729 矿洞宾馆里，各种设施一应俱全。只是布满灰尘的座椅上，显示着这里已经许久没有人居住。客房内，阳光透过高大的落地窗洒进来，窗外是绵延的青山。村里的负责人告诉我们，不久后这里将有新的改造计划，或许将给这个古老而又现代的国家矿山公园带来新生。

TIPS 小贴士

路线

杨树底下村位于北京市怀柔区琉璃庙镇,周边与二台子、八亩地等村相邻。自驾可从京承高速怀柔出口出,经雁栖湖西路、范崎路到达。乘公交前往可在东直门乘坐916路至于家园站,然后换乘H12路到达。

住宿

杨树底下村旅游基础设施不太完善,村里几个农家乐能够提供基本住宿服务。

饮食

敛巧饭是杨树底下村的特色饮食,每年正月十六,村里会举办规模宏大的"敛巧饭民俗风情节"。平时村里农家乐能提供摊鸡蛋、山野菜等农家菜品。

大榛峪：榛林里唱蹦蹦戏

大榛峪是怀柔渤海镇长城脚下的历史古村。这里风光秀丽、山清水秀。穿过村西一片广袤的板栗林与核桃林，是环绕古村的巍峨大山。郁郁葱葱的两山之间，一股清泉流向村中，滋养着大山下的村民。雄伟的长城横亘在这绵延的青山上，两山之间是过去的大榛峪水关。在这个宁静的长城古村，村民们至今仍然传唱着流传百年的蹦蹦戏。依靠着青山长城，大榛峪的民俗旅游发展迅速，越来越多的游客在这里留下了他们的长城故事。

大榛峪的板栗林

大榛峪村的所在地，过去叫作西台子。传说明代修建长城时，官兵们来到这里，看到两山之间的谷地，分布着一片茂密的平板榛林，果实比一般的榛子大了许多，于是将这个地方取名为大榛峪。在村里的老人们看来，地方文献中记录的传说并不准确。在大榛峪的村落地界，并没有榛子树，而是漫山遍野生长着核桃树和板栗树。长者们猜想，或许是因为过去板栗也叫榛子，这片生长板栗的地方才被命名为"大榛峪"。

沿着村子的小巷，朝着西边的山上走去，穿过村中错落有致的民居，便是这一眼也望不到头的核桃林与板栗林。板栗林和核桃林依山分布，拾级而上，中间是从山巅流下的溪水。临近村庄海拔较低的是核桃林，半山腰以上则是高大茂密的板栗林。单从外表上看，两种大树除了果实的样貌不太一样外，其他并无太大的差别。眼下已经入秋，是核桃、板栗丰收的季节。一场秋雨后，湛蓝的天空分外干净，秋日的云朵低低地、浅浅地照在这结满果实的茂林上，脚下是厚厚的遍地的落叶。秋风吹着树林发出哗啦啦的声音。行走在这密林里，脚踩着这厚厚的落叶，发出的咯吱咯吱的声音和树林的声音交相映衬，仿佛是大自然演奏的交响乐。核桃也好、板栗也罢，这些成熟的果实，挂在树上，如同一抹抹凝聚在树梢中深色的云烟，不散不灭。在这金色的丛林里行走，不时有"扑通""扑通"的声响，在我毫无防备的情形下，一颗颗成熟的板栗、核桃落了下来，打在我的头上、肩上。相邻的果园里，村民们正挥舞着长竿，收获着这满树的果实。

穿过茂密的丛林，站在半山腰上，眼前茁壮的板栗树、核桃树，纵横交错、密密麻麻。果林向四面伸开，随着山峦起伏伸展到远方。一阵道劲的秋风吹来，密密麻麻的果林宛如绿色的波涛汹涌起伏。这一排排、一行行茂密的果林，找不到起点，望不到尽头，无怪乎这山脚下的村庄被称为"大榛峪"了。

大榛峪的重边长城

沿着山间的小径拾级而上，穿过茂密的果林，拐过一个长长的弯道，一座坚固的城门映入眼帘。城门的底座是高大坚固的石块，布满青苔的青砖满是岁月的洗礼。行人通过的城门洞刚好位于两山之间的夹缝中，在山谷间溪水日积月累地冲刷下，原本坚固的城楼居然形成了一个巨大的孔洞，只有紧贴城楼的墙壁才可通过。穿过城楼，这才发现，两侧的山峰高耸入云，长城在这山峦叠嶂、林木茂盛的山峰上高低错落，迂回盘旋。大榛峪长城是内长城与外长城交叠的重边长城。西至海拔986米的西大楼，东至云岭儿。全长8公里左右的大榛峪长城建有空心敌台、实心敌台和墙台多处，并设有4处关隘。这里地势险峻，是北部山区往京畿平原的必经之路，旧时这里的每处隘口都有城堡并屯兵驻守。

　　大榛峪的长城有两个看点，一是地势险要、雄伟峻秀的长城顺山势而建，如同一条腾飞的巨龙，秀美异常。旧时长城往往选择建在陡峭的悬崖山脊上，外侧就是悬崖峭壁、万丈深渊，起着易守难攻、便于防卫的目的。大榛峪两侧的高山格外险峻，两座大山如屏风一般遮住了半边天空，两山的相接处是如同巨斧劈开的峡谷。西边的长城如同巨龙一般，沿着山脊直通谷底。到达谷底后，掉头向上的长城并未继续沿着山脊攀爬，而是沿着中间的绝壁突然向下拐了个弯，之后才沿着山脊盘旋而上。

　　站在破旧的敌楼上，两侧的长城径直依附在这坡度可达 90 度的陡峭山脉上，险峻、陡峭之姿毫不逊于箭扣险关。长城的敌台或是修在绵延的高山之巅，有着居高临下、一览众山小的气势，或是藏匿在山间的谷地，起着一夫当关、万夫莫开的功效。从山腰至谷底短短的一段距离内，更是敌楼林立、站台密集，远处山巅耸立的敌楼和近处河谷密集的敌楼交相辉映，雄伟壮观之势让人叹为观止。正因为如此，因山而异、以险著称的长城被当地人称为"天降神汤"。

　　大榛峪长城的第二大看点在于谷底高大的敌台、城楼与两侧双边跺墙的长城设计。大榛峪关口的基座是高大的

天降神汤大榛峪长城

基石，青砖修筑的城楼墙壁格外坚固。城楼内设有砖砌拱门洞，可以通车马行人。山谷里汇集的泉水流过门洞，日积月累，底座的基石被冲刷得光滑无比。今年的雨水颇多，七月的几次暴雨将山谷里的巨石冲刷而下，在城门楼子的门口处堆积着，而这古老的城楼却毫发无损。顶端拱形的门洞微微地渗着些许雨水，绵延生长的青苔布满了整个墙壁。穿过城门楼子，便可攀爬至城楼上的敌台。几经暴雨的冲刷，敌楼上的一些城砖已经缺失，但整个敌楼却保持着旧有的姿态，坚固地耸立在山间。敌楼内，坚固的地砖上横七竖八地长着一些杂草、枯树，角落内尽是密密麻麻的蜘蛛网。阳光如同沙漏一般，径直穿过垛口，在这晦暗的城楼里折射出点点尘埃。站在这敌楼上，两侧的长城如爬山虎般在这陡峭的山峦上向上延伸，山下是一望无际的核桃林与板栗林，大榛峪村若隐若现。城楼上，还有一块残损的石碑，上面刻着修边将领的名字，落款日期为"万历四十二年九月"。村中的老人们推测，大榛峪长城之所以修筑得如此坚固，可能是因为无论是东边的箭扣长城，亦或是两边的铁矿峪长城都太过险峻、易守难攻。大榛峪谷底两侧的长城必须建得高大坚固，才能抵御敌人的进攻。一旦两侧的长城被敌人攻破，大榛峪口两侧的士兵也可向内发起持续的进攻。

"戏剧活化石"——蹦蹦戏

在这群山环绕的大榛峪古村,至今还保留着被称为"戏剧活化石"的蹦蹦戏。蹦蹦戏是是流传在京津冀一带的地方剧种,综合荟萃了北方地区的秧歌、鼓书、皮影等多个剧种。京津地区的蹦蹦戏生动活泼,内容通俗易懂,深受地方民众的喜好。由于地域和表演风格的不同,蹦蹦戏分为唐山蹦蹦戏和北京蹦蹦戏两大分支。唐山蹦蹦戏逐渐演变成为评剧,北京蹦蹦戏却在发展的过程中逐渐销声匿迹,只在京郊的一些农村有着星星点点的遗存。大榛峪村的蹦蹦戏就是北京地区为数不多的至今仍在表演的蹦蹦戏。

大榛峪村的蹦蹦戏,是从杨宋镇年丰庄传来的。1943年,村里从年丰庄请来了师傅教戏,之后就组建了大榛峪蹦蹦戏剧团。每逢年节庙会,村里的蹦蹦戏班都会集中表演。1948年解放前夕,民间蹦蹦戏剧团改造为村剧团,表演的剧目也从古装的传统戏改为现代戏,主要表演《小女婿》《刘巧儿》《小二黑结婚》等。抗美援朝时,为了配合宣传需要,村里还编排了《打野兽》等新式蹦蹦戏。大榛峪蹦蹦戏团也走出了这长城脚下的小小村落,成为怀柔山区有着广泛影响力的剧团。20世纪60年代后,大榛峪村的蹦蹦戏剧团逐渐停止了活动。直到90年代,随着扭秧歌、民间花会表演在怀柔当地的复兴,村里田玉祥、王维芝等几位蹦蹦戏的老艺人组织大家集资捐款,添置了行头、乐器,招录村里的年轻人,最终重建了大榛峪村的蹦蹦戏班,消失了30多年的蹦蹦戏才在这个群山怀抱的小山村中再次唱响。

1997年至今,大榛峪村的蹦蹦戏剧团已经排练过《小姑贤》《柜中缘》《茶瓶计》《杨二舍化缘》《双锁山》《小松林》《杀书馆》《刘云打母》《打狗劝夫》《蝴蝶杯》《钉大缸》《汾河湾》《朱买臣休妻》《小借年》《夜送花亭》《喜荣归》《巧配姻缘》等20多部蹦蹦戏,创作了《小放牛》《逛新城》《月牙五更》《送情郎》《探小妹》《小拜年》等多部二人台节目。每逢春节、农历二月二庙会等传统节日,蹦蹦戏剧团都会精心准备,为村民们献上精彩绝伦的表演。随着影响日益扩大,蹦蹦戏班更是走出了大榛峪村,在怀柔城乡各地登台表演。

从现代人的审美来看,大榛峪村的蹦蹦戏并没有太多流行性的元素,尤其是"服化道"的内容更是传统、简单。然而,大榛峪村蹦蹦戏浓郁的乡土气息和地方感却是流行的现代戏剧无法比拟的。大榛峪村蹦蹦戏多是取材于当地流传的民间故事,讲述的多是日常生活中的家长里短,尤以描写男女恋情、婚姻纠葛和家庭琐事的戏剧最多。艺人们虽然没有经过严格的专业训练,但他们淳朴的眼神充满着活力与纯真,一举一动、一颦一笑恰到好处、毫不多余。在艺人们举手投足和你来我往的台词中,一幅幅生动鲜明、活泼的农村生活图景仿佛就在眼前。通俗易懂、充满着浓厚地方感的台词朗朗上口,配上原始而又脉络清晰的唱腔,粗犷的化妆与服饰,浓郁的家乡感扑面而来。疲于奔命、忙忙碌碌的都市人，厌倦了电视剧里的老套桥段、虚情假意，不妨来大榛峪村，看一场原汁原味的蹦蹦戏，感受乡土生活的纯真乐趣，来一次心灵的洗涤。

在傍山居：留下你的长城故事

在大榛峪村，"傍山居"是一个盛名在外的农家院落。夏末初秋，走进"傍山居"，映入眼帘的是宽敞干净的大院子，院里葡萄架下挂满了晶莹剔透的成熟葡萄。客人们坐在葡萄架下，一边喝着清茶，一边分享着彼此拍摄的长城照片。院落里的欢声笑语，如同葡萄架下的清风一般，沁人心脾。

"留下您的长城故事，送您一道菜肴，带走这里的美好回忆"，是傍山居农家院落的最大特色。"傍山居"的主人是寇学增、田保芹夫妇。随着大榛峪民俗旅游的兴起，夫妇俩在 2000 年左右开始经营农家院。2001 年的冬天，摄影家李宝明为了拍摄雪中长城，入住傍山居农家院。寇学增夫妇的热情接待让李宝明很是感动，双方结下了深厚的情谊。李宝明将自己拍摄的长城照片送给了寇学增夫妇，帮夫妇俩的农家乐增添人气。李宝明赠送照片的事给了寇师傅很大的启发。前来大榛峪旅游的客人，大多是为了这秀美的长城。如果能够把游客们拍摄的照片留存下来，既能为农家乐增加人气，也能宣传本村的风土人情，展示长城的秀丽景色。于是老寇就向客人承诺，"留下您的精品照片，送您一道菜肴，带走这里的美好回忆"。任何游客，只要将自己在大榛峪游览时拍摄

大榛峪蹦蹦戏　照片由大榛峪村委会提供

李宝明先生在傍山居留下的长城照片

的精美照片留一份在"傍山居",就能得到一份免费的菜肴。除了送菜,热心的老寇还竭力为拍客们提供各种方便。摄影发烧友们为了拍摄照片,时常起早贪黑,耽误吃饭。然而,不管客人们起得多早、回来得多晚,老寇总是为客人提供热乎乎的饭菜。寇师傅的热情接待让摄影者们很是感动,每次到大榛峪,他们都会选择在老寇家落脚,在游客们的口口相传中,傍山居也被他们亲切地称为"拍客基地",成了大榛峪村著名的打卡地点。

在傍山居的餐厅、客房里,到处都摆放着摄影家们拍摄的长城、山水和村落的照片。在这里,能够看到一年四季、不同游客镜头下的长城风景:春天的长城山花烂漫,夏日的长城郁郁葱葱,秋日的长城萧瑟落寞,冬日雪后的长城干净爽朗。大榛峪长城、边坑水库大坝、农家院落、乡间小路……一切习以为常的景致在游客们的镜头下变得如此的绚美,忍不住地让人想在四季的往复中在这个悠久而又宁静的村庄里驻足、停留。当然,更让人有一种也要留下自己的大榛峪故事、分享自己拍摄的大榛峪美景的冲动。

TIPS 小贴士

路线

大榛峪村位于北京市怀柔区渤海镇，与周边响水湖、铁矿峪、洞台村等村相邻。自驾可从京承高速北台路出口出，经北台路、庙城路、怀长路、桥平路、台关路、怀黄路、南铁路到达。乘公交前往可在东直门乘坐916路至于家园站，再换乘H34路到大榛峪村。

住宿

大榛峪村民俗旅游发展非常成熟，村内有农家乐、民宿和高档别墅等各个档次的住宿设施，可满足不同的住宿需求。

饮食

大榛峪村的当地餐馆以本地农家菜为主，拌野菜、炸花椒芽、烤虹鳟鱼、炖鸡蛋是当地的特色菜肴。

响水湖：枕着长城睡一觉

响水湖是怀柔长城沿线的重要结点。这里西接慕田峪，向北经大长峪、南冶口、大榛峪，连接北京结与箭扣明代长城。这里风景秀丽，山川俊美，是一个集长城、古洞、山川、泉潭、瀑布与摩崖石刻于一体的自然风景区。春天，这里山花烂漫，草长莺飞；夏日，这里林荫密布，泉水淙淙，满目青翠；秋天，这里硕果累累，红叶满山；寒冬时节，这里银装素裹、冰川万丈，有着怀柔长城别具一格的景致。

响水湖：雄山绝壁出长城

还没走进响水湖景区，抬头仰望，长城在巍峨峡谷的山峦上，如同腾飞的巨龙般逶迤盘亘，伸向远方。长城偎依的高山，峰峦起伏，怪石嶙峋。两方蜿蜒的长城如同巨龙一般，在两山的交界处，气势磅礴地从空中直插入地，好一幅雄伟壮阔、气吞山河的秀丽景色。

响水湖的长城属于明长城，以旧时的磨石口关为中心，包括东南方的城墙和 23 个敌台，以及西北延伸的城墙和 9 个敌台。因为临近响水湖，这段长城也被称为"响水湖长城"。南北两侧的高耸绵延的山峰在这里相会，形成一个陡峭、狭窄的关口。两侧的高山上汇集的溪水，从这狭窄的关口上流出。由于这里的隘口狭小，常年不断的流水冲磨着两边的石头，也被称为"磨石口"。这里地势险峻、易守难攻，是明长城重要的边关要塞。旧时，磨石口关建有一座城楼，城楼内建有瓮城，设有两道关口，也被称为"双关子"。

旧日的磨石口关，早已消失在历史的尘埃中。20 世纪八九十年代后，随着响水湖长城旅游开发的兴起，景区重修了磨石口关，将景区的入口设在了这里。这里山势陡峭，关口处依山而建的长城如同腾飞的青龙一般，平地升空、拔地而起，壮观雄伟又格外险峻。重修后的磨石口关，两端是两块高耸矗立的巨石，一侧是悬崖绝壁，一侧是溪潭深渊，亦是景区的一大奇景、险景。

在这里攀爬长城并非易事。依山而建的磨石口长城急剧上升，大部分长城台阶的坡度都在 60 度左右，最为险峻处甚至接近 90 度，更多的时候需要手脚并用，才能艰难缓慢上升。并不宽敞的长城旁，天然形成的巨峰奇石触目皆是，不禁让人心生敬畏，喟叹大自然的鬼斧神工。爬过这段艰险的台阶之后，爬上山巅，顿时有拨云见日之感。站在山巅，远处的连云岭长城依靠着绵延的山峰，如同波浪一般高低起伏，伸向远方。远处的敌楼巍峨、壮美，恰到好处地点缀在群峰、长城之间。脚下的青石厚重古朴，两侧的垛口在岁月的洗礼中露出了斑白之色。迎风站在垛口处，一股悲怆之势难以阻挡

雄山绝壁出长城

地涌上心头。回望山间，淙淙的流水如同银色的飘带一般从山间落下，各种颜色的野花交相绽放，青山、绿水、长城、野花，构成一幅明艳动人的山水画，让人心旷神怡，如临仙境。

响水湖的传说

响水湖虽然名为湖，却是一条溪流。这里是沙河东支的源头，溪流的两旁是高耸矗立的山峰。山上林木茂密、遮天蔽日，山间清泉日夜奔流、清澈见底。依山而下的多股山泉在半山腰汇合，从数百米的山间跌入布满卵石的石湖中，形成高达50米的瀑布。泉水跌落的声音轰鸣震耳，千米之外都能听到湖水的声响，这也正是"响水湖"的由来。

关于响水湖的得名，当地还流传着一个充满诗意的民间传说：

相传明万历年间，为抵御外敌，戚继光将军督军修建长城，将北齐、北魏和秦长城连成一体。修筑响水湖长城时，这里严重缺水，军民口渴难忍，一时间不少军卒民夫病倒。有的甚至因为饥渴晕倒在工地上，严重影响了施工的进度。戚将军看在眼里，急在心上。他筑坛祭天，祈祷上苍降甘露，救军民于水火之中。戚将军的行动，感动了正在南海普陀做道场的大慈大悲观世音，她驾着祥云，来到了响水湖。观音菩萨化成一位美貌少妇，提一瓦罐水来到筑城场地，考验军民的品行。见有人前来送水，筑城的将士们非常高兴，但一看只有一小瓦罐，还不够一个人喝，他们非常失望。虽然大家都已是饥渴难耐，但没有一个人前去抢水喝，而是将让卒、辛让民、民让幼、幼者让老者、老者让病弱者，场面非常感人，谁也不肯先喝这仅有的一罐救命水。见此情形，观音菩萨赞叹道："华夏之民教化有方。"随即将瓦罐扔于乱石堆中。刹那间，乱石中泉涌如注、清澈如镜，军卒、民夫欢呼雀跃，捧清泉水，饮之甘甜爽口，如天上玉液琼浆，顿觉神清气爽，精神倍加，这时人们才想起感谢恩人，但送水的妇人已不见踪影。有人抬头一望，看到她已踏莲花祥云缓缓而去，人们这才知道她是观世音菩萨显灵，救助众生。人们望空礼拜，感谢菩萨大恩，自此这一汪清泉长涌至今。由于此地山势落差较大，泉水流入川谷，发出哗哗声响，水声洪大，响声至远，几百米之外即能闻听。为表军民久久盼水想水之意，感谢菩萨赐与甘泉之情，一位将军提议此泉命名为普陀响水湖。天长日久，人们叫顺了口，省略了普陀二字，习惯称之为响水湖。响水湖的名称也就流传至今。后人为纪念观音菩萨恩赐，在磨石口关600多米的高山上，还修建了一座观音阁庙宇，香火至今旺盛不衰。

或许是因为今年北京的雨水格外多，原本就声震如雷的响泉更是震耳欲聋。走近这潭清澈见底的池水，抬头一望，一道素练从山巅飞奔泻下，携着云雾，飘洒着雪花，滑入这一池碧水之中。清澈的水潭一望见底，甚至可以望见水底里浮游的小鱼。掬一捧这山间的清水，洗一把脸，疲惫瞬间消失得无影无踪，清爽无比。再饮一口这林间的泉水，甘甜爽口、沁人心脾。观音菩萨的琼脂玉露也不过如此，无怪乎当年修筑长城的将士们将这一池天赐的甘泉归结为观音菩萨的恩赐。

养生谷里听泉、观山、赏花

响水湖景区内山峰陡峭、泉水淙淙，果树成荫，花香满坡。融合了长城的险、黄山的奇与漓江的清的响水湖，不仅是怀柔，更是北京长城一带难得少见的景致，听泉、观山与赏花是游览响水湖时必须要做的三件事情。

从谷口进来，映入眼帘的是连战先生为国宝级老中医连汝安先生题写的"国医泰斗"的石碑，石碑后是响水湖景区内别具一格的养生谷地。养生谷里，一条并不宽敞的小径直通山上，小径的两旁是层层上叠、依山偎树的梯田。每块梯田都种植着各种各样的中药，旁边插着的标牌上，写明了这些花草的名称药性与用途。在这个露天的中药博物馆里，种植着麦冬、枸杞、山姜、白芷等中药。夏末秋初，这些中草药或是已经开花，或是已经结果，整个山坡五彩斑斓，充满着浓郁的朝气与生命力。一旁养生谷的石壁上，刻着历朝药王的肖像，配有各种中草药的诗词和养生心得。行走在这个充满文化气息的养生谷地，不免让人喟叹于大自然馈赠的奇妙和我国中医文化的博大精深。

养生谷的梯田阶梯状分布在这座雄伟的山上，依山而下的泉水溪水也顺着山势，一层一层地从

养生谷里听泉、观山、赏花

山上往下坠落,层层叠叠的溪水、瀑布如同弯曲折叠的白练,串起了两侧的层层梯田。白色的水、绿色的树木和五颜六色的山花、草药,构成一幅绚丽的、充满着层次感与色彩感的山水图。走在这条山间小径里,耳朵也闲不得。泉水从山顶顺流而下,在陡峭的山巅下发出清脆的鸣响,顺着平缓的梯田流淌的溪水也不甘寂寞地发出欢快的哗哗声,石缝中不断外涌的泉水,发出似笛似管的亢奋的响声。林间的喜鹊、布谷等鸟儿也不时发出欢快的叫声。清脆的鸟声与溪水、泉水的声音交织在一起,让这养生谷成为一个不折不扣的天籁世界。

脚下是清澈见底的溪水,水中或大或小的鱼儿在尽情地嬉戏。近处,两侧的山峰越发陡峭,山间怪石峥嵘、峰峦起伏,奇险无比。奇峰怪石间,横出一棵苍劲的古松,不禁让人感叹大自然的鬼斧神工,更有流水冲击、天然形成的连云洞与图腾阁。传说响水湖曾有金龙在此修炼,得道成仙后腾云驾雾而去。山间金龙修行之地,就成了如今的连云洞与图腾阁。走进连云洞和图腾阁,顿觉古洞深幽之妙,洞间阁内,是流水冲击天然形成的奇石怪像。洞内的墙壁上,渗着细细的水珠,空气中弥漫着一股沁人心脾的寒凉。

枕着长城睡一觉

夏日时节,行走在响水湖的山林中,虽然北京城内已是三伏时节,酷热难耐,但这山谷丛林间却依旧是春风和煦,凉爽宜人。当然,响水湖的美景不只在夏日。阳春三月,山花烂漫,花香怡人;盛夏时节,林荫欲滴、满目青翠;金秋时节,硕果累累、红叶满山;寒冬时节,银装素裹、冰川万丈。清晨薄雾弥漫,泉水叮咚,虫鸣鸟叫,更是一派欢快愉悦之景。远处的高山上,更有长城绵延盘亘。这一山水壮美的妙景,仿佛陶渊明笔下的世外桃源,不禁让人想在此睡上一晚,尽情地呼吸这山间自由清新的空气,欣赏大自然赐予的壮美景色。

城堡入口处的响水山庄,是在响水湖过夜的最佳选择。旧时磨石口关的城堡被改造为仿古式的响水山庄。四合院里,白墙青瓦,与大自然的山水融为一体,浑然天成。古朴的客房里,装着现代化的设备,客房内宽敞的落地窗更能最大限度地欣赏响水湖的风光。除了客房以外,响水山庄还设有可容纳110人的大会议室和50人的小型会议室,能够接待260人的会议住宿,并保障300人同时就餐。依山傍水的山庄,将山中的溪水引入庭院,庭院里曲水流觞,仿佛有一种误入江南的错觉。庭院的溪水里，成群的虹鳟鱼在清冷的山泉水中尽情地游着。天籁般的宁静和满眼的绿色让人神安气清，舒适恬淡。

靠山吃山的响水山庄提供各种农家菜和山野菜，主打的当属响水沸腾鱼了。响水沸腾鱼取自山庄自养的虹鳟鱼，将鱼肉去骨后切成薄片，先将鱼骨在开水中余熟后放入盆中，再将鱼片抖散放入开水断生后放在鱼骨上，然后将调料铺在鱼肉上，再用热油浇上即可。山里泉水中长大的虹鳟鱼，肉质紧实、鲜嫩可口，在热油、调料的激发下，更是清香无比，让人回味无穷。山庄里还有一道格外出名的地方菜——"口袋饼"。柴鸡蛋摊成饼后，卷上各种美味的时令野菜与本地农家的特色酱料，就成了这道名菜"口袋饼"。无论是堂食，抑或是边走边吃，柴鸡蛋的浓香、野菜的清爽混杂在一起，鲜美可口，回味无穷。

夜晚来临，山间的清风徐徐吹来，溪水泉水流淌的声音更平添了几分清凉。在山庄的庭院里，泡上一壶清茶，躺在藤椅上，闭上眼睛，时间在一刹那仿佛停止了。睁开眼睛，清朗的夜空中，数不清的星星正在闪烁。深夜时分，万籁俱寂，头枕着万里长城，背靠着响水飞瀑，呼吸着山间清新的空气，旅途的燥热与疲惫立马消失，好梦迅速而至。清晨醒来，日常累积的疲惫感消失殆尽。推开窗户，清泉、飞瀑、翠绿迎面送来。在迷漫的晨雾中，登上古老的长城，眺望四周莽莽的苍山，聆听山间鸟雀的轻啼，眺望壮丽的日出。

明月照长城

TIPS 小贴士

路线

响水湖位于怀柔区渤海镇，周边紧邻大榛峪村等，自驾可从京承高速北台路出口出，经北台路、庙城路、怀长路、桥平路、台关路、怀黄路、南铁路到达。乘公交前往可在东直门乘坐916路至于家园站，换乘H34路到达响水湖。

住宿

响水湖景区内设有响水山庄，可提供四合院落、普通客房等多个层次的住宿服务。

饮食

响水山庄可提供各种特色菜肴，响水沸腾鱼、口袋饼、烤虹鳟鱼等。

黄花城：山水长城之旅

在怀柔的长城里，黄花城绝对是浓墨重彩的一笔。旧时，明代修筑长城时，曾在这里设有关口，并筑有城池。屯兵驻守的将士们，在这里种下了绵延千年的板栗林，至今仍惠泽后辈。1971年，为了满足当地灌溉与饮水的需要，政府组织在怀九河的上游筑坝蓄水，上涨的水位将山谷低处的长城淹没在水中，形成长城探水、戏水翘尾的奇妙景观。以奇、秀著称的水长城，也成为一个融青山、碧水、古长城与古堡为一体的旅游休闲胜地。

水长城盛景

水长城三绝

明成祖定都北京后,将陵寝设于昌平天寿山之阳。位于天寿山以北的黄花城成为拱卫京师、护卫明皇陵的重要门户。《日下旧闻考》对此有所记载,"黄花镇为京师北门。东则山海,西则居庸,其北邻四海冶,极为紧要之区。"修筑于永乐年间的黄花镇城,管辖着东自慕田峪、西至枣园寨180多里的黄花路长城,并在这里设有大小隘口17处。在黄花镇城附近的25里长城内,就设有空心敌台40处、实心敌台9处、墙台5处、隘口8处。在这黄花城长城管辖的诸多关口中,东连慕田峪石佛口东,西连居庸关的、西水峪就是其中的重要关口。旧时,汉家川、二道河川和慈母川三条溪流汇合,在进入西水峪时形成壮观瀑布黑龙潭。1973年,为了抗洪与灌溉之用,在怀沙河段的西水峪关附近,修建了西水峪水库,处在谷底的长城、敌楼淹没在水中,形成了西水峪长城跨越溪湖、探入水中,又从水下挺身而出,形成了"山间碧玉、水中长城"的奇观。

水长城有三绝,第一绝的就是在大坝将怀沙河拦截,上游形成的湖泊将长城淹没,形成长城戏水的壮景。穿过西水峪关的隧道,就是在原西水峪关基础上修筑的西水峪大坝。西水峪大坝高约百米,将上游的怀沙河水拦腰截断。大坝的后方就是风景宜人的灏明湖。站在大坝上,碧绿的河水漫过大坝,如同一道白练,跌入坝下的深潭,气势逼人、声震四方。幽深、清澈的灏明湖如同明珠一般,

点缀在这群山之中。泛舟湖中,不时有鱼儿在船边来回游动,而岸边一对对觅食的鸳鸯,为这平静的湖面增添了几分生气。最值得一看的就是这长城入水的盛景了。巍峨壮观、气势恢宏的长城如同一条巨龙一般,从崇山峻岭间盘亘于此,却又绕湖盘亘,一头扎进这美丽的灏明湖,然后从水下"挺身而出",三起三落,城水相连。宏伟的长城与恬静的湖水交相辉映,山的苍翠、水的碧绿、长城的沧桑凝聚在了一起,形成这一幅无法言表的美景。

  绵延盘旋、巍峨壮观的长城是黄花城水长城的二绝。拱卫京师,护卫皇陵的黄花城长城被称为"极为紧要之区"。从黄花城到延庆的四海镇,分别建有三道关卡和四道长城,即头道关、二道关和三道关的关口及四道长城。这些位置险要的长城构筑精细,"势若肩背,似唇齿之形"。西水峪附近的长城更因地处两山之间,紧邻西水峪关,格外险峻。西水峪的西山峭耸如屏,如同刀劈斧砍一般,垂直劈开,长城依山而建,陡峭险峻。西水峪的东边山峰高耸,是这一区域的制高点。随峰而筑的长城更是山高墙陡。这一段长城两边的垛口墙为18个锯齿形,每层高约2米,雄伟壮观,坚固无比,俗称"十八蹬"。当地民谣唱道:"十八蹬,高入天,鹰飞倒仰猴难攀;山高到底有多少,一个骨碌滚三天。"春日时节,黄花烂漫布满山岗,巍峨的长城掩映在漫山遍野的黄花丛中,古老的长城竟焕发出勃勃生机。盛夏时节,青色的长城和郁郁葱葱的青山交相辉映,倒映在这碧绿的湖水中。秋日时分,漫山遍野的红叶掩映着苍茫遒劲的长城,萧瑟的北风、斑驳的灰砖和坍塌的城墙凝结着秋日

"金汤"摩崖石刻

的苍凉。隆冬时节，长城又化作一道巨龙，出没在这苍茫大地的冰雪王国里。

驻关将士们手植留存至今的板栗园是水长城景区的第三绝。修筑长城之后，大量士兵在此戍边、驻城。为了长久地解决粮食问题，守城的将士们在距离西水峪水关不远处的半山腰上栽种板栗，形成了如今水长城景区内有着数万株古栗树的栗园。深秋时节，沿着水库边缘的小道，终于来到了这烽火台下绵延数百年的古栗园。这一时节栗树叶红红黄黄，半挂树梢半铺地，依稀有些遗漏的板栗果子，裂开的缝里透出成熟的果实。苍劲斑驳的板栗树，在夕阳的照射下仍然雄浑地昂首伫立，如同数百年前戍边的将士们一样，生生不息地与这山间的长城、敌楼相伴相随。在这数百年的栗林中，有一棵栗树王更是让人称奇。这棵栗树有着600多年的树龄，树径超过1.5米。粗大的树干裂为三瓣却又落地支撑后分为三株，树干中甚至可以同时站下四五个人。参天的树干与巨大的树冠让人赞不绝口。难能可贵的是，这样一棵有着600多年历史的古栗树，却仍能开花结果。如今，水长城景区在这栗园里开设了星空露营，搭设了星星点点的帐篷。可以在这明代的板栗园里宿营，尽情地欣赏茫茫月色与星空，还有那栗树枝头掩映着的长城。在虫鸣、蛙唱、鸟啼的清晨音乐会中，欣赏着初升的太阳，还有那山水晨雾掩映着的古老长城。

固若金汤

旧时，从黄花城到延庆的四海镇，建有三道关卡和四道长城。这第一道长城就是西起和延庆交界的旺泉峪山顶，向东途经西水峪口、石湖峪、撞道口、本镇口、小长峪口，过十八蹬直达断边的大长城。本镇口是第一道长城的大关口，当地人也称为"头道关"。头道关修筑在这怀九河上。怀沙河在头道关附近拐了个弯，形成了一个小型的水潭。被称为"金汤池"。湖底几十口泉水涌动，冰冷彻骨，水质清冽。长城从西侧的山顶纵穿直下，与怀九河上的关门相接。东侧的长城躬身直插沟底，东西两侧建有隔河相望的两个敌台。从远处瞭望，长城和关门融为一体，宛如一条顺山势而卧的巨龙，坚守河口，威震京师。

直到20世纪50年代，头道关的东西两侧的长城都与这关门相连，关门成了黄花城一带村民们出入的唯一关口。因为安四公路的修建，拆掉了关门西侧的长城。1969年，为了防汛抗洪，当地政府在金汤池的位置修筑了水库，拆掉了头道关的关门。高达25.5米的水库将怀九河拦腰截断，原本并不宽敞的金汤池成为了一望无际波光粼粼的大水库。水库两端高耸的敌楼、散落的低矮墙垣在夕阳的照射下显得格外苍凉、寂寥。东侧山上直插谷底的长城，宛如巨龙探水，形成"苍龙吟水"的壮景。映在湖面波光粼粼的夕阳，与两侧陡峭的山林交相映衬，形成了"千丈悬崖削翠，一川落日洒金"的奇妙风光。

在头道关关门西侧的高山上，有一块巨大的岩石，上面竖刻了 1.9 米见方的"金汤"两个大字。黄花城村民传说，这个摩崖石刻是为了纪念修建长城的蔡凯将军，当地至今还有蔡凯将军修筑长城的传说：

蔡凯将军是山东胶州人，将门之后。他自幼从军，身经百战，屡建战功，威震四方，在同僚中有着极高的威望。他因为性格刚正，得罪了朝中一些权贵奸佞。万历七年（1579）春，朝廷为加强北部边防，重修长城，委任年近花甲的蔡凯将军为监修御史，负责黄花城一线工程，并要求一年之内完工。蔡将军明知是那些奸贼有意借机寻隙陷害，仍凭着赤诚之心，抱着早日修好边墙、御敌于国门之外的夙愿，毅然领旨赴任。到任后，蔡将军不顾年迈体弱，身先士卒，攀山越岭，风餐露宿，勘划出最佳路线，将长城地址选在最高、最陡峭的山脊上，以成易守难攻之势。虽然限期已近，但他仍以"千年之大计，切不可有丝毫草率之理"为由，严格监察，并住在山上，事必躬亲，餐风饮露，与士卒同甘共苦。一年的时间很快过去，朝廷规定的期限到了，别的工段都按时交了工，唯有蔡将军这一段，还差最高最陡处的 150 丈没修完。这时，那些视蔡凯将军为敌的奸佞终于找到了机会，在万历皇帝面前大进谗言，诬陷蔡将军贪污修城经费，消极抗上，有意拖延。昏庸的万历皇帝不辨是非，一怒之下，下了立斩蔡凯的旨意。

可怜的蔡老将军，忠肝烈胆，刚直一生，未死于外夷强虏之手，却亡于奸佞之口。传说受刑前，蔡将军悲愤交加，老泪纵横，斥奸贼无道，责皇天不明，指日而誓，山鸣谷应。最后蔡将军仰天长叹三声，引颈受戮。不料，刽子手手起刀落，蔡凯将军尸身却不倒。就在此时，从西北方向飘来一朵乌云，眨眼间，雷电交加，大雨滂沱。现场的士卒和百姓都不肯离去，他们的泪水和雨水交织在了一起，并有人愤然高呼："蔡将军死得冤，连老天都发怒了！落泪了！"闻听此言，蔡将军的尸身才倒下。此事传到朝廷，朝廷又派来钦差调查，发现蔡将军负责的这段长城为最难修也是最坚固的一段，再查账目，笔笔分明，断无贪污之嫌。钦差回京复命，皇帝也追悔莫及，于是命人在长城下的小山向阳处，厚葬了蔡将军，并立碑一块，刻下蔡将军冤死之事。

年长的村民告诉我们，黄花城一带的长城以坚固雄伟著称，原因就在于蔡凯将军对修筑长城的严格把关。这一带的长城，底座用长块的石条垒砌，六层至七层后再用来自河间等地的青砖修筑。甚至青砖之间的缝隙，也是用熬熟的米汤和泥浆来填筑而成。正是蔡将军对长城修筑的一丝不苟，才使得黄花城一带的长城有了"固若金汤"的美誉，而这里的村民们也世世代代流传着蔡将军忠贞不屈、修筑长城的传说。

边关重镇的黄花城

头道关往南两里处,就是过去的黄花城了。这里是明长城黄花路千户守御所的所在地,很早就开始了城池的修筑。旧时的黄花城,南北长240米,东西宽201米。由于北接大山,只在东、南、西三面设门,每个门都有两道关门层层把守。最初,黄花城只是有将士们屯兵驻守,由于这里交通便捷,吸引了大量的民众前来定居,黄花城成为怀柔边关的重镇,除了军用设施外,城内还修建了大量的民用建筑。诸多的建筑中,黄花城的戏楼在方圆百里很是出名。戏楼是抬梁式木结构,前廊后厦,均用木板建制。戏楼顶是灰筒瓦、卷棚顶,前廊为戏台。因为有顶无墙,观众可从左中右三边看戏。廊面内外漆红满堂,旋子彩绘,廊面明间上方,有巨型涂金木雕双龙戏珠等。整座建筑精巧、美观,富丽堂皇,优雅大方。除了戏楼外,边关重镇的黄花城还有许多庙宇。菩萨庙是村子里规模较大的庙宇,娘娘庙是远近闻名的大庙,每年四月初的娘娘庙会,怀柔、密云、延庆的信众都会前来进香。

走在如今的黄花城村,已经很难找到昔日古镇的印记。沿着村里的水泥地朝北走到山脚下的尽头,依稀露出的青石板砖,无声地诉说着历史的痕迹。村子的尽头,废弃的土墩上爬满了开着黄花的南瓜秧,村里的老人告诉我,这就是过去的城墙。土墩旁边,是一些废弃的古宅,宅子的基脚,是布满青苔的城砖。转角处墙角的基石,更是嵌着一块宽大的石碑。石碑的表面,字迹已经完全模糊,无法辨识。村民们认为,这历经岁月沧桑的城砖石匾,有着能够护佑家人的灵气,村民们修建房屋时,往往从城墙、庙宇中取材,最终这些昔日黄花城里的巍峨古建,也如同"堂前燕"

黄花城村

一般，星星点点地散落到村民的家中。然而，随着这些年现代化水泥建筑的兴起，大量的旧宅被推倒重建，即便是古城的残砖破瓦，也只能在废弃的宅子和土墩里探寻了。

TIPS 小贴士

路线

黄花城水长城景区位于怀柔区九渡河镇西水峪村,自驾可从京承高速怀柔城区出口出,经怀长路、安四路到达两处。乘公交前往可在东直门乘坐916路至于家园站,换乘H21路到西水峪下车。

住宿

黄花城水长城景区紧邻西水峪村,村内民俗旅游发展较为成熟,可提供各种层次的农家乐、民宿服务。

饮食

西水峪村和黄花城村都有许多农家菜馆,当地的特色菜有烤虹鳟鱼、农家豆腐、栗子焖肉、炒蘑菇等。

长城就在屋檐下

长城非遗游（下）

GREAT WALL WITHIN SIGHT
FINDING THE ICH

北京非物质文化遗产保护中心 组织编写

张青仁 毛巧晖
徐姗姗 包媛媛 著

岔道村
永宁镇
双营村
千家店镇
里炮村

中国画报出版社·北京

《长城就在屋檐下:长城非遗游》编委会

编委会主任:陈 冬
副 主 任:庞 微　林 亮
委　　 员:张 迁　姜婷婷　李琳琳
编　　 辑:王 媛　肖 潇　解惠琴

目录

下册

天下雄关瞰居庸

岔道村：秋风古韵卫京师　007

石佛寺村：石佛龙脉伴奇景　015

石峡村：长城古堡揽风情　023

永宁镇：聚八方之风物 集万古之重载　031

营城村：残砖筑新村 美景愈心灵　039

东灰岭村：关口护京陵 盛景迎佳客　045

井庄镇：长城脚下舞旱船　051

柳沟村：炊烟起于凤凰城　059

古城村：钟灵毓秀古村落　067

香屯村：灵山秀水隐桃源　073

龙泉峪村：旭日红莲伴长城　079

沙塘沟村：红色火种传古今　087

南湾村：雕刻红色记忆 孕育四季花海　093

榆林堡村：榆林夕照古驿站　099

珍珠泉村：珍珠喷玉四季景　105

东门营村：书香百世 古迹千载　113

双营村：千年古韵尽风流　121

小张家口村：凤骨龙姿古长城　127

周四沟村：雄关漫道话乡情　135

千家店镇：山水画廊探遗迹　141

里炮村：苹果堆起"聚宝盆"　149

营盘村：样边长城卧花海　*155*

四海村：敌楼烁古今　花海染春秋　*161*

黑汉岭村：万寿菊铺就阳光路　*167*

海字口村：谷地林间秋栗香　*171*

永安堡村：冰糖李子醉花会　*175*

香营村："画廊"景美葡萄甜　*179*

明十三陵：世存最大皇陵建筑群　*183*

康陵村：春饼卷万物　古槐擎巨伞　*191*

碓臼峪村："小三峡"里享天然　*197*

白羊城村：孤垒秋日战旗闲　*205*

长峪城村：昌平有个"小西藏"　*213*

马刨泉：杨六郎安边之地　*223*

高崖口村：红色文旅忆延安　*231*

官牛坊村：香泉绿苑益身心　*235*

南口村：横亘古今的交通枢纽　*241*

阳坊村：涮肉飘香处　五虎棍生威　*251*

雄关漫道沿河城

沿河城村：永定河畔屯堡古村　*259*

柏峪村：军户燕歌催战鼓　*269*

燕家台村：道教仙风绕金元古宅　*279*

爨底下村：山野中的四合院"博物馆"　*289*

灵水村：人杰地灵的举人村　*299*

岔道村：秋风古韵卫京师

岔道村隶属延庆区八达岭镇，位于八达岭长城脚下，距今已有近500年的历史。岔道村是明清时期的交通要道，边塞重镇，其历史遗迹至今仍能令人感受到壮美的边塞风光。岔道古城是岔道村内的重要景点，古城内为花岗岩石板路，城隍庙、关帝庙、古驿站、临街店铺、客栈、四合院等文物古迹处处可见。走进古香古色的岔道，可以领略到明清时期的风土人情，亦可游览村旁古长城的边塞风景。

岔道古城

城堡村落扼险道

  沿八达岭关西行 3 公里,遍布明、清两朝遗迹的古村落便映入眼帘,昔日八达岭外的第一重关隘——岔道村亦近在眼前了。

  由于岔道村依山阻险,水源丰富,明中叶以来,此地便成为朝廷为强化居庸关的防御体系而设的五道关口之一。"莫讶金汤坚若瓮,昆阳小城古来坚",诗人徐渭的这首《岔道城北高台值雪》讲述了岔道村作为交通要道、军事要冲的重要地位。《居庸志略》中写道,"八达岭为居庸之禁扼,岔道又为八达岭之藩篱",曾佩也曾说过"如欲敌之绝意于居庸,必先使之无垂涎于岔道,未有岔道危而八达无事、居庸不震惊者也"。这些诗文强调了岔道村在军事防御中的重要地位。嘉靖三十年(1551),朝廷在岔道村修筑兵营以戍卫京师,使岔道村成为典型的"城堡型"村落。尽管清代以来便不在长城沿线设驻军,但遗留的城堡依然向我们诉说着"岔道"的故事。透过"落叶飘残锦树红"的"岔道秋风",昔日岔道村"雁行斜去塞云空"的雄浑气息仍依稀可辨。

京师通衢岔道城

岔道村不仅是重要的军事隘口，还作为京城通往大漠的重要驿站而闻名京西北。岔道村的村名缘于其西通榆林、怀来、宣化，北至延庆、永宁四海，东南连接北京的便利交通，故岔道村也曾被称作"三岔口"。元代起，岔道村便是大都通往上都的必经之地。明清时期，这里成为进出京师、通衢西北的重要关口和交通驿站。

岔道村的建城历史可上溯至汉代，在历经三次修建后逐渐形成今日所见的岔道古城。作为长城文化带前沿的一座边贸小城，岔道古城曾一度因商贸而繁盛。明清时期，城内铺面连片，商贾云集，宿、歇行人众多，守备、把总公署繁忙，城内外兵丁操练，各方艺人献艺，岔道城一片兴隆景象。

繁盛的岔道古城还见证了众多的重大历史事件。秦始皇东临碣石，曾取道岔道过八达岭返回咸阳；元代皇帝经岔道城往来于上都与大都之间；明代帝王巡游、清代天子亲政、李自成攻伐北京也都曾路经此地。1900年，慈禧太后与光绪皇帝出逃路经八达岭时，也于岔道城下榻。相传，慈禧原本想在岔道城多逗留几天，听听京城的消息，如果交涉妥当，便可就近回京，不想得到的消息是洋兵进入北京，慈禧便只能狼狈西逃，有诗曰："慈禧西逃落日昏，榆林豆粥胜佳品。肚饥不择茶饭粗，身冷哪嫌旧布衫。龙卧浅滩龙落泪，凤离皇驾凤悲鸣。早知退让逃亡苦，何不当初御外侵。"

如今，岔道古城已成为市级文物保护单位，古城整体依山势而建，呈现为不规则长方形，中间略鼓，两端略缩。北部城墙建在半山腰上，从空中看整座城犹如一条大船，城墙上的两座烽火台就像船上的两个锚墩。古城设有东西两座城门，西门门额题"岔西雄关"，东门门额题"岔东雄关"，其落款均为"万历三年吉日"。城墙的建造分为两个时期，早期是内夯土，外用石块加白灰砌筑；晚期又在原城墙外用条石和砖砌筑。城墙的东、西、南段较为完整，北城墙塌处较多。周围山峰筑有6座望敌情的烽火台。为加强防御，西关外还建有土边城垣，面对着城内大街的影壁，城墙上设有马道，外侧城墙设垛口、望口、射口。古城内外遗存大量文物古迹，像古道、城隍庙、关帝庙、清真寺、校兵场、峰火台、古石板桥、粮秣、武器弹药仓库、土边长城及古民居、古商铺等。

秋风古韵伴岔道

岔道古城因军事而起、因驻兵而兴。走进古城，仿佛时光倒流，瞬间穿越回了明清。城墙上被风雨侵蚀、凹凸不平的青砖，地面上大面积铺砌的光滑的花岗岩石板，城门楼上昔日用于插旗的灰白色石墩一字排开，还有包砖已经剥落、仅存夯土墙心的城墙，都散发着悠远而苍凉的古朴气息，

城隍庙

岔道古城街景 郭翠潇摄影

给人一种安静祥和的视觉感受，在村中走走停停，十分惬意。从岔道城西门进，走 20 米便能看到历经沧桑的城隍庙，庙宇的正殿及山门至今仍存。城隍庙正殿坐北朝南，面阔三间，进深七檩，明间外檐挂有一蓝底金字卧匾，上书"城隍庙"三字。城隍庙建筑风格恢弘大气，昔日香火鼎盛的景象仍依稀可辨。庙中供奉的城隍被认为是城池的护佑者，是中国古代最具地方特色的神明之一，在民间有着广泛的信仰基础。城隍庙承载着岔道城中民众对城市发展的期待，它伴随城市发展而兴，是岔道城历史与文化的见证者。

沿城隍庙向东走不远便能看到关帝庙，历经百年岁月的洗礼仍屹立不倒。如今，关帝庙正殿仍存，同城隍庙格局一样，面阔三间，进深七檩，明间外檐悬挂一蓝底金字卧匾，上书"关帝庙"三字。东次间外檐悬挂一黑底金字卧匾，上书"忠义参天"四字，西次间外檐悬挂蓝底金字卧匾一块，上书"忠义任勇"四字。庙内供奉三尊神像。关帝庙寄托着民众对忠、义等美好品德的追求，正如庙门口醒目的"忠义"二字，展现出岔道城民众对关羽品德与事迹的赞颂。

两座庙宇历经百年的时光，仍然注视着岔道古城的变迁与发展。当人们走进古城，步入古庙，厚重的历史气息便能令您真正理解古城的过往，体味长城文化的内蕴。

村内有一口官井，还有始建于明朝嘉靖年间的槐悦来客栈，这座古香古色的四合院极具历史韵味，院门前的两棵老槐树，见证了长城脚下这个古老村落的发展历程。

走出岔道古城，在西门、东门外还能看到一片居民区，这就是岔道村的西关与东关。站在街上向东望就能看到八达岭，古城周围山峦起伏，秋风习习，天高云淡，红叶漫山。攀援于城北的峰顶，极目远眺古长城的断壁残垣和裸露挺立的烽火台，仿佛看到古时的金戈铁马、烽火硝烟。明朝诗人赵羾的《岔道秋风》云："历尽羊肠道忽通，山村摇曳酒旗风。烧原飞净获灰白，落叶飘残树锦红。鸦阵远投林日晚，雁行斜去塞云空。惊回一枕关山梦，断送钟声下玉峰。"所歌咏的正是此景。

万人坑遗址传承红色基因

岔道村见证了"艰难困苦，玉汝于成"的近代历史。在岔道城西北 20 米就是遭侵华日军屠杀的死难者纪念地"万人坑"。在日军侵华期间，日军为了切断平北根据地与南山根据地的联系，打算挖一条从岔道至永宁的封锁沟，于是从张家口、宣化、怀来、延庆等地抓来民夫近万人来挖沟。当时，由于生产生活环境十分恶劣，不少民夫患上了肺结核和霍乱，侵华日军遂将患病的民夫拉到岔道城西北角浇上汽油烧死。后来人们称这片焚尸坑为"万人坑"，罹难者达 800 人。岔道万人坑见证了日本帝国主义的铁蹄对我国人民的残暴蹂躏，提醒国人勿忘国耻，传承红色基因！

岔道村旁古长城

岔道村不远处，便是八达岭古长城自然景区，它是八达岭长城防御体系的西大门，尽管残缺，但雄风犹在。每年春天，古长城山花烂漫，杏花坡、荆花谷与残长城相映成趣，别有一番风雅。

八达岭古长城自然风景区现存四座烽火台、一个豁口，两段城墙向西南、西北呈"V"字形走向，顺着山势向上约2000米。每到开花时节，百亩杏花竞相开放，山间粉团无数，古长城就穿行在这杏花海洋之中。这里每年会举办不同主题的杏花节，推出多项活动。杏花节期间，游人可以骑单车穿行在杏花丛中，畅享自由。景区内的亲子游戏区还有套圈、扎气球等游戏，供小朋友游玩。同时，景区内还有杏花丛中的徒步穿越线路，游客可以在景区工作人员的陪同下穿越古长城，在漫山杏花之中体验北京的春天。

八达岭长城的修建是中国古代民众以智慧与汗水共同铸造的世界奇观。目前八达岭古长城发现了两处重要的历史遗迹：一处是当年修建长城的石料场，被劈开的巨岩清晰可见，尚未加工完毕的石料凿痕历历。另一处是当年烧砖的砖窑群，缭绕的烟雾仿佛永久拂弄不去，如历史的絮语，似在倾诉劳工们背井离乡、终日苦役的哀愁，又像在讴歌万里长城的伟大功绩。

"昨日今日此山中,古长城上盔缨红。沙城征伐今不见,自然依旧笑东风。"八达岭古长城风光无限，"杏花坡"每临春季花团锦簇，银波粉浪；"荆花谷"到了夏天便汇成蓝色的海洋，偶有微风波涛依旧阵阵……它们映衬着残长城，也默默守护着古长城！

TIPS 小贴士

路线
岔道村隶属于延庆区八达岭镇,东依八达岭长城,西邻西拨子村,南接东沟村,北毗程家窑村。自驾可走京藏高速到延庆出口出,按路标行驶即可到达岔道村;前往古长城可走京藏高速,在水关出口出。公交可从德胜门乘919路到岔道村;前往古长城可在德胜门乘坐919路、大站快车到"八达岭古长城"站下车。

住宿
岔道村内有百年老店槐悦来客栈,可提供住宿。

饮食
岔道村农家饭馆提供的特色菜风味独特,有农家八八席、肉炒木兰芽、香椿摊鸡蛋、肉炒蕨菜等。

石佛寺村：石佛龙脉伴奇景

石佛寺村位于延庆东南方向，距城区15公里，西靠八达岭，东邻青龙桥。其历史悠久，村西曾有石佛寺，寺内供奉浮雕千手观音，是当地最具代表性的文化景观，村落也因寺得名。在石佛寺旁，水关长城从村前穿过，形成「两山夹峙，一水中流」的景色，那绵延的长城与山脉便是石佛寺村的另一重盛景——「龙脉」。此外，石佛寺村外还有诸多奇景，如著名的「关沟七十二景」，还有宏伟的京张铁路，游人不仅可在此欣赏雄伟的长城风光，还可以追忆大师风采，继承爱国主义精神，在休闲放松的同时亦有所收获。

日新月异的石佛寺村　郭翠潇摄影

昔日山村换新颜

　　"石佛寺在关北一十五里,因石凿大悲缘,永乐年间建。"千年前的石佛寺不仅带来了石佛寺村的名称,承载了人们对美好世界的憧憬,还对村落的发展产生着持久的影响。

　　近代史上连绵的战火不仅使石佛寺遭到毁坏,亦令石佛寺村的民众生活愈发困难。清光绪二十六年（1900）,八国联军进犯北京,慈禧太后西逃时,外国列强出居庸关沿途掠抢,曾将有百年历史的古刹石佛寺付诸一炬。这一时期,因石佛寺村四面环山,地理位置偏僻,交通不便,加之战争的破坏,当地村民长年挣扎在生死线上,日子较为困苦。

　　新中国成立后,石佛寺村农民终于拥有了自己的土地,过上了当家作主的日子,但偏僻的地理位置和贫瘠的土地,使农民仍然难以彻底摆脱贫困。当地多年流传着"山清水秀不当粮,有女不嫁'石佛'郎"的俗谚。因此,在延庆区内,石佛寺村曾是有名的"光棍村"。

　　改革开放后,随着石佛寺的修复,石佛寺村的人民终于迎来了幸福的生活。1989 年,乡政府带领村民开发了关沟 72 景中的弹琴峡、五郎像、弥勒听音等 10 余个景点,并兴建了成吉思汗行宫、汽水厂。1993年，乡政府投资500多万元，修复了水关长城。同时，村里还特别修复了石佛台，将散落各处的10余尊石佛加以修整，筑台陈列，供游人观赏，增添了旅游滑道、长城碑林等设施。此后，石佛寺村的旅游业可谓是月月都有新变化，年年都上新台阶，民众的生活也越来越好。乡政府还在水关长城停车场建起了66个商业摊点，村里每户一个摊位，每年收入都在两万多元。

伴随着石佛寺的修复与当地旅游开发工作的推进，石佛寺村以崭新的面貌、丰富的旅游资源吸引着四方游客前来。近年来，石佛寺村还修建了高端休闲度假区，游客们不仅可以在长城脚下的大型商业设施"长城天地"欣赏、购买500多个摊位的旅游纪念品，还可以观看各类具有浓郁长城文化特色的艺术演出，全面体验石佛寺村丰富的长城文化资源。

追忆大师承遗志

石佛寺村知名度最高的景点当属"京张铁路"与大师詹天佑的纪念馆、衣冠冢。京张铁路是由中国人自主设计并修建的铁路，以其"人"字型的特殊结构彰显了中国人的智慧与巧思。有关这条铁路及设计师詹天佑的故事也频频出现于中学的语文与历史教科书中，如今，当人们来到石佛寺村，便能亲身感受这条百年前的铁路设计之精妙与近代中国人不懈努力、救亡图存的伟大精神。

"京张铁路"的设计者詹天佑与石佛寺村有着莫大的渊源。詹天佑是广东南海人，生于1861年4月26日，12岁时考取清政府的幼童出国预备班赴美留学。他为我国铁路建设事业做出了重大贡献，是我国近代杰出的爱国工程师。清光绪三十一年（1905），当清政府决定修建京张铁路时，总设计师詹天佑就住在石佛寺村一农户家中思考修建关沟段铁路的事宜。石佛寺村中也流传着有关詹天佑的传说：

詹天佑在设计青龙桥人字道岔时，就住在石佛寺村姬家的东屋里。他经常到房东屋向姬大伯询问各沟山梁的名称和走向。他没有架子，跟谁都聊得来，有时从城里回来，带一些点心，总要给房东送点儿尝尝；姬家做啥好吃的，也忘不了叫詹天佑过去吃，或者给他端过去一碗，关系处得很好。

有一天夜里，姬大伯的儿媳生产了。第二天早起，詹天佑来到院里，正好房东大娘也出来了，詹天佑向房东大娘道喜说："大娘，大喜啊！"房东大娘笑着回答说："同喜，同喜！"詹天佑接着问："给孩子取名字没有？""还没有呢，您给孩子取个名字吧？"詹天佑答应说："好吧。"说完，他就出门外，在街门口站了会儿，见天上的白云悠悠地往北移动，重叠的云层就像山一样好看。他心里一动，便转身对房东大娘说："大娘，您的孙子就叫云山吧，您看怎么样？"房东大娘乐得合不上嘴，连忙说："好，好，就叫云山。"

这年秋天，地里庄稼都已收割完。有一天，詹天佑从山上下来，见姬大伯抡着锄头正在刨地，

詹天佑修铁路

他招呼姬大伯说:"大伯,歇会儿吧。"姬大伯见是天佑,撩起袖子擦了擦脸上的汗,说:"好,歇会儿。"俩人坐在地头上,一边抽烟,一边说话。詹天佑问:"大伯,您怎么不养几头牛呢?用锄头耕地多费劲呀!""哎,庄户人过日子,谁不巴望养几头牛?可是,家里穷,买不起呀!""大伯,您要想买,我借给您钱。"姬大伯又叹一声,说:"就是您肯借给我,我拿什么还呢!"詹天佑说:"您先买一头乳牛养着,乳牛下乳牛,三年五头牛。牛多了,还怕还不起一头小牛?"姬大伯感动地说:"先生,您可真是个好人。"

传说生动地呈现了詹天佑在石佛寺村修建京张铁路时与当地人融洽相处的生活细节,也反映了人们对他的尊重、感激和无尽的怀念。

如今,当人们漫步于京张铁路旁,也不要忘记詹天佑这位近代科学技术界的先驱、杰出的爱国工程师。他在中华民族饱受帝国主义侵略的时代里,以大无畏的气概主持建成了我国第一条自行设计、修建的工程艰巨的京张铁路,为中国人争了气。这种爱国主义的情怀及不惧艰辛、敢为人先的精神至今仍值得我们学习。

詹天佑的铜像现立在青龙桥火车站站台北,像座上镌刻"詹公天佑之象(像)"六个大字,像高二米,为熟铜浇铸。詹天佑身着西装,一手插裤袋,一手握手套,容貌严肃沉静,面对人字形岔道,表情刚毅自信。詹天佑夫人谭菊珍的墓地,于1982年5月从北京海淀区万泉庄迁来青龙桥。新墓由墓冢、墓碑、墓台、月台和台阶五部分组成,周围植松柏、云杉等长青树木,显示出一派庄严肃穆的气氛。

京张公路的北侧是詹天佑纪念馆,这是他当年主持建筑八达岭隧道的地方。灰褐色的建筑,分布在两层平台上,外形简洁朴素和谐。纪念馆陈列面积100平方米,除瞻仰厅和序厅外,设有两个陈列厅,展示着詹天佑生平的爱国事迹与突出贡献。詹天佑用实际行动书写了爱国奋斗的篇章,他的事迹与精神、京张铁路的精巧至今仍吸引着各地游客来此参观游览。

关沟胜景游不尽

石佛寺村旁不远便是关沟,它西北起八达岭长城,东南止于华北平原,万里长城沿线最具代表性的八达岭长城和水关长城都盘卧于此,一并塑造出关沟连绵不断的美景,令人流连忘返。关沟的"七十二景"似明珠般散落于长城四周,弹琴峡、金鱼池、石佛寺、骆驼石等诸多景点让关沟成为自然与人文景观巧妙融合的旅游胜地。

关沟一带的长城历史悠久。明朝中叶,抗倭名将戚继光来到居庸关一带重修长城,关沟的八达岭长城与水关长城都在那时初成规模。

八达岭长城位于关沟古道北口,是明长城的精华,其地势险要,构筑雄伟,自古以来便是"拱卫陵京"的军事战略要地。关沟附近或峡谷,或险山,长城纵横军都山脉,跃宕起伏,构成了"层层设防,寸土设障,步步为营"的纵深防御体系,是古人依托自然修筑军事防御设施的代表性成果。

北八楼是八达岭长城最具代表性的景观,也是关沟众多景点中较具特色的一个。有人说"登上北八楼,才能说到过八达岭",因为北八楼位置高,建筑雄伟,海拔888米,是八达岭海拔最高的一座敌楼,亦是俯瞰长城的最佳之处。站在北八楼,只见长城从西南朦胧的云雾中窜出,腾跃沟谷爬上南峰之巅,蜿蜒而下穿过关城来到八楼脚下,再往右一折,向青龙桥、居庸关方向延伸而去。登高望远,四面自然景色也格外引人注目,关北妫川平原,阡陌纵横,官厅水库水光闪烁;东望远山层叠,拂晓登临可观日出,因此北八楼又名"观日台"。如今人们来到此地,除感受此地悠久的文化底蕴外,也不要忘了登上长城,亲身感受此地壮美的自然风光。

如今,八达岭长城已有上百年的历史,作为重要的军事和交通要道,见证了古今的兴衰交替。它像一座宝贵的历史丰碑矗立在万山之巅,展示着我国古代劳动人民坚毅不屈、百折不挠的品格,

水关长城

悦里长城民宿

显示出高超的建筑技术成就，成为联系我国各族人民、海外侨胞、国际友人的重要纽带，是人类珍贵的文化遗产，也是石佛寺村一带最具代表性的旅游景点。

水关长城是关沟的另一美景，它距八达岭 5 公里，地处关沟中部，东起"川字一号"，西至京张铁路，全长 6.8 公里，以"奇、险、陡、坚"著称。水关长城由抗倭名将戚继光督建，距今有四百余年历史。此段长城建于险谷口，自水门箭楼长城呈"V"字形，顺应山势而行，如巨龙似鲲鹏展翅欲飞，箭楼既是敌楼，同时又兼具水门功效，此种建筑方式在沿线长城中极为罕见，故名水关长城。据当地人说，从前水关长城所在的地方曾是沙河套子，河道宽阔且水流湍急，这让修建长城的监工犯了难，多亏一位神仙路经此地，掉落金条，神奇的金条幻化成了长城的石墙和石门，长城下方仅留下一条水沟，此后人们就给这里起名叫水关。

水关长城地势险要，苍龙起伏于崇山峻岭之间，穿行于悬崖峭壁之上，城堡相连，烽燧向望，双面箭垛，拒敌万千。水关长城的特色还在于山中有水，更加丰富了关沟一带的自然风光，也使越来越多的游客来此参观游览。

沿着花岗岩铺成的步道进入水关长城景区，占地 8000 平方米的大型文化广场便出现在人们眼前。水关长城的文化墙以花岗岩和锻铜浮雕为主体结构，以戚继光督建长城为主线，全景展示着与水关长城修建密切相关的现场踏勘、绘制图纸、督造施工、建造长城、水关形制、开山取材、运送材料、烧制城砖等八个画面，辅以水关长城所特有的山形地貌，为参观者展现出一幅古朴凝重的长城画卷。水关长城每年的"长城探戈坞森林音乐节"吸引着热爱音乐的年轻人的到来，他们以"电子野餐"为主题举办通宵跳舞派对，通过音乐和舞蹈的方式分享长城文化，传递友谊。

石佛寺村既有恢弘的建筑，又有凝聚爱国主义精神与设计巧思的京张铁路，加之关沟一带八达岭长城的蜿蜒入云与水关长城的山水相拥，人文景观与自然景观在此融合，共同打造出石佛寺村丰富且独特的旅游资源。春看山花烂漫，夏览草木葱郁，秋观漫山红叶，冬游苍龙卧雪，石佛寺村山清水秀、长城壮美、人杰地灵、景致清幽。当您来此攀登长城、游览文化墙、参与音乐节等丰富多样的活动时，您将充分体会到中华文化的包容性与生命力。除此之外，涵盖了山峰、奇石、泉水、牌坊、城堡、寺庙塔观、台寨驿站和摩崖洞窟等景观的"关沟七十二景"能进一步丰富您的旅游体验，为您带来一段充满回忆的旅程。

TIPS 小贴士

路线

石佛寺村隶属延庆区八达岭镇，位于延庆城区东南 15 公里的八达岭长城脚下，自驾车沿京藏高速行驶，在水关长城出口出，然后沿 909 县道可达。公交可于德胜门乘坐 919 路，水关长城下车即可。

住宿

石佛寺村建有休闲度假区，可提供住宿。

饮食

游客可选择八达岭饭店就餐，以淮阳、粤菜为主，兼顾川、鲁菜品，可自由选择。

石峡村：长城古堡揽风情

明媚的夏日，穿过两段齐整的石头路和葱茏的森林小路，便能到达八达岭西南部的石峡村。石峡村坐落于昌平区北界和河北省怀来县的交界处，因地处深山，且村口岩崖陡峭，石多裸露而得名"石峡"。石峡村旁，石峡关长城和花家窑长城于此交会，独特的长城遗址使石峡村成为体味长城文化的必选之地。此外，石峡村还因颇具野趣的田园风光而得到游客的关注，当地以"文化共生"为理念，汇集中、法、意等多国设计师的智慧打造出"共融、共在、共生"的生态旅游体系，书店、咖啡厅、民宿应有尽有，是京郊休闲旅游的不二之选。

长城脚下的石峡村

巨龙交错穿石峡

"石峡峪下隘口三,内有附墙台十座,明嘉靖三十年(1551)建,空心敌台二十五座,隆庆三年(1569)至万历年节次建。三里曰花家窑,三里曰石峡口。"花家窑长城与石峡关长城宛若两条巨龙交错穿梭于石峡村附近,共同丰富了石峡村的文化底蕴。两段长城都是古代工匠智慧的结晶,见证了石峡村的烽火硝烟,镌刻着村落发展的历史。两段长城的景致又各具特色:石峡关的菱形敌楼是万里长城唯一的斜楼,花家窑的石边长城、砖石长城、土边长城乃居庸关颇具代表性的长城修筑方式。两段长城全面展示了古长城中的工匠智慧,吸引着一批批游客来此参观。

石峡村不远处便是石峡关长城,它位于八达岭长城沿线的西南方向,是最具代表性的长城景观之一。石峡长城从山口处断开,据险而守;东侧长城延伸到山口处,形成障墙;西侧长城从高居山巅的敌楼出发,蜿蜒向南。石峡关长城的菱形敌台(也称斜楼)形制特殊,是石峡关长城最具特色的景观。菱形敌楼楼口距离地面很高,下面用碎砖石堆了一个晃晃悠悠的阶梯,爬上楼台不仅需要相当的体力,也需要一定的胆识。《四镇三关志＜昌镇 形胜·乘障＞》载:"石峡峪口。永乐年建,城东头至石崖子口,通单骑,次冲;西山墩至镇房墩,平漫,通单骑,冲。"形象地说明了石峡关长城的险峻及菱形敌楼重要的军事防御职能。花家窑长城与石峡关长城相连,从南至北遗存有石边长城、砖石长城、土边长城三类长城,构成严密的防御体系,在长城文化带中同样是较具代表性的景观。花家窑长城位于北京市延庆区八达岭镇帮水峪村东南,是居庸关内长城防御体系的重要一环。该长城始建于明初,是彼时北方进京的一条重要关隘与通道,朝廷专设重兵把守。

明永乐年间就在现在石峡村的位置建起了"石峡峪堡",隆庆年间设守备一员,千总一员,把总二员。据石峡村民口述,石峡峪堡的形状呈东大西小梯形,民间有"棺材城"之说。城堡有南北两座城门,但现在城墙基本拆毁殆尽,残存一小段南城墙。2000年,石峡村征集到一块明万历四年(1576)"石峡峪堡"的残门额。2003年,村民梅景田在大队部库房门槛下发现了"迎旭"城门额,落款为"明万历四年",现在就保存在"石峡关客栈"里。城门旁有建城碑记一通,目前碑已损坏,只剩部分残碑,碑上文字已不能完全辨识。南北城墙外,各有东西走向的排洪沟一条。据村民传说,此堡被李自成焚毁,新中国成立后,城墙又被村民盖房拆毁,目前只有十几米的古城墙遗迹尚存,只能从其建筑遗存中一窥昔日关城的雄壮和威严。

登上石峡关最高峰,长城如巨龙般在山间蜿蜒起伏的壮丽气魄令人赞叹,沿途繁花盛开的秀美风光更是让人流连忘返,每当春夏之际,漫山遍野的杏花便会迎风开放,令人闻之欲醉,心旷神怡。

石峡雄关卫古今

石峡关不仅以其雄伟壮丽的景色闻名京城,更因当地涌现出一批优秀的人才,如横亘于此的长城一般,在千百年的时光中默默守护着长城之内的百姓,守卫着博大精深的长城文化。石峡村是闯王攻入京城的必经之路,险峻的长城阻碍了闯王的脚步,而一位不惧危险的货郎以破关之法换取了石峡村村民的安全。有关"闯王破关"的故事至今仍在石峡村广泛流传:

话说崇祯十七年(1644),李自成在西安建立大顺政权,亲自率领大军东征,过黄河、进山西,经大同,克宣府,长驱直入,兵临雄关八达岭,冒死冲杀,死伤无数,久攻石峡不下。无奈之下,李闯王带着大将刘宗敏、军师宋献策夜探石峡关。闯王扮成一个樵夫,混进了石门。但由于他对门内的情况不了解,行踪被人察觉,就在这千钧一发之际,闯王身后传来一串拨浪鼓的声音,有个担着八股绳小挑的货郎飞步走来,不由分说拉起闯王就跑,从石峡城西绕进了一个山沟。见后面没有追兵,长城上没有守兵,货郎才撂下挑子,边擦汗边气喘吁吁地问:"你是闯王爷吗?"闯王点点头。货郎笑嘻嘻地从货筐里取出一块粗布,引着闯王由一个小城洞上了长城,又对闯王说:"你攥住这匹布的一头,我把你放下去。回去赶紧找几位会使炸药的,爆破了石门,关就好取了。听说近日唐通

传说闯王破关处　郭翠潇摄影

闹家务,可是个好机会呀!"闯王十分感激他,就问货郎要什么谢礼,货郎望着闯王恳求道:"只求闯王爷进关不伤百姓。"后来,闯王果然炸破石门,活捉了唐通,绕过石峡关,攻下北京城。因为他取信于民,经过村寨寸草不动,所以帮水峪、石峡、十八盘一带至今还流传着一句顺口溜:闯王绕城过石峡,连个鸡狗也没杀!

石峡村的长城深沟险隘,城关相连,墩堡相望,是护卫城内百姓的重要军事建筑,机智的货郎则以自己的智慧守护了城内百姓的安全。雄伟的建筑与大无畏的精神共同铸就了石峡村的深厚文化底蕴,也进一步丰富了当地长城文化的内涵。

如今,石峡关虽已成残城,两千余米残长城也仅有百米开放,但它仍是中华文化的重要承载者,是石峡村悠久历史的见证者。尽管长城之上的烽火和巡逻的卫兵早已不在,但当地却出现了一群热心的长城保护志愿者,他们用自己的力量保护古长城,为长城文化的传承与发展做出了贡献。这些志愿者与古长城共同成为了当下中华文化与长城文化的重要守卫者。

1947年出生的梅景田是长城文化守卫者中年龄最大的一位,他生长在长城脚下,长城文化浸润着他的童年。1983年梅景田便开始了保护长城的行动,他常常早上五六点钟出门,带上一瓶水和一把镰刀,一边哼着小曲一边巡视,看到有垃圾就捡走,看到长城脚下的野草多了就锄一下。梅景田每次要走 20 公里的山路，一直到下午 5 点才回家。在他心中，长城是中国无可替代的国宝，必须有人参与到长城的保护与长城文化的传承中来。他向八达岭中心小学的孩子们讲述如何保护长城，也鼓励自己的外孙子和两个孙女参与保护长城的活动。梅景田用自己的行动鼓舞了越来越多的人参与到义务保护长城的活动之中，壮大了传承长城文化的队伍。

刘会军是另一位较具代表性的长城文化保护者，他认为长城的旅游业与文化产业是提高当地村民收入的契机，但如果过度开发就会破坏这座宝贵的文化遗产，石峡村发展的选择很多，但决不能以牺牲长城为代价。他受梅景田的号召，从 2007 年开始参与长城保护。这一年刘会军开始保护长城，八达岭镇石峡村长城保护协会成立，协会的发起人梅景田常带着村里的二十几人拿着镰刀、小锯到石峡村的长城上开始他们的长城保护行动，八达岭镇石峡村长城保护协会的志愿者们，正在以自己的行动义务保护着家乡古老的长城。长城的保护关乎中华文化的传承，其重要性不可小觑，而保护长城的责任不仅在石峡村的志愿者身上，更在于我们每一位游客的文化自觉。倘若您来到石峡村游览长城，千万要记得随手带走垃圾，不要破坏长城沿线秀美的风景。

在梅景田、刘会军为代表的石峡村民众的支持与帮助下，石峡关长城经历了由军事守卫者到文化守卫者的转变：曾守卫一方百姓生活的石峡关长城成为了守护长城文化的物质载体，而为长城保护做出重要贡献的志愿者们则以自身行为诠释了长城文化的内蕴。

京郊风情蕴石峡

石峡村的长城景观令人惊叹，当地的历史、建筑、饮食与民俗也进一步丰富了其旅游资源与文化内涵，吸引了更多游客来此参观游览，在体验长城文化之余放松身心，感受京郊的魅力。腊八节，石峡村的灯笼亮起。在府西街和学院街，心灵手巧的手工艺匠人，用剪纸灯会的形式展现 200 多个长城故事，让游客在品味剪纸艺术的同时体味长城文化。同时，以"将军巡边"为主要内容的长城文化体验也吸引着游客的参与，游客换上古装，过个"穿越千年"的腊八节。

最能体现石峡村地方文化的当属乡情村史陈列室，这是游客了解石峡村的重要窗口。陈列室于 2018 年 8 月建成，建筑面积 340 平方米。展厅包含历史渊源、石峡长城、居家生活、农耕劳作、非遗体验等五个部分，展品 400 余件。每间展室表现一个时代特色，运用文字、图片、影像等方式讲述石峡村历史文化、饮食文化、农耕文化的发展历程，再现石峡村历史上的战略地位与兵城文化，全方位展示了石峡文化的厚重沉积。

石峡村周围还有众多景点，如察查公馆遗址、古堡城墙遗存、古堡城门基石、土长城、砖长城等遗址及八达岭国家森林公园——石峡风景区、大岭沟景区等在京郊地区颇具代表性的自然风景区。

此外，被石峡关长城环绕四周的石峡古堡也是当地较具代表性的建筑，其青砖红漆，装修素雅，别具古韵。石峡古堡客栈整齐的四合院，优雅别致又蕴含古朴的乡情，还有着新中式的大气高雅。清闲的午后，到石峡古堡品一盏黄芩茶，喝一壶海棠水，十分舒适，此外还有槐花蜜、百花蜜、降龙木等，都是这里比较有特色的下午茶。石峡古堡客栈荣获2019年度北京首届"最具人气京菜"网络评选大赛第三名、2019年延庆区乡村美食文化节最佳创新创意奖，还是北京市延庆区非物质文化遗产项目保护单位。

妫水人家品牌打造的石光长城精品民宿，在设计上也颇具匠心。石头墙壁、石头房檐、石板路，房间内舒适的床品，温暖的灯光设计，沙发中间的茶具与当地特色的茶品，古朴又温馨，让人全方位体验自然之物带来的情感。不仅如此，石峡村还配有图书馆、咖啡厅、露天电影院等休闲场所，一方小院、一串风铃、一棵枣树、一杯咖啡，约上三五好友，好不惬意。

石峡古堡客栈不仅是石峡村最具代表性的建筑之一，其中的特色餐饮更是令人印象深刻。当地所用食材均取自客栈种植的蔬菜、五谷杂粮及农户养殖的牛、羊、猪、柴鸡等，宴席中的鱼头来自官厅水库的胖头鱼，豆腐也是自家磨的酸浆豆腐，这些食材不仅美味，还保证了菜品的营养与卫生。

在由这些食材制作的宴席中，"闯王宴"是最为出名的。"闯王宴"又叫石头宴，因当地借助石头加热菜肴，又借助石头释放出的微量元素提升菜品营养而得名，石烹猪脸、石烹鱼头、石烹豆腐、石烹鸡蛋都是石头宴的特色，在京城一带广受好评。"闯王宴"中的代表食物"贺氏酱猪脸"于2020年被列入延庆区非物质文化遗产保护名录。这道菜不仅味道鲜美，还包含20多种中药材，是美容养颜的上佳之选。

"闯王宴"的上菜过程也独具特色，服务人员两人成对，穿着红袍小褂抬着小轿子鸣锣上菜，一声声特别的吆喝，让人食指大动。"闯王宴"的菜大多还带有美好的寓意，适合节假日全家一起聚会享用。

用罢午餐，可以和当地的面人大师学习面塑技艺，小小的面团，被调和成不同色彩，在大师手中，捏、搓、揉、刻，顷刻之间便幻化成栩栩如生的艺术形象，这也是石峡村民众智慧的体现。

平日的石峡村以其丰富的自然与文化资源展示着以长城为代表的地方文化传统，而节庆时的石峡村则又是另一番热闹景象。其中最引人注目的，是石峡村的"长城脚下过大年"。每逢过年，石峡村会在民俗客栈石光长城举办活动，邀请游客和亲子家庭参与，由"长城文化深度体验官"带领小朋友和游客，以寓教于乐的方式讲授长城故事，感受长城文化。在非遗传承人的指导下，游客还能体验妫川布艺、捏面人、毛猴、葫芦烙画等非物质文化遗产项目，旱船、跑驴、二鞑子摔跤等延庆传统民间文艺活动也会在过年期间的石峡村轮番上演。此外，"石峡中秋传统文化节"也是石峡村的重要节日，中秋当夜的石峡村灯火通明，村里沿途会挂满长城主题的灯笼，两条长廊上也挂满了红灯笼，身着古代服饰的村民会静候两旁，共享"诗韵颂中秋，月满石峡关"的良辰美景。

石峡村民宿　郭翠潇摄影

由于石峡村对当地文化的创造性转化与创新性发展取得了不俗的成绩，当地也先后荣获"京郊环境建设示范村""北京市环境整治先进村""北京市环境建设先进村""北京市绿色村庄"等多项市区级荣誉称号。2020年，石峡村被评为全国乡村旅游重点村。2021年，石峡关谷休闲农业集聚区建设项目被列为八达岭镇重点工程。

石峡关残长城残而不缺的壮美画卷及沿线村庄多姿多彩的民俗韵味都吸引着四面八方的游客来此参观。石峡村还尝试把长城古村的历史韵味和万亩生态林的生态品质结合，为游人提供一处集山野观光、户外探险、农家体验、生态度假为一体的旅游去处。如今的石峡村绝对是一个"清、净、美"的京郊休闲旅游"打卡圣地"，热情的村民也欢迎着游客的到来。

TIPS 小贴士

路线

石峡村位于北京市延庆区八达岭镇西南部，紧邻八达岭长城，位于残长城、石峡关长城脚下，长城原始风貌保存完整。自驾可走京藏高速至康庄出口出，沿康庄路、外石路到达石峡村。公交可从德胜门乘坐919路快车，到达延庆南菜园再换乘Y4路直达石峡村。

住宿

石峡村有农家院，也有精品民宿，可供游客自行选择。

饮食

提供餐饮的地方主要有石峡古堡客栈，这里最有名的菜品是"石烹三绝"（石烹鱼、石烹豆腐、石烹鸡蛋）。"石烹胖鱼头"曾获美食大赛金奖。

永宁镇：聚八方之风物 集万古之重载

永宁镇位于燕山山脉军都山以北的延怀盆地东部，是延庆区中部乡镇。此地东临四海镇，南与大庄科乡及怀柔区九渡河镇交界。永宁镇古风犹存，许多老旧建筑经过修缮焕然一新，其中又以永宁古城的玉皇阁和天主教堂最为著名。走在古城的集市上，你可以品味筋道香软的饸饹面、外焦里嫩的火勺夹肉、入口即化的永宁豆腐、酸甜可口的山楂糕⋯⋯每逢年节，还有非遗南关竹马在此上演昭君出塞。总而言之，永宁镇风醇厚，美景美食令人难忘。

永宁古城玉皇阁

地灵人杰两相照

永宁古城位于北京市延庆区城东 20 公里处的京畿北垂,此地历史悠久,文化资源丰富。"永宁"之名可追溯至明永乐十二年(1414),朝廷曾设永宁县于团山下,取《书经》"其宁唯永"之意为其命名。如今,当人们走进永宁的街巷、胡同,仍会被这里古韵深厚、安静祥和的和美景象深深打动。

永宁古城是在原有古街巷、寺庙的基础上修复、改建而成。城有四门,其东为"迎晖门",西为"镇宁门",南为"宣恩门",北为"威远门"。从四门进入城中,街道景色亦各有不同:东为"文教卫生"阜民街,南为"文化"善政街,西为"手工作坊"广武街,北为"明清风格"拱辰街,四街布局严谨,建筑美观整齐。四条街道从不同的角度共同建构了永宁古城独特的人文景观,彰显出当地深厚的文化内蕴。

永宁古城内的四街之中,北街的建筑格局最为独特。街道两侧有 200 余幅形态各异、栩栩如生的山水花鸟鱼虫和人物画面,其题材包含神话传说、历史故事和文学经典,各类主题错落有致地组成一条古代艺术的画廊。从白蛇传到天女散花,从鲁智深倒拔垂杨柳到孙悟空三借芭蕉扇,从吕布戏貂蝉到林黛玉葬花,举凡历史著名的人物掌故,均作为绘画题材,令人目不暇接,赞叹不已。

永宁古城中央设有"玉皇阁",是当地最具代表性的古建筑。玉皇阁建于唐贞观十八年(645),由尉迟恭监修,至今已有1300余年的历史。这座寺庙在修建上构思精巧,凝结了古人在建筑技艺上的奇思妙想。作为古城标志性建筑物,玉皇阁在外观上三层四面,高约20米,底座为正方形,每边宽约16米;各层四面槛板上挂有历代名人书写的匾额,其中有清末知县刘风书写的"文献明邦"金字匾,古朴典雅;第一层东南角上悬一口大铁钟,遇有土匪或火灾,敲钟为号示警。玉皇阁四周亦有截然不同的景观,其东西两侧30米处各建一楼,一置钟,一置鼓,名曰钟鼓楼,是玉皇阁的陪衬建筑;南面洞门两侧各有铁铸香亭一个,高约3米,铸工精巧,模拟瓦楞窗棂,花纹细微,其内还有铜铸佛像一尊;顶端有一锃亮的金属圆锥体,高约一米。如今,玉皇阁仍以其恢弘壮丽的建筑风格诉说着当地悠久的历史,吸引着一批批游客来此参观。

永宁天主教堂始建于清代,在饱经岁月的洗礼后仍屹立于村落之中。当人们游览天主教堂时,一定会惊叹于教堂穹顶绚烂的壁画,两侧墙壁上华美的彩色玻璃窗与精美的耶稣十二使徒圣像。当光线透过彩色玻璃照耀在跪凳上时,教堂内梦幻多彩如天堂一般,显得静谧而神圣。

永宁古城不仅人文景观独具特色,自然风光也是一绝。独山月夜、缙阳晴岚、上关积雪、红门春晓、苗乡秋稔、宝林钟韵、海坨飞雨、峪口樵归等"永宁八景"令古今文人流连此地,留下许多脍炙人口的诗句。如明代诗人赵羾的《缙阳晴岚》:"雨过岚光生,势与秋色敌。天际翠眉浮,烟中螺髻湿。我欲叩岩扃,衣沾何足惜。仰天歌一声,万峰青欲滴。"这是永宁城北十里缙阳晴岚的风光。"孤峰顶上月团团,仙掌高擎白玉盘。咫尺冰轮移万里,分明弱水浸三山。瑶台有雪浑如画,碧落无风本自寒。更待夜深霜露坠,海天辽鹤一飞还。"这是永宁城西北十里独山夜月的美景。辞致雅赡的诗句为我们展示了永宁奇绝的自然风光与当地深厚的文化底蕴。

永宁厚重的历史文化及奇秀的自然山水,滋养了这里的一方生灵,孕育出无数的仁人志士。永宁文风昌盛,清道光十四年(1834)建的县学"缙山书院"为永宁最高学府,是当地第一所官办学校,为国家培养了大批人才。科举时代,这里曾出过多名秀才、举人、进士。陈咏、李玉璞、李兴永、李德淦、范义等皆为永宁人士,在考取进士后投身官场,于成龙更是官至左丞相。明清两代至民国初年,永宁还涌现出了许多知名人士。民间曾有"南胡、北聂、东赵、西池、韩半成"之说,"南胡"即为声名显赫的胡氏家族。南街胡宅门前两块匾额书写着"九世贡元,十代文魁"八个大字,其族人胡维,为光绪年间探花,镇守居庸关、八达岭时落户永宁,曾任湖北道台,为官清廉,可惜卸任后在归里途中被杀害,道光皇帝还为他赐金头埋葬。由此也可见永宁地区的人才在国家发展中的作用。

来到永宁古城的游客们不妨在城中多浏览一番,在观赏人文与自然景观的同时也稍加了解当地著名的历史人物,相信人杰地灵的永宁古镇也一定会为您带去不一样的旅游体验。

永宁天主教堂 郭翠潇摄影

民间文化代古今

见惯了楼宇耸立、车水马龙的繁华都市，永宁古城中质朴的民间文化又为这座城市带来了别样的风格。永宁历史文化积淀丰厚，是京郊文化名镇之一，被文化部授予"中国民间文化艺术之乡"。这里至今延续着祖辈绚烂多彩的民间文化，热闹红火的庙会、缤纷多姿的竹马、充满神奇色彩的民间故事，从不同的角度诉说着永宁的前世与今生。

永宁的庙宇多,庙会也多;花会多,花样也多。城内有庙宇寺院、坛观宫阁等古代建筑遗存60余处，著名的有三清宫、吕祖庙、火神庙和哥特式建筑天主教堂等。城外有庙宇，不计其数。著名的有上磨村黄龙潭龙王庙、孔化营村泽润寺、东灰岭村广生庙和永宁南关村龙王庙、关帝庙等。庙会有虫王庙会、关帝庙会、灶君庙会、城隍庙会、三义庙会、泰山庙会、娘娘庙会、黄龙潭庙会、山神庙会等。在众多庙会中，尤以黄龙潭庙会规模庞大，名声远扬。黄龙潭庙会上说书唱戏，热闹非凡；买卖交易，商贾云集，至今仍吸引着各地游客来此参观。

永宁各村节庆均有花会活动，不仅品类繁多，而且历史悠久，传承至今的还有二十多档，旱船、龙灯、高跷、竹马、老秧歌等是其中最典型的民间文艺形式。永宁人对花会有特殊的情感，他们的热情参与使永宁花会有着强大的生命力，不但在北京地区颇有名气，而且在全国都广受好评。

在群芳竞秀、异彩纷呈的永宁花会中，永宁的南关竹马最为出名。参与竹马表演的村民穿古装，

永宁南关竹马表演

骑骏马,左手持缰绳,右手扬鞭,随唢呐、鼓的伴奏,作催马驰骋表演的便是跑竹马,其制作和表演类似跑驴,一般都在二三十人以上。永宁地区在古时候曾是军事要地,战争频繁,《昭君出塞》这一竹马表演曲目便反映了永宁人对民族和睦的向往与期盼。昭君出塞的故事发生在公元前33年,匈奴呼韩邪单于向汉元帝提出和亲,深明大义的王昭君主动提出去和亲的请求,在她的努力下,汉朝和匈奴保持了多年的边境和平。此外,竹马会还常常演绎《杨家将》的故事,演员中有扮饰杨延昭、杨宗保、穆桂英、孟良、焦赞等宋国兵将的,也有饰韩昌等辽将和辽兵的。宋将的化妆一般比较英武,穿甲戴盔,悬佩剑,插背护旗。穆桂英头上还有一双长长的雉鸡翎,英气逼人。辽将一般为花脸,有的头上插一根短雉鸡翎。诸多竹马演员你来我往,这是在模仿宋军追击辽军的样子。2009年,永宁南关竹马被列入市级非物质文化遗产代表性项目名录。若在节庆期间恰有闲暇,永宁的庙会、花会与竹马将为您带来不一样的节日氛围,让您在单调的生活之中体味烟火人间的热闹景象。

香飘御膳款宾客

永宁丰富多样的民间文化中必然少不了饮食文化的身影。永宁古城中美食繁多,首屈一指的当属永宁豆腐。这一美食自汉代起便有记载,清朝更成为宫廷贡品,得到慈禧太后的喜爱。据说慈禧太后认为常吃豆腐可以养颜长寿，永宁城的地方官员听闻后便派专人为太后敬献永宁豆腐，这一行为得到了慈禧的肯定，后来家家户户都争相制作豆腐，永宁城的豆腐名扬京城，其独特的制作工艺也一直流传至今。当地有一则有趣的传说讲述了永宁豆腐的来历：

相传明朝宣德初年，永宁建城之后，日益繁华，各地的商人工匠纷纷来此做生意。一天，从外地来了一对年轻的夫妇，男的姓张名叫立顺，高个子、方脸盘，是个强壮的小伙子；女的叫凤儿，长得如花似玉，貌美如仙。小两口在南门外租了两间铺子，做起"豆腐"生意来，晚上磨黄豆，起五更做豆腐，立顺一早便担着豆腐进城去卖。当时，永宁城还没有做豆腐的，人们觉得很稀罕，一尝果然很好吃，因此，夫妻俩的生意越来越好。起初他们做豆腐是用盐卤点的，而且只能立顺点。某一日立顺去挑水，豆腐锅溢了，小凤不知所措，就把锅台上的一盆浆倒入锅内，立顺回来后看到锅里已经出了豆腐，忙问小凤：你也会点豆腐了？小凤说：没有点呀！刚才锅溢了我把一盆浆水倒里边了。立顺由此明白了原来酸浆也能点豆腐，经过几次实验他掌握了规律。此后他改用酸浆点豆腐，这样把废浆利用起来，既省了买盐卤的钱，又省了事，而且点出的豆腐味道更为鲜美。自那之后，夫妻俩用酸浆点豆腐的技艺也一直流传了下来。

到了清朝末期，深得西太后赏识的李连英在永宁城（今日的利民街姚官胡同）建了一所相当阔气的大院（现在残迹尚存），并用永宁豆腐招待官宦来宾，还把豆腐带进宫廷请西太后品尝，深受太后喜爱。从此，永宁城的豆腐名气大震，成为宫廷御膳之菜。永宁城的豆腐行业也愈发兴盛，经久不衰。

"南京到北京，要吃豆腐到永宁"，是明代以来人们对永宁豆腐的赞美，永宁古城还有俗谚"抬在案上是黄的，浑身上下是活的，刀子一拉茬口是细的，抓在手里是绵的，放在口里是细的，煮在锅里是韧的，油炸出来是虚的"，这也是对当地豆腐优良品质的赞美。在这些俗语背后，永宁豆腐的知名度之广与当地民众对豆腐制作的熟稔可见一斑。

永宁豆腐闻名遐迩的原因在于其严格、精细的原料选取与制作过程中的讲究。特别是当地采用豆腐的原浆发酵点制，凭借永宁城良好的水质，做出的豆腐颜色洁白、质地鲜嫩、味美而香、营养丰富，乃名副其实的绿色食品。永宁豆腐的吃法十分多样，烹、炒、炸、熬、拌，生熟皆可。另外，还可以用它制成多种豆制食品，如：豆腐干、豆腐皮等，深受游客的喜爱。

如今，永宁镇政府还成立了"永宁古镇豆腐协会"，致力于推广美味的豆腐，坚持"发扬传统、积极创新"，全力推广、扩大永宁豆腐的行业规模。在当地民众的努力下，"永宁古城牌豆腐"成为北京有名的品牌，甚至进入京城宴席，供国内外朋友享用，展现了"永宁古城豆腐"的辉煌，也成为来此旅游的游客不可错过的美食。

火勺是永宁古城的另一种特色美食，其知名度仅次于永宁豆腐，是古代典型的军队食品。明朝时期，永宁古城驻有军队，士兵来自不同地区，饮食习惯各有不同，因此，一种满足各地饮食偏好

永宁火勺　郭翠潇摄影

的类似烧饼的干粮便应运而生。这种独特的烧饼还具有保存时间长、便于携带的特点，符合驻军饮食的需要，这便是火勺的由来。火勺流传至今已有数百年的历史，但其制作技艺与烹饪方式却并没有发生太多的变化。在烹制上，火勺用温水和面，经烙、烤两道工序制作而成，一面带有金线圈，呈虎皮色，干脆适口，具有浓郁的麦香和椒盐味。因为外皮无油，内含水分极少，便于携带又易于保存，现已成为享有盛誉的地方小吃，深受国内外宾客的喜爱。

筒子肉是永宁的另一美食，它由秘制猪肉沫混合蛋糊浆，用植物油炸制而成，其色泽金黄，外酥内嫩，鲜香可口，肥而不腻，风味独特，常吃不厌。

豆腐、火勺和筒子肉等各色美食一同构成了永宁独树一帜的饮食文化，吸引着到此的八方游客。

永宁古城历史悠久，人文景观承载着厚重的地方历史文化，自然景观又以壮美的风景突显着大自然的鬼斧神工。在当地民俗活动的映衬下，颇具古典风格的永宁古城充满了生活的气息。独特的饮食、良好的住宿、丰富的文化底蕴、热闹的市井气息使永宁古城成为集感悟长城文化与放松身心于一体的京郊旅游胜地，吸引着四方游客来此游玩。

TIPS 小贴士

路线

永宁镇地处延庆区中部，东临四海镇，南与大庄科乡及怀柔区九渡河镇交界，西与旧县镇、沈家营镇、井庄镇接壤，北依香营乡、刘斌堡乡。自驾沿京藏高速到延庆，向永宁方向沿指示路标即可到达。公交从德胜门乘919路，到延庆换乘873公交车或小客车即可，也可从北京北站乘坐S2小火车，在延庆站下车转乘公交车，到南菜园换乘873公交车或小客车。

住宿

永宁古城内有农家院和精品民宿，游客可自行选择。

饮食

永宁古城特色美食有永宁豆腐、永宁火勺和筒子肉等，种类繁多，色香俱全。

营城村：残砖筑新村 美景愈心灵

营城村位于延庆东部，隶属永宁镇，地处古长城脚下，西近二铺，东南与群山相对。营城村原称"营城里铺"，又称"里铺"，该村历史悠久，明代此地便为屯兵之所，朝廷在这里筑城墙、建炮台，带动了村落的发展。历经岁月的洗礼后，昔日古长城的城砖又成为营城村住房、院墙建设的材料，以另一种方式见证并陪伴着营城村的发展与变化。营城村不仅有古长城的遗存，每逢过年，这里还有热闹欢快的秧歌表演，吸引了四方游客来此参观。

营城村　席文俊摄影

营城村村景　徐姗姗摄影

长城残砖筑新村

"没有长城,就没有营城村",长城的修筑始终伴随并见证了营城村的发展。旧时的营城村是长城的关隘,村中有5个烽火台和两个箭楼。明永乐年间(1403—1424)修长城的外来移民和镇守长城的士兵及家属在这里安营扎寨,形成村落,这便是营城村的由来。数百年来,这段长城因年久失修而陆续损毁,近代以来接连不断的兵燹又造成了长城景观的毁坏。

今日的营城村依旧能看到古长城的遗址,那是延庆从岔道至柳沟的"明代南路边垣"长城伸向山区东段的一小部分。营王公路(营城——王家堡)将长城自然分成东西两部分,分割点的隘口为什锦口。什锦口是营城村较具代表性的长城景观,其西侧是百米悬崖,东部山坡灌木漫山,登高向上便可看到长城的模样。山顶有一座敌台,过敌台继续向东,有一段很特别的岔墙,主线墙相对完整,依稀可见长城原来高大、紧密、厚重的风貌。这里的野花一片片一丛丛,肆无忌惮,怒放山野,微微摇曳,暗香弥漫。

营城村与长城的特殊关系,在于当地的民居与院墙大多取材于古长城的遗址。由于近代以来长城损毁严重,加之营城村长时间未接通公路,村民们盖房垒院只好就地取材,肩背、人扛、牲口拉,家家户户往回运,将废弃的古长城城砖用于重建家园。长城的砖瓦为穷苦的村民解决了燃眉之急,以新的形式融入了当代人们的生活之中。

如今,当您来到营城村,一定要留意村民院墙上斑驳、厚实的墙砖。这些砖瓦大多大小不一,缺棱少角,但它们却无比坚固,在砖缝的弯弯曲曲中浸透着岁月的痕迹,这些城砖便是昔日古长城的遗址。尽管营城村附近的长城早已残破,但长城的砖瓦仍庇护着一方百姓,这也是独属于营城村的长城记忆。

营城"村晚"闹新春

"年"是中国人心底最深处的文化胎记,也是营城村一年中最热闹的时候,村民们自发排练的"村晚"总能让人感到久违的年味。每到过年前后,不管入夜的京郊有多么寒冷,营城村的村民家里始终是笙歌乐舞,彻夜不绝。这是秧歌队在为每年的"村晚"做准备,他们至少要排练几个月之久。村民头束黑色抹额,身着桃红秧歌服,脚踩黑布鞋,时而摇头晃脑迈着秧歌步,时而鼓腮瞪眼拍大腿,花样百出,令观众不禁捧腹。他们嘴里还念诵唱词:"都说我呀,天生是活宝!谁叫我长得模样呀模样俏,脑袋大那个眼睛小,眉毛短那个嘴巴翘,个头儿比不上嗓门高。"这些参演的村民最年长的有80岁,年轻的至少也有60岁,他们在天寒地冻的日子聚在一起排练,就为丰富营城村的"村晚"。

除了秧歌戏外，他们还准备了快板、情景剧、小品等，全部自导自演，每年正月初一至初三、十四至十六，每晚都要表演一场，参演者至少有 30 人。

营城村的"村晚"被誉为乡村盛典，其节目不求艺术水平多高，但求热闹喜庆，不过村民们也都十分重视自己节目的质量。为迎接冬奥会，村民特别准备了情景剧《四老喜迎冬奥会》，表达他们对世园会、冬奥会将在延庆举办的激动之情。村民们穿着桃红秧歌服，举着火焰扇，一个个动作、一句句唱腔地研究。尽管嗓子哑了，腰疼腿酸，但歇几分钟后，他们便又兴致勃勃地舞动起来。

更令人欣慰的是，从 2019 年开始，"村晚"逐渐吸引了年轻人的加入。京剧《大登殿》的排练就有一位 30 岁的年轻人参加，他饰演王宝钏的母亲，身着戏袍、手拄拐棍、慢悠悠地出场，伴随着板胡、二胡、锣鼓的伴奏，一招一式都令人赞叹。为了演好"王母"，这位年轻人虚心向村里的老艺人崔双德请教，从唱、念、做、打基本功学起，不断提升自己的表演水平。

营城村过去是个低收入村，大多数村民在家务农，无力参与节目排演。近年来，由于政府精准帮扶、下派第一书记，村民逐渐脱贫致富。随着村民生活水平的提高，当地的文化生活也愈发丰富。不仅老年人爱参加文艺活动，年轻人也愿意将新鲜的艺术表现带入村落舞台，丰富乡村文化。如今，蓬勃的生命力正从营城村的各地喷涌而出，显示着这座古老村落在新时代的生机与活力。

来到营城村，古老沉稳的长城文化与热闹欢快的节日景象将共同装点您的旅途，为您展示营城村的过往与今朝。无论是为感受北京文化的多样性，抑或想在乡村中体验过年的热闹红火，放松疲惫的身心，营城村都能令您不虚此行。

TIPS 小贴士

路线

营城村隶属于延庆区永宁镇，西近二铺，东南与群山相对。自驾沿京新高速或京藏高速，经昌赤路即可到达。公交在德胜门乘坐919路快车，到延庆南菜园下车，再换乘925路，即可到达。

住宿

营城村附近有北京福运满佳农家院和北京塞上古韵民宿，游客可自行选择。

饮食

就餐可选择永宁人家铁锅炖和豆香轩等餐厅，品尝酸菜白肉、铁板豆腐、原味豆腐等当地美食。

东灰岭村：关口护京陵 盛景迎住客

东灰岭村位于永宁镇政府东南约5公里处，三面环山，东邻昌赤路，西邻南张庄、彭家窑，因位于燕羽山东山口下，故得名东灰岭。村中悠久的长城文化、质朴的乡村文化与秀美的自然景色共同组成了当地丰富的文化资源。来到东灰岭村，您不仅可以参观村内的古长城文化遗存，还可以入住民宿，回归田园，感受闲适安然的小院生活，再到幽静的青龙潭探索大自然的无穷奥秘，于繁忙的生活之余偷得浮生半日闲。

燕羽山麓古城池

东灰岭村旁是高耸的燕羽山,山脚的两个山口通向十三陵,这使东灰岭成为护卫明皇陵的重要屏障与镇守边关的防御关隘。明代朝廷在此建营城、筑炮台,士卒家属及后裔便在此地屯驻,开荒种地,逐渐形成村落,东灰岭村也因此逐渐发展壮大。

灰岭口是东灰岭村较具代表性的长城景观,也是长城九边十三镇之一——昌平镇居庸关路防御体系的一部分。《隆庆昌平州志》记载:"在北京昌平县北,西去雁门口十八里,自居庸关东至黄花城镇,凡九十一口,而灰岭口为冲要。居庸关、黄花镇、慕田峪、灰岭口俱系边城冲地,虽宣、蓟为之屏障,紫荆借以声援,然外而扼控要害,内而拥护京陵,干系至重",阐明了灰岭口重要的军事战略价值。

灰岭口因其关键的地理位置而被选作边城的修筑地。永乐六年(1408),此地曾建有旧城一道,敌楼一间。嘉靖十六年(1537)二月二十九日,明世宗朱厚熜视察陵寝以后,改敌楼为三间,东西长六丈,南北阔四丈,中以灰石,外俱砖包。原四十丈的旧城亦用砖灰垒砌,城门和城下水门都改用铁裹。此外,灰岭口还增筑东西敌楼二座,官厅一座,营房六十间。守兵也由原十名增至百名,设把总一名统领。从此,除天寿山官军往来巡逻及传报公差可以出入外,不许任何人私行往来,其军事防御功能被进一步加强。

东灰岭隘口山高坡陡,草木丛生,又称"回龙口"或"灰龙口"。村中还流传着"'假炮'退兵"的传说。据说明代朝廷财力紧张,造不起大炮,回龙口东西两座山头上的12个大炮台中只有两门是真正的铁炮,其余都是当地老百姓用泥土、石头仿制的假炮。别看是假炮,还真退过敌兵。有一年冬天,蒙古三千兵马来永宁、大庄科一带侵扰,到回龙口时,就因惧怕山上黑黑的、高高的排排大炮,未敢侵扰,直接退兵。

如今在东灰岭村欣赏灰岭口的长城风光,便会发现此地虽已旧貌换新颜,但古风古迹犹存,仍能为人们展示东灰岭村昔日的烽火硝烟与灰岭口护卫京师的光辉历史。

民俗文化系民心

东灰岭村不仅以其长城文化闻名京城,当地的诸多民俗文化同样内容丰富,颇具吸引力。东灰岭村是少数民族村,满、汉文化于此交融,行走于村落中,道路两旁的文化墙上便展示着这里独特且丰富的满族文化资源。据说大约在300年前,有闫姓、孙姓两家人来到东灰岭定居,他们是村里最早的满族人,后来的赵姓也是满族,久而久之,东灰岭渐成村落,田地连成片,又来了张姓、李姓、杨姓满族。在这些满族人中,最出名的要数清末一位姓容的宫里人。满族有尚白的习俗,以白为洁,

广生庙 席文俊摄影

白色象征吉祥如意,那位容姑娘来到东灰岭时就在旗袍上镶嵌了白色的花边。现在东灰岭村的满族人口占了全村总人口的将近一半,是民族团结的典范。

打造具有满族风情的特色村庄是东灰岭村的发展方向,也是村中力求打造的特色旅游品牌。如今的东灰岭村内,四合院、小瓦房、索罗杆子影壁墙、葡萄树、丁香树、花香鸟语砖漫路,展现了满族的居住民俗;两把头、寸子鞋、鲜艳旗袍靓衣装,体现出满族的服饰文化;儿媳敬公婆、姑爷为上客、狗肉不能吃、西炕不能坐,这是满族生活习俗的展现。2011 年,村里还在民委的支持下建起了满族民俗文化展览馆,进一步彰显了村中满族文化的传统。

除满族民俗外,东灰岭村还有更为丰富的民间娱乐活动。近年来,东灰岭村建成了文化室,设数字影厅、益民书屋、活动室等,组织村民学习舞旱船、扭秧歌与现代的广场舞、健身操等体育运动,大家踊跃参与,热情度很高,来此的游客也受到这种氛围的感召,纷纷参与到民间文艺的学习与表演之中。一些老年人还根据个人兴趣,自编自演了很多小节目,演唱革命歌曲,也受到乡里乡亲的热烈欢迎。此外,东灰岭文化室还定期组织小剧场,将村民爱看的老电影、红色电影投到荧幕上,插上高品质音响,还原电影原声,村里村外的乡民、游客纷至沓来。

得益于丰富的文化资源,东灰岭村成为在京北颇负盛名的旅游休闲胜地。来此的游客能感受长城的雄伟,品味生活的恬淡,在烽火硝烟与烟火人间的映衬下感受独特的民族文化。

抱朴守拙品生活

抱朴守拙是东灰岭村最具特色的精品民宿,游客可在领略村中风光后在这家民宿中休憩放松。"抱朴守拙"民宿之名出自陶潜的诗句"开荒南野际，守拙归田园"，其经营理念是让人们保持朴实的本性，摒弃驳杂的心念，回归最原始的本真，让都市中劳碌的人暂离紧绷的工作，感受村落中的静谧，放松疲惫的身心。

民宿的创始人是一名叫石雅竞的90后女生，她爱好自由，喜欢自然，基于自己的爱好创立了抱朴守拙，开始了自己实现梦想的旅途。在这个清爽的小院里，石雅竞为人们创造了一处幽静、恬淡的休息空间，游人可在此休闲聚会。她还希望每一位到访的朋友都能在此感受到家的温暖，因此除了增建娱乐设施以外，还尽可能地满足人们多样的需求，在特殊的日子里为人们准备一份小小的惊喜。

在民宿中好好休息后，也不要着急离开，东灰岭村西边不远处就有位于永宁镇四司村的青龙潭风景区。幽静的青龙潭内有一条瀑布，从30米高的石崖上飞流而下，壮观的景象吸引着大量的民众来此参观游览。山谷静谧，瀑布宏伟，在一静一动的交相辉映下，青龙潭风景更为引人入胜。

当都市中的人们因终日的劳碌而疲惫不堪时，不如暂时抛却烦恼，来到东灰岭村，感受壮美的自然风光，体味欢快的人间烟火，在民俗中寻找片刻的宁静，经过几日的旅行，一定能以更饱满的精神投入之后的学习、工作与生活之中。

TIPS 小贴士

路线

东灰岭村是延庆区永宁镇下辖村,该村位于永宁镇政府东南约5公里处,东、南、西三面环山,东邻昌赤路,西邻南张庄、彭家窑。自驾可沿京藏高速、京新高速、京银路、北西路、昌赤路行驶,全程约两个半小时。公交可在德胜门乘坐919路快车,在京张路口东站下车,再换乘Y42路,到东灰岭村站。

住宿

在东灰岭村可选择抱朴守拙民宿,小院可容纳8—12人,4间卧室(两间大床房、两间双大床榻榻米),一个公共空间(客厅、餐厅、厨房),4个卫生间(3个可淋浴),免费提供烧烤炉、木炭、电火锅、咖啡机、多士炉、茶具、麻将机、游戏机、蓝牙播放器、烤箱、消毒柜、冰箱等用具及米面调料。

饮食

当地美食有永宁火勺、炸(素或肉)咯吱等特色小吃。

延庆旱船

井庄镇：长城脚下舞旱船

在巍峨耸立的玉皇山旁，缓缓流淌的妫水河畔坐落着长城脚下的重要村镇——井庄镇。井庄镇的闻名一度仰赖柳沟村的火盆锅、豆腐宴，依靠当地的明代军城——凤凰古城吸引众多来此感受古道雄风的游客。然而，除却柳沟村的民俗风情与边塞风光，井庄镇还传承了一种古老的民间文艺项目——旱船。这种陆地飞舟的表演不仅保存着人们对传统的记忆，更体现出民众对新时代的讴歌。在未来的冬奥会场上，长城脚下的旱船也将粉墨登场，为人们展示民间花会中传统与现代的交织。

面塑·旱船　井庄镇宝林寺村冬奥会活动　照片由延庆博物馆提供

陆地行舟诉愿景

　　旱船是延庆区较具代表性的民间艺术形式，井庄镇早在2011年就获得了"旱船之乡"的美誉，足见旱船在当地文化发展中的重要地位。旱船表演的精髓在于其演出者要脚踏大地，模拟出"水上行舟"的细节，令人有表演者在水中飘摇、随波浪起舞的奇妙感受。延庆旱船讲究"一快、二稳、三漂、四转"，其中又以"稳"最为重要，即稳中求快求漂，在稳中旋转，在旋转中较量稳的功夫。旱船表演者要以独特的步法与身法讲述出一段段脍炙人口的民间传说，将民众对美好品质的讴歌、对美好生活的祈愿寄托其中。

　　延庆区舞旱船的历史十分悠久，最早可追溯至明嘉靖年间（1522—1566），彼时的民间花会中便出现了旱船的身影。据传，井庄的旱船最早起源于民间的祈雨仪式。农业是中国社会发展中的重要一环，而雨水充沛与否便成为关系民众生活的重要环节，因此，古代村落中的祈雨仪式便十分盛行。井庄镇的祈雨仪式是由村里能说会道的人带上贡品，去他们认为有神灵的地方，祈求上天赐雨，解救生灵。回来时，祈雨的村民会头顶着用柳条编织的帽圈，光着双脚，等待沿途的人用事先准备好的水泼向他们，村民们认为泼的水越多，求来的雨也越多，这一年的农业也自然能够丰产。但是，尽管这样的仪式有着美好的起源，被泼水的人却会因此浑身湿透，十分难受。于是，求雨的人就想到用柳枝做成一个船架子，用柳条编成船顶具以防止被雨水打湿，这就是井庄镇旱船最早的雏形。因为求雨一般情况下是三人同去，所以先民们就做了三只柳条船。经此之后，求雨的仪式与祝福被保留，求雨者也能免遭淋水之苦，旱船这项承载着民众美好生活愿景的艺术也就此形成。

延庆区的一些古建筑还与旱船有着千丝万缕的联系，如五里营村的戏楼、大泥河村古代民宅的屋顶。它们都是明代的建筑，屋顶分前后两部分，前低后高，前圆而后尖。称作"一殿一卷双廊式"，旱船的船顶和这两处建筑的屋顶样式完全一致。因此，当地人都说延庆旱船最迟产生于四五百年前的明代初期。根据《延庆州志》的记载，清乾隆年间的延庆，每逢上元节都会有"用优人衣冠、器具，扮演各色故事，名为'社火'"的庆祝仪典。而在延庆民间舞蹈中，"用优人衣冠、器具，扮演各色故事"的只有旱船、竹马和老秧歌三个品种，以此推测，当时的旱船或许已经在上元节的演出中占据了一席之地。

如今，延庆旱船在井庄镇仍然有着较为广泛的群众基础，还因为民众生活质量的不断提高，原本的三条船协同表演已经不能满足当下民众参与、欣赏旱船表演的需求。为了解决玩不上、分配不公的问题，村里决定扩大旱船表演的队伍，从三只船到九只船，表演更加热闹，可观性更强。每逢节假日，井庄镇都会有旱船演出。当游人准备前往井庄镇时，一定要提前在网上查阅跑旱船的演出通知，以便观看这精彩绝伦的民间文艺表演。

三技合一传非遗

井庄镇的代表性民俗项目旱船集多门艺术手段于一身，是复杂且精美的文艺活动。它不仅包含着表演者的高超技巧，还需要精美而独特的旱船制作技艺，另外又要在乐队的配合下将音乐、表演与叙事相结合，在旱船的舞动间把民间叙事中的生活愿景呈现给观众。正是因为旱船精致的表演与广泛的群众基础，2014年"延庆旱船"经国务院批准列入第四批国家级非物质文化遗产代表性项目名录，成为长城脚下、井庄镇内一道靓丽的文化风景线。

旱船的表演颇有讲究，据"延庆旱船"非遗传承人丁石锁讲述，旱船的表演讲究"稳中求飘，飘中有快，快中有转"，其中"稳"要求旱船不能上下，不能左右晃，要跑得特别平稳；"飘"则要求在跑的时候有上下起伏，意思就是这水里有风了就飘，用步法模拟着水中的样态；"快"是在跑八字、跑三角时的要求，这需要快，鼓点得脆，这是脚底下的功夫，永远小碎步，跑时必须脚后跟先着地，如果脚尖先着地肯定会颠，便不够美观了。"转"就是最后的场记，三艘船要顺时针、逆时针依次转，不怕你快，越快越好。丁石锁老人回忆，他父亲那一辈人曾说，舞旱船时要在船围子上面放一碗水，跑起来水不能洒，这才算合格。

旱船的第二项高超的艺术在于道具制造，每一艘船都是一座精美的工艺品。丁石锁老人提到，旱船全是木质的，使用的材料是北方最好的榆木，取自当地的老榆树。旱船需要用木架子按照船的外观形状制作，船身周围缀上绘有水纹的布裙；船顶的形状类似延庆古建筑戏楼的样子，考究的工艺展现着这门艺术的深厚历史底蕴。旱船的前部为半圆形，后面呈正三角形；在船的上部，糊有绘着吉祥图案的细白纱，船的四角拱头各挂一个彩绸绣球。经过精细加工后的旱船，本身船体大约在六七十斤，跑起来带着风得有近百十斤，更何况在舞动的同时还要兼顾船体的稳定与灵动，这对表演者技术的要求便更高了。就连如今已是老艺人的丁石锁老人都说"那时候我都比较有劲儿了，肩膀还是被压得血红，老是压秃皮，所以没有一定的毅力、一定的基础，是玩不好的"，可见延庆旱船的难度与精彩程度。因此，来到井庄镇，不可不体味旱船的魅力。

旱船还是一门讲故事的艺术，表演者要通过种种样态，将民间传统的故事与民众对新时代的讴歌相结合，并讲述给观众。目前旱船表演中最具代表性的剧目是《白蛇传》。这一人们耳熟能详的故事由三人共同演绎完成，三者分饰白娘子、小青与许仙，演绎三人游西湖的故事。其中扮演白娘子的演员是领舞者，许仙和小青紧跟配合，时而交叉、时而旋转、时而你追我赶、时而齐头并进，好像三只小船在水面上飘来飘去，活泼自如。井庄镇老银庄的"九只船"旱船更具特色，同样是演绎《白蛇传》的故事，当地的演出由一个"艄公"引着九只船上场，九只船又分为三组，每组分别有"小青""白蛇""法海"三个角色。其中，"艄公"为领队，配合着乐队的鼓点与节奏，带领整个队伍演绎着旱船艺术的种种经典套路。除演员的表演外，旱船本身也是民间故事讲述的一部分，井庄镇表演《白蛇传》的"三只船"的缎面上各印有六个图案，三只船共有 18 个图案，全部按照《白蛇传》故事的发展所绘。船的前面绘有海上日出、二龙戏珠、狮子滚绣球作为船头彩绘，侧面有六个图案，第一个图案就是青白蛇在昆仑山下界，最后一个图案是白蛇与许仙的孩子——许士林得中状元后拜塔，塔拜倒了，白蛇从塔里出来，这便是全书的大结局。三艘船，18 个图案都绘制于船四周的白绫子上，白绫用胶水涂抹后质地发生改变，在其上作画，图案看起来似透非透，给人以梦幻之感。过去的旱船表演常在晚上举行，当周围华灯初上，旱船点缀着老艺人们制作的烛灯，给人以极致的艺术体验。

在丁石锁的带领下，凭借演出者全面而扎实的技艺，旱船曾为延庆赢得了诸多荣誉。1984 年，

老银庄九只船　照片由延庆博物馆提供

在新中国成立 35 周年庆典上,延庆旱船以 78 只的庞大阵容,接受了党和国家领导人的检阅,丁石锁作为成员之一感到无比激动和自豪。1987 年,在北京市"龙潭杯"民间花会大赛上,丁石锁带队表演的《白蛇传》摘得大赛桂冠。2008 年,丁石锁成为了第一批北京市市级非物质文化遗产项目代表性传承人。2014 年 11 月,延庆旱船又入选了国家级非物质文化遗产名录,成为延庆第一个入选国家级非遗名录的花会活动。

如今,井庄镇仍然会在节日期间举办旱船表演,当地民众也会讲述自己参与、观看旱船演出时的盛景。那些精美的艺术品在富有技巧的表演者手下为人们带来了儿时的回忆,送去了美好的祝愿,在民间故事所讲述的淳朴情感中展示着民众对安稳生活、美好品质的讴歌。在这道非物质文化遗产风景线的映衬下,长城文化带的内蕴变得更为丰富,更具生活气息,对游客的吸引力也因此增强。

薪火相传通古今

延庆旱船的表演令人十分惊艳,但它的传承之路并非一帆风顺,甚至一度面临着失传的隐忧。多亏了一批批为传承旱船艺术无私奉献的传承人和一代代对家乡艺术感到自豪的中小学生,他们的薪火相传使旱船艺术在当代焕发出新的生机与活力。

丁石锁曾经忧心忡忡地诉说自己对旱船艺术传承的担忧："老的老了，小的不会，要真正想按老的东西，（把）真正非遗的东西传承下去，还要费大劲"。旱船的传承本就需要"口传心授"，正如丁石锁所说"比如说你们三个想玩，我只能口传心授，我得有道具，所谓道具（指的是）我得有船，我得有乐队，得有演员，传帮带，只有这样才能（传承）下来。"

旱船的传承是一份复杂且艰巨的任务，不仅依仗政府为文化传承提供场所与演出的机会，还需要传承人辛勤的付出与新一代青年对当地文化的热爱。丁石锁就说"别看我父亲是文盲，大字不识，（但是）家教相当严，既没工资也没任何待遇，连化妆带头饰全是自己花钱买的……晚上到附近周边乡村跨船都是走着去，跨着船走七八里十来里地，回来都夜里一两点了。那时候没有塑料花之类的东西，全是自己设计的，都是拿纸攒花。我们家能组成一个船队，有打的有吹的有玩的，一直到我的儿子、我的姑爷都玩过这个，就是喜欢参与，没什么别的。"也正是他们的喜欢与热爱，使旱船这门手艺得以流传至现在。像丁石锁这样的传承人还有许多，如老银庄的杨建生，他是地地道道的"旱船世家"，爷爷舞旱船，父亲是名乐队演奏人员，从小耳濡目染，长大后，杨建生自然而然地接过了舞旱船的技艺，这一舞就是二十多年。直到现在，一旦村中有旱船演出的需要，无论多忙杨建生都会全身心投入到表演中来，带领老银庄的"九条船"再度演绎白蛇传的故事。另外如刘富汉、房存相等老艺人也都有多年的表演经历，他们活跃于乡间，为旱船艺术的发展做出了贡献。

青年一代对延庆旱船艺术也表现出了较高的接受度，他们自愿参与到旱船表演中，为文化的传承做出了自己的贡献。丁石锁的几位徒弟就成立了"90后旱船队"，自觉担负起了传承儿时记忆与地方文化的重任。他们平时有着自己的工作，但也尽力抽出时间聚集到老师家中，系统学习旱船表演的知识，配合演出。学员邱振飞说："（师父）教的更多是怎么样去做人，他说你这个表演一定要踏踏实实的，千万不能浮躁，要多跟这些老艺人去交流，多跟他们去学习。我们也是希望在我们这一代人的努力下，能够让更多的人知道延庆旱船……我们想的就是把它作为一个健身锻炼的项目也好，作为一个展示的窗口也好，能够经常性地把它展示给大家。"

学艺先做人，正是在青年、老年表演者的薪火相传中，旱船的艺术才得以保留，并发展为展示延庆地方文化、地方传统与百姓生活愿景的重要窗口。每逢旱船表演，井庄镇都会吸引四面八方的人，参观这项传承百年的艺术，感受民间高超的表演技艺与淳朴而丰富的情感。

TIPS 小贴士

路线
井庄镇处延庆区东南部，东与永宁镇、大庄科乡交界，南与昌平区十三陵镇毗邻，大秦铁路从西部穿井庄镇而过。自驾前往可沿110国道一路抵达井庄镇。公交可在德胜门乘坐919快车，到延庆南菜园下车，再换乘874路抵达。

住宿
有醉美乡居民宿，是体验农家风情、放松身心的上佳之选。

饮食
可前往柳沟品鉴豆腐宴，味道鲜美，价格公道。

柳沟村：炊烟起于凤凰城

柳沟自明代起便是军事重镇，朝廷在此修筑了重要的军事防御设施——凤凰城，并将其作为南山路边垣的军城。尽管今日的凤凰城已不复往昔风采，但长城的遗迹还诉说着当年战火硝烟的历史。如今的柳沟还是京郊休闲放松的好去处，此地的豆腐宴名冠京城。艾草堂是传播优秀传统文化的重要场所，凤凰古城也成为柳沟村重要的文化商标，推动着柳沟村走向繁荣。

京北凤凰观古今

柳沟村自古便有着重要的军事价值,早在宋代,此地就是战场。成吉思汗登上汗位的第六年(1211)还曾率军经此地伐金。明初,蒙古骑兵先后进犯关内,都是取道柳沟进攻八达岭或居庸关长城。明末李自成攻打京城时也因为迟迟无法攻破八达岭长城而在柳沟寻求突破口。柳沟在京城防卫中的重要作用可见一斑。

为了守卫京师、抵御外敌的入侵,嘉靖年间(1522—1566)朝廷便决定在此处修筑城池。站在村外燕羽山上俯瞰,古城的结构像一只展翅飞翔的凤凰,因此柳沟的古城又被称为"凤凰城"。凤凰城内曾设有城官以管理地方庶务,长城脚下还曾设司官管辖。柳沟往东分别是头司、二司、三司、四司。明代"司"属于卫城,驻扎指挥使司,头司村属柳沟营所辖,军卒在这里开荒种地,后逐渐形成村落,故名"头司"。现在村内还存在明代古宅、古庙、古井、烟墩、窑院、土城墙及古长城遗址。土长城和石边长城依山而建、浑然天成,城楼巍峨耸立,极具观赏和研究价值,被列入全国重点文物保护单位。头司村的南面是知名的燕羽山,山势平缓、植被丰富。远眺燕羽山,它像一个挺拔的火山锥立于群山之上,双峰耸立,像燕子的尾巴。四司村往南不远就是位于两山夹峙之中的青龙潭,其上建有龙王庙,是2006年于旧址重建的。庙东有一巨石,名曰"风动石",看似很重,但据说用手轻轻一推,它就前后晃动,但若改变力道,全力去推,它却纹丝不动,颇为神奇。这些景点都与昔日的凤凰城有着千丝万缕的联系,从今日的柳沟村前往观赏也并不遥远。通过观赏几个村中的历史遗迹与长城遗址,相信来此的游客能对柳沟凤凰古城有更为全面的认识。

柳沟凤凰城是万里长城的重要一环,长城从八达岭迤逦北上,经柳沟转向西北,到延庆东界的火焰山(即九眼楼)与东南——西北走向的外长城交会。因位置优越,凤凰城的发展也十分迅速。据记载,凤凰古城内的古井、古树、古城墙、古庙众多,城内曾建有城隍庙、泰山庙、关帝庙、弥勒寺、三教寺、宝幢寺等18座寺庙,尽管这些寺庙已十不存一,但通过史书的记载,昔日柳沟繁荣的生活景象仍依稀可见。

如今的柳沟村还有一棵棵枝叶茂盛的古树屹立在街旁,它们是凤凰城辉煌的见证,其中最为粗壮的是城隍庙旁的那棵四百多年的古槐,它枝繁叶茂,为夏季的柳沟村送去一丝阴凉。村中的百姓将此树称为"平安树",认为它蓬勃的生机能够带给人们平安、长寿,外来的旅客也多到此地参拜,抚摸古树,希望能得到它的庇佑。村中还有一口老井,因底层的井壁用盘木铺就,便称作"盘木井"。据说从井里打上来的水甘甜清冽,用它点的豆腐特别鲜嫩,表面还会渗出黄色油状物,闻名于世的"豆腐宴"便是由这神奇的井水和豆腐孕育而成。

城隍庙　席文俊摄影

时至今日，凤凰城的废墟已变为泥土，踪迹难寻，但"凤凰城—火盆锅—豆腐宴"却使柳沟村成为京郊知名的民俗游品牌，为柳沟人带去了富足的生活，还让周边农民有了共同致富的可能。

火盆豆腐话桑麻

豆腐宴是柳沟村最著名的美食，也是当地最响亮的民俗文化符号。苏东坡《蜜酒歌》曾云："煮豆作乳脂为酥，高烧油烛斟蜜酒"，豆腐是我国素食菜肴的主要原料，自古以来受到人们的欢迎，被誉为"植物肉"。而在众多的豆腐制作技艺中，柳沟的火盆锅豆腐又是首屈一指的品牌。

相传柳沟火盆锅的出现，是因为冬日气候寒冷，外出不便，村民需要靠着火盆取暖，用餐时将砂锅往上一搁，白菜、豆腐、五花熏肉等放在锅里一炖，吃起来味道醇厚，暖心暖胃又味香怡人。此后，这种特别的烹制方式便在柳沟流传开来。柳沟的火盆锅豆腐宴历史悠久，味道醇厚，烹制方式又十分具有地方特点，即便是在炎炎夏日，也有众多游客驱车赶来此处品尝火盆锅的独特风味。

柳沟的豆腐宴重在突出豆腐的鲜、香、美，因此食用豆腐宴的过程，也要循序渐进，用心去体味和感受豆腐本味之美。游客进入柳沟村，来到一家豆腐宴坐定后，细心的店家会先端上一杯热水，接着一碟一碟地端上十道凉菜，以开胃凉菜打头，以主菜"火盆锅"为核心，以驴打滚等小甜品为尾声，带你经历一场绝妙的味觉体验。"火盆锅"的特点是以素为主，荤素搭配，油而不腻，豆腐片、肉片覆盖在上，白菜、粉条铺垫在下，软嫩软嫩的白菜沾满汤汁，既不油腻，又带有豆腐和肉的味道，十分鲜美。"待他自熟莫催他，火候足时他自美"，人们只需静待片刻，美味的豆腐便可以开吃了。柳沟的部分豆腐宴还配以地方特色鲜明的三个辅锅、三个小碗、六个凉菜，取"三羊开泰""四平八稳""六六大顺"之意。豆腐泡、豆腐干、豆腐丝等豆制食品以鲜、香、嫩刺激着人们味蕾，为游客呈现一场精妙绝伦的豆腐盛宴。除了火盆锅，这里的烤红薯、炖牛肚、驴打滚也十分美味，尤其是特色的小油饼，油香酥脆，松软可口，比市里的油饼要小巧一些，更加适合品尝。

　　柳沟的豆腐宴是一场美味的饕餮盛宴，它有前菜、主菜、饭后甜点之分，整个过程下来，服务员至少需要上菜四趟，宴席流程也十分讲究。在等待上菜的时间里，游客不仅可以参观豆腐制作流程，还可以体验采摘、垂钓、骑马、推碾子、辘轳等，感受当地的民俗风情。

　　在柳沟村内，与豆腐相关的元素处处可见，如柳沟村的墙壁上绘有讲述豆腐制作过程的漫画，以图像叙事的方式讲述豆腐制作的复杂工序。画中人们辛勤劳作，每一道工序都倾注着制作者的心血。如果您到村中细细观看，就会发现每日还没出太阳时，柳沟村的家家户户就开始忙碌起来，黑色大铁锅、盛满水和发酵液体的木盆、咕嘟着的豆浆，再加上用大木棍和葫芦瓢搅拌豆浆的乡民们，整个画面如同在施展神奇的魔法,豆浆也在最后神奇地化为了豆腐。使用酸浆点豆腐是柳沟特有的传统，因而柳沟豆腐与市面上常见的使用盐卤、石膏及内酯做凝固介质的豆腐相比，口感更好。星移斗转、烟火人间，柳沟的豆腐宴就在人们日复一日的辛勤劳作中赢得了世界各地民众的关注与赞美，当地

豆腐制作壁画

的豆腐品牌也愈发有名，成为当地的标志性文化。

柳沟村自然风景秀美，四季景色各有不同，但最令人心驰神往的还是农闲时节——此时的乡民在村口摆起售卖地方特色食品的小摊，所售食品有杏仁、栗子、杏干、梨干、蓝莓干、爆米花等，种类丰富，价格公道。享受农家自己制作的零食后，再来村中品尝独具特色的豆腐宴，除却暖人心脾的酸浆豆腐，还有新开发的三色豆腐、美容养颜的黄豆豆腐、滋补养肾的黑豆豆腐、清热祛火的绿豆豆腐……"凤凰城—火盆锅—农家豆腐宴"的美食之旅绝对能让您流连忘返，不虚此行。

文旅相融艾草堂

柳沟村不但有丰富的历史资源与旅游资源，其自然条件还十分适宜草木生长。乡民们在此种植了多种多样的中草药，村中弥漫着的草木芳香，让人在呼吸时感受到一种舒适和安逸。柳沟村内最著名的医药种植基地——柳沟艾草堂在京城十分有名，基地内建有艾草园、中草药种植园、菊花园和九曲黄河灯等参观游览项目，全方位地展示了地方中草药标本、药用土特产文化、艾叶文化和中医基础知识，将艾草的中医保健作用与传统文化风俗相结合。这种富有教育意义的展览每年都会吸引上万名游客慕名前来参观。

艾草在驱邪避讳、杀菌消毒上的功效历来受到中国民众的重视，在应对自然更替、环境变化、人类疾病时，艾草扮演着很重要的角色。柳沟村的"艾草堂"内设地方中草药标本展室两间——压制标本室和浸渍标本室，共收集延庆县中草药标本 240 余种，每件标本都是制作精良、堪称完美的艺术品。艾草堂内还种植着可以温经止血、散寒通络的艾草 60 亩，游客不仅可以到此采摘艾草，深入了解艾草的药物特性、主治功能及入药的方法，还可以亲自参与艾草礼品制作，将成品放在家中或者汽车内。

端午节是柳沟艾草堂集中举办活动的时节。柳沟艾草基地利用自身地域优势，开展"艾的专题"系列活动，取"艾""爱"谐音之意，并依托艾草文化设计了独特的艾草礼物制作活动。如"艾的奉献"是互相为对方包粽子，以此传递心心相印、永不分离的美好祝福。"艾的体验"是参观体验艾草园和艾草堂，亲身体验艾条、艾绒、艾包的制作过程及艾灸的操作过程。柳沟村的端午节还有猜灯谜活动，凡是农历五月初五出生的游客，均可凭身份证免费获赠"艾"的礼包。每年端午时节都有无数游客聚集于此，共同点燃一个代表着爱与希望的火盆，祈祷家人身体康健、生活美满，感受传统文化的巨大魅力，在夜晚的篝火旁，浪漫地自由歌唱和欢跳。

得益于当地丰富的旅游资源，柳沟村被评为市级民俗旅游村、2008 年度"北京最美的乡村"、北京美丽乡村联合会会员村、第一批全国乡村旅游重点村等。大量的游客慕名前来，亲身感受柳沟村丰富的文化资源，每天近千斤豆腐的需求量忙坏了村里做豆腐的村民，每年消费的 10 万公斤黄豆还影响了村里的种植产业结构，大量的游客令村里的柴鸡、柴鸡蛋、蔬菜等农副产品销量都大幅度提升，柳沟村也因此逐步走向富裕。

柳沟村既有凤凰古城的悠久历史，又有豆腐宴的美食享受，艾草基地的一系列节庆活动还向游客普及艾草的药用知识和食用价值，令游客在满足娱乐休闲需求的同时，学习新的知识与技能，进一步了解了中华传统文化的魅力。

TIPS 小贴士

路线

柳沟村位于延庆区井庄镇,古称"凤凰城"。自驾可沿京藏高速行驶,在昌平西关出口出,右转进入原G110辅线;沿原G110辅线行驶380米,在第3个出口左前方转弯进入京银路;沿京银路行驶至白河南干渠附近,再向东北方向行驶至柳沟民俗旅游度假区。公交可从德胜门乘919路快车至石河营站,再换乘Y8路至柳沟站。

住宿

村内住宿可选择柳沟村民窑农家院、柳沟18号农家院、柳沟5号闫和花农家院等。

饮食

村内农家院提供火盆锅,包含白菜垫底、三色豆腐、炸豆腐、熏肉等;主食形式多样,有红豆饭、南瓜锅锅、炸糕、土豆饼、驴打滚、甜酥饼、炸南瓜饼、豆渣饼等。

古城村：钟灵毓秀古村落

古城村位于北京市延庆区旧县镇，该村历史悠久，夷舆县的故城至今仍存。延庆古八景中的"古城烟树"和"神峰列翠"皆在古城村内，村后的龙庆峡幽峡流碧，有"塞外小漓江"之称，为当地带来了秀美的自然风光。此外，一年一度的延庆冰灯节也在古城村旁的龙庆峡举办，当人们于冬季来到古城村，便能一睹银装素裹的冰雕美景。

古城村门楼　郭翠潇摄影

夷舆故城今尚在

　　古城村历史悠久，最早可追溯至春秋时期，为山戎活动区域，后于战国时期属燕国管辖。秦统一六国后，延庆所在地位于夷舆县与居庸县，属上谷郡管辖。清乾隆《延庆州志》记载："夷舆故城在延庆州城东北二十里。"据此推断，这座历史悠久的夷舆故城应处于现今的古城村一带。

　　古城村东北半里有残存城墙的遗迹，1984年全国文物普查的时候，曾记下城墙地基之形貌。如今，这座长约一二百米、东西走向的残墙仍然屹立于古城村内。这段古老的城墙为黄土夯成，上面长满树木、灌木和杂草，墙体南侧笔直。剥落的层面能够看到墙体的夯层，其内部结构也依稀可辨。墙体上整齐排列着大小一致的圆洞。据区文物所专家考证，这些圆洞可能是当年夯土时，用木棍或他物作为墙体的拉筋留下的痕迹，其目的是增加墙体的坚固程度，但因时久物朽，现只余空洞。

　　古城村的旧城墙周围还曾出土过大量的汉代砂陶瓦片，甚至有商周时期的青铜器、汉五铢钱。当地人说，早年间小孩子在田地里玩耍，常能捡到残片，均为汉代旧物，这些文物佐证了村落历史的悠久。

　　来到今日的古城村，站在城墙边眺望，繁茂的林木掩映着古老的村落，令人颇有"念天地之悠悠，独怆然而涕下"之慨叹，不自觉地心摇神动。每逢春末之时，杨柳拂岸，春烟淡淡，村边奇峰林立，溪声潺潺，水中片片落英，古老的村落又为人们展示出它富有生机的一面。"古城偎僻郡城西，山势高连保障围"，古城村的历史便在这如茵绿柳的映衬下等待游人来此体验、挖掘。

古城九曲龙庆峡

在延庆区东北，古城村后，有一处风景圣地——龙庆峡。这里素有"神峰列翠""古城九曲"的美誉，是北京十六景之一的"幽峡流碧"。龙庆峡为石灰岩地貌，经过亿万年的侵蚀剥蚀，裸露的石灰岩造型奇特，特别是长年被水浸蚀所形成的石笋、石柱、石断层，与漓江山石极相似，因此得到了"塞外小漓江"的美誉。"小三峡胜似三峡，山比三峡险；小漓江赛过漓江，水比漓江清"。这副游人为龙庆峡题写的对联高度概括了"塞外一绝"的美景。

龙庆峡不仅景色优美，其历史文化资源也极为丰富。辽国的萧太后曾在古城营建行宫，并被龙庆峡的美景深深震撼。她说"斯境胜地，天地间共有几乎？"有关萧太后的故事至今还在古城村广泛流传。龙庆峡南面的香水园还是元仁宗的诞生之所，他在1316年登基称帝后，将当时的缙山县升为龙庆州，这也使龙庆峡的知名度进一步提高。

龙庆峡集南北山水之大成，既柔媚婉约，又雄健阳刚。峡中不仅有秀美的风景，更有悠久的历史文化。来到龙庆峡，可以欣赏幽长碧绿的河水，观赏两岸的山崖险峻、峰回水转，在古风清幽、柳暗花明中体味名胜佳迹的秀美。

流光溢彩冰灯节

华美的冰灯是古城村的又一标志性景观。作为观赏娱乐项目的冰灯，最早始于明末清初的北京。《天咫偶闻》记载，清代冰灯制作精巧、式样繁多，有的伐冰作屏，燃烛于内；有的雕成酒瓮、瓶、鼎等形状，观之晶莹剔透。1987年，延庆冰灯节正式举办，凭借得天独厚的地理环境，独具一格的艺术构思，延庆在冰灯艺术世界独树一帜。尽管历届冰灯节的主题不同，但顺水库大坝飞流直下的冰瀑奇观却年年保留，从70米高的巨坝上垂下巨大冰瀑，下饰冰花、冰柱，形成一座飞流千尺晶莹剔透的冰雪乐园，令人来到古城村便在此驻足，不愿离去。

龙庆峡的冰灯用料独特，大部分来自海拔800多米的玉渡山忘忧湖，这里湖水清澈，湖面冰层厚达30多厘米。冰块运到龙庆峡，就由古城村的"冰雕大师们"对冰块进行切割、打磨、接缝、雕刻，在匠心营造下雕刻成一件件精美的艺术品。但是，把滑溜溜的冰块垒成亭台楼阁不是个省事活

龙庆峡冰灯

儿,师傅们要先把麻绳牢牢捆在冰上,再用木板搭成斜坡,然后两三个人将冰块儿通过斜坡推上去。如果往高处运,就得用定滑轮。但是,不论用哪种办法,都不能打滑,否则将前功尽弃。历年的冰灯有不同的主题,一组组冰灯、彩灯,既蕴含着人们丰富的智慧和创造力,又给游人带来美的享受。同时,古城村的冰灯也不乏现代技术的身影,冰雕与声、光、电的巧妙结合,更彰显龙庆峡冰灯艺术的魅力。每年的冰灯节,以古城村村民为主的延庆人民包揽了所有冰建筑制作。他们的作品跟冰雕大师制作的小品、雪雕等一起,为京城百姓奉献出一道冰雪美景。

　　2021年,龙庆峡冰灯冰雪季以"盛世中华迎冬奥,华彩冰灯兆丰年"为主题,不仅为游客展示了绚丽多彩的冰灯盛宴,还打造出洁白无瑕的雪雕作品。步入龙庆峡景区入口,五彩绚烂的灯光中,"2022"造型的红色彩灯引人注目,北京2022年冬奥会会徽和奥运五环标志装饰的廊灯点亮了景区步道。在冰灯展区,"冰墩墩""雪容融"憨态可掬,滑雪健儿造型身姿矫健,使得人们对冬奥会的期待更为强烈。此外,冰雕中还有医务工作者造型,传达出古城村民众对抗疫一线医务工作者的敬意。还有以新年为主题的彩色的鲤鱼、金色的"春"字冰雕,透着浓浓的年味儿。

　　古城村四季的景色各有不同,却同样吸引着人们来此参观游览。春季与秋季的古城村,是在微风拂面、花开似锦的环境中欣赏夷舆故城,品味古老文化的好去处;夏季的古城村则是去龙庆峡感受自然山水,消暑解乏,放松身心的不二之选;冬天来到古城村,又可在银装素裹的雪景中观赏近20万平方米的冰雕、雪雕、花灯和彩饰。四季不同的景色顺序装点着古城村,吸引着四方游客来此游玩。

TIPS 小贴士

路线

古城村位于北京市延庆区旧县镇，历史悠久，西汉有村，延庆古八景中的"古城烟树"和"神峰列翠"皆在村域内。自驾可沿京藏高速到延庆，再上京礼高速、京银路到达。公交可从德胜门站乘坐919路，到川北小区南门换乘Y43路，至延庆古城站下车。

住宿

可选择北京古城同尘客栈、北京象罔民宿等。

饮食

当地农家乐提供贴玉米饼子、拨疙瘩、土豆丝饼、小米疙瘩汤、手擀玉米面条等特色菜。

香屯村：灵山秀水隐桃源

香屯村位于昌平、延庆、怀柔交界处，在延庆区大庄科乡和虎头山之间。该村历史悠久，始建于天启亥年（1623），因古寺香火旺盛而得名。香屯村旁，龙泉峪长城在此蜿蜒而过，为村中留下了壮美的长城景色。长城脚下的『平北抗日战争纪念馆』昭示着英雄的八路军战士以血肉筑成了新的长城，他们的精神值得我们学习与铭记。长城的雄伟与革命的精神是香屯村刚毅的一面，秀美的山水与充满烟火气息的农家乐则塑造了其柔和的风貌。在刚与柔的结合中，香屯村的景致更具吸引力，得到四方游客的赞许。

长城 席文俊摄影

敌台 席文俊摄影

烽火连天映古城

香屯村境内的龙泉峪长城是明代内长城的主线,在长城文化带中颇具代表性。龙泉峪长城的墙体是用当地出产的大块花岗岩筑成,有的就建在巨大的花岗岩上,和岩石浑然一体。这里充满历尽沧桑的风貌,景色壮美。龙泉峪长城东接西水峪、黄花城,地势平缓、敌楼密集。向北还有四道平行构筑的长城,乃长城沿线最奇特之景。

龙泉峪长城的奇特之处有二:其一,这里有四道相对平行的长城,如果秋高气爽,登上山顶敌楼北望,可以看到北边还有三道长城;其二,这是一段孤立的长城,东西两端都没有长城连接。但是,如果仔细观察,就会发现东边的高地断裂只是一个假象,高地一旁,长城又逶迤向黄花城方向延伸过去。这就是长城建设中的"山险"现象,即依据陡峭的山势形成天然的屏障,而无需人工。

修筑龙泉峪长城是明王朝遭劫难后的决定。嘉靖二十九年(1550)八月,数万虏骑于古北西黄榆沟拆墙入,经石匣、密云折南,途怀柔、顺义、通州逼近京师,沿路大掠之,明陵寝外缘亦被破坏,这就是令人蒙羞的"庚戌之变"。这种彻骨之痛促使朝廷加强边防,修筑防御设施。十二月,兵部奉旨议修边事。嘉靖三十年(1551)正月,兵部协调开始大规模筑边,黄花镇至横岭段边墙、横岭至镇边城挂枝庵尾端边墙先后筑成。近五百年来,边墙依然起伏龙行于北京北部崇山峻岭之中。

此外,由于长城修建到了"陵之祖山"附近,为了不破坏陵寝周边的风水,只好"多植树木,以滋保障",所以这里"不修边墙者九十里",也是龙泉峪长城的特点之一。

循着村子东侧的山路往村后的古长城进发,一路风景秀美,登上长城的那一瞬,便会在一片壮丽景色中感受"寒风吹霜凝白露,冷月清照烽火台"带来的震撼。拂开历史的尘埃,人们得以目睹这湮没千年的断壁残垣,昔日烽火台上狼烟升起、箭如飞蝗、刀光剑影的景象似在眼前,烽火台前人喊马嘶、鼓角争鸣、杀声沸腾的喧嚣也仿佛就在耳边。

革命精神耀古今

香屯村的红色文化资源也极为丰富。平北抗日战争纪念馆就位于北京市延庆区龙庆峡入口处。纪念馆入口处汉白玉碑身上镶嵌着天然花岗石的步枪刺刀造型,寓意平北军民以热血和刺刀铸成铜墙铁壁,保卫平北、保卫边区。碑的正面刻有聂荣臻书写的"平北抗日战争烈士纪念碑",背面有彭真书写的"平北抗日战争烈士永垂不朽"。

平北,即北京以北,东至承德,西至张家口,总面积2.5万平方公里,香屯村也属其中。抗日战争期间,此地是伪蒙疆、伪满洲、伪华北三个伪政权的结合部,是敌人的心脏地区。

平北抗日战争烈士纪念碑　席文俊摄影

平北抗日斗争异常残酷，日寇实行"杀光、烧光、抢光"之政策，"强化治安""集家并村"，制造无人区。在庞家堡，日寇屡次制造血案，屠杀我矿工27000余人。平北军民，同仇敌忾，众志成城，为坚持抗战，争取胜利，付出重大牺牲。仅龙关、赤城两县，每6人即有一人为国捐躯。优秀指挥员十团团长白乙化光荣殉国；连长谢瑞沙场浴血；当代佘太君邓玉芬毁家抒难，献出丈夫爱子7人；民兵英雄何金海，大摆地雷阵，威破敌胆。凡此气壮山河之英雄业绩，不胜枚举，抚今追昔，慷慨悲歌，无愧于中华民族之魂。

　　为缅怀先烈，教育后人，1989年香屯村建成平北抗日烈士纪念园，纪念碑同时落成。纪念馆于1997年7月开馆，建筑面积3000平方米，分为序厅、影视厅、展厅三大部分，分别以大量的图片和抗战文物，深刻揭露了日本侵略者给平北人民带来的深重灾难，讴歌了平北人民反抗侵略的爱国主义精神。如此高昂的革命精神是人们来到香屯村一定要去感悟、学习并追忆的。

田间把酒话桑麻

  感受革命的战火硝烟后，可以再次回到香屯村，看看沿山而建错落有致的几十户农家小院。村中古井、石磨、石碾都保存完好，村前小溪潺潺，不时有鸟鸣啁啾，一派田园风光，漫步溪边，颇有"荒城临古渡，落日满秋山"之意境。村子东南有一条幽深的峡谷——龙潭大峡谷。峡谷全长5公里，峡谷幽深，溪水淙淙，鸟鸣山涧；谷底散落着巨大的鹅卵石，一条溪流在石间穿行，由于长期冲刷，巨石下形成深潭，且此处气温较外面低1-2℃，夏季来此，不失为一个纳凉避暑的好地方。

  香屯村盛产野菜，当地的农家乐推出了以山野菜为特色的生态保健餐，有栗子鸡、炸河鱼、炸核桃仁、杏仁、香椿拌豆腐等16道特色菜和红枣、栗子棒米粥、蜂蜜羹等6种主食，制作食材均为村民种植及采摘，别有一番风味。除了新鲜的食材外，香屯村做农家饭的器具也值得一提，用柴锅蒸制的馒头都透着淡淡的香味，嚼起来筋道又爽滑。坐在村民屋前的树荫下，泡上一壶当地的野茶，在习习微风的吹拂下，听着山林之中的虫鸣，鼻尖飘来阵阵饭菜的香味，人们便能感受到陶渊明"久在樊笼里，复得返自然"的怡然之境。

  历史悠久的遗迹、伟大的红色革命精神与悠然的山水之景共同构成了香屯村多样的旅游资源。来到此地，既能与古人对话，感受当地丰富的文化，又能在山水之间抛却烦恼，放松身心。无论是假期长时间的出游，抑或周末短时间的放松，香屯村都不会辜负您的期待。

TIPS 小贴士

路线
香屯村位于昌平、延庆、怀柔交界处,被誉为"千亩板栗之乡"。自驾可走京藏高速、京银路、昌赤路到达。公交可从德胜门站乘坐872路到长陵,再换乘925路到解字石路下车,步行2.3公里到达。

住宿
可选择乡隅香舍民宿、叠山民宿等。

饮食
在香屯村可品尝油炸杏仁、核桃仁、栗子鸡、炸河鱼农家菜。

龙泉峪村：旭日红莲伴长城

在延庆区东南部的深山中，水泉沟村南，过解字石长城北侧的水泥路，就能看到绿树掩映、景色优美的村落——龙泉峪村。龙泉峪村位于大庄科乡中，民众大多以耕种、采摘山货为业，良好的自然生态使龙泉峪成为北京远郊的休闲胜地。然而，龙泉峪村闻名于北京却并非依赖其牧歌式的田园风光，抵御外敌、戍卫京师的长城及其上所寄托的烽火硝烟才是龙泉峪村最美的风景线。随着时光流转，长城的军事防御功能逐渐退化，此处的莲花山自然风景区又以优美的自然风光、丰富的传说故事为长城增添了一抹铁汉柔情。在悠久的历史、秀美的风光与瑰丽的文学想象中，龙泉峪村成为闻名京北的重要村落。

龙泉峪长城　席文俊摄影

龙泉峪中千古事

　　站在高处远眺，龙泉峪村一带的景色十分令人神往：南方是残长城遗址，蜿蜒曲折，宛若入云神龙；北面是巍巍群山，连绵起伏；西边有片片村庄，错落有致，炊烟袅袅；东方则是横墙侧壁，犹如小石林。在四方景致中最引人注目的，就是横亘于昌平、延庆、怀柔三地交界处，见证王朝兴衰的古长城——龙泉峪长城了。

　　据史书记载，龙泉峪长城的修筑可上溯至明嘉靖年间（1522—1566）。"庚戌之变"时，南下的蒙古骑兵自古北口西黄榆沟大举入侵，经石匣、密云、怀柔、顺义、通州直逼京城，沿路大肆烧杀抢掠，甚至影响到了明朝皇陵的安稳。如此切肤之痛使朝廷意识到修筑长城的必要性，于是在嘉靖十三年（1534），朝廷开始修筑黄花镇至横岭段边墙，这段长城历经百年，直至今日仍保留着当年边境的烽火硝烟之气。如今的龙泉峪恰好是黄花镇至横岭段边墙中的一段，是长城经慕田峪、箭扣、北京结、黄花城、西水峪后进入延庆地区的一处奇景。此地长城与东西并不相连，也无山峦自然的险峻，却成为独特的"断裂带"。《明实录》中记载这种修建方法是为了保全明朝陵寝的风水，毕竟皇陵三面环山,若再将此处也修筑为长城,便阻隔了皇陵与外界风水的交流,不如内外多植树木,以此取代修筑城墙,保护皇陵的风水。因此,北京绵延百里的长城中只有此处呈现为断裂之象。

龙泉峪长城的另一特点在于其有四道相对平行的城墙,若在秋高气爽之日登上山顶北望,层层叠叠的长城遗址就出现在眼前,颇为壮观。尤其是龙泉峪长城本为当地大块花岗岩筑成,有的地方直接建在巨大花岗岩之上,与岩石浑融一体,更有甚者则将花岗岩按长城基石的造型雕刻出条状花纹,真正使其与自然岩石融为一体,令人不得不感叹古代工匠那巧夺天工的妙手。

从饱含历史气息的龙泉峪长城下来后,也不要着急离开龙泉峪村,因为此处的食宿也颇引人注目。其中较有代表性的便是汉家川民俗村,那里有群山环抱,小溪潺潺,村内街道整洁,花草树木丛生,一幅世外桃源的农家景象。在汉家川民俗村稍作休息,下一站可前往龙泉峪村附近的莲花山自然风景区,那里的自然风光与民间传说将共同为人们呈现出一幅仙家图景。

旭日红莲添柔情

"旭日红莲"是对莲花山景色的确切描述,也是龙泉峪村"铁汉柔情"风景的体现。雄浑的龙泉峪长城好似威武的军人,守护着北京的安定,而莲花山森林公园中缓缓升起的"旭日红莲"则如一位佳人,吸引着人们的目光,抚慰着终日劳碌的民众,为他们送去休闲的时光。

莲花山森林公园总面积 6 平方公里,距延庆城区 40 公里,位于昌赤路旁,景区围绕海拔 1005 米的莲花山主峰修筑而成,因主峰远远看去好似一朵含苞待放的莲花而得名。每逢日出之时,人们缓缓登上莲花山顶,在感慨"会当凌绝顶,一览众山小"之余,还要静待片刻,"旭日红莲"的美景就将在日出时到来。待得太阳跃出水面,朝霞将粉色的光辉洒向大地时,莲花山便映衬在朝阳的光芒下,在金红与淡粉的装扮下,主峰好似苍松翠柏中娇艳欲滴的红莲,给人以"濯清涟而不妖"的莲花美景。

生活在莲花山附近的百姓还用一段感人至深的故事解释了莲花山的来历。据说,莲花山原名为玉皇山,因山顶有玉皇庙而得名。莲花山下住着一位美丽的姑娘,名叫莲花。莲花姑娘既勤劳勇敢,又美艳无双,引得当地土豪恶霸的觊觎。得知消息后,莲花姑娘十分悲伤,因为她已经有了心上人,虽无力反抗恶霸的逼迫,但也不甘被恶霸轻易欺辱。因此,莲花姑娘就在农历四月十五于玉皇顶的"天井"中殉情,保全了名节,也表达了对恶霸的不满。莲花姑娘的事迹感动了天地,当地人都说,每逢四月十五夜半子时,山顶"天井"中便会出现一朵金光四射的莲花,将四周的山川照亮,这朵莲花便是姑娘的化身,山就是姑娘灵魂的栖息地。为了纪念这位勇敢的姑娘,人们也将山改名为莲花山。

这样一则美丽动人的传说使莲花山的美景更具魅力,当浏览山中景色、漫步玉皇阁前时,也不要忘了缅怀这位为爱牺牲的勇敢姑娘。

莲花山八仙庙　照片由延庆区提供

翠柏掩映神仙所

"天红日上莲峰暖，云淡雾轻飘缈山。绝顶空蒙非世外，足堪醉倒李诗仙"，莲花山森林公园，其特点在于"山奇、水美、林茂、谷幽"。在森林的映衬下，莲花山的各色奇石好像集齐了八仙的样貌，这里还被视为八仙之一汉钟离的成仙之地，号称"钟离故居"。因此，当人们于莲花山中感受自然的气息时，也要注意多看看身旁耸立的巨岩，它们身上大多有着美好的寓意，寄托着颇具传奇色彩的民间故事，在感受自然之美的同时仿若进入神仙居所，目光中的一草一木都有了生命。

莲花山的"仙人"之气首先源自当地良好的自然生态。莲花山树木众多，植被覆盖率达90%以上，板栗、黑枣、红果及杏、苹果、梨、桃、核桃等果木与苍松翠柏等四季常青之树布满山坡。密集的林地使莲花山"无酷暑"（比北京市区气温低4—5℃），是夏日消暑的好去处。同时，遍布山野的果树也意味着这里有着丰富的农产品，尤其是麻核桃在北京十分有名。以上种种景色，都使莲花山成为了一处绝好的休闲、采摘、品农家饭的旅游度假场所。

莲花山良好的生态还吸引来诸多小生灵。在千亩天然次生林环绕下的野生谷，几十种花草树木参差交错，遮天蔽日，丰茂的植被下活跃着山羊、獾子、狍子、野兔、山鸡等动物，若有幸得见其身影，就能为本次出行再增添几分乐趣。即便未曾看到这些林中精灵，聆听百鸟争鸣、观赏彩蝶纷飞也能让游客感受到莲花山的多样且独特的景致。

莲花山的另一重"仙人"气在于此地独特的山石形状，尤其是在半山腰部有三尊 70 余米高由自然岩石形成的"巨佛"，这一现象被人们称为"三佛映壁"。三尊石佛的形象又正好与传说中汉钟离等三位仙人契合，让人叹为观止。此景不仅在北京，于华北地区也属罕见。

莲花山还被称为"钟离故居"，据说八仙之一的汉钟离就在此地脱俗成仙。民间认为汉钟离本出身将门，因对官场失望而出家修仙，后经铁拐李点化后成道。此后，汉钟离又曾十试吕洞宾，传授其"点石成金"之法，渡吕洞宾成仙。因此，汉钟离、吕洞宾也被民间视为能护佑人们财运的神仙，被民众广泛信奉。在莲花山内有一块引人注目的巨石，其形状层层展开，好似一把芭蕉扇。据说这是八仙在此聚会时，汉钟离为了纪念自己得道成仙的地点，特意将芭蕉扇留下，人们根据传说将这块石头称作"钟离扇"。

从"钟离扇"再向前走，还有一块由巨石围成的岩洞，洞中缓缓流出甘冽的清泉，这就是汉钟离成仙之处"脱俗洞"了。当地传说，汉钟离辞别老母后，正是在莲花山修炼时遇到此景，认为这是仙人指路之象，于是顺着溪流缓缓步入洞中。路途虽不遥远，但道路却十分险峻，汉钟离步履蹒跚，饱受煎熬，最终以强大毅力通过了上天的考验，得以斩断尘缘。此后，经铁拐李帮助，汉钟离东渡蓬莱，成就仙道，而这个曾指引汉钟离步入仙途的洞窟就长久地留在了此地，吸引着一批批游客打着手电来此缓缓攀爬，体验昔日汉钟离成仙的心境。今日来到莲花山，在攀爬岩洞时一定要注意安全，并得到景区工作人员的同意，不然就要弄巧成拙啦。

莲花山中还有一块被称为"海豚脱俗"的山石颇具特色，也与汉钟离有关。据传八仙过海之后，海中的一条小海豚对汉钟离心生敬仰，也想得道成仙，便沿着汉钟离成仙的足迹，千里迢迢来到莲花山，向他请教成仙之道。因海豚虔诚的态度，汉钟离决定点化它。如今的山石便是昔日的海豚所化，它仰天长啸，像是在和汉钟离倾诉着什么。

在莲花山的曲径通幽处，还隐藏着一座"钟离庙"，虽然庙院规模不大，但也有山门、回墙、无梁殿三间和东西配殿各两间，配置较为齐全。钟离古庙周围有几十棵古松，为古庙增添几分古老的韵味。庙的正殿券门横匾上书有"会仙堂"三字，传说汉钟离曾在此出家修行，并与吕洞宾聚会。因此，古庙规模不大，但"灵气"旺盛，远近闻名。据当地老人讲，十里八乡的村民每年农历四月十五都会来此庙进香，祈求平安。

除却汉钟离的传说外，莲花山还与八仙中的张果老颇有渊源。就在"脱俗洞"的对面，人们便能看到一座毛驴样态的巨岩，据说这便是张果老座下的神驴。平日我们常听张果老"倒骑驴"的故事，但当地人却说张果老所骑的其实是一头纸驴，不需要时便放在箱子里，需要时只要把纸驴浸湿，毛驴便会摇头摆尾，变成真身。有一次八仙于莲花山聚会后，张果老准备收起毛驴，但不知为何驴子总折不起来，怎么也收不回去，于是他只好将毛驴留在此处，自己飘然而去。留在莲花山的这头毛驴历经岁月的磨砺，最终变成了一块岩石，人称"驴脊岩"。如今的驴脊岩旁还有一块巨岩，虽然面积大但没有裂痕且表面平坦，便于人们在此休憩乘凉，当地人称其为"仙人台"，认为这里就是昔日八仙聚会、汉钟离留下扇子、张果老留下毛驴的地方。

莲花山中不仅有与八仙相关的高峰奇石，还有众多姿态各异的象形石，如忍者神龟、鲸鱼出海、护山神龙、海豚寻母、骆驼奔月、神棋落子、隐士观棋、洞宾遗履、松鼠望天、金蛙踩莲、莲花栈道等，皆惟妙惟肖、栩栩如生。

"山不在高，有仙则灵"，八仙的传说为高耸的山峰、苍翠的松柏带去了一股仙人之气，令人在游览之时不仅能体会自然之美，更有飘然欲仙的心境。漫步于莲花山上，大自然的鬼斧神工、龙泉峪村的自然美景、世代相传的民间传说都汇集于此，令人在放松心情的同时了解到当地丰富的自然与文化资源。

总之，龙泉峪村附近既有长城环绕，又有莲花山风景依傍，既是历史气息浓厚的古遗址，又是自然风景秀美的休闲地。龙泉峪一带还盛产板栗、核桃、山楂、大扁杏仁等土特产品，在此游玩一天，不仅能体验农家风情，更能在攀爬长城时了解古代战火硝烟中慷慨悲歌的英雄豪情，在山脚下休憩时深入了解汉钟离、汉家川与莲花山的传说，全面体验龙泉峪村丰富的历史文化底蕴。

TIPS 小贴士

路线

龙泉峪村位于延庆区东南部的深山中。自驾前往龙泉峪村可走京藏高速，在昌平转往十三陵方向。过十三陵后，在长陵丁字口左转，进入山区公路，行驶约 30 分钟过分水岭最高处（925 路龙泉峪车站处）后下行 10 多分钟土路即到龙泉峪村。公交可乘坐 919 路、920 路，之后转乘专线车抵达景区。

住宿

龙泉峪村有静观山房提供住宿，不远处还有汉家川民俗村，可提供多样的住宿服务。

饮食

龙泉峪村的饮食以农家饭菜为主，可在入住的农家院中选取自己心怡的菜肴。

沙塘沟村：红色火种传古今

海坨山下，妫水河畔，曾点燃了平北革命的第一点星火，并最终形成燎原之势，带来了今日人们美好而幸福的新生活。回望今朝，那曾埋下第一颗革命种子的村落就是延庆区大庄科的沙塘沟村。沙塘沟村得名于村西的大沙洞，村取洞名，延续至今。如今的沙塘沟村因平北抗战纪念馆中寄托的红色历史与记忆而在长城文化带上极负盛名，其起源还要追溯至1938年成立的一个党支部。

八路军供给处 席文俊摄影

抗战时的消息树 刘辉摄影

星火初燃耀平北

驱车来到沙塘沟村，缓缓走入村中时，一座古朴的建筑便吸引了我们的眼球，那就是凝聚着沙塘沟村历史记忆与文化标识的"平北抗战纪念馆"。

所谓"平北"，"平"是指北京（过去称作北平），"北"则指北京以北、张家口以东、承德以西的三角地带，这也正是对沙塘沟村地理位置的准确描述。步入纪念馆中，随着一幅幅老旧的照片，一件件刻满时光印记的物品，一行行细致周密的解说词，一段波澜壮阔的革命篇章便展现在我们面前了。

1937年"七七事变"后，日军的铁蹄战火蔓延至全国。大庄科乡沙塘沟村正处于伪满洲、伪华北、伪蒙疆三个伪政权的统治之下，饱受战火摧残。

1938年，八路军进入大庄科乡并在此建立了平北第一个农村党支部，将革命的火种与对美好生活的希望带给了当地的百姓，这也是沙塘沟村"平北红色第一村"名称的由来。党曾在这里发展了张朴、胡殿鳌等第一批党员，他们的后代如今也生活在村子里，为人们讲述着烽火硝烟中的革命故事。据说，昔日八路军宋邓支队挺进冀东时，路经平北，连克数县，同一时间，纵队政治部主任伍晋南指挥挺进大队进入平北群山中，展开游击活动，路过沙塘沟村时在此地播撒了革命的火种。尽管沙塘沟村当年只是不足百人的小村庄，但村民心中却充斥着对革命战士的敬仰之情，他们纷纷把战士请到家里住下，宁可自己挨饿，也要让八路军吃饱。当年的沙塘沟村民自发为八路军战士筹备物资、支援前线，妇救会为战士做饭、做军鞋、缝补军装，甚至拆了自家的被子为战士们做军衣，儿童团站岗放哨，村民团结一心抗击日寇，展现出了中华民族百折不挠、奋勇向前的精神。尽管日伪军因沙塘沟村与八路军的密切联系而将此处视为八路军的"安营地"并进行了大扫荡，把全村256间民房全烧了，但这种暴行并不能影响到沙塘沟村民顽强的抗争精神与精忠报国的勇气。小小的沙塘沟村先后有19人参军入伍，15名孩子加入了儿童团，为抗战的胜利做出了贡献。

1940年5月，八路军10团到达沙塘沟，与3000多名敌人血战了一整天，最后歼敌200余名，这就是抗战史上著名的"沙塘沟反击战"。在这场反击战中，一位名叫张成旺的村民感受到了中国共产党的救国热情、坚定信念与强大的战斗力，于是他也毅然决然地参与到八路军的队伍之中。经过七年的军旅生涯，随部队几度辗转的他打过无数大大小小的仗，吃过常人难以忍受的苦，也磨砺出常人无法想象的坚定信念。1958年，转业后的张成旺回到了沙塘沟村并当选大队长，带领人们开山整地又栽树种田，将昔日的荒凉山野改造为今日的绿水青山与金山银山。21世纪后，张成旺有时还会坐在纪念馆门口的三岔路上，带着一身一往无前的精神气为人们讲述革命年代的战火与抗争，以自己的亲身经历把红色精神传递给来此的一代代年轻人。

沙塘沟村的红色文化是长城文化的重要组成部分，也是人们感悟革命历史的好去处。长城是我国古代抵御外敌的防御工事，近代以来也被作为中华民族精神脊梁的象征，正如国歌中所唱"把我们的血肉，筑成我们新的长城"，长城精神正寄托于那些为国家的革命、建设与改革付出辛劳与汗水的普通民众身上，正体现于用红色精神感染一代代人的抗战纪念馆中。当人们游览长城、被古人巧夺天工的技艺所折服时，也不要忘了来沙塘沟村参观一番，体悟长城背后的家国情怀与当地浓郁的革命文化氛围。

燎原之火系古今

当星星之火已成燎原之势，国家的发展日益迅速，人民生活水平日益提高时，沙塘沟村还担负着传递革命精神，接续红色火种的重要任务。2004年，北京市委宣传部、团市委、市委教工委、市教委、首都大学生联合会、首都精神文明办公室六部门，联合授予"平北红色第一村"为"首都大学生社会实践示范基地"。2005年，为进一步丰富教育内容，沙塘沟还对当地的战斗遗址、第一批党员活动旧址、消息树旧址、八路军供给处等5处景点进行恢复和建设，2007年，沙塘沟村被评为市级爱国主义教育基地。2016年10月，大庄科乡开放式体验基地正式启动，体验项目包括穿军装、参观展室、重走长征路、重温入党誓词、参观白乙化雕像、听战斗故事、祭奠英雄谱、拓展活动等。借助当地深厚的红色文化资源，沙塘沟村把昔日的燎原星火传递给来此参观的每一名游客，向他们诉说着当地的文化。

现在的沙塘沟村教育基地建有展室面积200平方米，展出内容包括三部分：第一部分是抗日战争时期，主要介绍平北地区革命发源地——大庄科地区党组织、党员的发展历史，以及宋（时轮）、邓（华）四纵队的刘国梁、史克宁等领导人民同日伪军进行艰苦卓绝的斗争历史；第二部分是解放战争时期，主要涉及老六区人民进行土地改革，积极支援解放战争的情况；第三部分是社会主义建设时期，主要反映大庄科乡人民在党的领导下，进行社会主义建设以及所取得的优异成绩。

此外，当地还开设了"开放式红色体验基地"，基地的工作人员胡永旺便是当年第一批党员胡殿鳌的后代，他们一家四代都是党员，继承了良好的红色家风。通过胡先生的细致讲述，一幕幕被尘封的记忆展示在人们眼前，来此的游客无不为之感动。据当地的基地负责人说，基地体验由两部分活动组成，其一是"红色征程"，游客们可以重走5条徒步行军线路，长的10公里，短的3公里，在浏览沿途红色村庄的同时体会当年战士们行军的心路体验。第二部分则以"粗茶淡饭"为主题，参照着昔日革命根据地的主食和井冈山革命根据地的食品，当地设计出了"红色体验餐"，让人们感受当年的"小米加步枪"如何换来今日的幸福生活。这种行军餐以土豆、红薯、窝窝头、米饭、南

战斗遗址　席文俊摄影

瓜汤和咸菜为主，原材料都是大庄科当地产的传统经济作物，盛放食物的容器还专门选用了传统的草编笸箩和复古瓷缸碗等富有时代气息的器皿，让人们在忆苦思甜中品味红色文化的内蕴。

　　走出红色体验基地后，不妨再在沙塘沟村周围转一转，因为这里不仅有浓厚的红色文化，还有新时代农村发展的美景与美食。沙塘沟村的香椿、核桃、板栗和杂粮都属上品，尤其当地的红油椿，味道上佳，这些农产品结合着沙塘沟村优美的景色构成了当地的一条靓丽风景线，等待着游客们的到来。在沙塘沟村附近，"美丽乡村"铁炉村有风格独特的新民居，"百年牡丹村"董家沟是休闲观光的胜地，慈母川村的慈孝宴、攀登山步道，都能让游客全面体验长城文化，在忙碌中得到片刻的休闲。

TIPS 小贴士

路线

沙塘沟村在延庆区大庄科乡西北 9 公里处，自驾可沿京藏高速至昌平西关环岛出口出，再沿 G110 行驶 1.6 公里，依次经过昌赤路、大庄科乡大庄科村路口，并向西行驶 11 公里即可抵达。公交可由德胜门乘 925 路，到延庆城区后再换乘 Y16 路到达。

住宿

沙塘沟村有花蹊丽舍，提供住宿。

饮食

当地有独具特色的"红色体验餐"，以土豆、红薯、窝窝头、米饭、南瓜汤和咸菜为主。

南湾村：雕刻红色记忆 孕育四季花海

南湾村隶属于延庆区四海镇，位于延庆城区东部山区，村域中南部与北部均为山区，中央为谷地，地势南北高，中央低。南湾村红色文化富集，是解放战争时期南湾战役的爆发地，高耸的纪念碑至今仍向人们诉说着战争的艰苦与解放军战士的英勇事迹。在战争结束后，此地又成为自然风光秀美的风景区，绚烂的花海盛开于此，为人们感受自然风光提供了方便。南湾村还有独特的美食——扒猪脸，令人垂涎的美食与当地优美的景色、悠久的历史共同构成了南湾村丰富的旅游资源，是京城民众缅怀先烈、踏青休闲的好去处。

青山埋忠骨 山河念英魂

南湾战役是解放战争时期延庆地区重要的战役，2008年南湾村所属的四海镇政府在南湾村立碑，纪念在南湾战役中牺牲的无名战士。今日南湾村的幸福生活离不开解放军战士的贡献，集中纪念的方式为人们缅怀战士提供了方便。如今，有关南湾战役的传说仍广泛流传于南湾村内，来瞻仰四海革命烈士碑时，也一定要了解并牢记这段发生于南湾村的英勇战事：

1948年1月12日，国民党傅作义部暂编第三军第十一师，从永宁出发，向延庆四海一带侵犯，妄图寻找独二师决战。独二师得知这一情报后，参谋长吴迪和师部其他领导经过研究，立即进行歼战部署：第五团占领南湾北山和大胜岭后山；第六团占领南湾村南的乔玉顶高地，布成三公里的大口袋阵势。同时，命令远在黄花城、石湖峪的四团急行军赶到黑汉岭以东，断敌归路。

战斗打响后，第五团首先与敌人交火，经过激烈战斗，终于将敌人阻截在大胜岭一带。战斗中，我军从敌俘虏口中得知敌人不是两个团，而是一个整师外加一个炮兵营。他们企图用猛攻夺取南湾大胜岭的制高点——乔玉顶。师指挥部认为，如果敌人占领制高点，那么独二师的整个阵地就会暴露在敌人的火力之下，我军战略部署就难以实现。在这万分危急的时刻，作为师参谋长的吴迪不顾个人安危，亲自来到乔玉顶高地指挥战斗。

吴迪来到高地时，敌人正向我阵地疯狂进攻，战斗进行得十分激烈。敌人为突破乔玉顶，正用高价收买士兵组成"敢死队",在猛烈炮火的掩护下向我方阵地反复冲锋,致使我方阵地工事多被摧毁,部队伤亡很大,阵地曾一度失守,吴迪又亲自组织战士们强行夺回阵地。经过十几次的反复争夺,敌人的进攻高潮终被我方压下。临近黄昏,吴迪组织部队将敌人的冲锋再次打退后,为观察敌情走出掩体,正当手举起望远镜时,被敌人冷枪击中心脏,光荣牺牲,时年34岁。

　　吴迪倒下了,但他和他的战友们为整个战役赢得了时间,黄昏时分,独二师第四团赶到了黑汉岭以东,占据楼子坡等有利地形,将敌军包围。顷刻间,我军从各路发起总攻,与敌展开白刃战、肉搏战。天亮时,敌军已被我军消灭大半,残部只得向永宁方向撤退。撤退中又遇我军伏击,敌一个整师几乎全军覆灭。

　　南湾战役的胜利沉重地打击了敌人的猖狂气焰,有力地配合了我军在东北及平津的冬季作战,扭转了察东地区的战局,为夺取辽沈战役乃至整个解放战争的胜利做出了不可磨灭的贡献。革命先烈们那忠于党、忠于人民的精神,严肃认真的工作态度,不怕困难和牺牲的英雄气概,谦虚谨慎、豪爽乐观的优良品质会永远为人民所铭记。因此,每年都有大量的游客特地来到纪念碑前,在静默的站立中感悟革命精神,传承红色文化。

花海烂漫处 四季春常在

　　战火硝烟后的南湾村是风光秀丽的花海,这里地处四季花海沟域核心区域,海拔高、林木覆盖率高、日照充足,是天然的大花圃。2021年,南湾村在已有花卉数千余亩的基础上,又新增种植了大片花卉,逐渐形成了万寿菊、百合、茶菊、玫瑰、种籽鲜苗、宿根花卉和草盆花6大园区,不但自己培育种苗,还实现了四季鲜花不断,打造出了北京乃至华北地区面积最大、观赏效果最佳、独具特色的大地"花海"景观。

　　如今,"四季花海"被列入了延庆区8大自行车骑游区域之一,附近陆续建设了14座生态停车场、8处观景台及观光步道、登山步道、自行车骑游路等,使这片绚丽的花海成为更适于人们旅游、度假的好去处。游客可以在这里租一辆自行车,穿行于山乡花海之中,尽情感受骑游的快乐。

　　南湾村所属的四海镇还与专业机构合作种植了红王子锦带、鼠尾草、珍珠梅等30余种200亩宿根花卉,在通往凤凰坨景区的山谷中打造出成片的"凤凰花谷"景观。"四季花海"内的万寿菊、百合、玫瑰、茶菊及各种宿根花卉夏天将同时开放。七月中旬,游客可以沿着"四季花海"沟域自西向东而行,山上郁郁葱葱,山下争奇斗艳;可赏牡丹、观红掌、看蝴蝶兰,南湾村一带最具特色的秀美风光会在人们的缓缓骑行中缓缓展现。

食荤腥之厚味 享含英之风雅

南湾村有一道独特美食——南湾村扒猪脸,是四方游客来此必吃的美味。南湾猪脸要炖出美味,除了好的食材,还要有足够的耐心。首先是将猪脸肉放入焖罐之内,置于火上烧沸后,再用慢火扒制。做这道菜,村民们需要一早起来准备,极为考验火候,炖时要用小火,肉质才会更加鲜美,光在"炖"这道工序上花费的时间就长达5至6个小时。再配以延庆火勺,这是当地极为地道的吃法,面皮酥脆,肉质鲜嫩,尝一口,猪脸肉香而不腻,入口甜鲜。

除了扒猪脸,南湾村还有一档美食深得当地居民的喜爱,那便是用玫瑰花酱拌西红柿。普通的凉拌西红柿,在点缀了玫瑰花酱后,变得凉爽可口,吃后口齿唇颊间还带着淡淡的清香回甘,解暑又养颜。餐花饮露是古人的雅趣,有得山野之趣,远人间烟火的意趣。南宋隐士林洪,在山居生涯,写就一本名为《山家清供》的菜谱,记录的全是浙闽地区的"山林之味",其中以花为原料的便有十余则。在南湾村,以花为主要食材的小食同样不少:炸玫瑰花瓣、玫瑰包子、玫瑰酒等,颇有屈原"朝饮木兰之坠露兮,夕餐秋菊之落英"之风雅意趣。

邀三五好友,在大啖荤腥之后,于遍地花海中,寻一树下,席地而坐,饮着那色若晚霞的玫瑰酿制之美酒,高谈阔论之间,必然是身心俱爽,宾主尽欢。

TIPS 小贴士

路线

南湾村隶属于延庆区四海镇,位于延庆区东部山区,离四海镇政府4公里,延四公路从村中穿过。自驾可沿京藏高速营城子桥出口出,到延庆城区,再沿延琉路到达。公交可从德胜门乘919路快车直达延庆南菜园站,再换乘925路到南湾村下车即到。

住宿

可选择延庆四季花海观山雅居民宿、北京夜阑星舍民宿、途家隐于山精品民宿等。

饮食

南湾村美食多样,有扒猪脸、玫瑰酱拌西红柿、河捞面、五彩面等,可供游客自行选择。

榆林堡村：榆林夕照古驿站

由康庄镇政府向西南行驶2公里，当沿线若隐若现的山峦叠嶂逐渐淡出视线时，我们就来到北京市级传统村落，有着七百年历史的古驿站所在地——榆林堡村了。榆林堡村坐落于康庄镇的西南口，东有八达岭，西为康西草原，处于农牧分界线上的特殊位置使这个古村落有北京"西大门"的美誉，也令这里成为名扬京城的古驿站。进入榆林堡村，古老的驿站诉说着这里悠久的历史，村中的古宅是清王朝兴衰的见证，古老的遗址与村史馆、信息社的修建向游客展示着一座古老城镇当下的生机与活力。

京畿要冲榆林驿

榆林堡村自元代起便形成了村落，因当地有一片榆树林而得名。由于地处京北交通线的要道，该村在元、明、清三代都被朝廷作为重要的驿站。驿站，是古代官办的信息传递机构，起着传递军事情报、接待过往官员的重要作用，来往官员在此补充食物与饮水、更换马匹，以保障军情信息的及时传达。可以说，当年的榆林堡就是进入北京西大门"高速公路"上的"服务区"。

榆林堡村修筑驿站的历史十分悠久，元代朝廷就曾在此处设居庸、榆林、土木三个驿站，榆林驿就是出居庸关后通往内蒙古的重要一站，可见其重要的战略意义。元代诗人黄溍曾写诗云："崇崇道旁土，云是古长城。却寻长城窟，饮马水不腥。斯人亦何幸，生时属休明。向来边陲地，今见风尘清。禾黍被行路，牛羊散郊坰。儒臣忝载笔，帝力猗难名"，满怀诗意地描写了榆林堡村的自然风光与此地战略位置的重要性。

明朝建立后，朝廷也曾在榆林堡村多次修筑驿站，尤其是明正统十四年（1449）土木堡之役后，由于明初在北京所建的驿站都遭到了破坏，榆林堡村被选作新驿站与城堡的建造地。这一时期榆林堡村的驿站与堡垒作为政府强化边防的军事设施，在长城沿线发挥了重要作用。明代礼部尚书赵珏曾写有"阵阵牛羊下远坡，疏林返照夕阳多。数声牧笛归村疃，几缕炊烟出薛罗"，为我们展示了古驿站牛羊成群、炊烟袅袅的另一番景象。戍卫边关的重任与日常生活的恬淡共同建构起榆林堡往昔的繁盛与辉煌。

清代以来，榆林堡村的驿站仍然被政府所重视，仍然是军驿所在。同时，伴随商品经济的发展，此地的驿站也开始为商人、过路行人提供服务，成为他们往来于京城西北部的必经之地。人员的往来使榆林堡一度摩肩接踵，异常繁华。据《怀来县志》记载，清康熙年间，榆林堡村的驿站是集会举办之所。每月一、三、五、七、九日在榆林驿人和街开设的永兴集热闹非常，即便当年的榆林堡村南城东大街至西门外仅有四五十户人家，但王家客店、吕家车马店、德丰恒百货店、油房、缸房、药店、当铺等十六七家商铺与往来于此的流动商贩也证明了此地商业的繁荣。每逢元宵节，榆林堡村的民众还会自发举办"灯山会"，在建造好的灯山楼内用黏土泥和灯盏塑造并摆出各种神像、匾额与法器。伴随着民间的技艺展演，一片歌舞升平的太平盛景便展现在人们面前。

榆林堡周围的村落也印证了此地重要的交通位置。在榆林村不远处的马营村原是明代养马的地方，当地同样留有土城，城外还有古烽火台一座。马营村于明嘉靖十六年（1537）建村，筑起围墙、门楼、垛口，成为兵马营，是守卫京师的重镇。《隆庆志》记载：马营，为明代屯兵养马之地。城垣为土城，南北长165米，东西宽106米，占地面积约1.8万平方米。另有说法讲，马营土城是辽代萧太后所建，土城附近还有辽代"养鹅池堡"遗址。2003年延庆县人民政府将土城列为县级文物保护单位，2013年归入第七批全国重点文物保护单位——长城，现在的城墙东、北两面保存相对较好。马营村的古城遗址也证明了榆林堡为堡垒之间交通要道的重要战略位置。

可惜的是，当近代的交通、邮政业逐步繁荣，京张铁路的开通改变了人们的出行方式后，榆林驿的地位逐渐被康庄镇所取代，也不再是驻守京城西门的唯一关隘了，但这里仍然有着北京地区目前保存最完整、规模最大的古驿站遗址。虽然往昔恢弘的建筑在当代已稍显破败，但雄浑的边陲气息仍然向人们诉说着古驿站过往的辉煌。

吴永接驾榆林堡
（孟广臣编：《长城脚下的传说》，中国文联出版公司，1992年，第96页。）

古宅如镜见兴替

步入如今的榆林堡村，沿着虽显凋敝但仍做工考究的民宅缓缓前行，在欣赏雕梁画栋的古建筑群的同时，不妨驻足在村中的建筑、城墙前，看一看那些见证榆林堡往昔辉煌的磨盘、石碾与拴马桩遗存，聆听古建筑所讲述的故事。

作为进出京城的重要关口，榆林堡村见证了明清以来王朝的兴衰交替，村内的建筑也多充斥着历史的痕迹。在众多古建筑中最引人注目的，是一座至今保存完好的四合院，其外墙壁上题有的"慈禧西行，乾隆寻梦，封桑梓宝地"，诉说着它所见证的历史。这座看似平凡的宅院传说是当年慈禧太后与光绪皇帝逃出北京时的休憩之处，它目睹了清王朝的衰败，也见证了近代中国的苦难历史，如今的榆林堡村仍流传着慈禧与光绪"西狩"的传说。"狩"，本指古代皇帝外出打猎，但这次"西狩"却是八国联军入侵北京后，大臣对慈禧与光绪皇帝仓皇出逃的美化与掩饰。孟广臣《长城脚下的传说》讲，洋军进入北京城的那晚，慈禧太后和光绪皇帝带领王公大臣连夜西逃，于兵荒马乱之中来到了榆林堡。当时榆林堡守土官吏吴永在城池被劫掠一空的艰难境况下，以一锅小米菜豆粥、五个鸡蛋迎接圣驾，将随身佩带的小刀牙筷擦拭干净，让太监呈给太后使用。尽管条件简陋，也让慈禧太后欣慰不已。昔日高高在上的老佛爷，如今竟满足于一碗粥、几个鸡蛋，不禁让人感慨清王朝衰败之

榆林堡北城墙遗址　于海宽摄影

迅速，慈禧前后变化之大。

晚清以来，榆林堡这座古驿站也不再有往昔的繁荣景象。大厦将倾之际，即便当年意气风发，心中仍有忠君报国之念的知县吴永也难以施展抱负，甚至连保住"接驾"的粮食都十分困难。时光荏苒，这份历史记忆如今只能在榆林堡村的宅院中略窥一二，有关"慈禧西行"的印记也被雨水冲刷得有些模糊不清了。但是，只要这座古宅仍矗立于榆林堡内，它就会继续为来此参观的游客展示自己所见证的历史，让那些前车之鉴成为今日人们的经验与教训。

榆林夕照今何在

历史的时光飞逝，繁华逐渐落幕，今日的榆林堡成为了向人们展示古驿站风光与地方风俗的旅游景点，这座见证了历史沧桑的古镇正以崭新的面貌续写着今日的故事，迎接着四方游客。

由于种种原因，昔日茂盛的榆树林已然消逝，但当夕阳西下，榆林堡被镀上一层金色的余晖时，"榆林夕照"的美景又以更为沧桑的面目展示在人们面前，吸引着大量的游客来此观赏。登上榆林堡旁的北城墙，沿着长城遗址便能俯瞰全村，在绿树茵茵中的成片红瓦与残败雄浑的城墙的映照下，人们仍能一睹昔日长城的雄风。

  进入村子后，一座城隍庙吸引着人们的目光，这是榆林堡村的重要古建筑，承载着过往民众对美好生活的向往。步入城隍庙，院落不大，有正殿三间，中间供奉"城隍爷"，左右各为钟楼、鼓楼，其建筑宏伟、造型美观，从建筑、雕塑、绘画等各方面看，城隍庙都不失为一件充满历史气息的精美艺术品。院中有一棵古柏，距今已有500年的历史，它高大粗壮、枝繁叶茂，像一把巨伞遮盖住半个院子，至今仍散发着勃勃的生机。村西还有一座旧时的灯山楼，内有灯架，上拜3600盏油灯，立有财神、关公、观音等神像，展示着当地民众独特的祈福方式。

  除却历史气息浓厚的古建筑外，如今的榆林堡村还以更为现代化的方式为来此的游客展示着当地的历史与民俗。榆林堡村委会院中设有展示当地文化的乡情村史陈列馆，中央为榆林古驿规划沙盘，能够看出整个村庄呈"凸"字形，周边图文并茂的展板，分别记载了村庄概述、历史由来、建制、农业、经济、文化、文物、花会、古诗、传说等方面的内容。此外，村中还设有"益农信息社"，互联网也成为了提供公益服务、便民服务、电子商务等内容的重要途径，展示着这座古村镇中的民众在当代的美好生活。

  "疏林余影映烟萝，满目青山暮景多。正是太平边报息，驿城门掩少经过。"当行走于榆林堡村，欣赏着自然与人文并重，历史与现代交织下的榆林堡古村落时，那一则则振聋发聩的传说，一幕幕雄美壮丽的景色一定能成为人们旅途中珍贵的回忆。在此稍作休整，从榆林堡村再次出发，不远处的八达岭长城、龙庆峡、莲花山、山戎文化陈列馆、中国长城博物馆等美景还等着游客的光顾，马营村的古长城也是值得一看的景点。

TIPS 小贴士

路线
榆林堡村位于康庄镇的西南口，处于延庆盆地中，交通较为便利。自驾可沿京藏高速到康庄桥出，再沿兴阳线、西关路可达。公交则可在德胜门乘919路到昌平西关环岛下车，换乘880路直接到榆林堡站。

住宿
榆林堡村内有逸墅民宿，以中西结合的风格欢迎人们来此入住。

饮食
榆林堡村开心农场内有颇具特色的食叶草宴，用食叶草做的面食、菜品、汤、饮料等食物色香味俱全，让人垂涎三尺。

珍珠泉村：珍珠喷玉四季景

在延庆区东北部的山区中有一个美丽的小村——珍珠泉村，这里风景秀美，四季分明。在流传多年的传说与别具一格的田园风光的交相辉映下，这座长城脚下的小镇吸引了四面八方的来客。珍珠泉乡的美景不仅在于"珠泉喷玉"的奇景、四季不同的绚烂花海，更因此地交通便利，游人能较为便利地从此地前往仙壶沟、齐仙岭等风景区，将京郊风情尽收眼底。

珠泉喷玉奇观　唐文俊摄影

珠泉喷玉园廊　唐文俊摄影

珍珠喷玉千古事

珍珠泉村得名于当地一处最具特色的景观——珍珠泉，旧时延庆八景之一的"珍珠喷玉"便是对这一景观的诗意描绘。传说"珠泉喷玉"的得名要追溯到明朝初年，当时还是燕王的朱棣带兵打仗正巧路过此地，由于士兵口渴难忍，朱棣便命令手下在此挖地三尺，取井水给大家饮用。万万没想到的是，刚挖不久，泉水竟然直接喷涌而出，水中翻起串串气泡，犹如万珠滚落。甘冽的泉水使燕王和他手下的士兵都十分惊喜，朱棣便将此地的奇景封为"珍珠泉"，赐予其"珍珠喷玉"的美名。

珍珠泉的奇特景象不仅得到了皇帝的喜爱，当地的百姓也对此十分好奇。他们认为珍珠泉下一定有着诸多泉眼，喷涌而出的地下水不仅带来了珍珠喷玉的美景，还令途经珍珠泉村的菜食河呈现水流不大却格外清亮的特点。站在菜食河旁，能看到水中的鱼儿"皆若空游无所依"，自由地穿梭往来，颇有农家的闲趣。

如今，珍珠泉村以奇特的泉水为中心修建了珠泉喷玉主题公园，并在泉水旁修筑了圆形喷泉池，泉井直径近 10 米，深有丈余，中间一条石材铺就的陡峭阶梯仿佛要将人带到泉井深处。仔细观察这座奇异的珍珠泉，便能发现泉水中间竟有几簇汩汩的气泡向上涌出，除了方向"违背"地心引力以外，形状大小都与断了线的珍珠无异。如果你感到惊奇与欢喜，不妨试着冲泉眼鼓鼓掌，再喊上两声，便能发现泉中"珍珠"出现的速度竟愈发快了。此时，往往有好事者为了验证这一奇异的景象，号召大家一起按着节奏喊口号、鼓掌，让声音更大些。果不其然，珍珠泉马上给了人们积极的回应，泉中如珍珠一般的气泡一下骤然翻腾起来，泉水像烧开了一样沸腾，令游人真切体会到大自然的奇妙无穷。

其实，珍珠泉神奇现象的形成自有其科学依据，"珠泉喷玉"的奇景是共振效应与富含矿物质的泉水结合后的产物。珍珠泉的水主要由高锶矿泉水组成，终年从地下涌出的泉水每日有近千吨的出水量。因泉水中含有大量气体，形成气泡后便出现了"喷玉"的景象。同时，由于压力变化，当观赏者拍手、跺脚或是放声大喊时，一串串的气泡就会像珍珠一样从泉底涌出，而声音越大对泉水压力的影响也愈大，气泡出现的速度便会有相应的改变。

四季花景各不同

除了引人注目的珍珠泉外，珍珠泉村另一个特色景观便是公园内种植的各色香草花卉。随着四季景色的不同，园中的花卉也会有相应的变化。同时，珍珠泉民俗村内还有着与之对应的农家乐活动。如果你深受案牍劳形之苦，对每日在高楼大厦中单调的都市生活感到困扰，不妨走出家门，走入珍珠泉村，真正感受北京气候、物候随四季变化而流转不息的景象，欣赏各个季节独特而生动的景色。

珠泉喷玉　席文俊摄影

　　春季的珍珠泉村处于绚丽的花海中,欢迎着四方旅客来此观赏采摘。目睹颜色各异的鲜花,徜徉于树头菜、薄公英、柳树芽、杨树毛、黑狗筋、苦麻菜等农作物之间,摘取自己喜欢的放入袋中,再带上自己的"战利品"到民俗户吃上一份农家饭。农村生活的恬淡与当地独特的民俗风情,既能让游客享受片刻的悠闲,亦会使孩子了解到别具一格的乡间生活。

　　北京夏日的酷暑令人心生烦躁,此时不若来珍珠泉村逛逛,喝上一口珍珠泉的高锶矿泉水,既有丰富的营养,又清凉解渴,令人心旷神怡。独钓菜食河上,偷得浮生半日闲的体验便悠然而至,晚间还可以选择在民俗度假村就地烧烤,无论是自己带来的食材,抑或刚刚垂钓来的鱼虾,都能成为桌上的美味佳肴,这种自己获取食材的感受一定能令人流连忘返。另外,由于此处位于乡野之中,气温比市区要低3-5℃,因此,沐浴着乡间凉爽的风,在瓜果的香甜中享受夏日的安闲,也是珍珠泉村的魅力所在。

　　秋季是收获的季节,也是采摘的最好时节。此时来到珍珠泉村便能看到一串串的玉米辫挂在屋檐下,红辣椒穿成串挂在窗棂上,李子、山葡萄、山枣和山梨挂在环境优美的乡间地头,累累果实昭示着村民们一年来辛勤劳作的回报。完成一天的采摘,回到民俗村后,与村民共享丰收喜悦的同时,也能领略当地的风土民情。

北京的冬季也算得上"雪国冰原",尤其是初雪过后的乡村,皑皑白雪会让游客仿佛身处北国。这一时期的珍珠泉村有着滑冰车、打冰陀螺、爬雪山、看雪景、堆雪人、打雪仗、"独钓寒江雪"等诸多娱乐活动,让游客既能在北京感受到北国的风光,又能在各色活动中得到休闲与放松。另外值得一提的,是珍珠泉村的过年活动。彼时的村民会蒸馍馍、做豆腐、撒年糕……还有一幕幕展示民俗生活的高跷、大秧歌等文艺表演,在热闹而欢快的氛围中享受冬日的安闲。

总之,珍珠泉村一年四季的美景、美食与活动无不吸引着人们来此参观游览。人们可以漫步于遍布各地的薰衣草、波斯菊、藿香、洋甘菊、紫苏、马鞭草、醉蝶花、麦秆菊、小丽花、万寿菊、千日红、千日紫等或珍稀或常见的花卉丛中,闲游于占地1300多亩的公园中,随处可见的姹紫嫣红、暗香浮动,或是金秋丰收的喜悦,或是冬日冰雪中的烟火气,都会令你惬意放松。

珍珠泉旁景各异

感受完珍珠泉的独特及民俗村中的风土人情后,也不要急着离开,在珍珠泉的周围还有诸多景区等待游客前去一观,那些地方同样兼具自然与人文的景色,是人们休闲娱乐的上佳之选,其中较具代表性的有齐仙岭风景区与仙壶沟风景区。

齐仙岭风景区的特色在于其山顶的齐仙庙,这所庙宇历史悠久,居于深山之中,古树苍翠,层峦叠翠的环境使这里成为一个天然氧吧。历经百年岁月的古柏为人们展示着历史的厚重,四周环绕的绿树鲜花则又给人以休闲放松之感。沿着阶梯缓缓走入山中,心中自然宁静,诸般烦闷也不再显得恼人。

庙宇是地方历史的见证,也承载着人们对美好生活的期盼。登上365级"光阴阶",齐仙庙便近在眼前,站在此处,人们得以欣赏这座修复后的古寺,它曾度过近七百年的时光,如今以崭新的面目屹立于山巅之上。再顺阶而上,山顶处是一座狐仙庙,显示着古代民众朴素的民间信仰。齐仙岭是自然生态与人类文明成果的交融,体现着"天人合一"的思想宗旨,是人们休闲康养的不二选择。

仙壶沟得名于景区内的一座壶状雕像,仙壶水从沟内潺潺流出,四季不息,清澈甘甜,给人以悠然闲适之感。仙壶沟是绿水青山的缩影,因而成为人们游览自然风光的好去处。景区内山峦起伏,水面如镜,山峦与溪水映衬着蜿蜒向前的登山步道,漫步于4公里长的登山道时,也丝毫不会感到无聊和烦闷,因为一路有潺潺流水与缕缕微风伴于左右。这段旅程不仅有助于游人放松身心,更能使人在此独享闲暇,享受属于个人的休闲时光。

珍珠泉周围还有珍珠峡谷风景区、彩石滩风景区、绿荫溪谷风景区、留香谷风景区等景色宜人之处，每个景区的景色都不尽相同，无论是绿树掩映中的森林风光，抑或奇石遍地的流水小溪，都是自然给人类的馈赠，值得游人前往游览。

在优美的自然景色与独特的民俗传统的交织中，珍珠泉村成为集多个旅游景点为一体的综合休闲度假胜地，是都市中的人们寻求休闲放松的最佳去处。如今，村中的民众也正以饱满的热情欢迎着四面八方的旅客来此共赏美景。

TIPS 小贴士

路线

珍珠泉村位于延庆区东北部,珍珠泉乡内。自驾可由京藏高速到延庆城区,再沿京张路去往四海方向可到。公交则可由德胜门乘919路到延庆东关站,再换乘Y29路珍珠泉站下车即到。

住宿

珍珠泉为市级民俗旅游接待村,村内共有20余家民俗户提供住宿服务,满足不同人群的住宿需求。

饮食

珍珠泉村主要提供自家种植、饲养并烹饪的农家饭菜及各种烧烤,食材新鲜,味道诱人。

东门营村：书香百世 古迹千载

东门营村地处延庆区张山营镇西南，毗连下营村、姚家营村。该村历史悠久，其前身为始建于明嘉靖年间的东门营堡，村中人多以"耕读传家"为家规族训，保存了良好的地方文化传统。在东门营村近旁有古崖居遗址、山戎文化陈列馆与玉渡山风景区，先民的建筑智慧、古老的文化与原生态的自然景致使东门营村的文化与旅游资源极为丰富，吸引着四方游客来此参观游玩。

东门营关帝庙　席文俊摄影

耕读文化永留传

农耕与读书是古人维持生计、谋求进取的重要渠道，因此"耕读传家"成为中国人心中传统而朴素的生活愿景，也是东门营村最具标志性的文化。在东门营旧村中，大量且集中地出现了一批反映耕读文化的牌匾、影壁与绘画作品，放眼北京，这一现象都是较为罕见的。如老村区（40号）民居门楼雀替雕有一个"耕"字，砖雕影壁上则有"家传敬义数千载，世继诗书几百年"的砖雕对联。老村区5号民居残存的座山影壁也有"世间好事忠和孝，天下良图读与耕"的砖雕对联。据说除目前所见的资料外，还有诸多带有耕读字样的门额、砖雕、木雕、影壁遭到破坏，但留存下的吉光片羽也足以彰显东门营村民众的耕读情结。

最能体现东门营村耕读文化的，是旧村主街中部路南（41号）的一座四合院，这也是人们来到东门营村不可错过的景致。四合院为前后两进院，规格并不高，装修也不奢华，但门额上却完好地保存着"百世书香"四个墨书大字，虽历经百年，却仍显得遒劲有力，足见屋主人对耕读文化的重视。这座四合院的布局也颇有特点，其北房的后檐墙上部多出三层砖檐，上面至今还悬挂着五块木匾。因年代久远，加之遭到破坏，匾上文字都被铲去了，但是隐约还能看出三块匾的内容："德寿双全""年高德劭""齿德可风"，由此也可见村中民众对美好德行的追求。东门营村家家户户后檐墙预留出挂

泰山庙　席文俊摄影

匾位置，极为重视对家中后辈知识与品德的教育，其中的诸多家规族训也延续至今，依旧影响并规范着村中民众的日常生活。

　　东门营村重视读书的传统使当地曾走出文、武举人，这也证明了当地浓厚的书香氛围。东门营村的文举人叫孙寿龄，当年以教书为业；武举人叫孙提元，当年以擅舞大刀而闻名。文举人孙寿龄的故居便是41号院，现由其第三代嫡孙孙殿宽居住。当年孙老先生在家乡教书育人，远近闻名，社会知名度很高。正如先人们所期望的那样，几十年来东门营村考上大学的学生、外出工作的人都比周边村子多，这也是村里人常常引以为傲的地方。《诗刊》编辑部的江岚随友人来东门营村小住后，作出了"杂咏三首"，其中"清晨妻子卷帘处，瞥见当庭一点红""斜阳不肯下西墙，几树葵花照水黄"等诗句描绘了村落从清晨到斜阳，一天中不同时刻的景致和奇观，感慨这里的"天光漠漠""山色微茫"。

　　对读书的追求与浓厚的读书氛围也吸引了众多游客来到东门营村参观。或许在村中游览一番，深入体验当地"耕读传家"的文化传统后，日后的学习、工作与生活也能更为顺利，最终成为自己所在领域的"举人"。

千年古迹耀中华

　　东门营村另一个特点就是古迹众多，尤其以庙宇最具代表性，当地曾流传着"三步两庙"的说法。

东西只有200多米的东营旧村内就建有9座庙宇,即泰山庙、真武庙、观音庙、龙神厅、五道庙、三官庙、阎王庙、关帝庙、龙王庙。这些庙宇均建于明清时期,目前仅存关帝庙、阎王庙、真武庙、泰山庙4座。东门营村民众所信奉的神明众多,既有道教的眼光娘娘、子孙娘娘、真武大帝,又有佛教的观音菩萨,甚至还有司掌阴曹地府的阎王爷。众多的神明承载了民众的生活期许,又从精神层面为人们展示了东门营村民众的日常生活。

近来年,文物部门对这残存的4座庙宇进行了抢险修缮。在修缮的过程中发现东门营的庙宇中还保留了大量的清代道教题材和民俗题材的壁画,有些壁画绘制得十分精美,在民间也属艺术珍品了。比如在真武庙东西山墙用水墨画画出了"渔、樵、耕、读""琴、棋、书、画"等反映中国传统文化的图案,在东、西山墙上还绘制了真武成道及救助众生的宗教故事。在刚刚修缮的泰山庙后殿娘娘殿东西山墙还发现了大量反映"十殿阎罗"题材的壁画。另外两座庙的壁画被刷上了白灰,只零零星星露出一些端倪,待将来壁画修复后才能一睹其全貌。这些民间壁画多是古代教人弃恶扬善、规范人们行为的教材,彰显了东门营村的文化特色,是游客来到东门营村不可错过的重要景观。

此外,东门营村北部还有古崖居遗址和山戎文化陈列馆,它们生动地展示了古代先民的文化遗存,是中华文化源远流长、博大精深的见证。

古崖居遗址

古崖居遗址位于东门营村北约两公里处的峡谷中,这里是古人在陡峭的山崖上凿建的居所。这座古遗迹是在20世纪80年代北京市第二次文物普查时由延庆文物主管部门发现的,2013年,古崖居成为第七批全国重点文物保护单位。在被发现并保护之前,当地百姓称古崖居为"洞沟"。人们看到那些深藏于山中、经人工开凿的洞穴,不解其用,便编造出一个在延庆地区广为流传的"鬼衙门"之说。

崖居保存下来的石室有174间,分为前中后三个区域。后山区域分上下7层,共有石室26间。低层为马厩,高层为居住区。步入石室,可以看到房屋内部结构有多种,少的只有一间,多的有两三间甚至更多。有的房间还是上下两层贯通的,好似今天流行的复式住宅,据说最多的有上下五六层相互联通。居住者不用出门,在山体内部就可以实现楼层间往来。此外,房屋内壁都凿得比较平坦,墙角线也很平直规整。屋内凿有灶台、床、烟道等。墙壁上还有一些壁槽,用于放置生活物品。这些都反映出当时的居住者十分重视生活的品质和细节。如此壮观的人文景观至今仍吸引着大量学者、游客来此参观。虽然因年代久远又缺乏详实的记录,我们已无法确切知晓先民们的生活,但现存的

古崖居石室

独特建筑却证明了他们高超的生活智慧。

在古崖居北部不远处便是国内第一座以少数民族文化命名的陈列馆——山戎文化陈列馆。山戎是生活在中国北方的一支古老的游牧部族，据说，我们今日所玩的"秋千"就源自山戎荡"千秋"摘树上果子的行为。春秋战国时期，齐桓公曾派30万军队征讨山戎，山戎败走北方，忽必烈时又实行大迁徙，一支迁往贝加尔湖，一支迁往欧洲，一支迁往内蒙古与匈奴合并，山戎族从此消失在人们的视野之中，但其文化遗迹至今尚存。

走进陈列馆，400平方米的大厅内，黄土地面裸露，完整地排列着10座已发掘清理过的墓穴。其中有酋长的大型墓两座，部落成员的中型墓5座小型墓3座。从原状陈列的墓穴中，可以看到山戎民族独特的生活与殉葬习俗。墓坑排列为：头朝东，脚朝西，土坑竖穴，有木棺，单人仰身直肢。按照地位高低，棺材的顶头之上，分别有马、牛、狗等动物的头骨和肱骨作殉葬品。男性酋长戴金耳环，脖颈佩金项圈，腰间左挂青铜短剑，右悬箭镞一囊。殉葬品中还有山戎的各种代表性器物，如直刃的匕首式青铜短剑、青铜车马器、刮刀及各种饰物。这些殉葬品全面展示了山戎文化的基本特征，体现了山戎文化与中原文化的联系与差异。

庙宇中的人间烟火、古崖居内的先民智慧与山戎文化所展现的异域风光共同向人们展示着中华文化的多元性，也构成了东门营村丰富的文化资源。如果人们来到京郊游玩，一定不要错过东门营村的历史遗迹，这是长城沿线最具特色的风景线。

天然氧吧玉渡山

与东门营村同属张山营镇的玉渡山也是此地的重要风景区，此地景色秀丽、环境清幽。因为东门营村水文条件好，人迹罕至，所以植物生长茂盛、种类繁多，是天然的北方植物园，有着大自然最原生态的绿色记忆，成为人们回归自然、放松身心的不二选择。

玉渡山又称"一垛山"，山虽然不高但极陡，如平地拔起。山顶原有一座小庙，名"玉皇庙"，现已损毁，只留墙基，断砖残迹。作为远近闻名的天然氧吧，玉渡山四周植被覆盖率高，加之地形复杂，海拔变化大，玉渡山的植被分布垂直变化明显：乔木有桦、山杨、油松、辽东栎、椴等，灌丛有山榆、二色胡枝子、平榛、虎榛等，是人们观赏植物之美的好去处。山下溪水四季不断流，严冬不冻，溪中布满了大大小小的卵石，水撞击卵石鸣声悦耳，不时又有几声空谷鸟鸣。这里春、夏、秋三季花开不断，山清水秀，鸟语花香，是山、水、林绝妙配合的静谷风光。

玉渡山之美，不仅在于山、石、林、泉、瀑、花、草一应俱全，还在于清、幽、静、野的自然体验。溪水长流、奇峰竞秀的玉渡山，四季景色美不胜收，为人们提供了集休闲旅游、科学考察和环保教育于一体的绝妙去处。

东门营村的耕读文化、历史遗迹与自然风光都有其独特之处，无论是工作之余回归自然、放松身心，抑或是想通过旅游增长见识、深入感悟中华文化，东门营村丰富的文化资源都欢迎游客来此一观，绝对不虚此行。

TIPS 小贴士

路线

东门营村隶属于延庆区张山营镇，位于延庆区张山营镇西南，距城区约 14.8 公里。毗连下营村、姚家营村。自驾可沿京新高速行驶，在张山营出口出，沿佛后路行驶至京银路，4.5 公里后右转进入 010 县道，直行即到。公交可从德胜门公交站乘坐 919 路快车，在司家营站下车换乘 Y1 路车，到东门营公交站下车，步行 900 米左右即到。

住宿

可选择古崖民居农家院、陋室明民宿等。

饮食

民宿提供的特色菜有土鸡炖蘑菇、贴饼子炖小鱼、特色烤全兔、烤羊腿、红鳟鱼及各种山野菜等。

双营古城墙体　郭翠潇摄影

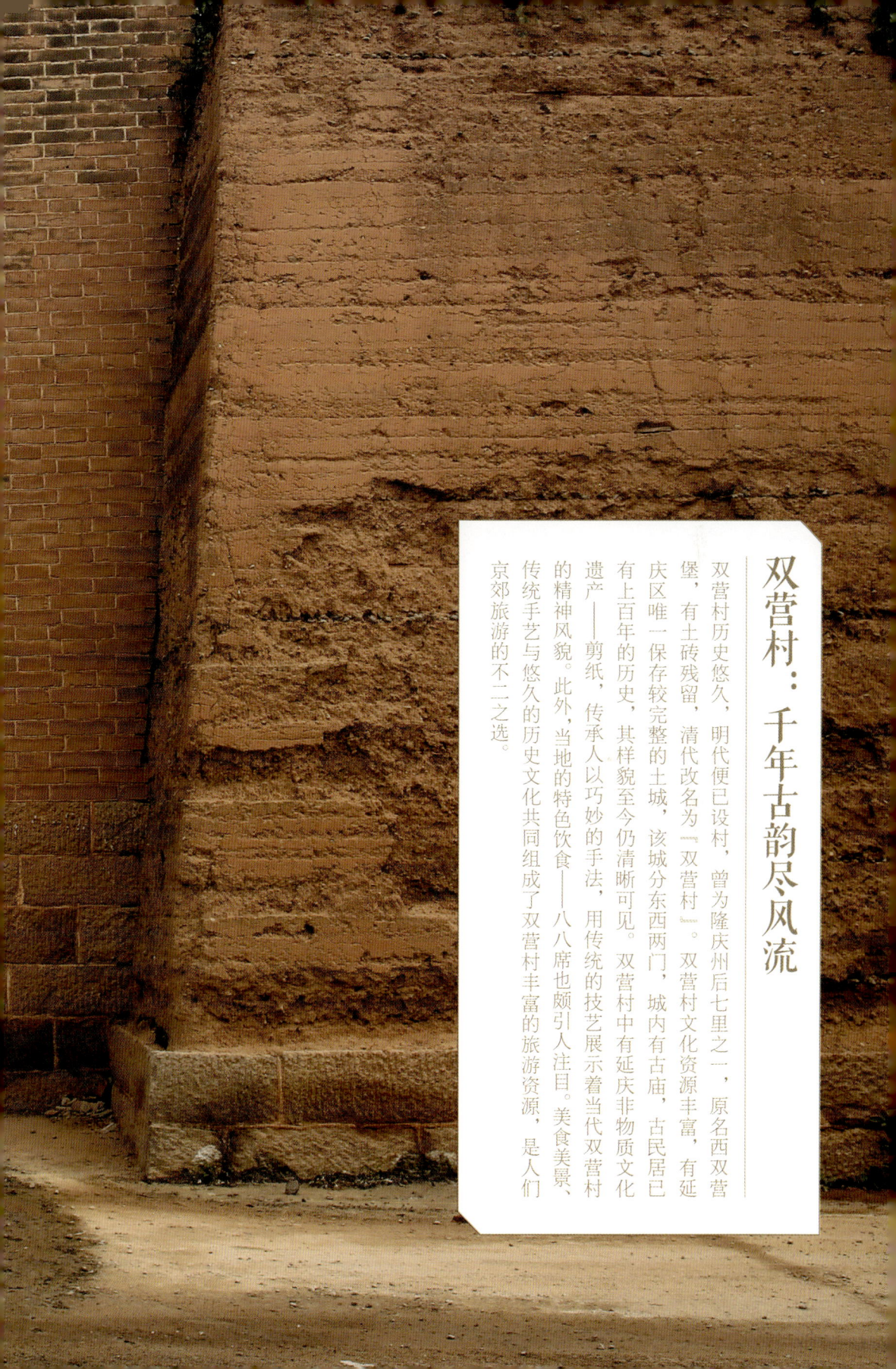

双营村：千年古韵尽风流

双营村历史悠久,明代便已设村,曾为隆庆州后七里之一,原名西双营堡,有土砖残留,清代改名为"双营村"。双营村文化资源丰富,有延庆区唯一保存较完整的土城,该城分东西两门,城内有古庙,古民居已有上百年的历史,其样貌至今仍清晰可见。双营村中有延庆非物质文化遗产——剪纸,传承人以巧妙的手法,用传统的技艺展示着当代双营村的精神风貌。此外,当地的特色饮食——八八席也颇引人注目。美食美景、传统手艺与悠久的历史文化共同组成了双营村丰富的旅游资源,是人们京郊旅游的不二之选。

全国重点文物保护单位

长 城

〈双营城〉

中华人民共和国国务院2013年3月5日公布
北京市文物局2016年5月立

双营古城堡文保碑

明双营古城

双营是延庆县唯一现存较完整的明代土城，位于县城东北方3.8公里，海拔501米，面积2.8万平米，分东西二门。城内有古届，古民居百余间。

其历史可追溯到北魏，《水经注》有载。明代设村，为隆庆州后七里之一，原名西双营堡，有土砖，清代改现名。明嘉靖《隆庆州志》载，嘉清年间，操守戚士登用砖石筑之。

明双营古城介绍 郭翠潇摄影

古城灿风华 文化留遗响

双营古城是延庆区唯一现存的原生貌古城,位于城区东北5公里处,夯土城墙比较完好,1993年被定为县级文物保护单位。著名影片《地道战》《桥隆飙》《三进山城》等在该村拍过外景。

双营古城是延庆悠久历史的承载者与见证者。明初,蒙古族退居漠北,朱元璋为了割断北元残余势力的侵扰,采取坚壁清野的政策,废弃龙庆州,将延庆地区百姓迁到关内顺天府玉田、三河、固安、昌平等州县。之后几十年间,此地日渐荒芜,荆棘遍地,虎狼成群。明成祖朱棣北巡,见这里依旧人烟稀少,深有感触地说:"二州民内徙,至今尚皆荆棘耶!"于是在永乐十二年(1414),重建隆庆州。州规划设置二十里,分为前后,双营是后十里之一。随后,朱棣迁徙山西洪洞县移民,并在此地修筑起双营古城,既能抵御外地的侵扰,又为来此的移民提供了安身之所。

双营古城为东西箕形,现有东西二门,上砖下石毵砌,土城墙和东西门保存完好。城内有两条主要街道:南街和北街。城门所对的为北街,也叫前街,是城内主要街道,从西门直达东门。南街则相对较窄,街东所对的城墙为出行方便,现已豁开。城内现有保存完好的古民居近百间,古庙三座。经过岁月的风化和雨水的侵蚀,城墙墙体早已凹凸参差,但无论如何残缺,纵看土墙连绵伸向远处,似乎还能依稀听到昔日金戈铁马之声。从地图上看,双营城的位置正好处于从岔道至旧县,然后至白河堡的缙山道附近。四周都是平原,无险可守,双营城便承担起了护卫一方百姓的重要作用。

漫步在双营城古堡的街道上,目睹着略侵蚀的古堡城墙,仿佛回到了那个征战杀伐的古战场,军民四处奔跑驰援守城的军校,战马的嘶鸣和武器相击的铮鸣之声依稀回荡在耳边,令人一时有时空错落之感,仿若自己也置身于战场之上,裹挟于人群之中,胸中荡起保家卫国的壮志豪情。

妙手剪盛世 非遗爚百年

双营村的剪纸艺术在北京一带颇具名气,这门传统的艺术是民间装点生活、呼应时代的重要途径,展现着民间工艺的高超水准。剪刀绚烂地在红纸中游走,细碎的纸屑从指尖簌簌掉落,谈笑之间,双营村的剪纸大师们便完成了一幅幅蕴含美好生活愿景的作品。

延庆镇双营村的剪纸多以"以象寓意""以意构象"来造型,又善于用比兴的手法创出多种物象。人们也将祈求丰衣足食、人丁兴旺、健康长寿、万事如意的朴素愿望,借托剪纸作品传达出来。观看剪纸,既能了解中华传统文化的魅力,又有助于体味双营村的地方文化。更值得一提的是,伴随着冬奥会的临近,与冬奥会吉祥物、比赛项目相关的剪纸也日益丰富,成为双营村一道独特的文化风景线。

待客珍馐味 情谊永流传

双营村的饮食酒宴颇具特色，极富地方风情。以"八八席"为代表，双营村酒席的格局程序都有严格的要求，必须按照数量、质量的标准进行摆放。此外，宴席中还有一些禁忌，如在高质量的酒席上，不能上粉条、白豆腐、萝卜、白菜、胡萝卜等食物，这会被视为对宴请者的不尊重。

如今双营村的"八八席"在继承传统的基础上又有所改良，在品种搭配上也有所变更。虽因地域、时间不同，宴席配置也不一样，但菜品必须配够数。如过去第一道上九碟茶食（点心）大同小异，现改为不同的九样点心；第二道上九个凉碟，三干、三鲜、三凉，除减少一些甜食外，其余仍旧保持。这些凉菜也颇有双营村的特色，三干是核桃仁、花生米、白瓜子；三鲜随季节而定，夏天有桃子、哈密瓜、葡萄，冬天为橘子、醉枣、苹果，这些都是延庆较为出名的农作物；三凉是延庆特色的冷荤菜，以熏肉、灌肠、卤肝为主。

在令人目不暇接的凉菜之后，"八八席"的热菜也随之出现，如"八小碗"有葱包肉、烧海参、烩鱿鱼丝、肉炒蚕豆、炒蒜苗、甘露、炒葱头、西芹百合；"八大碗"则由红烧肉、排骨、红烧鱼块、清炖鸡块、炖炸豆腐、榨菜汤、鸡蛋汤、丸子汤构成，都是令人垂涎不已的美味。

"八八席"的进餐流程更为讲究，通常客人落座之后先上点心（茶食）并倒上茶水；撤去点心上压桌凉菜，开始为客人满酒，酒过三巡之后上小碗，最后上大碗，大碗的次序一般是先上肉菜后上汤，最后上丸子。

双营村的"八八席"是人们因地制宜、顺天应时的烹饪杰作，其中既有对美食的追求，又带有"天人合一""五味调和"的人生智慧。品尝"八八席"不仅是在享受延庆的美食，更是深入感受双营村文化的好方法。

来到如今的双营村，感受古城文化，品味剪纸的风华，再品尝当地诱人的美味，村落的历史与文化尽情展现。双营村丰富多样的旅游资源与文化资源一定能带来美好的旅游体验，令游客流连忘返、念念不忘。

TIPS 小贴士

路线
双营村隶属延庆区延庆镇,东为下花园村,西为唐家堡村。自驾可沿京新高速、京青线、西唐路到达。公交可从德胜门坐919路快车到川北小区南门下车,再换乘Y26路在营镇河村东下车,步行1.1公里即到。

住宿
可选择城墙大院民宿、肆舍特色民宿、星空帐篷民宿等。

饮食
民宿内提供饮食,可选择灶台鱼、蒜香鸡翅、嘎巴锅、火勺夹豆皮辣片等农家菜。

小张家口村：凤骨龙姿古长城

沿南山环线向东北方向行进，北出青龙桥，便能抵达万里长城的一个重要关隘——小张家口村。小张家口村地势险要，是塞外通往京城的山口，因而被历朝视为边防重镇，并在此地屯有重兵。"凤凰山凤翅欲展，凤头高抬；九龙山龙爪离地，额顶向天"，相传小张家口村是难得的风水宝地，在凤凰山与九龙山的映衬下展现着自然风光的壮美，而经由此地修筑而成的长城又体现出古代劳动人民的高超智慧。如今，小张家口村还开设了森林音乐节，将现代的美与古典的文化相结合，展现出小张家口村新的生机与活力。

龙翔凤舞通塞北

小张家口村曾与塞北重镇河北省张家口市同名,但因新中国成立初期,延庆曾被划归于张家口地区管辖,为区分两地,该地便被命名为"小张家口村"。辽金元时期,曾有几条北通内蒙古、黑龙江等地的"御道",小张家口便在此路之上,是明清以前北出塞外、南进京城的重要通道。

凤凰山与九龙山是小张家口村最具特色的自然景观,也是小张家口村风水之所在,是其军事地位得以形成的原因。而有关这两座山的传说也在小张家口广为流传:

传说,明朝大兵进驻居庸关后,刘伯温赴元大都周游。一日,刘伯温策马过了八达岭,晌午时到了小张家口村西的一个山头,回望路过的凤凰山和脚下的九龙山,情不自禁地感慨:"名副其实,那凤凰山凤翅欲展,凤头高抬!这九龙山龙爪离地,额顶向天!都是好兆头啊,预示着山底下这个村要出皇上和娘娘!"徐达手下大惊失色,天下皇上只能有一个,于是听从刘伯温军师的谋略,调来弓箭手500,刀斧手500。第二天,刘伯温在凤凰山脚作法,弓箭手们向腾空而起的七色神鸟乱箭齐发,山沟里的刀斧手们看见神鸟落下,钢刀利斧一齐砍去。刘伯温见神鸟已奄奄一息,便停止作法,命士兵将神鸟抬上凤凰山,结果几只老鹰飞下来,抓住神鸟向南方飞去了。刘伯温破了凤凰山风水,又开始破九龙山,他调来800名工匠,在九龙山上建起了一座泰山庙,以泰山压顶,镇住这里的"龙气"。后来,他偶然间又发现小张家口村边有一块巨石特别显眼,像一个巨大的乌纱帽,立即命人将乌纱帽两边的翅砸掉了。

刘伯温破了小张家口地区的风水,保住了皇上的江山,却深感对不住当地百姓,于是请朱元璋设案焚香,祷告天地。有了皇上的恩赐,小张家口从此旱涝不影响耕种,百姓不愁温饱。

如今,村里规模较大的就是泰山庙,俗称"寨坡",其他寺庙有山神庙、龙王庙、泰山庙、娘娘庙、关帝庙(老爷庙)等约10余处。据说,在街角处还能找到传说中的那块纱帽石,只是少了一对"帽翅"。

传说的真假我们无从辨别,但小张家口村确实保存着相当完整的古民居群,穿村而过的土长城将小张家口民居分为南、北两部分,当地老百姓习惯称之为"里口""外口"。"里口"民居主要采用青石和长城砖石建成,石墙石路、影壁花墙、门楼院落,既有南方小镇的细腻风韵,又有北方民居高墙大院的雄伟。村里多数老房子都砌有少则十几块、多则数百块长城砖,走入民居的长城砖,沾染了更多的人间烟火。"里口"的许多房屋则完全用石头砌墙,被称为"石屋",街巷曲折幽深,完全用鹅卵石或青石板铺就,极富特色。村内还有明清时代古井遗址7处,全部用青石和花岗岩石头砌成,井深都在6—15丈之间,据说井水甘甜清澈、清凉可口。村中古井、古树、古石刻、饮马槽、古石夯、古石凳随处可见,这些石制的家具虽历经千百年风霜,但仍然整齐而又坚固,或古静卧于墙角,或藏身于草丛之中,一起守护着田园生活的那份静谧。

土长城城堡遗址　席文俊摄影

2011年，小张家口村作为延庆区的第一处文化地标，成为反映延庆历史文化、生态文明、民俗风情的特色村落。此后，小张家口还修建起了颇具特色的文化地标雕塑，该雕塑下有基座，地标正面中央是"小张家口"四个大字，下方是小张家口的历史背景介绍，左侧是此次地标设计的核心——"妫"字墙，刻有不同历史时期"妫"字的各种写法。最下方是小张家口的经纬度和长城浮雕。地标背面的右上方是延庆文化地标的示意图，分别标出其他即将建设的文化地标位置及其与小张家口地标的位置关系。雕塑的右下方有一幅浮雕，展示了烧砖的过程。文化地标的侧面还有关于"妫"字的起源传说，既反映出了小张家口地区的历史文化背景，又充分显现了特有的旅游价值，是人们来此游玩必去的打卡圣地。

劈山长城卫古今

小张家口一带是历代长城修筑的重点，燕、秦、汉、晋、北齐、北周、隋和明都在此地修建土、石、砖、劈山等多种类型的长城，使小张家口成为北京市境内古长城遗迹最丰富的地区之一，堪称"长城大观园"，是长城历史教育的活教材。在小张家口的各类长城景观中，最令人注目的是劈山长城（斩山筑成），它不用砖、石与土，而是将山劈开形成城墙。"斩山筑城，断谷起障"，这种独特的修筑长城的方式在万里长城沿线也属罕见,这也进一步彰显了小张家口村文化资源的独特性。如今,来到村内,近距离欣赏这古长城的苍凉与悲壮时,仿佛穿越时空,来到了铁马金戈的时代。

小张家口村的长城修筑技艺十分特殊,延庆文物管理所在调查时就发现了一段边墙遗址,该遗址自小张家口村西南向东至二道河,断续起伏,约几十里,其走向与《延庆州志》记载大致相符,大都是由干石碴堆叠的边墙。从航空遥感图像上,清晰可见几条与主墙平行分布的石边和土边墙,这些边墙与长城主体平行延伸,应当是为了加强主墙防御能力而增设的墙外障墙,其中的主墙即是"南山路边垣"——小张家口一带现存最主要的一道长城,它是明代内长城,多为黄土夯筑。而南山路边垣北侧与之平行的土边墙,是明代为加强内长城的防护功能而修筑的边垣,俗称"土长城",为黄土夯筑,宽处可达3—4米,十分坚固。小张家口村内,凡城堡、关隘均有城砖包砌,在历史上起到拱卫京师、守护陵寝、保境安民的重要作用,这也足可见其战略位置之关键。

烽火台是小张家口长城的另一重要景观,于2013年被列为"长城"全国重点文物保护单位。目前,小张家口地区存有烽火台9座,属明长城和早期长城遗址,望着眼前接连不断的烽火台,岁月变迁之感扑面而来。小张家口村南的不远处有一个神似仙桃的山,当地人称其为"桃山之巅",站在其上可眺望举世闻名的八达岭长城全景,也能一揽妫川的秀美风景。

长城脚下常有大量的碑刻,小张家口村里也尚有字迹清晰可见的明万历石碑两块,碑文记述了万历元年(1573)修建边墙官员的姓名和具体内容,如钦差总督、山西蒲州王崇古,军务右副都御史、浙江山阴吴

小张家口分修边墙题名碑
(王岩编著:《长城艺文录》,北京:北京出版社,2018年,第114页。)

兑等，这些官员都曾到此检查过地方工事，为长城的修建提供了帮助。

小张家口村还是长城砖瓦的烧制地。明万历元年 (1573)，八达岭地区开始修筑长城，小张家口村就被选作砖窑的修筑地，在此烧制城砖。如今，小张家口村内，几十处长城砖窑遗址分布于村子土长城两侧，其中有 5 座保存较为完好。在发现的窑址中，大多呈马蹄形，直径一般 3—4 米。有的窑底尚存部分残砖，窑门、烟道保存较好，很具地方特色。尽管这些砖窑大部分已被废弃，但轮廓尚存，仍能看出是明代修建八达岭长城烧制城砖的原址。这些长城的遗迹全面展示了小张家口村悠久的历史文化，是希望了解长城文化、考察地方历史的游客不可错过的旅游胜地。

由于海拔高，昼夜温差大，小张家口成为北京夏季的避暑胜地。如今，当地还建成了占地面积约 14000 亩的小张家口长城遗迹生态公园，园区内植被茂盛，游人站在仙桃山观景台，向南可以俯瞰八达岭明长城的雄浑与壮观，向北可以欣赏土、石、砖、劈山四种古长城的独特风格魅力，体会长城原始、古朴的自然风貌，可称得上是世界上独一无二的长城天然博物馆。

静静地站在山巅，远望四周，一抹远古的风韵伴随着壮美的山水扑面而来，小张家口村兼具自然与人文美感的独特景观便展现在眼前，仿佛一首流淌着的古老歌谣，带人们走入那金戈铁马的时代。

城下偷享半日闲

小张家口村不仅有着悠久的历史，当下的文化建设也为村落带来了新的生机与活力。小张家口村新鲜、潮流的音乐节，能够将游人从时光机里拉回到现代，体验长城脚下不一样的"都市森林"生活。

每年的 6 至 8 月，小张家口村不远处的山谷中便会举办"长城森林艺术节"。森林艺术节是以古典音乐为主，同时融合多种艺术表现形式的综合性户外活动，该节日吸收了美国坦格尔伍德音乐节、阿斯本音乐节、德国柏林森林音乐节和英国爱丁堡艺术节的精华，将其所倡导的户外音乐欣赏与休闲度假相结合的生活方式纳入地方文化的建设之中。小张家口村一带优越的自然环境为音乐节的举办增色不少。延庆区平均海拔在 500 米以上，气候独特，冬冷夏凉，素有北京"夏都"之称，山谷中的原始次森林环境又是一种"天然氧吧"，使人们在欣赏音乐的同时又不自觉享受到"康养旅游"的乐趣。

长城森林艺术节的选址可谓独具匠心，场地周边被自然森林环绕，苍莽葱郁，直指云天，为艺术节营造出与自然合而为一、无拘无束的自然氛围。中心的演出场地是占地 2 万多平方米的绿地，人们集聚在这里观看演出和自由活动时可以享受到与大自然融为一体的畅快感觉。这种天人合一的体验能够极大地激发人们参与音乐节互动的激情，尽情宣泄都市生活中的压力与疲劳。

在内容营造上，森林艺术家也颇下功夫，每年邀请国内外不同风格的艺术家和演唱团队，来村中演奏以古典音乐为主的多样化主题音乐表演。众多艺术家都曾来过此地一展歌喉，如罗大佑、蔡琴、新西兰女高音歌唱家海莉·韦斯特娜、水木年华、大提琴演奏家朱亦兵等。近年来,"愚公移山"这类象征着年轻、活力的大型摇滚乐也在此地举办。内容上的升级换代,使得长城森林艺术节始终保持着对广大公众的吸引力,即使在电子音乐市场高度发达的今天,人们依然乐于到这里,与熟悉或陌生的游客们共同领略艺术狂欢的魅力。

  2015年以后,在延续"经典音乐户外欣赏"自然特色的基础上,长城森林艺术节在六一儿童节前后的周末为都市家庭奉上精心打造的儿童专场活动。2015年的儿童专场以"森林童话"为主题,包括"森林剧场"艺术明星汇、"童话乐园"亲子嘉年华和"森林部落"露营体验三大板块,共邀请了40多组艺术家,设置了20多个亲子活动和8个活动区域。2016年的儿童专场以"艺术走进森林"为主题,除了为儿童们准备了三场不同风格的音乐会,以及《冰雪奇缘》《飞屋环游记》等露天电影外,还设置了童画森林艺术工坊和奇趣亲子运动的互动环节以及精心挑选的美食。长城森林艺术节设置的亲子活动项目,将观众群转向儿童和都市家庭,第五届艺术节特意将主题确定为"最佳亲子日",逐渐形成了倡导音乐与儿童艺术教育结合的形式的想法。长城脚下的野外帐篷日、图书交流等亲子互动活动,带给游客全新的休闲娱乐体验。

  壮美的自然风景,历史悠久的长城遗迹与带有现代气息的音乐节使小张家口村成为兼具古典与现代美的旅游胜地。借助小张家口村一带清新优美的自然环境,人们在来此休闲放松的同时还能深入了解长城文化的内涵,并享受闲适惬意的户外音乐与独具特色的亲子体验活动。如此美妙的旅程,也难怪游客们将此处称为"中国最美的艺术节"举办地了。

TIPS 小贴士

路线

小张家口村位于延庆区大榆树镇南部,南与八达岭镇接壤。自驾可沿京藏高速至八达岭长城出口出,沿八达岭路、西新路、南山环线到达。公交可从德胜门乘坐919路快车至东桑园站,换乘Y6至小张家口公交站下车。

住宿

该村有民俗户7户,可同时接待游人100人次。村内"圣桃山农家院"可提供良好的餐饮、住宿服务,让人方便舒适地体验乡村旅游的乐趣。

饮食

游客在这里可以品尝到石磨豆腐、石锅宴等独特的山村风味。

周四沟村：雄关漫道话乡情

延庆城东北约30公里处，有一片四面环山的美丽村庄——周四沟村，这里风景秀美，文化资源丰富，是感受长城文化、体验自然风光、了解地方历史文化的好去处。周四沟村因四周有虎叫沟、大槽沟、大牛角峪和小牛角峪四条沟而得名。这里不仅有见证烽火硝烟的古长城遗址，还有四季景色各不同的天然花海。此外，村史馆中展示的村落历史与延续至今的民俗活动也展示着这座古村落今日的生机与活力，使周四沟村成为闻名京郊的旅游胜地。

村口的花田

城池堡垒卫边关

　　周四沟村历史悠久,明嘉靖十九年(1540)朝廷就曾在此修筑城墙,并将此处作为把守边关的军事重地。周四沟村曾是一座"周四沟堡",负责"边墩三十七座,接火墩十五座",防卫体系堪称完美。若将京城比作堂室,居庸关是门户,周四沟就是藩篱,是京城民众安稳生活的保障。周四沟村"东通四海冶,北通千家店,西通永宁为之应援,南通昌平为之后背,扼外边长城之要冲,既要扼守,又宜进攻,故为军事要地"。前后应援的优势地理位置,让周四沟成为宜攻宜守、保家卫国的强大关垒。明代周四沟村驻守500名官军,管辖延庆长城约1/6的部分,可见其位置之关键。

　　周四沟村中的古城为青砖砌筑,只设南城门,城门外有瓮城一座,是当时的边防重地。该城在形制上随山就势,西窄东宽。站在周四沟堡北墙遗址上向北望去,陡峭的山势像两条昂首起舞的长龙,在两山合拢之处,又有一座圆形的山,整体画面形成"二龙戏珠"的布局。"二龙戏珠之地,帝王陵阙佳处",周四沟实乃一块风水宝地。据说,这里绝佳的风水还曾引起秦始皇的注意:

　　传说秦始皇有一次来到永宁城外,登顶观察正在修建中的长城,见西北两座山,心里不由得一动:

"可在两龙腹抱处建一土山，呈双龙盘玉兔之势，在山上建陵阙，上承天宇，下接地颏，其势何壮！"立即命令民工担土造山，要在山上修建陵墓，山下修建楼台宝塔。由于秦始皇劳民动众修长城、建陵墓，老百姓恨透了他，一位民工在山沟对面的那座被当成"珠子"的石崖上，雕了一只展翅欲飞的大石鹰，来破这"双龙盘玉兔"。又在这山上凿了一个山洞，山洞里雕了一个判官，意思是秦始皇死后，判官是要和他算账的。因为老百姓破了皇陵风水，秦始皇只好又改到别处修陵去了。

这则传说在周四沟村民众间广为流传，村民都说秦始皇所看中的地点就是今日的周四沟村。村民们用这则传说佐证当地绝佳的风水，坚定地相信周四沟村不仅是历史悠久的古长城遗址，更是得天独厚的风水宝地，当人们来到周四沟村游览时，一定也能得到村中风水的庇佑，令日后的学习与工作更为顺利。

村口的花田

周四沟村不仅有悠久的历史，当地的自然风光也颇为引人注目。周四沟村的"七彩农园"大地景观是北京郊区最灿烂的一抹风光，是欣赏自然风景、品味农家生活的好去处。依托数量众多的花卉，周四沟花园与临近的"四季花海"一起打造出了北京乃至华北地区面积最大、观赏效果最佳、独具特色的大地"花海"景观。四季不同的鲜花令周四沟村的景色更具特色，吸引着一批批游客来此参观。

夏季与秋季是周四沟村最美的季节：夏季的周四沟天高云淡、绿荫葱茏，秋季的周四沟则如同披上了霓裳羽衣，展现着秋之多彩与绚烂。秋季的周四沟村还有大片鸡冠花组成的"花田"字样，以传统的方块汉字传递着它的内在美。当妫川大地上渐渐染上金黄色的树叶时，蓝紫色系的马鞭草细长柔韧的茎随着秋风摇曳，伴着清爽的秋风，纤细柔软到让人生怜。大气夺目的串红，像小铃铛一样一个个旋转着长在花梗上，柔软可人。鼠尾草、百日草、堆心菊、小丽花、银边翠、鸡冠花……上百种花卉共聚一堂，占地20余亩，简直是属于花草的狂欢节。

与周四沟村连为一体的刘斌堡"百花园"也是欣赏鲜花的好去处，其中种植的万寿菊、向日葵、串红等观赏植物与景区内精心修建的迷宫花园，令人与鲜花香草近距离接触，亲身体会自然之美。

周四沟村附近还有森林资源丰富的大牛角峪，此地落叶松规模壮阔，还配有骑游步道，是人们骑车游览的上佳之选。人们驱车穿梭其间，眼中充斥着漫山遍野的红黄花朵，自然的美好便展现在眼前了。除了自驾之外，游客还可以租乘花车进行游览，秋天的树林下堆放着乡民收获的玉米，山脚下长满了野山枣，远处的青山与堆满的农作物共同向游人们展示着丰收的喜悦。

在花海与森林的共同衬托下，烽火硝烟的周四沟村又多了一抹柔和的自然风光，美丽的花海与满载喜悦的农作物一并展示着村落悠闲安乐的一面，是被都市辛劳困扰的人们休闲放松的好去处。

孝行天下壁画

乡情村史述沧桑

　　乡情村史陈列室是周四沟村一处独特的文化景致，向人们全方位展示了村落的历史与文化。在长久的历史中，周四沟村不仅完整地保留下了古长城的遗址，还传承了带有地方特色的河北梆子等民间文艺，有关图片和影像资料都被妥善地保存在陈列室的展览馆中，展现着村落深厚的文化底蕴。此外，陈列馆还集中展示了近百年来村民生活的变迁历史，通过展示柜中一幅幅老旧的照片，一件件凝聚着民众智慧与汗水的生产生活用品，周四沟村在斗转星移间经历的沧桑巨变便展现在游客眼前。

　　了解周四沟村的乡情村史，不仅有助于游客体会村落悠久的历史与村民勤劳勇敢、自强不息的品质，还为村落留下了一抹乡愁的记忆。乡情村史陈列室见证了周四沟村艰辛的发展历程，也体现着这座古老的村落正以蓬勃的生机与活力，在新时代迎接着八方游客的到来。

壁画戏曲传至今

　　周四沟村秀美的自然风光不仅在其周围的青山绿水之中，更被镌刻于村内的墙壁绘画之上。自2014年起，周四沟村对进村路口、主要街道外墙进行了统一整治，并根据不同地段和周围居住群众的人员结构，在外墙上绘制不同题材的绘画。其中有以山水风景、孝老爱亲为主题的，还有以宣传村史为主题的。村中多姿多彩的壁画与画旁题写的诗句，将文学与美术融为一体，这些壁画不仅是传播优秀传统文化的媒介，也是周四沟村推行党政教育、进行文化宣传工作的新阵地。随着村内文化墙的成功修建，一道巩固农村文化阵地的靓丽风景线便由此形成。

周四沟村不仅有笔精墨妙的壁画艺术，还有传承多年、代表民众心声的地方戏曲——梆子。当地的梆子剧团自清代便已成立，历经岁月的洗礼延续至今。近年来，村委会重建戏台，在戏台两侧展示并介绍了国家级非遗项目——河北梆子在本村的发展情况。在政策的支持与当地民众的大力配合下，人们还能在今日的周四沟村感受河北梆子的魅力，热闹的梆子极大地丰富了村民的文化生活，也给来到周四沟村的民众带来了极具烟火气的艺术享受。

周四沟村的梆子剧团常常在节庆时期进行演出，此时来到村子的游客一定会被演出时的热闹氛围所打动，主动参与到庆祝活动之中。每年距离中秋节还有一个多月时，周四沟梆子剧团的排练厅里便锣鼓喧天，台上的演唱有板有眼，台下的伴奏全神贯注，齐心协力为中秋的三天大戏进行彩排。据说当年剧团最兴盛时，戏班有四十多人，戏服有三四百件，道具更多。时至今日，梆子剧团现在仍能聚集三十人，演二十多出戏，剧目既有《七星台》《九江口》《罗衫记》《下河东》《乌玉带》等古代名剧，也有《沙家浜》《智取威虎山》《奇袭白虎团》等现代样板戏。"宁穿破不穿错"，梆子演出中的每一个角色穿戴什么样的行头都有讲究，每到搭台唱戏的时候，管理戏服的师傅在后台把服装道具摆得整整齐齐，根据戏码的变换迅速摆好需要的行头，保证演员拿、穿、挂、戴、扎有条不紊地进行。码戏服、叠戏服是一项苦功夫，比如"蟒"和"靠"得按照上五色、下五色的顺序码放，不穿的衣服要巧妙地叠起来，拿放都有规矩，这样一件戏服就能用几十年。戏服能用得好，同样不能忽视关键的一环，那就是晒戏服。周四沟有个老传统"六月六晒戏服"，剧团成员刘显臣认为："戏服，尤其是武将的戏服，通常比较厚重，不论春夏秋冬，一场戏下来就湿透，但戏服不能洗，只能晾，晾戏服就成了保管戏服的一个重要内容。即便不唱戏，每逢六月六也都要把戏服拿出来晾晒。"上了年纪后，刘显臣经常住在儿女家，可不管农历六月六这天他人在哪里，只要晴天，他准会赶回村里，晾晒他保管了一辈子的戏服。

周四沟村在蜿蜒入云的城池堡垒旁、在四季花海的环绕下形成了长城文化带中别具一格的地方景象。这里的村史馆、壁画与梆子向人们全方位地展示了一个古老村落在今日的生机与活力，是人们感受新农村风采的上佳之选。来到周四沟村观看村中的梆子演出时，一定要全神贯注地欣赏演员如何以自身技艺展现这门传承百年的民间艺术，如有机会也可以去后台与演员们交个朋友，深入了解他们对戏曲的热爱与执着。

TIPS 小贴士

路线

周四沟村位于刘斌堡乡以东 8 公里处,与刘斌堡社区、刘斌堡村、大观头村、红果寺村、上虎叫村、下虎叫村、营盘村、营东沟村、马道梁村、山西沟村、山东沟村、山南沟村、小观头村、观西沟村相邻。自驾可沿京藏高速至延庆城区出口出,然后转入妫川路,沿妫川路向东北行驶至滨河南路、滨河北路,再转入延琉路向东行驶,即到达。公交可从德胜门公交站乘坐 919 路快车,在京张路口东站换乘 Y18 路,到周四沟站下车。

住宿

周四沟村附近有多家民宿,如山楂小院、青山依旧、花蹊丽舍等。

饮食

民宿提供多种地方美食,如酥鱼、摊柴鸡蛋、炒山野菜等,其中,由土豆裹面粉制作而成的炒傀儡是较有特色的一道菜。

千家店镇：山水画廊探遗迹

北京郊区有个"车在路上行，人在画中游"的绝妙之地，这便是以百里山水画廊而闻名的千家店镇。千家店镇位于延庆区东部深山区，属山地生态保育区，东与怀柔区宝山镇毗邻，北与河北省赤城县东卯镇接壤，西南、东南分别与香营、刘斌堡、珍珠泉三个乡相连，是北京市最边远的山区镇之一，也是北京市重要的地表水源保护地和生态涵养发展区。千家店镇自然景观优美，潮白河水系的黑河与白河像一条天然纽带贯穿全镇，孕育了两岸山、水、林、村，悠久的历史又使自然风景与人文景观相映互衬，令此地的景色更为引人入胜。

硅化残木见古今

北京延庆硅化木国家地质公园为千家店镇旁百里山水画廊景区的主体和重要组成部分，是全国第一家以典型、稀有、珍贵的硅化木群为主体景观，集旅游观光、休闲度假、科普考察于一体的综合性国家地质公园。

"青山无墨千秋画，流水似弦万古音"，硅化木向世人展现了岁月的痕迹，显露了大自然的鬼斧神工。"硅化木"是树木形成的化石群，位于千家店镇下德龙湾村白河干流北岸，集中分布在辛栅子、下德龙湾一带的山区。经专家鉴定，这一带的木化石属侏罗纪晚期成组遗物，距今约一亿三千万年至一亿四千万年，是由上亿年前剧烈的地壳运动形成的。一亿年前，我国北部气候温暖，雨量充沛，植物茂盛，到处都生长着坚叶杉、短叶杉、铁树等植物。之后，由于火山和地震，成片的森林被吞噬在地壳裂缝中，或是掩埋在火山岩浆下，未燃烧的树木由于隔绝空气，在含有硅质或钙质的地下水作用下，矿物质逐渐取代了植物体内的有机物，使树木变成了充满矿物质的木化石，此处的硅化木化石群便因此形成。百里山水画廊中的硅化木多垂直于地面，只有少量横卧或倾斜，最长达 15 米。目前裸露地表的硅化木有 57 株，化石纹理清晰，质地坚硬，保存完整，年轮清晰可辨。

山水画廊的木化石群对于研究该地区的地质变化及环境变迁有十分重要的价值。为了更好地保护这些遗迹，2002 年延庆区政府专门成立了北京延庆硅化木国家地质公园，公园总面积达 226 平方公里。为减少硅化木（木化石）地质遗迹遭受的自然和人为破坏，在北京市文物局的支持下，千家店镇投资建设了化石保护亭，还增设了说明牌，帮助人们更好地了解硅化木。目前，硅化木国家地质公园每年都要接待大量游客，景区先后被评为全国首批国土资源科普基地、全国科普教育基地、北京市地质遗迹自然保护区、北京市文物保护单位和首都文明旅游景区，其名声远播全国。

提起地球的历史，侏罗纪的恐龙无疑给人们留下了最深刻的记忆。依托地质公园中的恐龙足迹化石，千家店镇建立起了集休闲娱乐与科普教学于一体的恐龙游乐园。霸王龙、三角龙、剑龙等人们熟悉的恐龙雕像被建造于如梯田一般的游乐园中，威猛的霸王龙雕塑、惊险刺激的捕猎场景、憨态可掬的卡通恐龙形象共同汇聚为恐龙乐园的独特景观。这座游乐园不仅能使游客参观足迹化石、了解恐龙知识，还提供与恐龙合影拍照的机会，让人们享受亲子休闲的乐趣。

如今，硅化木国家地质公园依托恐龙园与地质园，将自然的秀美、科学的奥妙与人们的喜好相结合，令游客既能在此学习科学知识，又能与恐龙雕塑进行亲密的交流和拍照。如此精巧的设计使各个年龄段的人们都对千家店镇充满兴趣，渴望来此游览参观。

滴水壶旁诗伴画

滴水壶风景区是千家店镇的又一风景名胜，此地位于沙梁子乡四潭沟村西，地处黑白两河交汇处的南岸崖头。由于瀑布源头的三条山泉流到400米高、近似垂直的悬崖峭壁处，依山顺势，奔泻而下，犹如水壶倾泻，形成了上窄下宽高20余米的瀑布，故名"滴水壶"。

瀑布后面，是如同花果山水帘洞一般的幽深溶洞，各个溶洞大小不一，洞内有大量钟乳石、石帘、石笋等，与流水相映成趣。优美的景色吸引了古今众多文人墨客驻足游览，为这一景观增添了更多的人文气息。

来到滴水壶，耳边水声如雷，眼前飞珠泻玉，十分壮观。站在远处观望，山上层层岩石形象百态，山谷尽头有一纤纤瀑布，从陡崖顶端豁口处飞流直下，如从壶口溢出，别有情趣。盛夏时节，百里山水画廊沿途紫色的黄芩花、金黄色的向日葵花与周边苍翠的自然山色相映成趣，成为百里山水画廊的一大亮点。在滴水壶景区，人们还可于此垂钓，并现场烹饪自己钓到的鲜鱼，感受农家生活的乐趣。

滴水壶风景区内的燕山书院更是别有洞天，为风景如画的自然风光增添了诗的气息，真正将此地建成了诗与画交相辉映之地。燕山书院还是一处学习绘画、休闲度假的绝佳场所。在这里，你可以伴着山野灌木、溪流山泉的秀丽风光，抚琴作画，静心阅读，从大自然中汲取灵感，静养心灵。

乌龙峡谷享安闲

与滴水壶景区相距两公里的地方，有一处青山幽谷之地，那便是著名的乌龙峡景区。这里是距今1.4亿年前的中生代火山熔岩区，山间河流深切河谷的独特地貌至今仍清晰可见。长约5公里的大峡谷，两侧绝壁陡直、怪石林立，层层的迭水形成了四个深潭，也造就了乌龙峡独特的自然风光。乌龙峡景区不远处还有一个避暑山庄，那是京郊休憩的绝佳之地。山庄内九曲环绕，树木郁郁葱葱，青山幽谷，空气清新，置身其中令人神清气爽，不愿离去。

乌龙峡曾被唤作"黑龙潭"，相传人们曾在此处修了一座龙王庙，常年供奉，希望龙王能够镇住这条被视为乌龙的黑水河，以此祈求黑水河沿岸的民众能过上安稳的生活。如今，乌龙峡的尽头仍然存有这座龙王庙，它也被列为延庆区文物保护单位。该庙宇由大殿、两厢、山门和戏台组成，以祈雨求福和庙会活动最为特色，现为百里山水画廊乌龙峡谷景区的重要景点之一。

在千家店镇的百里山水画廊景区中，乌龙峡以其动静结合、闲适安乐的景色吸引着游客的目光与关注。在都市的劳碌生活中疲惫不堪的游人，不妨来到乌龙峡中，放松身心，抛却烦恼，享受片刻的安闲。

山林包裹的朝阳寺　席文俊摄影

栩栩如生的壁画 道观西山墙壁画（局部）　席文俊摄影

朝阳寺内众生相

在游览完山水画廊优美的自然景色后,千家店镇的人文景观同样引人注目。朝阳寺是延庆区现存最大的寺庙,也是千家店镇最著名的景点之一。朝阳庙又称太神庙,始建于清朝康熙年间,坐落于千家店镇东店村两阳之地。它坐北朝南,面向群山,势同接受前方的万山朝拜,十分恢宏大气。

朝阳寺由庙内、庙外两部分组成,庙宇内由数座供奉佛、仙的殿宇构成。整座庙宇分为前、中、后三层院落,前院用于看护寺院的信士居住,位置低于后两重院落,意为人在神下、人不敢与仙家平起平坐。中间院落内的正殿为娘娘殿,东西各一座阎王殿。东侧院落内另有白仙殿。后院坐南朝北有韦驮殿,东设药王殿,西为火神殿。整座寺庙布局严谨,供奉着佛、菩萨、仙家共十余位。寺内的众多塑像造型生动,法相庄严,壁画间绘制的佛经故事、神话和历史事件更是栩栩如生,令人目不暇接、流连忘返。

相较于庙内的庄严法相,朝阳寺的庙外则更具烟火气,这里主要是人们举办庙会时活动的场所,在寺庙前方建有一座戏台,每年朝阳寺会举办两次庙会,四方民众便汇集于此,参拜神佛,欣赏此地的戏曲表演,于集市中体验生活的喧嚣。

在神圣与世俗的交会中,千家店镇的人文风光便经由朝阳寺展示给来此的旅客,在热闹喧嚣的庙会与庄严肃静的佛堂中,净化与升华游人们的心灵。

花盆往事传千代

花盆村是千家店镇的又一处特色村落,是当地人文景观的汇集之处。花盆村的名称来源于一则有趣的传说:据说当年村中修建关帝庙时,曾挖出一个工艺精湛的石花盆。这个莲花形花盆极为精美,盆壁上刻有莲花、金鱼图案,一旦倒入清水,盆内便有莲花盛开、金鱼游动。有人曾起贪心将石盆偷至家中,做喂猪的食槽,可猪非死即瘦,只好又将石盆偷偷送回。这尊神异的花盆令当地村民大为震惊,遂将村名改为"花盆村"以表达他们对花盆的崇拜。古往今来,这尊奇特的花盆吸引了无数游客来此参观,花盆村村民也将其视为宝物,供奉于村西关帝庙的一座玲珑小塔内,小塔中层的四根立柱上分别刻有"春游芳草地、夏赏荷花池、秋有黄菊酒、冬吟白雪诗"的无名小诗,说明此处也曾受到文人墨客的青睐。

关帝庙是花盆村内文化资源最为富集之处,有关庙宇修建的传说至今仍在村内广泛流传。据传,花盆村正南有一条"老虎沟",村西边有一座叫"老虎头"的高山,老虎头缓慢东移,如与南山的老虎沟对接成功,移过之处将变成一片汪洋,村庄将不复存在。为躲过这一灭顶之灾,乡亲推荐村中贤达,

花盆村关帝庙　席文俊摄影

求仙拜佛,寻贤纳士,以求破解之术。不久,一位道士建议在老虎头下建一座庙宇,村民有钱的出钱,有力的出力,昼夜奋战,数月后一座富丽堂皇的关帝庙修建而成,村中的灾难也由此消弭。

如今的花盆村,关帝庙仍然气象非凡。整座寺庙为两进院落,由山门、正殿、后殿、东西配殿、钟鼓楼等7个部分组成,坐北朝南。关帝庙东为民居,南为千沙公路,北为耕地,西侧靠山,现已与山门对面的花盆戏楼合并为市级文物保护单位。关帝庙布局严谨,造型优美,正殿中央的关帝塑像威风凛凛,左右分由周仓、关平守护,东西山墙被云纹分成方格,格中绘有"桃园结拜""单刀赴会""三顾茅庐""义释曹操""水淹七军""温酒斩华雄""刘备借兵"等三国故事连环壁画,笔触细腻,人物生动,栩栩如生。壁画的关键部位还有沥粉贴金,被专家形象地比喻为"中国最早的连环画"。

关帝庙的后殿是娘娘殿,供奉着碧霞元君娘娘——一位中国文化中主宰人类生命和生殖的女神,明清以来在民间有着广泛的影响力。娘娘殿的东西山墙则绘有十殿阎罗和二十地狱壁画,教人积德行善,尊老敬贤,同样是保存至今的精美艺术品。

关帝庙南面,建有一座古戏楼,戏楼为卷棚式敞厅,是典型清式建筑风格,坐南朝北,面阔三间,进深六檩。在20世纪50年代、70年代末与80年代初,此地每年农历四月十八都要举办庙会。庙会期间人头攒动,乡邻走亲访友,善男信女顶礼膜拜,十分热闹。逢年过节,更是好戏连台,村里的河北梆子剧团在此演出，多则5天，少则3天，让人们深刻感受过年的欢乐氛围。

以上几处景致虽然特别，但也只是千家店镇的部分景点，在百里画廊景区的任意一条旅行线上驰骋，你都能看到不一样的景色，这也是广大游客反复前来的缘由之一。

驾驶汽车来到千家店镇，随着缓坡上鲜花映刻的"百里山水画廊"映入眼帘，休闲之旅便拉开了帷幕。千家店镇的旅行线路曾于2007年被评为北京市自驾游10条最佳线路之首。2008年底，千家店镇对滨河环线的16个行政村、71个自然村统一规划，合理安排"吃、住、行、游、购、娱"六大要素，使此地成为京郊旅游的不二之选。2010年9月17日，经国家旅游局和全国旅游景区质量等级评定委员会批准，千家店镇还成为北京市首家涵盖全镇范围、实现"镇景合一"的大型国家4A级旅游景区。在这里，看漫山谷的鲜花开遍，感受自然带来的繁花盎然，游客一定会发出"唯愿此处是故乡"的感叹，沉醉于自然与人文景观共同搭建成的山水画廊之中。

TIPS 小贴士

路线

千家店镇地处延庆区东北部,东与怀柔区宝山镇相邻,南与四海镇、珍珠泉乡毗邻,西接刘斌堡乡和香营乡,北与河北省赤城县东卯镇接壤。自驾可沿京藏高速驶入延庆城区,往龙庆峡方向,走香龙路旅游专线(或往沈家营、永宁方向),沿"百里山水画廊""乌龙峡谷"指示牌即到。公交可在德胜门乘坐919路或S2线旅客列车到达延庆,在延庆南菜园汽车站换乘Y13路,到千家店卫生院站下车,即可到达。

住宿

千家店镇内民宿众多,可选择千里走单骑、过云山庄、大乐之野、莺舍、紫一川等入住。

饮食

农家美食有贴饼子、菜团子、玉米饽饽、炖柴鸡、摊柴鸡蛋、炖小鱼、栗子焖肉、鲶鱼炖豆腐、土鸡炖蘑菇、烤羊腿、烤鸡腿等,游客可自行选择。

里炮村:苹果堆起"聚宝盆"

举世文明的八达岭长城脚下,有一座近年来从风沙荒滩摇身变为"聚宝盆"的小村庄,那就是位于延庆城区西南约15公里处的里炮村。里炮村域面积约2.6平方公里,海拔561米,距八达岭镇仅6公里。处在冬暖夏凉的峡谷小气候中,孕育了优美村貌和淳朴民风,兼之周边有八达岭长城、八达岭野生动物园、水关长城、岔道城等众多旅游景点,近年来吸引了众多游客。2002年,里炮村被中央精神文明指导委员会授予全国创建文明村镇工作先进单位"荣誉称号,并连年被评为"首都文明村",还是2019年世园会官方指定的园外园之一。

里炮园艺小镇民宿度假村

闯王战火燎原处，园艺小镇发新芽

  明长城沿线的一众村落大多兴盛于明代，里炮村也不例外。明代这一区域属于隆庆卫军屯，作为明王朝军事防御体系中的一环，传说中"闯王"李自成的足迹更是给里炮村涂上了一抹乱世硝烟的战火气息。相传，明朝末年李自成在西安建立了大顺朝后发兵东进，逼近京师时率先攻打的就是居庸关长城。在这里，他遭到了明军的顽强抵抗。在闯王久攻不下、一筹莫展时，当地一位农民来献计，说石峡关长城守军薄弱，于是李自成听取了他的意见派兵偷袭石峡关。而他所带领的农民军正是从里炮村一带路过，进而向石峡关攻去，最终前后夹击居庸关，迫使居庸关守军投降。民间传说姑且听之，其真实与否无人知晓，但无法否认的是，作为塞外进京的要道，石峡关在明史上的重要军事战略地位堪与八达岭长城比肩，从至今仍保存完好的罕见菱形敌楼便可见一斑。虽然在这段民间故事中，里炮村仅有只言片语的"戏份"，但村民口口相传的故事与里炮村的历史息息相关。

里炮村经历过经年累月的战火纷飞，也经历过日复一日的飞石黄沙，终于蜕变成今日风景如画的园艺小镇。这里不仅毗邻举世闻名的八达岭长城，地理位置优越，而且环境清幽，日照充足，昼夜温差大，极适合果树栽培。基于上述的地理环境优势，里炮村大力发展生态观光、休闲旅游、果品采摘"三合一"的生态观光农业产业，农家饭、娱乐康养等服务业也都齐头并进。

　　四季景引八方客，阳春果花竞放，争奇斗艳；盛夏绿荫叠翠，凉爽宜人；金秋硕果累累，香飘四野；隆冬雪花纷飞，洁白如银。目前，全村果园面积达1000余亩，种有果树5万余株，果品年均产量超过百万斤，种植有苹果、葡萄、李子、银杏、桃、梨等20多种水果。自5月始，无论何时来到这里，每月都能收获不同的风景与体验。5月赏花爬长城，6月摘杏享初夏，7月采桃摘李子，待到硕果累累的秋季，红富士苹果、雪花梨、葡萄等无农药、无公害、纯天然的绿色食品任君品尝。到里炮村品美食、赏美景的游人无不感叹新农村建设的大进步，里炮村容整洁，绿化得当，环村路井然有序，村内街道也都早已用上了太阳能路灯，还有地下节水灌溉网、生态节能气站等一系列科技兴农技术的应用……在今日里炮，可以看到新农村最美好的模样。

　　如若还觉不够尽兴，那不妨在里炮村民宿别院里过把"长城脚下村民瘾"。登上古老长城后，可看野生动物，到鱼塘钓鱼，去阳光马场骑马……宁静整洁的小院，能舒缓疲惫和烦恼；乡间别致美味的菜肴，能安抚胃口和心情。邀上好友二三，一同在绿树掩映的院落里闲坐，在夕阳下追忆和畅想似水年华，哪怕只能有浮生半日，也是妙不可言的享受。

里炮苹果红彤彤，农户生活甜蜜蜜

　　被称为"红苹果旅游度假村"的里炮村，最负盛名的当属其"里炮"牌富士苹果。倘在9月下旬到10月中旬这段丰收的季节来到这儿，800余亩的果园内缀满了红彤彤的苹果，苹果表皮如美女玉面般光洁，又似搽了一层胭脂那般红晕醉人；果肉口感紧实爽口，细脆多汁，一股沁人心脾的甜蜜令人人都竖起大拇指称赞：绿色有机种植找回了小时候吃的苹果的味道。

　　金果流香的时节里，里炮村还会举办"体验里炮苹果园，分享快乐一箩筐"的果树认养主题活动。若是觉得光采摘不过瘾，还可以在苹果园内认养一株果树。在技术员的帮助下，为自己精心挑选并认养的果树修剪枝条、筛选精果、培育施肥。周末假日，暂离城市的喧嚣，来到里炮村手植一株苹果树，待到晴空万里的丰收季，再亲手摘下这获得国家绿色食品认证的里炮苹果，一口咬下，汁水四溢，品尝劳动的甘甜。

　　甜蜜的果实不能一日结出，里炮村果农走上致富的道路也并非一帆风顺。里炮村南靠大山，其余三面皆被北京市五大风沙源之一的康庄荒滩包围，村中老人每每忆起往昔都笑称这里"一年一场风，

里炮村苹果丰收　杨光摄影

从春刮到冬"。气候条件如此，水土环境也不给力。里炮村的沙荒地平均土层厚度只有 20 厘米，下层是粗沙和鹅卵石。这里又十年九旱，无法浇水。但智慧勤劳的村民并未因客观困难而裹足不前，而是展开了平整土地、兴修水利种果树的持久战。从 1980 年初开始，里炮人分 3 批承包了 520 亩果园。为充分调动果农积极性，八达岭镇政府特批里炮村的承包期限由 3-5 年延长为 30-50 年。经过先进技术的应用和汗滴禾下土的耕耘，如今一批优质果园终于撑起了里炮人的富足日子。如今来到里炮村采摘，还能看到果农们一丝不苟地施肥浇水、剪枝修叶、扩坑填土、补植幼树。不辞劳苦换来了逆袭的甜蜜，里炮人世代发愁的沙荒地终于变成了丰收的花果园。2020 年，里炮村的苹果产量已达 170 万斤。

　　里炮红苹果不单是因味道而闻名，村民创新性地把苹果从地里移到盆里，培育出了既能远观又能品尝的果树盆景。里炮村的果树盆景更是在 2018 年的世界园艺博览会中拿下两项大奖，可谓是北京市果树盆景的佼佼者。或许一听到盆景，大家脑海中浮现的就是苍松翠柏、梅花老桩，是苏州盆景的秀丽，是徽派盆景的苍古奇特，抑或是岭南派盆景的贴近自然，谁又能想到水果还可以做成盆景呢？清甜爽口的农产品摇身一变成为别致的盆景，其中不仅仅有苹果盆景，还有芒果、樱桃等热带水果盆景，这般奇特的果树盆景大抵只有来到里炮村才可见。借鉴岭南派盆景"一寸三弯、自然流畅"造型特点的里炮村果树，极其考验园艺师的修剪方式，取直留平，去强留弱，如此才能将这份自然之美浓缩于方寸盆景间。返程时带一株小小的果树回家，置于桌上，远可观，近可食，实用性和艺术性完美地融合到了一起。

TIPS 小贴士

路线

里炮村北距"外炮"0.7公里,南距帮水峪3.1公里,东距营城子两公里,西面则为河北的怀来县。自驾可沿京藏高速行驶,八达岭长城出口出,再沿八达岭路、西官路、外石路到达。公交可在德胜门乘坐919路快车,在川北小区南门站换乘Y14路到达。

住宿

里炮村周边住宿首选园艺小镇民俗度假村,可享受度假村内的宠物乐园、游泳池、露天广场等设施。此外,还可选择里炮别院、空气花园公寓等。

饮食

里炮园艺小镇民俗度假村的生态餐厅提供环保农家美食,烧烤餐厅可供游客自助烧烤。返程时还可捎些延怀河谷葡萄、水果玉米、国光苹果等特产。

营盘村：样边长城卧花海

营盘村位于延庆区东北30公里处，距离刘斌堡乡仅7公里。民间流传着一种说法：先有样边长城，后有八达岭长城，声名远扬的八达岭长城不必赘述，那么这段被视为八达岭长城"样板间"的小众长城景区如今身处何方呢？赶快走进位于延庆区刘斌堡乡北侧深山沟谷之中的营盘村，来了解大营盘残长城的前世今生，探寻深藏于沟壑间的秀美古村吧。

据史料记载，营盘村曾是外长城的一个关口，故称营盘口。营盘村的聚落呈长方形，经过几百年发展扩张，目前的村域面积约为5.3万平方米。在延庆区实施乡村振兴战略的支持下，营盘村近年来村容村貌持续翻新，修筑了沥青和混凝土道路，新建了农村公共厕所，装上了环保的LED路灯，公共绿化面积更是持续扩大……兼之毗邻营盘梯田花海的区位优势，得以共同编织起这座长城古村的崭新面貌。营盘村地处刘干路沿线，周边青山环绕，是"千家店百里画廊"的重要入口之一，除八达岭长城外还有八达岭野生动物园、水关长城、松山国家森林公园等旅游景点，因而成为京郊踏青精品路线上的重要驿站。

营盘梯田　徐姗姗摄影

城墙敌楼雄风依旧

有明一代，营盘村就长期有驻军把守，而后逐渐从军屯转变发展为村落。清乾隆三年（1738），朝廷又增设外委把总于此。如今，村内仍存营盘城堡遗址和古城墙、烽火台等历史遗迹。这里不仅有明长城遗址，还有多座修复后的古庙，可供追溯战鼓轰鸣和聆听众生祈愿。下了高速公路，前往长城的道路就不似之前那般平坦宽敞，高低起伏的村间小路仅容一车通过，路边低头即是幽深悬崖。沿着狭窄的道路继续向前，终于来到了距离八达岭长城约30公里的样边长城（又称大营盘长城）。人迹罕至的山间，长城保留了原生态的野趣。沿途一眼便能望到盘亘在山坡之巅的长城，长城在这里的转弯超过90度，从东西偏北向转变为南北偏东向，从航拍图来看，绵延群山间形成了似匍匐长龙骤然回首的奇观。

不同于八达岭及其他大部分长城，样边长城并非建于山脊之上，这段长城的一边是陡峭悬崖，另一边却是平坦缓坡，甚至可以在这里体验把汽车开上长城。阡陌纵横的山坡上，有无数的小路盘旋着通向长城。徒步沿着残长城前行，悬崖一侧的众多残破长城墙体映入眼帘，而古时巍峨的长城上层建筑基本都坍塌在时光的洪流中，不复存在了，只留下遍地碎石。不过片刻就可以走到一处开阔地，向远方眺望，远山顶上的破败敌楼甚为醒目。

据史料记载，明修长城时曾将这段长城作为试点样板，故其建制十分完整，质量极高，以供负责修筑长城的人参观模仿。这座宏大的四方残楼算得上是大营盘长城的标志性遗迹了，从北边山下望去，正好可以看到它的五个墙柱，所以也被人称为"五指敌楼"。敌楼的顶部早已无存，附近尚可寻到些许灰色的城砖，或许当年这座敌楼是有包砖的，但如今仅剩下残留的墙柱还在诉说着它曾经的雄姿。

梯田花海秀美至今

都说长城是世界第八大奇迹，而在山势雄伟、流水潺潺的营盘村中，层叠的梯田与丰收时节的阵阵稻香，亦不失为劳动人民用汗水创造出的另一道奇观。营盘村被山壑包围，南侧是马道梁村，东侧是营盘东沟村，西侧是延庆最雄伟的山峰之一——暴雨顶山，得天独厚的自然地理条件结合当地人民千百年的劳作智慧，共同造就了营盘村梯田。从空中俯瞰，梯田宛若投入了无尽的大山怀抱之中，形成了一道道优美的曲线。依山而建的梯田自然弯曲、大小交错，与蓝天白云一起构成了不规则却又将原生态体现得淋漓尽致的自然之美。营盘村的梯田四时之景不同，乐亦无穷。春季万物复苏之时，营盘村早已变成了油菜花的海洋，层叠错落的油菜花从山脚延伸至山腰，微风吹拂下漫山遍野的金黄花朵舞动起来，怎能不教人沉醉其间？油菜花收获后，梯田里又会播种胡麻，待到胡麻花开之际，蓝紫色的梯田景观如水彩画般铺陈开，而每每到了秋日，金黄的胡麻花更令游客啧啧赞叹。逶迤起伏的梯田千层万叠，如诗如画般的花海美不胜收，不如抽个时间，一起去看看这幅四季山水田园画卷吧！

悠久的历史、秀丽的风光，然而营盘村这片人间仙境还远不止于此。近年来，在国家"十四五"规划纲要明确提出要推动文旅融合，壮大休闲农业、乡村旅游、民宿经济等特色产业的背景下，营盘村顺应时代发展改造村庄、发展特色民宿。如今游客来到这里，不仅可以闲庭信步于富有明清古营寨特色的"拾坊寨"，在寨中作坊小吃一条街尽享美味，还可以下榻于乡村民宿里，在清雅别院间体验一场由被誉为"京城喜剧界黄埔军校"的知名话剧团队——雷剧场表演的沉浸式话剧演出。美景配好剧，赏心悦目之余还能陶冶情操，营盘村的更多宝藏玩法等着游人来解锁。

TIPS 小贴士

路线
从市区出发沿京新高速、京藏高速、京礼高速行驶 100 多公里，上兴阳线并转刘干路，即达营盘村。公交可在德胜门乘坐 919 路快车至京张路口北站下车后，换乘 Y12/Y27/Y36/Y38 路等至营盘站即达。

住宿
营盘村有山宿吾院、净隐南山私汤、天落小院等多家民宿（度假村），住宿的同时还可体验农耕的乐趣。

饮食
营盘村有筒子肉、永宁豆腐等风味小吃，还有油菜尖、菜籽油、胡麻油、花粉花蜜等特产。

四海村：敌楼烁古今 花海染春秋

延庆城区东46公里处，北京中轴线正北，坐落着一座文化古镇——四海古镇。古镇历史悠久，据延庆县志载："四海冶城，元时人上都通衢，创于明天顺八年。"这座古镇已有500余年的历史，镇域村落多为明清两代建置，具有鲜明的明清风格。全镇总面积115.7平方公里，空气清新，气候宜人，交通便利，旅游资源丰富，建有6个民俗旅游村，是不可多得的消夏避暑、休闲旅游胜地。

四海村地处珍珠泉乡和四海南湾村之间，是一个典型的北方山区农村，早年称"四合冶"，据传，元延祐三年（1316）四海建起了石灰窑、冶炼厂，又因这里山地平缓、水源充足，有四水合流，故得此名。元末，冶炼规模扩大，人数也随之增加，这些人来自五湖四海，因此改称"四海冶"。明时，因四海冶为关隘要地，多建有军事城堡，天顺八年（1464）定名为"四海冶城堡"。清代，传为"四海城堡"。新中国成立后，改称"四海村"并沿用至今。数百年的历史赋予了这座村庄深厚的文化底蕴，优良的生态环境更是使四海村"鸟鸣山更幽"，引来了游人如织。

九眼楼及营盘遗址 席文俊拍摄

四季花海景区 徐姗姗摄影

九眼楼御敌传世，箭窗外阅尽沧桑

从延庆城区出发，沿延琉路直行55公里，便可到达位于四海村东南方向的"九眼楼"长城自然风景区。这里是万里长城中规模最大、规格最高的敌楼，为古代军事战略要塞。与古长城营盘遗址相连，盘踞山岭之上，蔚为大观。

沿着台阶向上攀登约20分钟，雄踞高地的巍巍九眼楼就会出现在面前。九眼楼的坐标是明代蓟镇、昌镇、宣镇三镇长城的结合点，处在明长城内外长城的交会处，是真正意义上的"北京结"。如此重要的位置，在万里长城上大小敌楼中都是无可比拟的。据《北京市延庆县地名志》载："九眼楼为明嘉靖二十二年巡抚都御使王仪建，中间大有大小红门，西至岔道羊头山，东至四海冶……九眼楼在该边垣最东端四海乡石窑村南5里火焰山，高7.8米，有九个瞭望孔连接三道边墙，四海若有警，南山边垣举炮火，顷刻可以达居庸关。"明王朝建立后，为了防止北元势力的侵扰，先后在北部防线设置了甘肃镇、宁夏镇、宣府镇、大同镇等"十一镇"，称为"九边十一镇"。明成化二年(1466)有关于九眼楼的记载，当时还没有如今规模，只是一个小墩，至今已有500多年的历史。而后，万历三年(1575)此处被改建为空心敌台，楼体为正方形双层建筑，因其四面各有九个箭窗而得名"九眼楼"。

"九眼楼"这座看似稍显破败的敌楼，倔强地伫立于北境的阵阵猎风之中。今日在此登高望远，仍会油然而生"朔气传金柝，寒光照铁衣"的慷慨悲壮之情。南望俯瞰，万里长城如巨龙腾飞，在起伏跌宕的群山和纵横捭阖的沟壑中上下起伏，"北京结"清晰明了。近处的绿树郁郁葱葱，巨浪般渐渐向前方推涌而去；远处，云蒸霞蔚，如烟似雾。立于此处俯瞰大地，一片苍茫，更能明了长城的雄阔，更能体悟数百年间的巨变。"九眼楼"周围留下了历代众多碑刻，据统计共有24通，其中大多是赞美其伟岸雄姿，以此抒发壮怀激烈的诗作。作为长城沿线一座小小的敌楼，能得到如此多的文人墨客之青睐，也是绝无仅有的。

徜徉四季花海，相约梦幻天地

在舟车劳顿之际偶然看见一片缤纷花海，仿若世外桃源；阵阵花香扑鼻而来，沁人心脾，疲倦之感一扫而光。这里便是位于四海镇的四季花海。

青山绿水间，数千亩鲜花铺展开来，姹紫嫣红，农田变花园。四海镇"万亩花海"颜色缤纷绚丽，除万寿菊外，百合、串红、马鞭草、鼠尾草及各种宿根花卉争奇斗艳，红色、黄色、紫色、蓝色，把青山绿水染成了一块块巨大的彩色地毯，配以蓝天、白云，俨然一处大美田园。近年来，当地政府通过花卉产业、景观节点、生态环境、旅游设施、民俗旅游五大升级工程，将四季花海打造成了独一无二的梦幻田园。来此旅游的客人既可以观赏花海,又可以品尝花宴。除了给附近村民增加收入,还带动了附近花海民宿的发展。通过利用"夜宿花海"这一形式,游客可以深度体验花海游,除了"有得看""有得玩",还要"有得住""有得吃"。

绿水青山就是金山银山。如今,四海村的河滩变叠水、花田变田园、野山变景观、阡陌变坦途。来到这个像是神仙打翻调色板染出的缤纷田园,可以平台戏水,可以登高观景,或是租上一辆自行车,畅游在色彩斑斓的花海里,或是休憩于新修建的汽车露营基地,享受四海凉爽的轻风。

观摩天门石刻,品味历史艺术

自四海镇花海景区沿公路向西北行驶,便可到达天门关。天门关又称天马关,为四海的重要门户,其上的摩崖石刻位于天门关村南河道西侧崖壁上,为延庆区文物保护单位。

摩崖石刻是中国古代的一种石刻艺术。清代学者冯云鹏所著的《金石索》载:"就其山而凿之,曰摩崖。"意指在山崖石壁上所刻的书法、造像或者岩画,统称为摩崖石刻。这种艺术形式起源于远古时代的一种记事方式,盛行于北朝时期,直至隋唐及宋元以后,在中国的艺术体系中占据了重要位置。北京地区的摩崖石刻历史悠久,分布广泛,内容丰富,数量众多。

天门关"摩崖石刻"为楷体阴刻,每字高 0.55 米,宽 0.4 米,落款"嘉靖三十六年夏七月朔日 xx 北道检事东阿毛湫 xxx",岩壁下原建有观音庙,后来受人为因素影响,毁坏殆尽。目前,原址上又建有一座小庙,地面留有几块残碑,但字迹早已模糊不清。

站在摩崖石刻之前,只见其上青苔遍布,处处存留着风吹雨打的痕迹,一股历史的厚重感扑面而来,不禁教人感慨。古时文人墨客到此处来咏歌泼墨,使之与名山秀水融为一体,赋予了石刻重要的艺术和历史文化价值。

俯瞰九眼楼 席文俊拍摄

TIPS 小贴士

路线
自驾车沿京藏高速、怀长路、安四路即可到达四海村；公交可从德胜门乘坐919路快车到石河营，换乘Y42路，到达沈家营镇政府站后再换乘Y18。

住宿
四海村里有达乐农家院、闫丽华农家餐厅、香满农饭店，有的提供大炕卧房，有的配有可采摘的小菜园。四海村口加油站往市区方向的"山水峪农家"提供小木屋住宿。

饮食
四海村内有多个农家乐，附近也有酒楼，推荐品尝拌花椒芽、特色大丸子、鸡蛋炒饼等。

黑汉岭村：万寿菊铺就阳光路

在延庆东部山区，"百里山水画廊"的正南方有一个村庄——黑汉岭村，从四海村向西6公里即可到达。这样一个听起来粗犷的地名，却出产一种最娇艳的花朵——黑汉岭万寿菊，一场"撞色"的浪漫之旅等着游人在花季前来赴约。黑汉岭村最初为明代所置，当时隶属永宁县，因位于延庆东部山区，地势较为险要，故建军事城堡，称黑汉岭堡，方舆纪要载："嘉靖二十年创筑，周二里有奇。其北有仓，房二口，兵冲也。"南距天寿山，后有莺窝梁，山险林密，突犯不易。"之后，改称黑汉岭乡，改革开放后并入四海镇。

现如今的黑汉岭村，东有南湾村，西有小吉祥村，南北两边都被大山簇拥。当地除万寿菊外还有丰富的物产，加之气候宜人，独特的自然条件赋予其经济发展的契机。目前，黑汉岭村以万寿菊、玫瑰等花卉产业为龙头，带动了全村百姓走在金灿灿阳光铺就的致富幸福路上。

千亩菊田金灿灿

在延庆,盛夏不能不赏花,而万寿菊是最能代表黑汉岭村的那一抹亮色。碧空下的金灿灿,是万寿菊花海盛放的模样。上千亩万寿菊在黑汉岭村附近的山野间竞相开放,天地四野好像都被染成了一片金黄,此情此景,真是一幅极具冲击力的震撼画面。

万寿菊,又名臭芙蓉、蜂窝菊、金菊。明末清初诗人彭孙贻曾这样描述万寿菊之模样:"东篱卉物尽禁霜,别吐菁英上柘黄。"据专家论证,在北京延庆区四海镇黑汉岭村,气候、土壤都是培育万寿菊的绝佳环境,这里生长的花卉不仅病虫害少,而且花期更长、色泽更鲜艳。穿行在金黄的田野中,略感疲惫后,找个阴凉地儿休息一下,直至天际泛黄,与大地的颜色融为一体。时光缓慢,岁月静好。

数以万计的万寿菊肆意绽放,呈现出一种油画般的别样美感,谁能想到,这些花朵不仅具有悦目的观赏价值,更具增产增收的经济价值——从金黄色的花朵中可以提取到广泛用于饲料添加剂和食品添加剂领域的叶黄素。全世界当下对叶黄素的需求量缺口是 3 亿至 5 亿克,而作为万寿菊深加工产品,叶黄素晶体每吨售价 1500 万元左右,这个可观的经济效益正是黑汉岭村民的一条"金光灿烂"的致富之路,这一望无垠的金灿灿花田,也化成了黑汉岭幸福生活的"金矿"。

基地花农日子甜

四海镇黑汉岭村的"花仙子"并非只有一位万寿菊,玫瑰、百合、茶菊等都各具风姿,来此能体验到万千野生花卉争奇斗艳之景。黑汉岭村的野生花卉资源十分丰富,独特的小气候和微酸至中性的土壤十分适宜山地花卉的生产——平均海拔 700 米,森林覆盖率达 79.4%,年均降水 500 毫米左右,空气清新,气候宜人,昼夜温差大——这些得天独厚的自然条件,为黑汉岭村的花卉产业发展提供了天然优势,花卉质量上等。有了地利还需人和,黑汉岭村民在政府选定花卉产业为本村特色产业之一后,以辛勤耕耘创造美好生活。在四海镇花卉基地的春秋大棚内,每天都有数十名花农忙碌其中,每日采花蕾近万公斤,可以直接创造经济效益万余元。

放眼整个四海镇,黑汉岭村拥有种籽种苗园区、万寿菊园区、茶菊园区、玫瑰园区、宿根花卉及草盆花园区、百合观赏园区六大花卉产业园区,堪称最美乡村。近年来,经专家多次培训指导,黑汉岭村花农们的种植养护技术逐渐成熟。随着政府的扶持力度加大,鲜花的市场逐渐打开,花卉产业迅猛发展。"处处皆风景,步步可入画。"现如今,在四海镇中,除了鲜花基地外,包括黑汉岭村在内的十多个村子处处摆满了鲜花。每年的 4—10 月间,玫瑰、百合、马蹄莲、薰衣草、

黑汉岭村金黄的万寿菊　杨光摄影

万寿菊、茶菊等会次第盛开。缤纷色彩席卷了天地，连蜿蜒的乡间小道也被镶上了花边，蜂飞蝶舞，蔚为大观。徜徉在万千花朵中，即使明知置身于山野之外，也会感受到港湾般的温馨和宁静。

TIPS 小贴士

路线
黑汉岭村位于延琉路边，自驾可沿京承高速、安四路行驶到达；公交可在德胜门站乘坐 919 路快车，到达京张路口北站，再换乘 Y30 路，抵达黑汉岭站。

住宿
黑汉岭村附近有多家民宿，如北京隐于山精品民宿、山涧雅居民宿等，设施较为完备。

饮食
黑汉岭村附近有多家农家乐，提供柴鸡炖蘑菇、肉串烧烤等当地特色美食。

海字口村：谷地林间秋栗香

在延庆与怀柔交界处，有个金戈铁马与世代书香交织的古村落——海字口村。因地处狭长的四海—郭家湾一带的谷地中，是向南通黄花城的关隘要冲，一旦塞外入侵者攻破了黄花城防线，就有可能直捣明十三陵禁地，进而逼近京城，所以海字口村自古就是将士戍边之地。宣府镇志第十卷中记载，嘉靖二十五年（1546）兵部侍郎翁万达请酌缓修筑塞垣从之『外堑深阔……内堑深阔……』此处讲的可能就是海字口村南山路边垣外侧那三道壕堑遗址。海字口虽在近现代几经地区合并，但至今仍有相当一部分村民是当年守边军士的后代。

横卧在与延庆盆地相连的狭长谷地之中，肥沃的土壤和清新的空气孕育了海字口村的丰富物产，菜薹、菊苣、山莓、茴香等，都是大自然的慷慨馈赠。其中最具代表性的，当属传奇飘香的海字口板栗。这个村域面积仅1.8万亩的山乡，2006年曾创下过仅用10天售罄10万斤板栗的纪录。板栗这一主导产业在海字口村民的精心培育下，乘上乡村振兴的『东风』，实现了产业升级，打响了知名度，带动了新农村的阔步前进。

海字口村的高品质板栗　杨光摄影

板栗振兴乡村

　　来到海字口村村口，首先映入眼帘的是一座红黄颜色的古风门楼牌坊，其上"海字口村"四个金闪闪的大字，古朴大气、醒目异常。但事实上，海字口并非自古就是如此"小康"的面貌——据村里老人讲，这里原本是个山沟里的贫穷村，近些年在政府的支持下，才实现了板栗的规模化、技术化种植，老百姓的腰包也渐渐鼓了起来。的确，海字口村，优良的山地气候使得当地的土壤和水质十分适宜板栗的生长，再加上当地具有悠久的种植板栗的历史，在农学专家的指导和政策支持下，全村上千亩坡地全部退耕改为栽种板栗。优良的板栗品种加上辛勤的耕耘，再配上如虎添翼的现代农业技术，就等于丰厚的收益。脱贫致富的路上虽辛苦曲折，但海字口村民终于克服重重困难，迎来了甜蜜的幸福生活。

　　好马配好鞍，在有了优质高产的板栗这个拳头产品之后，海字口村进一步做大做强板栗产业，请来专家进行产品包装，打响了板栗品牌的知名度，如今海字口村板栗产业已被列入北京市后备产业项目库。"板栗村"的日子越过越红火，村庄也旧貌换新颜，海字口人在小康大道上"栗"练有成、同心协"栗"，凋敝的古军户村已华丽转身为绿色兴旺的新农村。

退耕涵养生态

　　看到海字口村蓬勃的板栗生产不禁要问：为何这里的板栗种植如此广泛？为何山村的发展这么兴旺？村里老少异口同声地说，这是当年退耕还林的功劳。退耕还林区是首都重要的生态屏障和水源保护地，在新一版北京城市总体规划中，在城市空间布局中处于"压轴"地位，也可以说是京郊一众村庄协调经济与生态发展进而走上致富路的"关键一招"。一旦被定为生态涵养区，就是首都城市的"大氧吧"和"后花园"，具有泽被后世的长远意义。

　　海字口村有耕地 1700 亩、林地 1.8 万亩，退耕还林工程在海字口村史的生态建设中写下了浓墨重彩的一笔。今日行至海字口村，无人不称赞此地的山林环绕和天蓝水清。海字口村努力谱写出了绿水青山的发展新篇章，生态涵养区形成重峦叠嶂、林木葱茏的坚实绿色屏障，昔日的童山濯濯、满目苍凉，已经变成森林繁茂、山泉奔流、万壑鸟鸣的绿色丹青世界。

TIPS 小贴士

路线
从市区驾车去海字口村先后沿京承高速、怀长路、安四路行驶即可到达。公交可在东直门枢纽站乘坐916路快车，到达南花园三区站，再换乘H51路在海字口北口站下车。

住宿
海字口村临近四海镇花海景区，附近有四季花海驿站、北京逸居溪琦谷民宿等，设施较完善。

饮食
海字口村有达乐农家乐餐厅、闫振广农家餐厅等，菜品以北方口味农家菜为主。海字口板栗根据品相不同，售价约为30~50元/斤，来此必尝。

永安堡村：冰糖李子醉花会

在四海镇花海的东南方向，延琉路东段有一个叫永安堡的村庄，别看这里仅有300余口居民，却以永安堡花会和冰糖李子两张「名片」，一边映山红，一边透心甜，在延庆区享有不小的名气。相传此处明代曾建有屯兵小堡，但如今早已难觅痕迹。从史料古籍中能找到永安堡村与长城渊源的些许记录，但至今仍未发现城垣建筑之遗迹。古迹虽难寻，文化今尚在。永安堡村蕴含着悠久深厚的传统文化资源，在京郊文化带中亦占有一席之地，近年来凭借村中特产冰糖李子的量产，永安堡村民的日子也越来越红火甜蜜了。

元宵花会展笑颜

花会属于中国民间传统自娱性的群众文艺组织，形式多样，城乡皆有，四季皆有。至少从明代开始，北京已普遍组织起了民间花会，并且深受广大人民群众的喜爱。北京的花会几乎囊括了当地所有的民间表演艺术，其中的节日风俗及民间歌舞杂戏，是广大人民出色的精神创造，是他们在劳动、信仰、爱情诸方面生活内容的反映，其中蕴含着他们的精神、意志和对美的追求，永安堡村花会便是如此。

每逢元宵等佳节前夕，永安堡村的花会表演便拉开了序幕。村民们舞起旱船，扭起秧歌，踩上高跷，通过花会演出上的精彩亮相表达心中的喜悦之情。古老的村庄所蕴藏的艺术文化，虽历经百年，魅力却丝毫不减。近几年来，在上级部门的高度重视下，永安堡村等地的花会绝大部分都相继申办为国家级、市级或区级非物质文化保护遗产，这说明了北京地区的花会在首都非物质文化遗产中的地位之重要。

每逢佳节吉庆，不妨来永安堡村逛逛，看看这里的花会。这些流传几百年的大众娱乐表演其实不仅不"土"，而且还是城镇化进程中最能承载那一缕乡愁的"活文化"。

冰糖李子沁心田

红火热闹的花会是永安堡村的民俗文化名片，而红润多汁的冰糖李子则是永安堡村的农业特产名片。村中一排排茂盛的李子树，缀着红艳艳的幸福果实。

永安堡村的李子原属野生，其栽植已有上百年历史。而今这些挂满果实的李子树并非寻常品种，而是一种产果量高、口味独具的"冰糖李子"。村民马清学老人便是永安堡村冰糖李子的"创始人"，据传，在一次上山砍柴时，他偶然发现一棵山李子树，绿叶映衬下的红李子果体圆润、色泽鲜艳、皮薄肉厚，里面还有透明晶体，看上去就好似冰糖一般。他摘下一尝，发现这种李子味道香甜醇正。久而久之，乡亲们都知道了这棵不同于一般的李子树，便给李子起名为"冰糖李子"，并纷纷找来李子核种在自家院中。这些年，永安堡村的冰糖李子越来越有名，成为不少游客青睐的采摘果品。

漫步于永安堡村内会发现，这里几乎家家植有冰糖李子树。这小小的李子撑起了全村的主导产业，种植规模已达200亩，年产量在1万公斤以上。近几年，永安堡村加快进行农业转型升级，通过线上线下相结合的方式，进行冰糖李子的销售，给农民带来了不少收入。村民们希望把李子地建设成观光采摘园，欢迎市民们来村里吃李子、赏花会。

TIPS 小贴士

路线 ————
从市区驾车去永安堡村可沿京藏高速、怀长路、安四路到达。公交可在德胜门乘 919 路到川北小区南门站下车，再换乘 Y14 路即达。

住宿 ————
永安堡村中没有住宿条件，出村西行向冰糖李子采摘园的路上有一家山上云下民宿，设施齐全且有欣赏风景的落地窗；亦可前往四海镇花海景区附近投宿，选择更多。

饮食 ————
永安堡村北有一家山上云下咖啡厅，附近还有四季花海守兰农家餐厅等。

香营村：「画廊」景美葡萄甜

香营村位于八达岭长城的辐射区内，因地处古交通要道，明廷在此驻扎军队开始屯垦，曾属永宁卫，后于清康熙三十二年（1693）并入延庆州。几经沧桑变迁后，繁衍扩张为今日有近千人口的行政村。至今还能在香营村看到保持较为完好的清代禛王庙遗址。

香营村在延庆城区东北部约20公里处，距北京市区94公里，位于古称「苗乡岭」的缙阳山下，西靠龙庆峡景区，东有延庆著名的百里山水画廊，南有永宁古城，北有燕山天池，也是北京市著名骑行路线「香龙路」的重要站点，其四面山水环绕，真正达到了"村景合一"的境界。

"百里山水画廊"景区入口 徐姗姗摄影

金奖葡萄甜蜜来袭

每到金秋时节喜迎丰收，香营村四处都弥漫着果实的香气，这其中最令人垂涎欲滴的，就属延庆区特产有机红提了。独特的地理位置和气候条件，使得延庆的葡萄远近闻名，而香营村的葡萄更是荣获过金奖的精品。依托远近闻名的燕北缙阳生态葡萄园所产的优质红提，香营村成为延庆2014年举办世界葡萄大会的主会场之一。随着品牌效应显现，香营村的葡萄种植也越来越规模化、精细化，近年来增加了500余亩酒葡萄并建设了葡萄酒庄。在漫山红遍的多彩丰收季，不妨带上亲朋好友，来香营村一起体验采摘葡萄的乐趣。

走进葡萄园，不待采摘品尝，沁人心脾的果香就已令人胃口大开。摘下一串红地球葡萄端详，宛如手握一串饱满圆润的"红宝石"。立刻取下一颗放入嘴里，味蕾瞬间被打开。爽脆的外皮，甜蜜的果肉，闭着眼细细品味，仿佛透过这颗葡萄品尝到了四季时光的香醇。鼻子嗅着醇厚的果香，嘴里品尝着这丰收的甜蜜，眼中欣赏着葡萄园中多彩的丰收景象，各种感官的多重体验，就像是一场"甜蜜暴击"！

香营村的葡萄均采用纯天然的露天种植，葡萄直接接受阳光的照耀与雨露的滋润，除了大棚种植无法比拟的营养价值与品尝体验外，这种自然种植的场景对那些每日被钢筋水泥"丛林"困住的都市人而言，是一个绝佳的放松心情、享受自然的好去处。

百里画廊村景合一

延庆可谓是北京最适合自驾的地方之一，这其中有一大半都要归功于"百里山水画廊"，而香营村正是位于这百里山水画廊中的重要一点。百里画廊全程约50公里，自驾走进这山水画廊，仿佛置身于水墨画卷，一步一景，美得令人目不暇接。

在香营村的东北方向有一大片绿地，那就是波光粼粼的白河堡水库。这里三面环山，繁花绿树，湖面广阔，波光粼粼，在满山翠绿与青天白日的掩映下，水面清澈透底，山水相映，俨然一幅水墨丹青。西有白河堡水库摩崖造像、白河堡分界碑；南有俗称延庆八景之一的"缙阳远眺"，北有明长城遗址，正所谓村景合一，一步一景。除了丰富的景点，四季之景也各有不同。春季，漫山遍野的山花，候鸟归来，一派万物复苏的景象；夏季，水库的平均气温20℃，碧水蓝天交相辉映，伴着徐徐吹来的微风，可谓避暑的绝佳去处；秋季，水库周边漫山红遍，层林尽染；冬季，山舞银蛇，原驰蜡象，更是赏雪的一大好去处。驾车徜徉于这美景中，别有一番情调。

TIPS 小贴士

路线
自驾去香营村可沿京藏高速、京礼高速、昌赤路到达。公交从德胜门乘919路于延庆南菜园下车,再换乘875路或920路,香营卫生院站下车。

住宿
香营村周边1公里内有一念花开核桃小院民宿、北京杏舍小筑民宿、北京风拾光居民宿等,或南行6公里至永宁古城,选择更多。

饮食
香营村周边的餐馆有浓郁的延庆农家特色,推荐广宗兴源农家院的烧茄子、干煸豆角、拔丝红薯,百路居的脆皮扒猪脸、糖醋里脊。

明十三陵：世存最大皇陵建筑群

在北京，能同时被大运河、长城、西山—永定河三大文化带覆盖的辖区，昌平区要算独一份。在昌平，无论自然风光还是文化古迹，又属十三陵镇资源最丰富。明代"昌镇三路"中居庸路和黄花路的军事防务在此汇集，为帝王陵寝十三陵这块风水宝地增添了一抹英武之气。在北京说起旅游，八达岭长城—十三陵这块风景名胜区能排进发展最早、游人最多的前三甲。这条经典线路是1982年经国务院批准的第一批全国重点风景名胜区之一，位于北京市西北郊昌平区和延庆区境内，是包括八达岭、十三陵、居庸叠翠、银山塔林、沟崖、虎峪及十三陵水库等多个景点的一片总面积近300平方公里的旅游大环线。无论谁踏上这块京郊宝地，都会感受一番历史上"京师之枕""股肱重地"的魅力之所在。

长陵神功圣德碑亭内景 李红亮摄影

帝陵枕龙脉，神道开太平

明十三陵坐落在北京市昌平区的天寿山麓东、西、北三面环山的小盆地之中，总占地达120余平方公里，这个面积几乎相当于4个澳门特别行政区，或是270多个天安门广场。十三陵的风水布局，是封建王朝的统治者严格按照"左青龙、右白虎、南朱雀、北玄武"的规制建造设计的。陵区四围群山环抱，陵前有小河曲折蜿蜒，可谓山明水秀、"天造地设"。明朝皇帝建陵选址最讲究"风水"，相传，永乐五年（1407），明成祖朱棣的仁孝徐皇后去世后，他并未在南京选择陵址，而是有意迁都北京的同时也在考虑选"吉壤"。迁都北京，重视北境防务显然是主因之一。偌大的明十三陵盘踞于群山巍峨的昌平长城之畔，从营建至竣工、使用，均与明朝北方防务存在密切联系。

明十三陵至臻完美的建筑群布局，是中国人不懈追求"天人合一"境界的典型代表。作为世界文化遗产、全国重点文物保护单位和5A级旅游景区，明十三陵的考古价值、游览价值乃至在建筑营造和工艺美术等方面的研究价值，都是独步古今的。我国著名古建筑专家罗哲文曾评价："明十三陵建筑价值极高……无论是从建筑形式，还是建筑结构，或建筑艺术上看，都是明代建筑的实物历史。"

明朝十六帝中，除了开国皇帝朱元璋葬于南京"明孝陵"、第七帝朱祁钰葬于京西玉泉山，以及不知所踪的第二帝朱允炆（建文帝）之外，均葬于此。十三陵的营造时间横跨公元1409至1645年，依次建有长陵（明成祖）、献陵（明仁宗）、

明十三陵神道前的石柱 李红亮摄影

明十三陵神道　李红亮摄影

景陵（明宣宗）、裕陵（明英宗）、茂陵（明宪宗）、泰陵（明孝宗）、康陵（明武宗）、永陵（明世宗）、昭陵（明穆宗）、定陵（明神宗）、庆陵（明光宗）、德陵（明熹宗）、思陵（明毅宗）。除了以上13位皇帝之外，还葬有23位皇后、2位太子、30余名妃嫔。以上陵墓中，目前已对游客开放的景点是神路和长陵、定陵、昭陵、康陵。整个陵墓建筑群依山傍水而建，除思陵偏在西南一隅外，其余陵墓的阵形就好似一个徐徐打开的巨型扇面，众星拱月地均匀排布在长陵的左右。

　　碧空如洗，往事涤尘。漫步游览十三陵景区，就像是在快速翻阅明朝276年的厚重历史，处处是对帝王将相更替兴衰的浓缩注脚。例如，位于总神道中央的"大明长陵神功圣德碑"，其上刻有明仁宗所撰对永乐皇帝朱棣一生功绩的追述，以及清乾隆帝和嘉庆帝的御制诗文，被网友戏称为："两朝，三个皇帝，凑在一块石头上，写了洋洋四千字"。

　　在陵墓建筑群的最南端，一座宏伟精美的汉白玉雕砌石牌坊，是进入明十三陵前看到的第一座建筑物。其始建于明嘉靖十九年（1540），采用五楹、六柱、十一楼的结构，从额枋到柱石，通体浮雕有龙、麒麟、狮子及云纹等。穿过石牌坊看到的门分三洞、通体红墙、上覆琉璃瓦庑殿顶、下承石刻冰盘檐的大宫门，即陵园正门，由此正式踏上了象征皇权至高无上的总神道。

总神道又称神道、神路、陵道，纵贯陵园南北门，全长约 7 公里。这条步入陵区的总门户，走走停停观赏下来约需 40—60 分钟。之所以如此耗时，是因为神道两侧的石像生令人流连忘返。这条气派非常的石铺甬道，从碑亭北的两根六角形的石柱起，至龙凤门止的千米神道，有 24 只石兽和 12 个石人相对排列于路两侧。排列顺序依次为狮子、獬豸、骆驼、象、麒麟、马、武将、文臣和勋臣。这些石像雕工精细、造型生动、栩栩如生。它们整齐肃穆地矗立于此几百年，看帝后下葬、看游人如织，也看斗转星移、朝代更迭。

上风上水地，陵寝俱威仪

明十三陵之大，难以一一细数，以下择长陵、定陵、昭陵为代表略加介绍。虽然同属大小规模不等的帝陵，但每个景区都各有其必游之处、必观之物——

裬恩殿作为十三陵的祖陵，其营建最早、规模最大，地面建筑也保存得最为完好，由前后相连的三进院落组成，占地约 12 万平方米，气势磅礴、蔚为大观。从陵门进入后，自石桥起，依次分列陵门、碑亭、裬恩门、裬恩殿、明楼、宝城等建筑。作为明成祖朱棣和皇后徐氏的合葬墓，长陵的施工之精细、工程之浩繁，都可谓世所罕见。以明代帝陵中唯一保存至今的陵殿——裬恩殿为例，使用了 60 根大小相仿的金丝楠木柱子支撑。楠木多产于四川、湖北、云南、贵州的深山密林中，在明朝，其采伐和运输都还十分困难，因此格外珍贵，更不用提长陵所使用的楠木品相都堪称上上之选，其中最粗的一根重檐金柱，高达 12.58 米，底径达到 1.124 米，两人合抱亦不能交手。别看只是木质，其价值之贵重，赛过寻常金属。"裬恩"系明世宗朱厚熜亲赐的佳名，其中"裬"取"祭而受福"之意，"恩"则取"罔极之恩"之意。长陵裬恩殿以其规模之大、等级之高、用料之考究，堪称我国古代木构建筑中的珍贵遗物。

定陵是共和国历史上第一座也是目前唯一一座得到国务院授权、主动发掘的帝王陵墓，这里是明朝第十三位皇帝万历朱翊钧与两个皇后的陵寝。地面之上，定陵的大多数建筑已有不同程度的损毁；而地面之下，奢华大气、琳琅满目的陪葬品令人目不暇接。在炎炎夏日拾阶而下，进入这座位于地下 27 米深的湿冷地宫中，一种庄重肃穆的穿越感会油然而生，同时也会深深叹服于古代能工巧匠的辛劳。定陵的地宫总面积为 1195 平方米，其中陪葬品的奢华程度令人咋舌，殿内均用"金砖"铺地，帝后的随葬物品置于梓宫内的 26 只楠木箱中。定陵考古发掘了各种珍贵物品 3000 余件，目前陈列的出土文物如凤冠、玉带、发簪、文臣礼帽及各种金器等，体现出明朝工艺美术的高超水平。在定陵地宫内细细观赏一遍藏品大约需要一个半小时，即使只是走马观花也能感受到帝陵墓室带来的震撼。

昭陵是明朝第十二代皇帝穆宗庄皇帝朱载垕（年号隆庆）与庄皇后李氏、安皇后陈氏及定太后

定陵地宫内景及其藏品　李红亮摄影

李氏（即万历帝朱翊钧生母）的合葬陵寝，也是十三陵中第一座大规模进行复原修葺的陵园，因崇祯十七年（1644）曾被农民军将明楼付之一炬；清康熙三十四年（1695）又因雷电彻底烧毁了陵恩殿……命运多舛的昭陵，经过1987—1992年的修复，如今反而成为了红墙黄瓦、雕梁画栋的陵区最气派的建筑之一。值得一提的是，对昭陵的修葺，从清乾隆年间即已开始，当时有明楼、棱恩门、棱恩殿三项工程。这在一定程度上也体现出清朝统治者对于中华民族共有的历史文化遗产的尊重和对民族团结的维护。昭陵建筑群中率先采用的"月牙城"（"哑巴院"）形制，后亦被清朝帝陵普遍采用。昭陵中有一处"秋祭复原陈列室"，复原了明代末叶昭陵于霜降日进行陵祭时的陈列情况，在此能看到当年的帝后席位及帛盒、三牲等一应复原物品。相较于总神道上的络绎喧嚣，昭陵一带人少安静，适合信步闲游、极目远眺，静静地品味这座拥有600余年历史的风景区。

历史钩沉处，高跷庆丰年

对明史感兴趣的朋友，若游览明十三陵景区后仍意犹未尽，不妨向南行5公里至西关环岛北侧，这里有一座十三陵明皇蜡像宫。展览通过蜡像艺术和声光电技术，将明朝16个皇帝及276年的历史，以人文景观形式进行展现。展厅中共有374尊蜡像，分26个场景。有历史学家认为，明朝的国号出自《周易·乾·彖》中"大明终始"。尽管是非成败转头空，明朝16个皇帝未能阻止历史的车轮滚滚向前，但不可否认明朝进一步统一和巩固了多民族国家，出现过"洪武之治""永乐盛世""万历中兴"等国力强盛的时期，宋明理学和文人书画在明代臻于至善，民间也有繁荣兴旺的手工业和商品经济。在这个特别的蜡像馆内转上一圈，就好似翻阅历史长卷，可对明代的政治、经济、军事、文化及社会民情完成一次快速通览。

从明十三陵景区行车至明皇蜡像宫的途中，会路过一个叫涧头的小村庄。这个元代即已成村、如今紧邻十三陵景区地铁站的村子，传承着一项历史悠久的非物质文化遗产——涧头村高跷。其全称为"涧头村太平子弟高跷会",是自清代光绪年间流传下来的传统舞蹈展演,至今已历经4代传承人和130多年的历史。舞高跷是我国北方农闲时节常见的百姓娱乐活动,而涧头村的高跷会大有来头,集中体现出满族民俗的浓郁风格和京北文化的深厚底蕴。

  涧头村太平子弟高跷会在清朝参加过皇家花会,十里八乡争相目睹,在一辈辈的祭祀、祈雨和庙会等活动中献艺。而今的高跷会一般是逢大年初四演出,涧头村中百姓会自发集合,先给祖师爷上香,然后鸣礼炮、敲大锣,组成浩浩荡荡的队伍出发。高跷队一般分为12个角色,以《水浒传》故事为蓝本,角色涉及武松、西门庆、潘金莲等人物,还包括渔翁、樵夫、郎中等角色。12个角色各有唱腔唱词和表演套路,其中的"文跷"侧重唱功,"武跷"则注重动作技巧。高跷会里排头的核心角色叫"托头",他会根据鸣锣声的指引,手持旗棒指挥着高跷队伍行进及排列"圆场""月牙场""五雷阵"等阵法;其他角色则边唱边做出舞剑、劈叉、跳凳、过桌子等各种动作,尤其是亮出"蹲桩""倒立""蝎子爬""铁板桥"等绝活儿时,看得观众时而心惊肉跳,时而拍手叫绝。

  涧头村高跷融歌、舞、戏曲、杂技、武术5个艺术门类于一体,以豪放诙谐的表演风格和精湛过硬的技艺,赢得了一代又一代百姓的喜闻乐见,即使进入当今互联网时代,仍有其深厚的群众基础。2009年,涧头高跷被列入北京市非物质文化遗产项目名录;2017年,昌平区政府在涧头村设立涧头高跷传承基地。这种根植于民间文化土壤的民俗娱乐活动寄托了百姓对美好生活的祈福和期待,在帝陵之畔看一场太平子弟高跷会,就好比翻阅一幅幅鲜活生动的民俗画卷,令人油然而生"沉舟侧畔千帆过,病树前头万木春"的古今穿越之感,提醒世人中国源远流长的历史中不仅有帝王将相,更有百姓疾苦、民间悲欢,因为人民就是江山。

TIPS 小贴士

路线

十三陵景区距离天安门约 50 公里，自驾可从北三环马甸桥驶入京藏高速，在昌平西关环岛出口出；盘西关环岛半圈后即可驶入十三陵景区。公交可从德胜门乘 345 支线至昌平体委转 22 路，到景区南端的"总神道"；或是从立水桥乘"昌平 22 路"，到景区南端的昭陵村。

住宿

十三陵景区附近的住宿选择非常多，其中商务型的有中国石化会议中心、宝之谷国际会议中心、希岸酒店等，休闲型的有军都旅游度假村、且亭山水酒店、大宅门迎祥度假酒店等，民宿型的有潢京主题酒店、壹光年小院、青山小院等。

饮食

十三陵景区附近除"四大名宴"（康陵正德春饼宴、悼陵监村烙糕宴、上口马武寨驴打滚宴、长陵永乐饸饹宴）外，还有各种风味餐厅，如依托帝陵景区而主打皇家筵席的云水遥山居、静莲斋素食餐厅、花海德福山庄等，依托十三陵水库而主打烤虹鳟鱼、灶台鱼贴饼子的大顺渔村、聚贤堂农家乐、海棠小馆等。

康陵村：春饼卷万物 古槐擎巨伞

康陵村坐落在整个十三陵景区的西北角，这里长眠的是明朝第十位皇帝——明武宗朱厚照（正德帝）和皇后夏氏。有言道："先有康陵后有村"，四方村落"古监墙"，康陵守陵人安居于此，世代相传，逐渐形成了今日的村庄，村庄也因此而得名。康陵村与其附近的德陵村相似，处于十三陵景区外围，且当年守陵建筑的红殿黄瓦多已残旧。但无论谁路过这座"国家森林乡村"，都会赞叹于这里整洁崭新的新农村风貌。康陵村2010年入选"北京最美乡村"，2018年入选北京首批市级传统村落名录和"全国生态文化村"。而事实上，最令康陵村名声大噪的，既不是守陵人祖辈的厚重历史，也不是生态环境的优美宜人，而是靠那"一口咬住春天"的康陵正德春饼宴。

康陵村村口的古槐树　徐姗姗摄影

康陵村街上卖山果的小贩　徐姗姗摄影

花果飘香森林村

初入康陵村即可发现，村民全都居住于陵墓围圈的监墙内，炊烟袅袅，鸡犬声声，一派静谧祥和的景象。康陵后五峰山势陡峭，称"莲花山"或"八宝莲花山"，村中老人讲，四面环山就像把康陵村托在一个"聚宝盆"中。村北是农家菜地，村南是原始森林，村子周围遍植果树，全村林木覆盖率已高达95%。在康陵村，四季都有不一样的观景体验：春时桃杏之花纷飞如云烟；夏秋时节百果飘香洋溢着丰收之喜悦；冬时松涛微响，苍松翠柏与红墙黄瓦在皑皑白雪中透着耀眼的诗意。村口迎面而来的是两株约有500年树龄的对称古槐树，两树的枝叶相互交缠，又被称作"夫妻槐"。

走进村中，映入眼帘的是扎根于村中央的有800年树龄的古银杏。银杏树依旧枝繁叶茂，粗壮的树干更是需四五人方可合围。这些被列为国家一级保护树木的古老植株为小村保留了久远的人文精神，彰显着这块风水宝地的灵气。村里老人说"先有帝王树，后有康陵宫，再有康陵监""摸一摸帝王树，喝一口银杏茶，可以健康长寿、吉祥如意"。2020年，康陵村被评为"首都全民义务植树先进单位"，一抹抹新添的"康陵绿"，更为这个历史悠久的民俗村增添了勃勃生机和活力。在中华传统文化中，古树常常是民俗文化的灵感来源，遮天翠盖的庇荫也是一辈辈村民铆足了劲儿奔向新生活的底气来源。

康陵村民以赵姓、王姓为主，都是当年守陵人的后人。正德帝三十岁即早逝，反而是几百年后守陵的百姓们因辛勤劳作而体健，因粗茶淡饭而长寿，想来令人不禁唏嘘。康陵村虽然仅有70余户人家，但因为经过了成熟的农家乐旅游规划和训练，目前一次性可接待游客的规模达2500人次以上。康陵除了正德春饼宴这张农家乐"名片"外，还盛产柿子、樱桃、酸梨等各种干鲜果品，并提供游客观光采摘服务及吃住行一条龙乡村民俗体验。康陵村距北京市区仅45公里的便捷交通和帝陵荫护的美好环境，终年吸引着络绎不绝的游客，其中有奔着春饼宴来的，也有奔着山果采摘来的。青松银杏村口槐，层叠苍翠掩映下，是香甜多汁的山果和康陵村人勤劳致富的笑脸。

正德春饼农家宴

康陵正德春饼宴与周边的悼陵监村烙糕宴、上口马武寨驴打滚宴、长陵永乐饸饹宴，并称"十三陵四大名宴"。这些美食均不靠珍贵难觅的食材或工序繁复的烹饪取胜，都是响当当的"平民小饕餮"。近年来，还麻峪房嘎嘎宴、黑山寨栗蘑宴等也崭露头角，逢早春或金秋，大批游人涌来，寄情山水之余也都少不了品一品"舌尖上的昌平"。

相传明朝时，正德帝朱厚照14岁继位，贪玩天性不改。酷爱出游的他不愿耽误用餐时间，于是

康陵正德春饼宴 徐姗姗摄影

侍从特地为他准备了薄饼,卷上葱、酱、肉、菜,既好吃又方便。正德帝南巡时来到淮安府的清江浦,侍从将卷饼用的肉菜改为淮扬菜肴,精美的淮扬菜风味远超北方菜肴,正德帝吃后大加赞赏并带回北京。自此,正德春饼便流传开来,成为一道老北京民俗饮食。百余年来,康陵村制作正德春饼的手艺世代相传,融合了北方的风味与淮扬的精巧,堪称最正宗的正德春饼。近年来,随农家乐民俗游在京郊的风行,以家庭为单元的农家饭受到城市游客的钟爱。一位旅游公司负责人灵机一动,请明史专家和烹饪名师一同研创了"春饼宴",把这道颇有来历的"皇家快餐"打造为康陵村民俗游的金字招牌,如今"康陵正德春饼宴"已成为村民经济收入的主要来源。

康陵村内,"正德春饼宴"的招牌随处可见,不少游客慕名前来。春饼宴的主角当属"薄如蝉翼、白如翠玉"的薄饼,一同登场的是扣肉、黄焖鸡、炸小黄花鱼等热荤,酱肉、肘花、粉肠等冷荤,配上木耳肉丝、豆芽炒韭菜、醋熘土豆丝、菠菜炒豆腐丝、拌粉皮等素食,还有金灿灿的小葱炒柴鸡蛋和自家酿的豆酱等……五彩缤纷地摆满一大桌,农家绿色美食飘香四溢,令人垂涎三尺。拿起薄饼、抹上酱料、撒上葱丝,再码好鸡蛋,夹一筷豆芽,添一箸肘子,荤素搭配、色彩丰富的配料皆汇集在掌心这块薄饼中,快卷起满满的美味大快朵颐吧。平日里普普通通的家常菜被富有嚼劲的春饼包裹着,入口一刻却显得格外美味,唇齿间的香气让人回味无穷。

"咬春"后令人阳气生发,最宜饭后百步走,康陵村的青翠山色使人仿佛置身于仙境般的田园。不觉间走到了那株古银杏下,三三两两的村民正在树下闲谈,回忆着电影《江姐》在村南古松林里的拍摄过程。日暮西斜,斑驳的树影诉说着康陵村百年历史的沧桑,与今日村民安居乐业的画面和谐交融。

TIPS 小贴士

路线
康陵村交通便利，从京藏高速 13C 出口出，随即往十三陵长陵西行 4 公里便可到达。公交可从德胜门乘坐 345 路、919 路到昌平南大街后，再换乘昌平 55 路康陵路口下车即达。

住宿
康陵村中有多家农家乐提供简朴的住宿服务，如果是周末带老人和小孩来采摘踏青，不妨盘桓一宿体验乡居生活。

饮食
康陵村中几乎家家都经营春饼宴，菜品内容基本相同，收费标准也一致：55 元/人，实行自助餐制，客人落座后 15 分钟内就能摆满整整一桌，菜吃完了还可请老板再添加，吃饱吃满意为止。

碓臼峪村：「小三峡」里享天然

若是中午在康陵村饱餐一顿"春饼宴"后开车北上，山路间盘行十几分钟便可到达位于明十三陵景区西北一带，左右各被虎峪自然风景区和蟒山森林公园包裹的碓臼峪村。郁郁葱葱间，恰似桃源一处。碓臼峪村内树木繁茂，空气清新，不愧是空气净化度为北京一级的天然氧吧。

十三陵镇碓臼峪自然风景区 徐姗姗摄影

碓臼峪风景区的叠水瀑布 李晋摄影

叠水瀑布涤凡尘

十三陵镇内民俗度假村众多，各具特色，而碓臼峪村主打的是山水灵动、自然清新之美。从碓臼峪村往西行4公里，即可到达有京西"小黄山"之称的双龙山森林公园。这里植被覆盖率在95%以上，极高的空气净化度为天文观测创造了绝佳的条件。因此，碓臼峪村的不少农家乐皆建有观测平台，供天文爱好者免费使用。若选择另一条路线，离开农家院落继续向北，约莫20分钟车程，即可抵达使碓臼峪村在众多民俗度假村中脱颖而出的王牌——素有"京北小三峡"美称的"碓臼峪自然风景区"。

大约在一亿三千万年前，北京地区发生过强烈的地壳变动，所形成的花岗岩体又几经风化侵蚀，终被天然雕琢成如今碓臼峪自然风景所见之奇景。大约3公里路程的景区内有"琴曲迎宾""高峡平流""金峡胜境""龙潭幽谷"等景致，共计50余个观赏点。初入景区就令人感到眼界一净，一泓清澈的潭水淙淙流淌入视线，恰似柳宗元《小石潭记》中"潭中鱼可百许头，皆若空游无所依"所描绘的那般清趣。徐行于崎岖绵延的沟壑间，两侧山谷清幽，一水贯穿而流，沿着石阶前行，宛若行于画卷之中。野趣盎然的碓臼峪自然风景区汇集了长江三峡之险峻、桂林山水之秀美、庐山瀑布之宏伟、黄山泉水之层叠，令人心往神驰。呼吸着清新的空气，欣赏着如画的美景，享受着纯粹的天然，城市中的疲惫似乎皆可卸下。

民宿小聚乐天伦

碓臼峪民俗度假村山明水秀、终年无霾的生态环境吸引着众多向往逃离城市喧嚣的游客。碓臼峪的村民淳朴好客、民风清和，农家院的院落很大，院内可停放车辆，院门前的道路两旁栽满了柿子树，金秋时节，黄澄澄的大柿子在阳光下熠熠发亮。倘若嘴馋摘上几个也切莫心急，巴掌大小的硬柿子不能马上入口，须在水里泡上3—4天，其香甜软绵的味道才能发挥得淋漓尽致。无须担心来得不是时候，碓臼峪村盛产樱桃、杏、桃、柿子、山里红等多种果品，随着季节的变化，可在此尝到上百种不同的山野菜和农家饭。外焦里嫩的烤鱼、金黄松软的菜团子、味道鲜美的海米冬瓜汤、鸡蛋饼、凉拌柳絮、香辣水萝卜、玉米碴子粥……与亲朋好友休闲旅游至此，农家小院内围坐一桌，品味着城市中尝不到的农家美食，别有一番风味。饱餐一顿后K歌、游戏，若还觉得不过瘾，民俗村内还配备有浅滩戏水场、篝火晚会等服务设施，不时举办小河摸鱼、垂钓、烧烤小吃、烤全羊、放鞭炮等活动，保证能让您玩得酣畅淋漓。

碓臼峪的40余家旅游农户各有特色，这里仅撷取一家网红民宿——纳福斋民宿，以飨读者。这是位于碓臼峪自然风景区以南仅200米的一栋400平方米的别墅。开车路过时，远远地就能望见它

尖尖茅草顶棚的屋顶设计，浓郁的东南亚风情令人过目不忘。走进民宿，映入眼帘的是客厅正墙上挂着的大象装饰、玻璃鹦鹉组成的五彩大吊灯，还有麋鹿图案的欧式高背座椅……种种野趣令人不禁感叹主人的爱心和巧思。民宿设有6间卧房，可供12人以内的家庭聚会或小型团建。屋顶的休憩露台不仅可供烧烤、聚餐，还可于夜色深沉时仰望银河璀璨、聆听溪水蝉鸣，这不就是人人"向往的生活"吗？

碓臼峪不仅空气的净化度达到了一级，水质亦是上佳，所以在碓臼峪过夜，怎可错过温泉沐浴的享受呢？纳福斋民宿配有一个户外露天的游泳戏水池和两个内嵌于卧室的温泉泡汤池。火山岩池中注入富含多种矿物质的温泉水，浸泡其中最能舒活筋骨、释放压力，即使在冰雪初融的冬日也不会感到寒冷。

蟒山塔林鉴古今

碓臼峪的灵秀生动，显然离不开东侧一大块"绿肺"的烘托，那就是距北京市区约40公里的蟒山国家森林公园。作为AAA级国家级风景名胜区，蟒山国家森林公园的"五最"不容错过：置身于森林覆盖率为96.5%的山林间，近13万亩的人工林层峦叠翠，郁郁葱葱，让人首先感受到北京市森林公园面积之最。蟒山，顾名思义是因其山势形似巨蟒而得名。来到山脚的平台上，一尊高达9.9米、重1500余吨、由200块5到10吨重的花岗石雕砌而成的弥勒大佛映入眼帘，这尊北方最大的石雕大佛憨态可掬，使人忘却烦恼，豁然开朗。穿过长廊，沿着由3666块条石铺成的北京最长的登山台阶拾级而上，两侧景色四时各异，春之山花烂漫、夏之繁花遍野、秋之层林尽染、冬之雪压青松。登顶后有150米的长廊，为北京最高彩绘长廊，云雾氤氲间宛若一条长龙。若想感受"一览众山小"的快感，不妨顺便登上蟒山塔远眺，将巍巍北京城尽收眼底，还能一览十三陵水库、蟒山天池的风光。阳光照射下，这座国内最大的人工天池好似一块镶嵌在山间的明镜。而远处的十三陵水库也是一个集防洪、水力发电、旅游观光、休闲度假及爱国主义教育于一体的旅游胜地，水库水波荡漾，群山倒映其间，景色幽静宜人。每逢秋冬时节，蟒山森林公园会定期举办主题为"蟒山红叶现秋意，凤山温泉送健康"的红叶节活动。邀上亲友二三前来赏风光享温泉，一同融入美妙的森林自然情境之中，好不惬意。

在蟒山国家森林公园的东北一隅，还藏着一个小众旅游地——银山塔林。尽管交通不便，但真正到了银山脚下，定会觉得不虚此行。银山又称铁壁银山，有前、中、后3座主峰，中峰"独出云霄"最高，海拔约700米。因其山体陡峭，且皆由黑色花岗岩组成，恰似一墙铁壁，而冬日山体银装素裹，在阳光的晕染照射下呈现出山色如银的纯美之景，故而跻身于明清"燕平八景"之一。银山景区不光僻静幽雅、自然风光无限,还是历经金、元、明、清四代的佛教圣地。历史上的银山因寺多僧众而扬名,与镇江的金山寺并称"南金北银"。沿着银山南麓而上,高低错落的古塔遗迹随处可见,如今仍见塔形的有18座,其余众多古迹早已湮没在岁月的尘埃里,唯独留下浮屠无声的禅意。

昌平区西北9公里处的十三陵德胜口村附近还有一个适合访古寻幽之地,此处"沟中有崖、崖下有沟、沟沟相通、崖崖相望",据说有8沟9梁22峰,故名"沟沟崖"。沟沟崖山高景美,主峰紫极峰高1670米,历史上的"沟崖八景"更是闻名遐迩,是权贵重臣、文人墨客避暑交游之胜地。不光如此,这里更曾是佛、道两教胜地,有"北武当山"之称。自元中期,此处相继建造有玉虚观、碧霞宫等72座佛道宫观及庙宇,而现今只有玉虚观、碧霞宫、斗姥宫和瑞峰庵等建筑遗址保存了下来,遗憾的是该地尚未开放供游客游览。寻幽览胜之余,还能在苍崖古刹中回望历史的脚步,这正是自然景观与人文景观相交融而衍生出的独特魅力。

TIPS 小贴士

路线

碓臼峪自然风景区距明十三陵游览区西北约 4 公里，从京藏高速到昌平环岛出口向十三陵方向顺路标即到；公交可从德胜门乘坐 345 路、919 路到昌平南大街后，再换乘昌 55 路，终点站即为碓臼峪。

住宿

游览碓臼峪村除了商业度假村，还有多家民宿、农家乐可供选择。

饮食

碓臼峪村的农家乐美食主推新鲜捕捞的虹鳟鱼，还有烤全羊、烤串，辅以可口下饭的北方农家菜。

白羊城村：孤垒秋日战旗闲

白羊城村是北京市昌平区西北部的流村镇下辖的重点文化古村，村域面积约为4平方公里。古时候，白羊城乃关隘之城，是燕国为防匈奴袭扰所建的边城。又因遍地有白杨树，故唐代之前称之为"白杨口"。唐朝统治者为加强北部地区防务，择此地改称"白羊城"，至明代土木之变后与紫荆关等北部边防一同得到修复，又建新城后越发繁荣。至清代，为了配合修建皇家陵墓，白羊古城被迫拆除。历经千百年的风吹雨打，白羊城大部分区域已随历史褪色为遗址。20世纪50年代以来，白羊城逐步发展为由二三队、北台和宫尚3个自然村组成的村落，延续至今。

在两千多年的历史中，有城池湮灭记忆，有悲壮御敌往事，有百姓的受难悲歌，也有迎接胜利的热烈欢呼。今日此地的长城内外甲兵销，战鼓息，白羊城村在一片宁静祥和之中，以淳朴的民风迎接着八方来客。

白羊城村史博物馆　徐姗姗摄影

望镇边古城遗址，忆燕王扫北狼烟

  从白羊城村向四周远眺，险峰奇崛，隘口众多，俨然一座天生的关城模样。遥想2200多年前，白羊城村所处的昌平区，还是战事连年的古燕国蓟城之地。相传，东周时期，燕国为防止北方匈奴袭扰，利用当地险要的山川地势设立了关塞来控扼山口，以此作为军事攻防上的据点，并筑内外长城，同时于五峰山脚下修建边城，跨越千年的古白羊城由此而来。

  实际上，在唐代以前，白羊城都被称为"白龙城"。那么为何要改名呢？在白羊城村中流传着多种说法，其中之一与唐代名臣狄仁杰有关。据当地村民讲，当年狄仁杰视察此城时，有一白龙托梦给他说："从匈奴来了一条黑龙，要与我争水补给黑龙河。明天在城西南山坡上决斗，我会变为白羊，黑龙变为黑羊。黑龙凶狠，我恐不敌，请助我一臂之力。"翌日清晨，狄仁杰便提弓箭攀上了城西南山坡，果见有黑白二羊在搏斗。在白羊渐不敌的紧要关头，他搭箭射向黑羊。没想到黑羊动作敏捷，将白羊抵往箭来处，白羊中箭受伤而败。于是黑羊变成黑龙争走了白龙河的水，腾空而返。从此，白龙河水势减小，由长流河变为季河，北方的黑龙河变成了后来的黑龙江。狄仁杰追悔莫及，为纪念白羊，下令将白龙城改名为"白羊城"。年深日久,传说中的白羊形象早已深入百姓心中,并且为白羊在村中建有雕塑。当然,这种民间传说虽动人但缺乏史料支撑,是难以令人信服的。

至元代,白羊城开始设卡置司,史书有记载的建村也自此开始,《元史》有关于"白羊口千户所于昌平县东口置司"的记载。白羊城发展至明代已成为京北地区乃至天寿山陵西部的重要的军事防御重地。白羊城建有城墙,长1700多米,高5.7米,宽2.8米,有东西两门。明代燕王扫北时,最后一役是在白羊城以东约3里外的双山处交战,经过三天三夜的厮杀,明军大胜,元军残部从白羊沟退至长城以北。自此,燕王非常重视此城,下令于1043年至1422年陆续筑起山城居庸关,在白羊城南侧的五峰山下建起了一座白羊新城及长峪城、镇边城,驻兵千人并设守备一人。守备衙门就设在老城山坡下中央处,门前有上马石,南山平台处是军用仓库,此处现在的地名仍称大仓,至今仍有一段库墙未倒。

白羊口在明代发展为与紫荆关、倒马关齐名的、通往河北怀来的要道。明代诗人有云:"京西太行崦,孤垒白羊间。己巳曾通贼,居庸并立关。水合桑乾去,峰联塞上山。圣君敷远德,秋日战旗闲。"由于白羊城承担着拱卫京师之重担,其地位不言而喻。正统年间,瓦剌军曾多次南下入侵该地区,为了镇边,白羊城的旧城在这一时期落成。据《西关志·居庸卷》载:"白羊口堡,原设旧城,景泰元年重建。堡城一座,上跨南北两山,下当两山之衢。"景泰元年(1450),朝廷在白羊河南坎沿上、五峰山下筑造新城一座,即小白羊城。新城仅一里见方,设东南北三座城门,西城墙不跨山。白羊新旧二城近在咫尺,势如犄角,足见此口之重要。从隆庆三年(1569)至万历元年(1573),对白羊城旧城进行扩建和加固。自此,旧城、新城连片,极大地增强了白羊城的城防力量。

至清代,包括白羊城在内的长城一线城防功能都有所下降。虽然仍然属于军事管控之城,但已逐渐融入了百姓生活,城墙因失去了原有作用而缺乏修缮,日渐荒凉风化、掩于岁月。站上白羊城北侧城墙最高处的敌台,眺望白羊城西城门位置,便会看到蜿蜒向谷底的北山西侧残墙,这就是古白羊城的城墙遗址。此处城墙并非由砖块砌成,而是就地取材,用石头搭筑而成。北山的城墙相对于南山保存得更为完好,而南山城墙的墙体早已残破不堪,甚至有部分墙体已经不复存在。与此同时,小小的白羊新城也早已成为废墟,如今只能见得老城风貌。

时过境迁,沧海桑田,狄仁杰改白龙城为白羊城的传说犹在耳畔,如今却再也无法看到白羊城的全貌,无法领略古时它雄踞边关、严阵以待的雄伟气派。伫立在城墙之上,远望边城景貌,仿佛可以听到历史深处的战鼓和厮杀之声,仿佛可以望见千百年前的旌旗猎猎和狼烟滚滚之景。

览满清亲王园寝,寻历史文化印记

清代以降,饱经战火的白羊城烽烟散尽,从兵家必争之地回归为静谧山村,往朝史籍中每每提

白羊城村文保石碑 徐姗姗摄影

白羊城村中庆僖亲王家族墓地前的汉白玉石桥 徐姗姗摄影

到，都是塞外铁骑"欲夺白羊口""入白羊口"，而清代的《畿辅通志》提到白羊城村时，只描述了它的山川草木、幽幽景致。步入今日的白羊城村，会发现这里的建筑是清一色的青砖灰瓦、明清古风，置身其间会顿感一股厚重古风扑面而来。具有明清文化典型特征的白羊城村，作为风水宝地被清朝王室择为墓穴园寝。自1820年至1917年，此地陆续安葬了庆僖亲王永璘、庆良亲王、庆密亲王家族等四世，累计有22座坟墓。

庆僖亲王家族墓地第一位主人的陵寝，是乾隆皇帝第十七子、嘉庆帝的同母胞弟——庆僖亲王永璘之墓。永璘生前寻找身后福地时，堪舆家称白羊城五峰山是一处"头枕五峰，脚蹬平川"的风水宝地，遂择此地。正是因为这次修建亲王陵寝，白羊新城被拆除，原本的白羊城只余老城一座，规模不似往昔。其后，陆续同葬于此的还有庆僖亲王永璘的第三子绵愍、第五子绵悌、第六子绵性和他的儿子奕䌖。穿过松林的遮掩，还能看到厚重的宫门和当年的御碑。虽然并非帝陵，但墓冢配套的月河、神桥、碑亭、南北朝房、围墙、大宫门、享殿、琉璃门等一应俱全，气派非凡。

自此，白羊城从金戈铁马的镇边古城，转化出另一重"身份"——庆僖亲王家族墓的所在地。《昌平文物志》记载，庆僖亲王家族墓坐西朝东，南北宽约50米，东西长约140米，建筑群包括单孔汉白玉石桥1座，桥后有碑亭1座，系歇山重檐大式做法，亭座每边8.5米，内有龙首龟趺汉白碑1块。向亭后看去，有南北朝房对称各3间。再进为园寝大门，内有享殿3间，硬山绿琉璃瓦大式做法，前带廊，面宽13米，进深9米，殿前有月台，与殿同宽，殿后为园寝门，涂红色，周围连绿琉璃瓦顶陵墙间。墙内有主坟宝顶1座，为庆僖亲王园寝，高3米，围9米，宝顶下有方座盘，长6米，宽5米。主坟后按南北排列依次为绵愍、绵悌、奕䌖的园寝，均高1.9米，径16米。白羊城村中的这座墓园，虽然只是按清朝亲王礼仪的规制营造，但从其建筑构造之巧妙、装饰工艺之精致，还是可以一窥皇家气派的。

近些年来，白羊城村不断对村中建筑房屋进行修缮，开展清代园寝主题的文化展览，成功地将白羊城村清代园寝文化展示出来，形成了历史文化印记。陵墓遗址区内，松柏高耸，青峰照面，青砖绿瓦，石凳地砖，仿似一座私人花园。行走其间，可以一边观赏风景，一边思考历史。墓区前有座沧桑的石桥和数棵郁郁葱葱的古树，它们目睹了这处陵寝的兴衰，也见证了白羊城村的百年变迁。

游白羊沟风景区，享出尘探幽之趣

能被选为皇家陵地，上风上水的环境优势自不待言，走出庆僖亲王的家族园寝向西而行，可游赏山明水秀的白羊沟自然风景区。这一景区位于昌平区流村镇白羊城村以西，与宋代古长城遗址相

白杨沟风景区

连接，毗邻京北重镇南口镇，全长约 12 公里，是流村百里环形旅游走廊上熠熠生辉的明珠。景区现辟有"垂钓迎宾区""书谷琴峡聚仙区""石歌水曲抒情区"3 大特色区域；经久不衰的景区还包括：白羊城古迹园林区、黄楼长城游览区、黄土峻岭登山区、黄场特种养殖基地、鱼林寨种养基地及小天山牧场。白羊城村已建成民俗旅游接待站，各项基础设施完备，水电充足，民俗旅游接待能力达日均五百人次。游客到此可享受农家土炕的温暖，体验农家的生活情趣。

　　白羊沟名字的由来显然与附近的白羊城有关，但当地还有一种有趣的说法：山沟里的石头大小各异，但多为白色，阵阵微风吹过，草丛中的石头时隐时现，就好像是洁白的羊群在此小憩。的确，白羊沟的奇峰怪石可谓大自然鬼斧神工的作品，马鞍石、骆驼峰、听琴台、罗汉石、石盅石门及"双猪戏水""龟龙窥月"等景观琳琅满目。整个景区中峻峰怪石与奇花异草搭配得当、动静相宜，众多自然景观或瑰丽、或壮观、或野趣，最难得的是还有水景来点亮风景区的灵——景区内一座 46.7 万平方米水面的王家园水库，可供游人划船和垂钓，还能看到长 163.5 米、高 36.8 米、底宽 48 米的水库大坝，颇为壮观。

　　走进白羊沟，每个人都会被满目绿色生机与耳畔泉水叮咚所吸引，不由自主地安静下来。这里的山水、花草、树木仿佛都具有灵性，再加上奇峰异石和山泉小溪环绕在四周，令体感温度迅速下降，顿觉凉爽之至，如置身于空调房一般，难怪这里素有"大自然空调"之美称。

白羊沟自然风景区主打高海拔清凉消夏游主题，但实际上四季皆宜游览——春日山花烂漫，秋日漫山红枫，尤其到了冬日还有令人惊艳的白羊沟冰瀑可供观赏。伴随迪士尼电影《冰雪奇缘》（*Frozen*）的全球流行，冰瀑成了近几年最流行的冬日网红景点。在京郊的一众冰瀑中，不同于延庆云瀑沟冰瀑的"高空玉带"之奇，不同于密云桃源仙谷冰瀑的"似白练利剑"之险，也不同于门头沟神泉峡冰瀑以夜景灯光秀取胜的特色……白羊沟冰瀑主打的是瑶池仙境般的意境之美，一片片冰柱冰帘层层叠叠、银光闪闪、晶莹剔透，与静谧的自然环境融为一体。这个"水晶世界"仿佛能凝固时间的流逝、隔绝城市的尘嚣，漫步其间使人感到如临仙境，尤其是对于喜欢爱莎公主的女孩子们，快挑选一个有暖阳的冬日，来白羊沟打卡"冰雪奇缘"吧！

观抗日军集结地，传祖辈抗战精神

在参观古白羊城的城墙遗址过程中，可以看到北城墙立有一块纪念碑，那是白羊城村燃起平郊抗日烽火的见证，平郊第一支人民抗日武装国民抗日军就是在这里吹响集结号的。

1935年，昌平区被侵华日军占领，并划归伪冀东防共政府管辖。伪政府管治期间秩序混乱，土匪蜂拥而起，山区百姓长期遭受骚扰。为了防范、抵御土匪，白羊城的百姓们便自发成立了保卫团，并推举村里仗义疏财、魁梧健壮的汤万宁为团总。最初的保卫团仅有团丁20余人，他们通过收集土匪遗弃的枪支来武装自身。后汤万宁逐步联合邻村保卫团，多次打击土匪，保护当地百姓安全，渐渐收获了较高的威望，被人尊称为"汤七爷"。1937年一二月间，流亡在北平的东北抗日义勇军成员赵侗、高鹏、纪亭谢等人受"一二·九"运动和"西安事变"的影响，商议组织武装力量前往北平郊区开展抗日武装斗争，之后他们成功动员白羊城村保卫团长汤万宁与其子共同组织抗日武装。1937年"七七事变"后，在中共东北工作特别委员会军事部的支持下，起义领导小组很快就成立了，起义地点就在白羊城村。

1937年7月22日，武装起来的队伍20多人集结在白羊城村关帝庙前的空场上，正式宣布成立抗日军并举行武装起义。北平郊区第一支抗日人民武装队伍在白羊城村内正式诞生，这支队伍后来被命名为"国民抗日军"，因队伍以红、蓝袖标为标志，又被当地百姓亲切地叫"红蓝箍"。"国民抗日军"是东北抗日义勇军的再生，亦是新的人民武装力量的集结，之后，这支队伍改编入八路军晋察冀军区第五支队，转战在全国抗日救亡的战场上。直至今日，他们的事迹仍在白羊城村中传唱，他们"天下兴亡、匹夫有责"的爱国情怀，视死如归、宁死不屈的民族气节，不畏强暴、血战到底的英雄气概，百折不挠、坚忍不拔的必胜信念，仍在激励着中华儿女去克服一切艰难险阻、不断奋勇前进。

TIPS 小贴士

路线

去往白羊城村，自驾车可沿京藏高速至南口镇出口出，向西沿百葛路到流村环岛沿指示牌行驶即可到达；公交可从德胜门乘坐345路到昌平转乘357路或11路公交车即到。

住宿

白羊沟自然风景区提供各种档次的农家乐，设有白羊山庄蒙古包度假区、香椿园别墅、知青度假村等场所，能接待200人以内规模的会议团建活动。

饮食

白羊城村为游人提供农家院特有的绿色食品，更有油桃、红杏、樱桃等各类干鲜果品、野菜供游人采摘。

长峪城村：昌平有个「小西藏」

从北京市区出发，自京藏高速向昌平南口方向沿着陡峭的山路盘旋前行，入黄土洼的村口后再向北行驶约10公里，就能抵达昌平区流村镇西北部三面环山、地势险峻但花香袭人的长峪城村。长峪城村地势高，景色美，因坐落于海拔880余米的高山上而被人戏称为"京西小西藏"。长峪城村是北京美丽乡村联合会的会员村，并于2018年首批入选了北京市级传统村落名录。作为居庸关西路防线的军事要塞，长峪城村至今仍仅有一条公路与外界相通。如诗所云，"山路才通鸟道，青山更有人家"，长峪城村虽养在深山，但到此一游绝对不虚此行。

长峪城村村口　徐姗姗摄影

登长城访遗迹，回望幽燕烽烟

　　长峪城与其沿线长城一同筑成巍峨的防线，数百年来默默地守卫着京西关隘，其中较具代表性的有马刨泉长城和横岭长城。在长峪城村村口，首先映入眼帘的是依长峪沟的沟谷两侧之势筑起的石城墙，以及伫立在近山之巅的烽火台。作为连接关外的一条重要通道，明朝统治者下令在长峪沟的狭窄处构筑堡垒，如同长城内侧的横岭城、镇边城、白羊城这些独立城防一样，长峪城也是军事管理机构的所在地，用于屯兵、演武、防卫及服务于前线物资供应，更是长城突破后建立缓冲地带的核心支撑点。

　　翻阅横岭明长城的前世今生，满目尽是沧桑。从长峪城出发，沿长城走势自东向西穿越，不远处即是横岭城。横岭隘口位于北京居庸关以西，隶属河北怀来县瑞云观乡，自古便是进出北京的重要关口。在明正统十四年（1449）发生的"土木堡之变"中，一小股瓦剌骑兵即是从白羊口和横岭口攻入，直捣京城。为防止鞑靼的军事入侵，明廷在弘治十八年（1505）建立了横岭城。而在嘉靖二十九年（1550）发生的"庚戌之变"中，部分鞑靼骑兵仍然是经白羊口、横岭攻入北京的。

长峪城村村景与山上的长城遗迹

  横岭明长城在历史长河中留下了颇多痕迹，尽管历经风雨沧桑，上部墙体有较大的破损，但其建筑基础依然非常牢固。时至1937年8月初的南口战役中仍能寻其踪影。在南口战役中，国民党中央军主力依托长城、居庸关防线以6万将士迎战日军逾7万兵力。由于南口易守难攻，日军将主力转移到南口以西地区，目的是越过横岭长城，进入怀来，切断中国军队的退路，占领张家口，其中最为惨烈的战斗就发生在高楼、骡子圈一带，至今依稀可见墙体上的弹孔。然而经过20天激战，中方伤亡近3万，最终日军从镇边城水头长城一带偷袭，攻破长城防线，南口战役失败。在明长城碎石破瓦的掩护下，无畏的中国将士以血肉之躯抵御着日军现代化武器的进攻，这或许是横岭明长城最后一次发挥军事防御功能。

  行走在长峪城到横岭城的路上，沿路不乏民间爱国人士为南口战役抗战英烈所立的纪念碑。听长峪城村的老人们说，新中国成立之前村里就已有38人入党，在抗日战争、解放战争中，陆续牺牲了30余人。相较于众所周知的淞沪会战，南口战役却鲜为人知。如今每逢春日，顺着山势延亘的长城城墙山花烂漫，而难见人烟的山体上依旧一片苍茫，烽火台城砖上的斑驳弹痕，向世人证明着那一场场激烈的战斗和壮烈的牺牲。残破的长城和屹立的纪念碑诉说着历史，南口战役似乎被遗忘在巍巍太行与莽莽燕山交界处的荒烟蔓草中，但这段中华儿女英勇抗战的历史不应该被忘记。

  长峪城以其"踏长城古迹后，有山花烂漫悦目，有美味猪蹄慰劳"的特色，常年吸引着北京、

长峪城村的南口战役抗战英魂纪念碑　徐姗姗摄影

河北两地的徒步爱好者前来打卡。据村里老人介绍，每逢周末一早，就能看到一队队穿着冲锋衣的城里人，到此集结后组队登山。从这组抗战纪念雕塑旁拾级而上，就踏上了长峪城旅游休闲登山步道，这条路全长约8公里，其上不仅有风景优美的黄花坡和龙潭沟、诉说历史的"圆楼"烽火台，还会路过北京—河北界碑，一路行来，风光无限。这条登山步道于2017年6月建设完成，有石质台阶、土木混制台阶、砾石道、木栈道、石板路等多种路面，兼之海拔较高（最高处的黄楼洼长城海拔达到1400多米），对登山者的体力和毅力都是不小的考验。好在8公里的步道上倾注了设计营造者的颇多巧思——道路最大限度地保留了原始形状和生态植被，时而斗折蛇行，时而曲径通幽，再配上沿途的青山绿水和鸟语花香，极大地缓解了行脚疲劳。尤其推荐在每年的7月鲜花盛放季来走这条步道，黄花坡名副其实，每逢盛夏会绽放出漫山遍野、数以万计的野生黄花。走在这条步道上，不禁吟诵起"战地黄花分外香"的豪迈诗词。

游古城寻古寺，聆听历史细语

烽烟散尽，今天的长峪城村是一座十里花香萦绕下的宁静村庄。曾作为军事堡垒的长峪城在失去原有功能后，依托其坚固城墙和留守兵卒，逐渐转型为如今规模的村落；尤其是进入21世纪以来，

长峪城村的旧城墙　徐姗姗摄影

长峪城村以古长城为主要看点，发展集民俗、生态、古村文化于一体的乡村旅游产业，目前年均接待游客近3万人次。这里原汁原味地保留着的青灰砖瓦、平房小院的北方传统建筑结构，多属典型的北京四合院形制。正房一般坐北朝南，包括起居室和主卧，偶尔有建筑的正房两侧附带耳房，建筑中还包括东、西厢房，一般承担厨房、储物等其他附属功能。建筑的墙体有土坯、青砖和石头三种形式，门窗大都是木质，四方窗户上多配有窗格、窗棂等装饰，屋顶为常见的灰瓦硬山顶。

　　登上村西的山坡向下俯瞰，可以一览长峪城村全貌，城墙把村子切分为了新旧两个城池。以石头砌成的旧城和以砖瓦建筑的新城，是现今的长峪城村合成的整体。栉比相邻的院落排布在一道东西走向的山沟中间，自东向西绵延二三公里，直至群山深处方缓缓紧缩。长峪旧城始建于明正德十五年（1520），却在即将竣工时被山洪冲毁，如今进入村内还可依稀寻到旧城轮廓：旧城南北向的城墙建于山口中，扼守东西两山之冲，城门外皆有瓮城，以增强防御性；旧城内部由南北两城门相连道路作为街道，现仅存有单孔券顶的北门一座；旧城巷道垂直街道并向两端整齐延伸，具有北方城堡的典型特点。旧城被毁后，万历元年（1573）明廷于西南高地另建一座规格与旧城相似，由城墙、城门和瓮城组成的长峪新城。但新城顺应地势，仅设一城门朝东，东门外建瓮城一座，并设面积极小的南门。新城整体布局较之旧城更随意，内部主要分为东西两部分。东部地势平坦，街道垂直于城门，西部地势高，由连接城门的街道经两折楼梯相连。现可见东门及两侧局部残存的城墙及城门

长峪城村永兴寺　徐姗姗摄影

长峪城村一隅的关帝庙　徐姗姗摄影

外瓮城所设的南门,皆为单孔券顶。

　　云雾缭绕中,斑驳城墙映衬下的古村别有一番韵致,而新旧两座城池间"佛道合一"的永兴寺,恰似信仰在山乡千年传承的题眼。永兴寺作为长峪城村内现存5座古庙宇中规模最大的一座,分前后两进院落,前殿为祈求事业顺利、家庭和睦的佛爷庙,后殿则为求子的娘娘庙。寺院坐西北朝东南,门前的参天古榆高达8米,需两三个人才能合抱。行至前殿东侧的钟楼,映入眼帘的是其内悬挂的明万历年间所制铁钟,据说在抗日战争时期,每逢日军进村,村民就会敲响古钟并躲入深山。步入二进院内西侧,还有一座昌平区内为数不多保留下来的戏楼,现仍偶尔用于民间戏曲演出。

　　信步游览至长峪城村的旧城最北侧,会遇到庄稼汉的守护神——起源于祈求好收成的祯王庙。在历经岁月洗礼后,原本香火鼎盛的庙宇如今门庭冷落,祯王庙南侧不远处的关帝庙更是早已破败不堪,但其门柱上的褪色红纸上手书的一副对联——庙宇虽小乾坤大,香火不多心至诚——还是体现出百姓信仰之虔诚、心愿之朴实。步入新城,唯一留存的一座寺庙是菩萨庙,庙内有观音菩萨及其两侧的童子共3座面含笑意的泥塑像,人们来此祭拜,祈求家人平安、万事胜意。龙潭水库南面还有一座易被忽略的镇潭龙庙,又称小龙王庙。顾名思义,修建此庙的目的是祈求上天能带来好风水,让长峪城村全村上下平安。据说,过去村内还有五道庙、城隍庙等,但如今均已无处寻踪。长峪城的新旧城墙与古寺庙,同长峪城人一起见证了地区的发展。它们是先人留下的珍贵宝藏,是村落历史发展的物质见证,更是长峪城人的精神寄托之所在。

观社戏品猪蹄,玩味民俗文化

　　在饱览一众历史遗迹之后,不妨驻足与长峪城村中的老人们聊聊,就会发现这座被海棠、丁香等山花环绕的村落,魅力不止于历史,更有生生不息的非遗民俗文化。长峪城村中蕴藏的丰富民族文化、习俗传统都值得去挖掘。拜龙神、立夏粥、娘娘庙会、九曲黄河灯元宵灯会、送灶王爷等民俗,当地人如数家珍,其中最为有名的要数传承至今的"老梆子"戏曲,也就是长峪城村社戏。

　　建于数百年前的永兴寺就配有戏台,足见当时生活于此的军民对戏曲的喜爱。提到"社戏",或许很多人会第一时间联想到鲁迅先生写的小说《社戏》,却不知在典型北方山乡的长峪城村,社戏的传唱也是一直沿袭至今。其实所谓"社戏",也就是按本地规矩逢年过节必演的戏曲,不求唱念做打的水平有多高多专业,但求能演能唱者一展身手,父老乡亲们看得开心热闹。据村中老人介绍,长峪城唱社戏的传统最早可追溯到距今600余年的明永乐年间,近年来除了梆子戏,逢年过节他们村还组织过扭大秧歌、办九曲黄河灯会、跑竹马、划旱船等永不过时的游街表演。尽管很难从历史记载中确切找到长峪城村社戏创建于何年,但仅从现存的高亢曲调,便可判断其受到过河北、山西梆子的影响，既有山西梆子的高昂，又与河北梆子的曲味相似。

历经数百年，现在长峪城村的梆子戏已经发展出自己独一无二的唱腔曲调和文化遗存。长峪城村的梆子戏具有长于叙事、慷慨质朴的特点，其唱词分为七字或十字的上下句式，属于板腔体。主要板式有尖板、安板、流水板、散板、紧板等，伴奏乐器以板胡、笛子为主。受高腔影响大，多以生、净为主的袍带戏，其中表现民间生活故事的较少，多为叙述宫廷朝堂的故事。

作为北京地区传承社戏的知名古村落，每逢正月和农历节日，长峪城村村民自发组织的戏班子就会在永兴寺戏台上进行演出，常演的有《回龙阁》《打焦赞》《三哭殿》等30余本剧目。长峪城村的社戏远近闻名，由普通村民组成的戏班子在农闲时还会被邀到附近村镇"巡回演出"。每每演出时，四邻乡里皆成群结队来观赏，社戏已成为乡里百姓文娱生活中不可或缺的一部分。在一个月朗星稀的夜晚，择二三永兴寺古老戏台下的"大座儿"，赏几曲被列入非物质文化遗产的梆子戏，不失为长峪城村一道独具特色的民俗文化精神大餐。

在被梆子戏满足了视觉听觉双重感官享受之余，味觉上不容错过的是长峪城村赫赫有名的猪蹄宴。今日村内沿街农户酒肆林立，四处张贴的"猪蹄盛宴"海报诱人口涎。昌平区对农家乐经营者有一套标准化的培训，长峪城村猪蹄宴与康陵正德春饼宴、悼陵监村烙糕宴等相似，一般都包含六个凉菜、八个热菜，保证能吃饱吃好。长峪城村人坚持祖辈相传的烹饪方法制作猪蹄：先将猪蹄洗净后下热水焯至变色，再放进用柴火烧开的大铁锅炖6—7个小时，不加其他调料，仅用盐、花椒、大料即可。经柴火与铁锅炖煮的猪蹄肥而不腻，肉皮晶莹剔透，色泽鲜美，口感软糯却又十分劲道弹牙，就算是牙口不好的老人和小孩也咬得动。这里的风味猪蹄放凉后，其肉质不仅不会变得绵软，口感甚至更佳。四地交界的特殊地理位置，造就了当地独特的美食传承，猪蹄宴让食客们唇齿留香、食指大动，久而久之便成了游客到此的必点菜品。

山峦间、长城畔、舌尖上的长峪城，是不是被勾起了踏青访古和大快朵颐的兴趣呢？快来吧，长峪城村不收门票，周边可顺路游玩的有云中阁景区、白羊沟风景区等。气候凉爽宜人，平均气温低于市区5℃以上，且蚊虫稀少，是消夏游的不错选择。傍晚坐在农家平房的屋顶上，吹着山间习习的凉风，夹一块色香味俱全的猪蹄，再尝一口山间野果，自然原生态的气息格外浓郁，大快朵颐之余望向照亮长城内外的明月，任谁都会情不自禁地爱上这里。

TIPS 小贴士

路线

去往长峪城村,自驾可沿京藏高速到昌平南口方向,再沿南雁路前行,至马刨泉北转上禾子涧路即可到达。长峪城村村口和登山步道入口各有一个停车场,均免费。公交出行的话,可乘坐地铁昌平线在昌平站下车,出地铁后换乘昌33路抵达。

住宿

长峪城村内有山古城农家院、798农家院、逍乐原农家乐等民宿,房间干净卫生,带有独立卫生间。

饮食

长峪城村中有多家经营餐饮的农家院,有798、逍乐原、老岳农家等多家主营猪蹄宴的农家餐厅,其中老岳农家知名度最高。必点菜炖猪蹄一般为35元/个,还有炖柴鸡、酥鱼、蜂蜜炖倭瓜、拔丝咯吱等农家菜。

马刨泉村：杨六郎安边之地

马刨泉村是长城岭下的一个千人村庄，宁静安然地藏在西北部山区的一块小盆地中，平均海拔约在680米。马刨泉原属战国时期边关重地老峪沟所辖，后于1997年乡镇合并时划归流村镇。马刨泉村与老峪沟村、禾子涧村均处于明前长城流村南段的西侧，其东侧则是溜石港村，南段一直延伸入门头沟境。这一带的明前长城是南北走向，沿山脊而建，因年代久远，而今均已呈垄状毛石堆砌的样子依附于山险之上，向今人无声地诉说着当年的烽烟战事。

马刨泉村的村史馆　徐姗姗摄影

云中阁景区的仿古牌楼　徐姗姗摄影

马刨泉的来历

"马刨泉"这个村名一听就颇有来历,从昌平西峰山一路向西,到处都能听到杨六郎的掌故。相传,北宋年间杨家将抗辽,大名鼎鼎的六郎杨延昭镇守三关口(雁门关、偏头关、宁武关),那时马刨泉村尚未形成,人们要吃水只能到长峪城水库或禾子涧去远程驮回来。一次巡视关隘要塞的途中行至北西岭顶,杨六郎口渴难耐,无奈水已喝干,只得对他的马儿说:"我知你渴,可水已干,你若有灵性,便自己寻水。"谁知他的坐骑似有灵性,自行到一处草丛深处,用前蹄猛刨几下,竟真的涌出了水。杨六郎眼见泉水喷涌而出,大喜之下用手里的马鞭一指,将水寄存在了村北山也就是小平塌脚下的山上,后人命名为"寄水坨"。杨六郎饱饮甘泉后,乘骏马翻过山岭与辽兵鏖战,终获大胜。长城岭上有两座高约3米的山石,相传当年杨六郎把马拴在山石上,并卸甲在此小憩。后人为了纪念这位安边名将,将此拴马山石所在的山顶命名为"拴马桩"。马刨泉日夜喷涌,顺着东面山体奔流而下,造福了一方百姓,过往客商、戍守士兵及其家眷都爱这股清泉,索性安家在此,经年累月,村落逐渐人丁兴旺、越聚越大。

在去往长峪城村的路上会途经昌平流村镇,就在禾子涧路与北齐岭交叉处不起眼的垭口,离开公路踏青寻觅,就能找到文保部门立的牌子——马刨泉古长城遗址。距离石碑不远处,尚存一段底宽3米、顶宽1米、外侧高2米的石墙,保存得相当完好。这段长城沿着山脊修建,南北全长约23.5公里(其中2/3为长城墙体遗迹,另有1/3为山险)。更有意思的是,学界对于其建造的年代众说纷纭。这道长城早期曾被认为是战国时期燕昭王所筑的"燕"长城(约公元前283年),而后又被认为大约修筑于北齐时期(550—577),后者为目前大众接受的主流观点。《齐史·斛律羡传》中记载:"天统五年(569),羡以虏屡犯边塞,自库堆戍东距于海二千里,其间凡有险要,或斩山筑城,断谷起障,并置立戍逻五十余所。"有学者考证称,"库堆戍"里的"库堆"为今"古北",从文本角度证明了北齐时期在北京地区修筑长城的合理性。再者,有人曾在马刨泉长城墩台附近拾得北朝瓦片,为"北齐说"提供了物质材料佐证。北齐所筑长城的选址智慧极高,后世历代在其遗址基础上叠加修筑,《明实录》中就曾记载"地势所可守者,止循旧边。地势不可乘者,稍微更改俱创修新墙一道"。那么可以合理推测,这段与明长城体系截然不同的马刨泉长城,很可能是明代修筑长城时,因防御体系向西北迁移而遗弃的北齐长城。

在"马刨泉古长城遗址"的文保石碑后侧,可以看到北齐岭(又称北西岭、北祁岭)长城垭口、一个小观景台及分别从左右两路上山的栈道。然而,由于从马刨泉到老峪沟再上行到禾子涧村的这一段古长城和烽燧遗迹,随斗转星移多已磨损塌陷严重,且许多建于陡坡山脊甚至是人迹罕至的百尺断崖之上,因此少有人识,遮蔽于野草、静掩于岁月中。海拔上千米山坡上的一些碎石林立之处,

老峪沟村的大德寺　徐姗姗摄影

已难以辨认是否是当年的烽燧,但山险本身即为最强大的防御工事,遥想当年,无论是被称为颇具吸引力的燕长城遗址,还是文物保护碑上推测的北齐长城,金戈铁马的基因都深深地烙印在了马刨泉长城的每一寸遗迹里。

云中阁景区风光旖旎

　　从马刨泉村驱车盘山上行,十几分钟就能看到云中阁景区气派的仿古牌坊。景区包括马刨泉村、老峪沟村、大东沟在内,面积达15000多亩。这一带环绕四围的群山和葱茏丰盛的植被,孕育出一个四季气候皆宜人的"天然氧吧",具有集休闲、养生、度假于一体的避暑地旅游开发价值。云中阁景区的旅游线北起于明长城的高楼地界,沿途经过素有"京西坝上草原"美誉的黄花坡,还能看到十三道梁、犀牛望月等景观,南至老峪沟村的大德寺止。这段总长约为30公里的风景线像一条蜿蜒于顶峰的百里蛟龙,抬手似能触到团团云朵,俯视满目山花缤纷,即使不在黄花绽放的季节,丁香、白桦等郁郁葱葱的树木散发的植物芬芳亦可令人陶醉。最平添生趣的是,因为老峪沟村的林木植被

大德寺内景　徐姗姗摄影

与其动物资源相得益彰，时常可见山羊、狍子、狸子、獾、松鸡、野兔、桩鼠等"小精灵"跳跃出没于山间灌木丛中。从昌平最高峰的老峪沟村，到顶峰山脚的白羊沟自然风景区，一路苍翠，一路花香，人赞之"百座山头百座峰，百里长龙似蛟龙，百花百草同吐艳，百蝶飞舞百鸟鸣"，云中阁景区堪称昌平区流村百里环形沟域中最苍翠、最生动的一环。

世人都知"不到长城非好汉"的豪迈，但不是每个人都有耐心——访长城文化带沿线的古村落，而如果有机会能体味那些似已被岁月尘封的长城古村民风遗俗，就会找到"吹尽狂沙始到金"的乐趣。好比看似不起眼的老峪沟却是卧虎藏龙，在此能看到阎罗堆秦长城及明长城遗址，还能听到老人讲述杨六郎屯兵"六郎城"的故事。

从老峪沟村到马刨泉村，有几座各具特色的庙宇，第一座要数坐落于老峪沟山坳中的大德寺。大德寺始建于光绪二十二年（1896），20世纪40年代曾遭侵华日军烧毁，后于80年代由村民集资进行了重修。大德寺门口栽有3棵参天古槐，老槐树的参天伞盖下有一尊栩栩如生的贴金佛座像，与门前大影壁上"诸恶莫做，众善奉行"的金色大字遥相呼应。游客置身其间，会顿生一种庄严肃穆、涤荡心灵的感受。值得注意的是，大德寺使用了黄色琉璃瓦，这在京北庙宇中是很少见的。这瓦的

马刨泉村东的九神庙　徐姗姗摄影

来历还有一段动人的故事——据老峪沟村的老人讲，当年有位天津的老太太来此进香、赏杏花，因为腿脚不便，坐上了一位姓韩的小伙子抬的滑竿。沿途攀谈中，老太太说女儿得了种怪病，所以她才来拜神求治。淳朴的小伙子询问病情后，给了老太太一个自家祖传的偏方。没想到老太太回家后真的用这个偏方治好了女儿的病，她为了感谢小伙子而发愿帮助村里修庙。因为天津产黄色琉璃瓦，老太太安排装满了一马车运来北京。当时没有公路，马车把瓦送到水涧台，后来又由老峪沟村村民以毛驴经鳌榆沟、溜石港、雪地沟，一路驮到了大德寺。

另一座很有特色的庙宇，是坐落于马刨泉村东的九神庙。所谓九神，指的是土地神、山神、武道、狐仙、龙王、虫王、火神、关公及观音菩萨。民间多神崇拜的信仰，往往也体现出百姓对美好生活的向往。在马刨泉村，百姓供奉的此九神各司其职，各显神通，除了常见的观音、关公之外，正墙前供奉的狐仙会保佑百姓化解难事，龙王专司大旱时降雨救急，虫王则负责防治病虫害；西墙的山神和土地神负责看山管地，武道则保佑村民免受战乱；东墙的火神有三只眼睛，专管红烛平安。九神庙中有一座正殿、两间耳房。九神庙园内的3株老槐树的树龄都在六七百年，是国家一级保护树木，老干虬枝，盖笼苍穹，茂密树冠之中似隐隐有一双慈祥的笑眼在俯瞰人间悲欢。

马刨泉村的村东、村中、村西各有一座庙，村东九神庙，村西是菩萨庙，村中是财神庙。马刨泉村的财神庙，外观看起来与长峪城村的关帝庙几乎一模一样，不同之处在于，长峪城村关帝庙的对面是长城遗址的瓮城，而马刨泉村财神庙的对面，是山村百姓最喜闻乐见的戏台。马刨泉村财神庙于1989年进行了修缮，2005年挂牌为北京市昌平区文物保护单位。在马刨泉村西，还有一座尺寸更小的菩萨庙，是典型的北方村庙外观，小到仅容一人进入，且屋檐低矮到成人必须躬身在庙门前祭拜。

马刨泉村中的古迹还包括一座明代嘉靖年间守边城将军的墓地——张公墓，经过500多年的沧桑巨变，墓碑至今仍完好留存，可见村中淳朴百姓对投身镇守边关、护得一方平安的将军的爱戴。今人在提到马刨泉村时，会简要地总结为"一城、一坟、三座庙"，其实古村落的美丽不止于此——从古长城到古泉、古树、古墓，京郊边关古村落半掩于云蒸霞蔚之中，古韵悠悠却又生机勃勃。每年盛夏都不妨来这个清凉之地避避暑，不仅可以踏古寻踪，还可颐养身心，赏花、骑行、挖野菜……当然，也别忘了喝上一口清冽甘甜的"马刨泉"。

TIPS 小贴士

路线

马刨泉村在距昌平区政府西 45 公里处，自驾走京藏高速、京礼高速，途经 219 省道和南雁路可达。公交可从昌平区乘昌 33 路到马刨泉村站下车。

住宿

老峪沟村老东路上有一家候鸟营地三号院民宿，是海拔 800 米上的特色山居小院，清幽雅致；另有一家墨童树屋，以住原木小屋、自己动手种菜和采摘的亲子游为特色，配上孩子喜欢的滑梯和秋千，很受阖家游客的欢迎。

饮食

马刨泉一带的农家乐不多且条件一般，餐饮和住宿都可以到附近的流村镇。但马刨泉村和老峪沟村都有丰富的各类干鲜果品山货，如核桃、海棠、杏仁、山楂和山榛等，还有一个有机粗粮加工基地，来此不妨带些特产回家品尝或馈赠亲友。

高崖口村：红色文旅忆延安

辞别了世外桃源般的白羊沟自然风景区，向正南方驱车约10公里，有一个群山四围的小村——"高崖口"。高崖口村的成村历史可上溯至元代，因山高、谷深、岩石林立，故名"高崖口"，后寺岭拦马墙、蝎虎沟、白马坡及古黄栌树等都在向世人昭示着此处的古韵风物。高崖口村地处三岔路口之地，向东是昌平区南口镇，向南是门头沟区斋堂一带，向西则可达河北省怀来、张家口。实际上，直到新中国成立后，高崖口村才从河北省怀来县划归至北京市昌平区，并在1997年的撤乡并镇中划归流村镇。这个看似不起眼的山坳小村，却是战略要道、革命老区。身处太平盛世中的今人，可以通过在这一带的红色之旅，铭记国耻于肺腑，追寻初心与使命。

纪念碑前牢记使命

"昌平西山惨案遗址"纪念碑　杨光摄影

高崖口村是光荣的革命老区,在抗日战争和解放战争时期,当地老百姓缝军鞋、抬担架,英勇支持前线。太行山脉的革命英烈气节,孕育了这片革命老区的爱国情和报国志,村两侧的山头上,至今依稀可见一排排战壕遗迹。据史料记载,作为西峰山歼灭战的主战场,冀察热辽军区 26 团两个营于 1948 年 12 月在高崖口村与县大队和当地民兵共同阻击国民党 104 军,创下了英勇的战绩,也付出了巨大的牺牲。天地英雄气,千秋尚凛然,至今高崖口的猎猎北风似仍在诉说着抗战先烈的事迹。

"却顾所来径,苍苍横翠微",今天的高崖口已成为北京"骑友"界热门打卡之地。在昌平百里环形燕太风情画廊中,"东大高"(即东方红隧道—大村—高崖口之间一段约 150 公里的道路)是"自虐"级别的骑行线路。其中高崖口有一段大名鼎鼎的"十公里大爬坡",令人望而生畏,挑战起来绝对是体力和毅力的双重考验,爬坡登顶成功的骑友无不大呼"酸爽"。然而,试想在那些战火纷飞的年月,热血战士和热心百姓们,要徒手翻越崇山峻岭并打退入侵的敌人,要付出多么大的努力,要筑起怎样的"血肉长城"。

从流村镇新开村前往溜石港村之间的路边,可以看到一座汉白玉砌成的西山惨案纪念碑。1937 年 8 月,日本侵略军在进攻昌平南口的战斗中,对沿途村庄实行了杀光、烧光、抢光的"三光"政策。8 月 16 日至 18 日,日军在鳌鱼村和溜石港村,对无辜村民进行血腥屠杀,未进山躲藏者几乎全部被杀害,8 月 19 日,在马刨泉村和老峪沟村烧、杀、抢、掠,无恶不作;8 月 20 日,又以残忍手段血洗了禾子涧村。仅 4 天时间,日军在这5个村庄就杀害无辜百姓109人,烧毁房屋500多间,制造了昌平西山惨案。为铭记这次惨案,1997年,中共北京市委宣传部、北京市文物局和昌平县人民政府在惨案发生地建立纪念碑,碑正面书"昌平西山惨案遗址",警醒人们勿忘历史。如今,山河重振,盛世繁华,和平来之不易,吾辈珍惜且自强。

"小延安"里不忘初心

高崖口村的村民以魏、叶、施、沈四姓为主,村里原有耕地(梯田坡地)800余亩,现已全部退耕还林。村民克服了山高谷深、冬季漫长、岩石裸露、土薄不利于植被生长等种种不利条件,积极尝试栽植苹果、核桃、枣树、柿子等经济林,在党的好政策和百姓的辛勤劳作之下,高崖口已迈入小康生活,正在新农村建设之路上大踏步前进着。

来到流村镇的高崖口南沟,可游览一处总占地面积150亩、具有鲜明陕北古朴特点和民俗风格的景区——坐落在高崖口南沟自然风景区北侧半山腰上的"北京小延安"。景区出口处的北侧山上有一座微缩型"延安宝塔",每逢夜幕降临,宝塔上灯光闪烁,流光溢彩,分外迷人。"宝塔"对面是一排延安式窑洞,共计29栋。窑洞式农家院一旁种植的葫芦、丝瓜和酸枣树等,于田园趣味之中又传达出"自己动手,丰衣足食"的革命乐观主义精神。"北京小延安"使人们不出北京,便可领略到陕北边塞风情,还可以在此品尝到压饸饹、馅窝头、贴饼子、棒渣粥、山野菜、红豆饭等陕北小吃和"忆苦饭"。"北京小延安"景区是青少年思想教育和素质教育基地,带上孩子来此唱一曲"东方红",讲一段革命故事,可以让他们真切地感受到当年老一辈革命家英勇抗战和艰苦创业的精神。

红色基因薪火相传,红色精神生生不息。游览"小延安"景色,领略高崖口南沟的红色文化魅力,可遥想当年伟人们于简陋窑洞中指点江山的气概豪情,追寻坚定的信仰力量和不变的初心使命。

TIPS 小贴士

路线

从市区驾车途经京藏高速、京礼高速，上南雁路行使约 6 公里进入高芹即达高崖口村。公交可从昌平东关乘 357 路公交车，到达高崖口。

住宿

高崖口村因毗邻"北京后花园"景区和白瀑寺，附近有不少农家院可供选择。"北京小延安"景区目前主要接待单位、团体的红色文旅参观，窑洞式农家院还可提供食宿，但需提前预订。

饮食

高崖口的饮食融合了京西和河北风味，豆泡、粉肠、山蘑等是当地百姓餐桌上的美味。高崖口村的磨盘柿子远近闻名，高山寒冷的气候使其口感好、甜度高，还有药用价值。

官牛坊村：香泉绿苑益身心

山麓有温泉，古人称热水为『汤』，故名小汤山。在京城正北方，天安门、故宫、地安门的中轴延长线上，那一片大名鼎鼎的风水宝地就是小汤山镇。小汤山自古以丰富的地热资源而芳名远播，可考证的温泉历史已有1500多年——南北朝时期的地理学家郦道元在水经注中记载：『湿水（今温榆河）又东，经昌平县，温水注之，疗疾有验』。据史料记载，契丹人早在辽代就已在小汤山设『汤池院』；元代将此温泉称为『圣汤』；明代中期将小汤山划为皇家禁苑；清代朝廷在京郊建起的三座『汤泉行宫』中，小汤山也是帝后频幸且历时最长的一处。

小汤山的温泉庭院 杨光摄影

小汤山采摘大棚中长势喜人的草莓 杨光摄影

温泉之乡沐圣汤

小汤山温泉能被推为我国十大温泉之首,绝非浪得虚名,因为小汤山温泉堪称真正的"健康泉""养生汤"。中国温泉之乡的美名是2005年由中国矿业联合会认证的,所以在小汤山谁要是抱怨温泉水"不清亮",那可就外行了——看起来淡黄清澈的温泉水中,其实富含硒、锶、锂、偏硅酸等多种有益人体生理机能的矿物质和微量元素,在缓解关节炎、皮肤病、精神衰弱及心血管等慢性疾病方面,具有已被现代医学证明的显著效果。

小汤山一带的大部分温泉水温常年保持在40－60℃,温度最高可达76℃。当秋风乍起,尤其是在冰雪初融的寒冷季节来到小汤山,水雾氤氲中卸下一身疲惫滑入温泉池的那瞬间,四肢百骸都即刻放松舒活了下来,实乃人生一大享受。当年乾隆帝修行宫御笔亲题"九华分秀",慈禧太后多次到汤泉行宫沐浴并赞此地为"京畿之一盆金汤",看来都并不是夸张。

昔日皇家显贵的尊荣享受,今天已"飞入寻常百姓家"。小汤山镇自20世纪50年代即已建起华北军区疗养院(后改称"北京小汤山疗养院")等一大批疗养院;至70年代,随着涌泉水位逐年下降,水文地质工作者利用现代取水技术,在小汤山外围陆续钻出了20多眼热水井。自此,温泉酒店、温泉度假村乃至大小规模和各种风格的私汤民宿如雨后春笋般涌现,类型和档次任君挑选,有露天也有室内、有小院也有山庄、有疗养私汤也有大型戏水池。每逢秋冬季节,一众温泉酒店引来如织游人,组成了小汤山大名鼎鼎的"汤泉养生名片"。

碧云天,黄叶地,北国风光中,独有这一处散发着南国水乡神韵的灵秀之地。随近年来旅游消费体验要求升级,小汤山的静之湖、九华山庄、龙脉温泉等温泉酒店,都在下功夫一手抓园林布置,一手抓康养体验。一方面,围绕温泉修建明清仿古建筑、辅以皇家气派的富丽装潢和曲径通幽的竹林生态,打造独树一帜的北派温泉环境;另一方面,在20世纪已形成规模的温泉药浴、按摩桑拿等传统基础上,开发风味自助餐、亲子戏水区、运动娱乐区、演出宴庆区等综合服务项目。无论是喜欢登堂入室,还是喜欢清幽避世;喜欢药泉水疗,还是喜欢泳道激浪;喜欢饕餮筵席,还是喜欢湖鲜烧烤……每个人都能在小汤山获得宾至如归的体验。

访农踏青嘉年华

小汤山最为人津津乐道的是"汤",以至于常常被忽略此地"山"的葱郁灵秀。《昌平文史》中记载:"小汤山,孤峰峙立,卵石如麟,通称汤山,实为三座孤立之山,最高峰海拔50.1米。其西较大,三峰形似笔架者称大汤山;其中仅有怪石凸起称小汤山;其东最小称后山。"以《周易》解释,小汤山独特的地理方位和地势环境乃京城中轴线"龙脉"所在，其钟灵毓秀的集中体现之一，即为水土与草木生灵的一脉相承、彼此滋养——用曾在小汤山疗养的郭沫若的诗句形容，是"冬日疑春，朔风孕暖"；用官牛坊村老人的戏言形容，则是"我们这儿随地刨个坑都能冒开水，种啥都好长"。

有温泉之处地气热，植被生长的环境自然是极佳。小汤山一带不仅有温榆河、葫芦河、蔺沟河等流经的丰富水资源，还有四季分明、雨热同季的暖温带大陆半湿润半干旱季风气候，山清水秀自不待言，故而近代朝廷不止在此建温泉行宫，还同时设皇家禁苑，大兴土木修筑园林。清乾隆帝曾饶有兴趣地在汤泉行宫开凿荷花池并设计千竿翠竹掩映的假山。他一定想不到200多年后，从园林培育到有机蔬果，"农业嘉年华"成了小汤山镇新农村建设的时代名片。

官牛坊村2017—2018年腾退工业大院后，建起了占地300多亩的郊野公园，广植油松、八棱海棠、金叶槐、白皮松、山桃等树种和萱草、鸢尾、松果菊、波斯菊等花卉。在官牛坊村的两侧不远，还坐落着小汤山科技农业示范园的东区和西区。这座始建于1998年的国家级农业科技示范园区，不仅是农业科学实验基地、花园式单位，还肩负着"全国工农业旅游示范点""北京市科普教育基地"等功能。以近年来蹿升为网红的"小汤山免洗红颜草莓"为例，在现代化培育技术的应用下，量产出融合了果香、奶油香、玫瑰香的优良品种，红颜草莓如圆锥形，颗颗饱满、红艳欲滴，轻轻咬上一口立刻被丰盈的汁水甜到心里,唇齿留香间也让人感念今日生活的甘甜。小汤山镇有多家草莓采摘园，不仅有草莓，还有绿色有机蔬菜及其他水果等，都实行全程标准化生产，不打农药，自然成熟，在此可好好过一把园丁果农的瘾。绿色北京、生态昌平、养生小汤山，期待游人来滋养身心，体验有机生活。

花钹大鼓庆丰收

在官牛坊村以北约5公里的后牛坊村，传承有一种昌平民间花会艺术的重要表演形式——花钹大鼓。在昌平区阳坊五虎棍、涧头村高跷、漆园村龙鼓等众多民俗艺术形式中，花钹大鼓具有极高的观赏价值和独特的文化遗产传承价值。后牛坊村在历史上有"花会之乡"的美名，此地的"花钹大鼓"原名"雷音圣会·子弟花钹"，是民间鼓舞艺术中一个灿烂多彩的分支。花钹大鼓的表演形式在河北、辽宁等省均曾流行，其服饰、道具、舞步和鼓乐具有鲜明的中国北方民俗审美风格。事实上，在北京市的宣武、丰台、海淀、朝阳、门头沟、通州、大兴、平谷、怀柔等区县，花钹大鼓都有所传承，只是各地百姓对其称呼各异，例如还有叫"花钹子""花钹挎鼓""钹子会""锅子会"的。

据当地老人讲，后牛坊村的"大鼓会"系清代乾隆年间从山西省洪洞县传来，由高氏和郝氏两大家族承袭发扬，逢年节集体展演，最兴盛时一场花会的表演者多达几百人。早在1957年，花钹大鼓就曾代表北京市参加"第二届全国民间音乐舞蹈会演"并荣获优秀奖；2008年，后牛坊村花钹大鼓第一批入选国家级非物质文化遗产，郝维栋和高如常是其第五代传承人；郝旭红和高如常的大儿子高振鹏是第六代传承人。北京市昌平区小汤山镇文化服务中心成为花钹大鼓的挂牌保护单位。

顾名思义，"花钹大鼓"在表演时鼓和钹既是主要的伴奏乐器，同时又是舞蹈花样的核心道具。其特色在于追求鼓、钹、舞三位一体，声、情、貌高度统一。正式表演时一般是由8名成年人敲打鼓面直径73厘米、高36厘米的大鼓；同时由12名儿童一边击打直径17厘米的小铜钹，一边翩翩起舞。鼓带钹声，钹追鼓点，节奏以三拍为主，兼具丰富的起承转合律动。演奏者有"长行鼓""老八架""隆通通""上调""下调""三钹起鼓"等10余种鼓谱，每套鼓谱都以"长行鼓"鼓点相串联；而舞者则配合鼓乐节奏，有弹跳、换跳、自转、对钹、扔腿接钹等多种舞步。

花钹大鼓在北京各区县的传承中，形成了各具特色的风格体系，如丰台区西铁营的主打是"沉稳庄重"，怀柔区黄坎村的主打是"舒展飘逸"，门头沟区龙泉务村的主打是"矫健英武"，而后牛坊村的花钹大鼓则重在"轻盈洒脱"，舞钹儿童是这项非遗表演的主力军。以"长行鼓"的表演为例，12名舞钹儿童的队形变化将"轻盈洒脱"表现到了极致，他们时而横向穿插，时而纵向交错，双人纵向互绕时聚，双人横向互绕时散，在"8"字、"∞"字互绕的双圆基础上灵活变化，再配上鲜艳夺目的演出服装和朝气蓬勃的演出气势，十几人的队伍竟能舞出百人阵型的气势，把十里八乡来看演出的观众们感染成一片欢乐的"海洋"。后牛坊村的花钹大鼓之美，在于由一群天真烂漫、虎虎生威的儿童如嬉戏玩耍般地完成表演，行云流水、一气呵成的肢体律动，充分表现出劳动人民欢天喜地庆丰年的喜悦之情和热烈追求美好生活的豪迈之情。

TIPS 小贴士

路线

小汤山镇距市区约 50 公里，驾车走京承高速可达；公交车有 51 路、52 路、59 路、643 路、537 路、905 路等。官牛坊村的交通也很便捷，驾车走北六环在小汤山桥下西行即达。

住宿

从老牌的九华山庄、龙脉温泉、春晖园，到新兴的红栌山庄温泉、美神宫温泉城堡酒店、益泉花园酒店、御林汤泉度假村、热带雨林度假村等，小汤山各家温泉酒店都在提供泡汤服务的同时提供餐饮与住宿，还承接大型会议会展，旺季务必提前预定。

饮食

小汤山镇汇集南北美食，如主打塞上风味的香木香羊、郭靖烤全羊、火炉旺炙子烤肉，主打京味融合菜的北平人家、玫瑰温泉私房菜、缘纳人家养生黑豆腐，还有接地气的水榭苹乡亲子农庄、屯老二农家铁锅炖、李记烧饼等。

南口村：横亘古今的交通枢纽

南口是北京市昌平区西北部的历史重镇，位于燕山山脉和华北平原交界处，于北魏时期形成村落，至今已有1600余年的历史。今日在南口村可见的古迹包括南口城南城门、南城墙、南城门外影壁及东山护城墩1座、西山护城墩3座，但破损程度都很高，不易辨认。事实上，从清末流传至今的影像资料来看，当时南口城边横跨两山的城墙就已消失殆尽了。南口村在京北要道上，虽历经几多沧桑，但更值得讲述的是那些峥嵘往事和光辉岁月。海市蜃楼画胜诗，交错霞光呈美景，

今日位于闹市中的南口火车站　徐姗姗摄影

京张铁路之上阅尽"中国速度"

　　南口在历朝历代的发展，均与交通二字息息相关。当地的老人常说："先有南口村，再有南口城，后有南口镇"，这个历史发展顺序是有据可考的。在相当长的一段历史时期内，南口曾是"京西北唯一能通车马的大道要塞"。元朝建"南口城"之时，南口原指今南口镇北1公里处的南口村，后因明朝在此修筑长城，开始有张、王、樊等姓氏驻居，渐成一条南北向的主街道；至清代，已有经营粮食、布匹、杂货等的多家临街商铺。逐步发展为京城西北热闹的商业集镇后，南口终于在清光绪三十一年九月初四（1905年10月2日）迎来了京张铁路开工这件大事。自此引东西商贾纷至沓来，以南口火车站为中心辐射商业地图，渐渐地，城镇规模已远超南口村。经过百余年的发展建设，今日当地人提起南口镇，叫"大南口"；提起南口村，则叫"小南口"。

　　京张铁路是中国历史上第一条自主设计建造的铁路，这条交通大动脉上共振着中国人开山填壑、自强奋斗的时代最强音。沿线360余里的路上，"由丰台之柳村，趋东而北，沿都城，越清河，抵南口，

"花海列车"S2专线

穿八达岭,出岔道城,跨怀来、宣化,以达张家口",有许许多多层峦叠嶂、工艰路险之处。在那个路权外沦于列强的屈辱年代,詹天佑挑起了"完全中国自办,所有工程全部概用华员,绝不借材他国"的大旗,自行设计并建成了中国历史上的第一条铁路——京张铁路。京张铁路距南口南城墙的东端最近处仅隔10余米,一声声火车鸣笛拉动了北京的高速发展,极大地振奋了当时那个积贫积弱的国家的精神意志。"百年老京张"的故事,同它旁边绵延不绝的万里长城一样,都是不同时代背景下中华民族的骄傲,是中国人挺起的脊梁。

转眼一百多年过去了,京张铁路的建成不仅使张家口占据了连接华北与西北的"互市通衢"区位优势,也使南口这个近百年发展起来的边塞小镇,快速成长为一个集交通枢纽、商品集散及工业制造为一体的现代化城镇,今日已俨然是一个四通八达的交通枢纽:京包铁路贯穿而过,京张公路、京藏高速公路、温南路、南雁路4条公路主干线与镇内100余公里的连村公路交相辉映。相信随着2022年冬奥会的开幕,京张铁路将带起北京、延庆、张家口三个赛区的梦幻联动,"中国速度"必将惊艳世界。

现今游南口,最好挑选每年3—6月(花期),乘上有"花海专列"美名的S2线,从黄土店至延庆(经南口、康庄、沙城、八达岭),穿梭于长城之巅、花海之畔,赴一场"与春天的约会"。坐在这趟"开往春天的火车"上,乘客们会不禁掂量这份"稳稳的幸福",赞叹这种发展的"中国速度",也重温中华民族近代工商业与技术发展的艰辛壮阔历程。今天,在高铁带动下,"一日千里"的梦早已成真,

南口村清真寺外观　徐姗姗摄影

然而身处花团锦簇之中,也要坚定地望一望不远处蜿蜒雄伟的长城,回顾詹天佑当年抱定为国争光的决心,率领一万多名中国铁路工人建成"第一纯粹为中国人所筑之路"的壮举,坚定中国人自主制造、自主创新的"强国梦"。

南口清真寺外遥望岁月沧桑

　　明隆庆年间和清康熙年间的《昌平州志》中,均有关于"南口铺""南口店"的记载。铺意味着睡觉、打尖宿店;店意味着服务往来客商,可见南口境内通衢的地位。因南口城曾是张家口、内蒙古等地南来北往商贾的必经要道,所以财神庙、娘娘庙、关帝庙、东岳庙等各种神仙道场兼备。历经岁月沧桑,至今保持完好且令人注目的,是南口村清真寺。它以其悠久的历史,与沙河清真寺、昌平五街清真寺和阳坊西贯市清真寺,并称为昌平四大清真寺。

　　南口村中穆斯林不多,因此南口村清真寺并无日常礼拜功能,而是作为"一处中国古庙宇式的清真寺"文物保护单位。南口村清真寺就坐落在离城门南侧不远处。尽管并不常年开放,但颇为壮观,从院墙外一望便知其历史悠久。它没有穆斯林风格建筑常见的"洋葱顶",经过的路人或许都意识不到这里是一座清真寺。其建造年代不详,一说为始建于明朝,清朝光绪年间进行了修缮,后又

南口村李公墓神道前的牌坊　徐姗姗摄影

于2005年和2007年进行了修缮。

修缮后的南口村清真寺占地900多平方米，坐西朝东，有三进院，皆为四合院布局。第一道门具有非常浓郁的穆斯林建筑风格，进入三道门后，院里的景象便可一览无余。首先映入眼帘的是一条新修的小路连接着月亮门（圆形拱门），院内现存古树两株。通过月亮门，清真寺的主体建筑正殿也就一览无余，正殿面宽三间，前出走廊，后接后殿，为典型的勾连搭式正殿结构。殿前有一方珍贵的记事碑——"清朝光绪二十年重修庙宇记事碑"，由清末民初当地知名的回族乡贤麻兆庆（1836—1900）编撰后镌刻在这块巨大石碑上。石碑静静地伫立在这古朴的清真寺中，默默地讲述着它和南口的沧桑过往。

明代李公墓边一窥宦官权势

信步游走于南口城内，还能看到一座别开生面的"太监墓"——明代李公墓。据史料记载，这位"李公"被普遍认为是明正德年间曾镇守居庸关的太监李嵩。如《明实录武宗实录》记载："庚辰（正德十五年）太监魏彬传旨：……太监李嵩分守居庸关、张凤守备紫荆关……"；《明史》卷192《安磐传》记载："李嵩正德时受命为武宗抓虎豹。"由此可见，李嵩不仅在历史上确有其人，且时间地点上都

南口村李公墓静谧的神道　徐姗姗摄影

与南口有高度重合。

　　令人不禁好奇的是，一个宦官怎么可能担当镇守边关的重任呢？须知这是在明朝中期，宦官集团的势力范围上至左右宫廷政治、特务活动、司法审查，下至渗透征税供奉、皇家专卖乃至军事与外交事务。当然，宦官中也不仅有王振、刘瑾、魏忠贤这些专擅朝政、作威作福、败坏国家的"坏太监"，还出了郑和这样创下七下西洋壮举的好名声的太监。南口村李公墓的墓主人，据说也是一位颇有才华、为朝廷效力多年、仅在居庸关就以协理身份据守"十有七载"的有功宦官。皇帝最终允许他在自己所镇守处"殁于此葬于此"，是对其工作成果的一种认可和奖赏；从中也可见这位李公对南口这片土地的深厚情感——将自己葬于此，死后也可以继续守护着这片土地，履行着自己的职责。

　　李公墓曾于清朝及民国初年两次被盗，现仅存监理公神道及配套的石牌坊、石望柱、石门、石虎、一对文武翁仲及古槐等。牌坊为四柱三门仿木样式，头牌楼上刻有"李公之墓"，阴刻"福如沧海寿似岗陵"。墓坐北朝南，宝顶已经不复存在，但地面建筑中神道与石刻的保存尚算完好。虽然远不及明十三陵那样壮观宏伟，但李公墓"麻雀虽小"，神道上石牌坊、石望柱、石虎、文臣武将、棂星门却一应俱全，其中石刻石雕造型生动、雕工精细，也具有较高的文物和艺术价值。尤其神道两侧的石虎更是憨态可掬、古拙可爱，这里也是昌平除了十三陵神路外，现存最完整的墓葬神道古迹了。

若是碰巧来到南口村，不妨选一个午后，来这古槐树荫掩映下的李公墓神道，慢慢地走一走、看一看、品一品。

南口镇除了上述景点外，还值得一看的是唐代敕赐"和平寺"遗址的兴隆口民俗村，该村交通便利，有可供划船、垂钓、爬山的兴隆口水库景区，是消夏避暑、体验山村野趣的好选择。南口镇上的食宿条件不错，因此在这一带的游玩建议安排两天的行程：第一天可先从居庸关长城云台出发，一路游览关沟风景区和兴隆口民俗村；第二天拿出访古踏青的闲情逸致，参观南口村清真寺、李公墓，再乘上 S2 线列车游八达岭长城，"一日看尽南口花"。

一站打卡七十二景

南口与关沟的缘分由来已久，因其得名来源于地理用词，即"关沟的南出口"（北魏时称"下口"，北齐时称"夏口"）。在纵横千里的太行山脉中，"太行八陉"是东西两侧交通往来要道的八条峡谷，其中最北端的一条叫军都陉，也被称为"40里关沟"，揽八达岭、慕田峪、古北口、司马台等一众著名长城景观于一线。

怀延盆地自古即是农耕民族与游牧民族经年反复拉锯的战场，关沟这条燕山与太行山之间的鬼斧神工的天然裂隙，分隔开北京平原与漠北高原。越过了南口——卡在这条峡谷南侧的最后一道屏障，就踏上了一览无余的平原，可以一马平川肆意奔腾……因此，以南口为中心的关沟一带堪称跨越古今的交通枢纽：南口在周初地属蓟国，后归燕国；至西汉起归入昌平县，汉朝官员从河南赴内蒙古上任都要经过此处；辽金元时期，关沟演变为兵家必争之地和货品运输通衢；明代统治者选此地为长城重要的关口，明洪武二年（1369）"既定元都，大将军达垒石为城，即今南口城也，以壮幽燕门户"。南口在历代均有不同兵种驻守，总体而言，元明清三代居庸关沟是隆镇卫、隆庆卫、延庆卫的卫治所在。到了太平年月，军事要道又化身邮驿便捷通道，达官贵人、商贾行旅乃至采石行脚的黎民百姓络绎而行。

关沟一线，从海拔最高的八达岭隧口，速降至海拔最低的南口，正所谓"居庸两山壁立，岩险闻于古今"，沿线的风光或崎岖、或旖旎，但不改的是古韵悠悠，快坐上"时光列车"，将"关沟七十二景"一站式打卡成功吧。

第一站岔道城，这里是八达岭关城的前哨阵地，至今仍完整地保留着老城的古朴风味，徜徉在这座小城，让人有时空交错之感，仿佛一下子回到几百年前的街道。穿过小城再往前就是原汁原味的老长城，公路也在西拨子划分为南北两路，南边过了康庄不远处就是古驿站榆林驿小村，再向南不远就是横岭长城、镇边城。这里的建筑一直保持着其最原始的景观，伸手触摸更是从指尖传来百年来历史的厚重感。而再往前的涿鹿县矾山镇古城，就是赫赫有名的"涿鹿之战"遗址。这里集中分布着黄帝城、蚩尤寨等 30 多处自然与人文景观，虽然那场世纪大战的激烈烽烟已散尽，但时隔千余年后踏上这片土地，仍能感受到历史代代更迭轮回的苍茫之感及每个人在这宏大历史面前的渺小。

有了南路的铺垫，北路就更加熟悉了。过了延庆，就是上下坂泉村，有学者认为这里就是炎帝与皇帝展开"坂泉之战"之地。过了狼山是土木堡小村，即众所周知的明代"土木堡之变"的遗址，正统十四年（1449）七月由于明英宗与太监王振的肆意妄为，导致 50 万人的大军被敌方的两万人马打得落荒而逃，至今这里仍保留着古敌台和纪念当年战争中死难者的小庙，警示着后人。土木堡往前的怀来小城有烈士董存瑞故居，再往前是新保安，平津战役中解放军全歼敌主力 35 军的地方。继而踏上鸡鸣驿，也是国内最大的古代军事驿站，城门、古城墙、古民居等，好一场裸眼 3D 的古代军事驿站展览。旁边还有鸡鸣山、辽国萧太后花园……沿着军都陉一路前行，仿佛乘上了一趟时代的列车，从先秦到抗战时期，一代代王朝的兴衰更替，仿佛都从历史书上那白纸黑字变成了一个个充满色彩与生机的故事，我们正经历着的现在也总有一天会变成后人的过去与历史，往者不可谏来者犹可追，提醒人们更要珍惜当下的每一天。

"关沟七十二景"的提法自清宣统年间始，其实有些已遭破坏，有些地点不详，还有些新增景点，但总体而言，属昌平区辖的大致包括如下 28 处：乌龟石、仙枕石、上关及上关积雪、白果树、荫凉庵、居庸关城、寿星山、云台、金梁玉柱坊、娘娘庙、六郎寨、五郎卸甲洞、六郎饮马泉、泮宫、状元桥、居庸叠翠、白凤冢、龙门喷雪、都阃府、两座明山、二龙戏珠、六郎拴马桩、二人下棋一人看、月牙石及白山夜月、南口城及照壁、金沙滩及天门阵、陈友谅及康茂才寨、北山雪立。沧海桑田，白云苍狗，许多曾经的景观风物或是没入历史，或是改换新颜，不变的是一代代南口人在这块四通八达之地上不懈地追求美好生活的精神。

TIPS 小贴士

路线

前往南口村,可沿京藏高速行驶,在南口出口出,即可驶入南口村。公交可从市区乘坐919路、883路直达。也可乘坐"花海列车"S2专线,从市内乘地铁13号线或8号线,到霍营站下车G4口出,步行约110米即到"黄土店"站。S2线支持"亿通行"和京津冀互联互通卡。

住宿

南口村住宿主要为各式农家院及度假村,其中综合评价较高的是:北京云台民宿(南站村)、花筑·北京这嘎达小院(昌平南口镇居庸关长城店)、北京鑫达公寓(红泥沟村65号)等。

饮食

南口村的餐饮颇具北方特色风味,既有内蒙菜、东北菜,还有北京传统的农家菜、羊蝎子火锅等。推荐品尝这嘎达铁锅炖农家菜(南口店)的铁锅炖、贴饼子,猜丁壳牛板筋火锅店的酱香牛肉板筋小锅,鼎嘉轩的羊蝎子火锅,乌兰杂碎馆的羊肚羊杂等。

阳坊村：涮肉飘香处 五虎棍生威

对老北京人来说，『阳坊』是一个听到就不禁流口水的地名。这个位于北京西北燕山脚下的古老商旅重镇，因为曾经是连接南北交通、疏散牛羊肉及果品的大型集散市场，其涮羊肉成为北派火锅美食的一张驰名名片。阳坊村距离颐和园仅20多公里，紧邻『北京后花园』和凤凰岭自然风景区，上风上水，四通八达。阳坊的地势西高东低，处于暖温带大陆性季风的吹拂中，京密引水渠从阳坊村自东北至西南穿流而过，更给这个古村的风景平添了一丝灵动。出村向西北行不足1公里，即可欣赏到燕平八景之二『神岭千峰』，白虎涧还有绵延天际的无边云海和十里飘香的京白梨花……主打『阳光小镇 快乐之坊』的阳坊村，是京郊必打卡的美丽乡村。

阳坊涮肉　徐姗姗摄影

阳坊涮肉香远近扬名

到怀柔必吃虹鳟鱼,到延庆必吃豆腐宴,到房山必吃牛头宴……那到了昌平呢?一众特色小吃中,阳坊涮肉无疑是最家喻户晓、声名远扬的。每逢秋风起时,支起炭火大铜锅,邀上三五好友,痛快地涮一顿羊肉,最是滋补身心的享受。作为一项非遗技艺,阳坊涮肉已形成了"羊肉选材、屠宰制腔、卸肉包卷、手切月牙儿、古法蘸料、浓清骨汤、传统主食搭配"7项独家火锅制作流程,以及"劈、剔、削、切"4种手切刀法技艺。2021年9月,"北京阳坊传统涮羊肉制作技艺"入选北京市第五批市级非物质文化遗产代表性项目名录。

据史料记载,阳坊自古就是北京地区人气很旺的古村落之一——自辽代即已形成了几十户人家的自然村;自元代始被纳入京畿西北交通的要道体系;至明代,有刘氏家族从山西省的洪洞县迁徙而来,大黑石村遂扩大规模并改名为阳坊村;随着商旅南来北往、络绎不绝,阳坊逐步发展成为京西北担负着果蔬肉蛋农产品供应和物流交通功能的商埠重镇,清代在此设驻防要地,并形成了京郊一个重要的回民聚居区。今日位于京密引水渠西侧的西贯市村,号称"京北回族第一村",人杰地灵,文化名人辈出。村口的牌坊上有对联云:"世代传承民族团结贯市村,神岭峰下京交易于清真地"。

早在清代，阳坊"贯市"之中的"阳坊羊市集"即已成为京西传统美食文化的重要坐标地。相传阳坊涮肉系传自宫廷——1900庚子年，慈禧太后与光绪帝出宫西逃途经阳坊，得光裕镖局李锡厚师傅的护送和招待，留下了涮羊肉吃法及火锅秘方。清真美食中，对牛羊肉的品质非常讲究，阳坊涮肉不仅坚持使用从排酸、剔骨到分割、修选、急冻等十几道工序的清真屠宰之法，而且原料主要来自内蒙古自治区锡林郭勒盟草原的优种羔羊。年深日久，阳坊形成了具有回族传统饮食文化底蕴的特色风味。

以"阳坊"为品牌的清真铜锅涮肉，兴起于1984年。西贯市村的李胜利和杨秀清夫妇沿用其祖上秘方，从第一家个体小餐馆起步，如今已经营成了一个在北京响当当的、历史传承最久的餐饮品牌——北京市阳坊胜利涮羊肉食品集团，连雍和宫旁边和张家口怀来都开上了分号。阳坊涮肉能获得众多食客的钟爱，最重要的秘诀就是对食材品质的高要求——自然放养在内蒙古高纬度牧场上的黑头白羊，每天喝泉水，吃沙葱和多种纯天然、无污染的中草药，10个月生长期，当年现宰，因此能做到不膻不腥、不腻不柴。薄切羊肉分为瓜条、元宝、磨档、上脑等多个部位，整齐均匀地码放在大拼盘里，一上桌就令人不禁垂涎。阳坊涮肉的独家蘸料不仅有传统石磨工艺制作的纯香芝麻酱做主角，还配了酱豆腐、腌韭菜花、虾酱、虾油、料酒等辅料及30多种精选中药材，匠心独运调制而成。这种麻酱小料风味醇香不涩嘴，配上鲜嫩肥美、入口即化的羔羊肉更是相得益彰，能发挥出滋补强身的功效，难怪成了众多老北京人"贴秋膘"的地道之选。

在近年来的新农村建设中，阳坊村不仅进一步发展了小麦、玉米种植等传统农业及畜牧饲养业，还建起了水果大棚，并依靠阳坊涮肉的美名拓展升级了餐饮服务业。经过近40年的发展，阳坊清真铜锅涮羊肉从食材到工艺、服务都在不断改进革新，已经从实惠快捷的百姓解馋美食，逐步精进为彰显民族传统特色、独具食补养生功效、色香味俱全的老北京品牌大餐。来阳坊涮肉除了必点"久涮不老"的招牌羊肉卷外，也别忘了搭配上"立盘不倒"的手切羊肉、新鲜爽脆的毛肚、风味醇厚的羊杂……一口酥脆的烧饼垫底之后，南北食客无不拍手赞叹："十佳京城名火锅"名不虚传。

"舌尖上的阳坊"不仅仅是涮肉，还有爽口解腻的各种水果。阳坊镇的水果种植年产量近500吨，除了前、后白虎涧出产的京白梨，核桃、杏、樱桃、草莓、葡萄、桑葚等的品质也都很好，来此一定不要错过品尝应季水果。

五虎棍基地代代传承

在阳坊涮肉大快朵颐吃到了"扶墙出"，是不是想赶快活动一下消消食呢？那就来了解阳坊另一项赫赫有名的非物质文化遗产——"五虎棍"吧。五虎棍是一种集武打、杂技、说唱和戏剧于一体

阳坊"五虎棍"

的传统民俗舞蹈,相传起源于宋代而兴盛于明清,号称"天下第一棍",是传统花会表演中的最宜烘托节日热闹气氛的节目之一。

  阳坊的"五虎棍"表演的是宋太祖赵匡胤除暴安良的故事,一般由6至9人表演。剧情是赵匡胤在没当上皇帝前于民间贩卖雨伞做生意,一日路过董家桥,遇到了当地的恶霸董家"五虎"五兄弟拦路要钱。赵匡胤不服,遂发生争斗。碰巧经过的卖油郎郑子明正直英勇,他路见不平、拔"棍"相助,随手拔下一棵枣树当武器,助赵匡胤击退了董家"五虎",一起教训了村匪恶霸。"五虎棍"演出中,一般是5个黑衣人将1个红衣人围在当中,以齐眉棍套招械斗,因郑子明和董家五兄弟所使的兵器都为棍,故称为"五虎棍"表演。

  细数起来,"五虎棍"传入阳坊至少已有350多年的历史。阳坊地区早在明代的宣德年间就已形成了举办香会的民俗传统;至清朝乾隆年间,每年的花会献艺都是以耍中幡开路,"五虎棍"排在第二,阳坊周边十里八村的百姓都来看戏;据1938年的史料记载,阳坊地区属下辖34个行政村的昌顺县十二区,后几经与南口镇、流村镇等县乡合并,形成阳坊镇下辖1个社区和10个行政村、近3万常住人口的规模。在逐渐向都市化转型的现代农村,花会的功能也从纯娱乐性转向了具有更多传承发扬中华民族优秀文化的意义。因花会演出的老艺人们年事已高,眼看"五虎棍"技艺濒临失传。为接棒文化传承、扩大非遗影响,阳坊镇聘请"五虎棍"传承人,于2015年起在中心小学开设了"五虎棍"特色教学课程;后又在昌平区政府的支持下,于2018年建起了占地300多平方米的阳坊五虎棍传承基地,年逾古稀的"五虎棍"传承人王文玉既是"名角",又是老师。如今,就像剪纸、泥塑等美术课程一样,"五虎棍"也从花会卖艺走向了大众,成为全民强身健体和传承祖国文化中的特色教育课程。

"五虎棍"在阳坊的招式创新和发扬光大,要感谢一个人——据阳坊村的老人回忆,清末有一位人称"盐店九爷"的武术大师刘云普隐居于阳坊药王庙。他改良了"五虎棍"的招式,使这出武戏更加激烈、更具观赏性,也形成了阳坊的本地特色。"五虎棍"主要招式不仅包括盘根、扎杆子等棍术,还有大裆拳、十二脚等10余套拳术,共72个套路、420个定式,全套表演下来大约需要3个小时。两派对打的热闹戏码观众最喜闻乐见,演员表演时勾花脸、佩髯口,辅以铿锵有力的锣鼓配乐……"五虎棍"表演以其"艺中有技、技中有艺"的特色而广受百姓喜爱与传习。在距离阳坊村不到30公里的位于天寿山西峰脚下的十三陵镇献陵村,每年正月十五、五月十三庙会上也都会进行"五虎棍"表演。《献陵村五虎少林棍》(传统舞蹈)于2016年入选北京市昌平区文化和旅游局公布的第四批区级非物质文化遗产代表性项目名录。每逢过年过节或举办庙会等活动,昌平区都会组织阳坊中心小学的五虎棍社团到阳坊公园等地进行展演,若路过有幸看到这些演出,一定去凑个热闹叫个好。

TIPS

路线

阳坊村交通便利，四通八达，走六环公路即可到达，同时有沙阳路、温南路、颐阳路和沙三铁路等多条交通线路，各村之间均有柏油路相连；公交可从市区乘坐 7 路、20 路、642 路、887 路、914 路到达。

住宿

阳坊村毗邻白虎涧景区，靠山一带有些景美空气佳的民宿小院，露台直对燕山山脉，还有些提供地热温泉泡汤服务。

饮食

吃阳坊涮肉建议认准"胜利"品牌，阳坊胜利涮肉在北京有 8 家直营店、30 余家加盟店。到了阳坊，除了位于昌平区阳坊社区卫生服务中心南侧的阳坊胜利涮羊肉老店外，还有位于温南路西侧的阳坊胜利涮羊肉总店。

雄关漫道沿河城 Xiongguan Great Wall at Yanhecheng

沿河城村：永定河畔屯堡古村

永定河畔，峡谷东北侧的山峰上，沿河城村有古城堡巍巍，有古兵营寂寂。沿河城位于北京市门头沟区的西北方向，1984年5月24日被北京市政府定为文物保护单位。门头沟区自古即为京西连通内外的主要关隘，集山险、水险、关险于一身，被历代统治者视为"神京右臂"。沿河城村的建村历史可上溯至辽金时期，而永定河畔这一段明长城的修建则主要历经隆庆年间至万历初年（约1575年前后）。在北京，相较于八达岭长城的雄奇巍峨、居庸关长城的险峻壮丽，沿河城长城的名气要小得多，但在沿河口这个因扼守几道山口、水口而被视为古代兵家必争之地的山村，却具有重要的文物价值。在此我们可一窥明长城的永胜门、万安门、圣人庙、古兵营和烽火台等历史遗迹，向世人讲述着那些烽烟滚滚的历史岁月。

沿河城村游览线路图

保存最为完好的永胜门城门·徐珊珊摄影

残破的石子城墙·徐珊珊摄影

亦村亦城古村，永胜万安之门

　　沿河城村是永定河流入北京地区的第一个村庄，原名"三岔（汊）村"，又因北依永定河而得名"沿河口"。《读史方舆纪要》中说："其边墙皆依山凑筑。大道为关，小道为口……"沿河口能成为今日的"沿河城"，与其成为明代屯兵的边塞城堡息息相关，因此堪称"因长城而生的村庄"。历朝历代的统治者都注重在崇山峻岭间依形就势地筑长城、置关隘、建堡垒、屯戍兵。在明代，北京周边的长城分属真保镇、宣府镇、蓟镇、昌镇等，主要功能是防御塞外敌人通过西部山区的各处关津隘口进入京城。门头沟的屯兵城堡共计3座，但时至今日，王平城已只余碑记，斋堂城也仅存东门，唯有沿河城还较为完好地保持着当年的形制和风貌。

　　沿河城的内城并不大，东西长约420米，南北长约300米。到此一游，最有看头的就是以条石和巨型鹅卵石砌筑的四围城墙，俯瞰沿河城，其整体是一个依山势而建的不规则长方形，南墙为弧形，东、西、北三面为直线，城墙周长1182.3米，高达十几米，宽3米有余；南城墙一直修到山根处，城墙上还残留着为数不多的几个垛口。城墙基本上还在，北侧、西侧做了较大幅度的维修，南侧山坡上则损毁较为严重。

在沿河城的城墙一线中，最具标志性的要属东西两座砖石砌筑的城门：沿河城的西门是出兵方向，故取永远得胜之名——"永胜门"；东门是供行人出入的，故取出入平安之名——"万安门"。万安门的城墙于20世纪50年代已大面积垮塌，仅剩门券，如今的城门是在门洞原址上复原翻盖的，尽管已最大限度地保持了原貌，但其整齐的青砖看起来远不如永胜门的黄褐色砖垒那般更能使人联想起金戈铁马的岁月。其实在沿河城北侧，还有一个排洪用的水门。因修官厅水库后水少了，这个临近公路的小门而今也用于走人，但因狭窄仅可容一人通过。城门之外，永定河边设有一些石桌石凳，夏季在此野餐、纳凉是相当惬意的。花上一两个小时即可游遍沿河城村内外，毗邻的幽州大峡谷、京西一线天和珍珠湖景区等，也都是顺路游玩的不错选择。

敌台烽墩镇守，串起立体长城

说起长城，人们脑海中首先浮现的往往是天堑间蜿蜒的八达岭长城，然而，长城绝不像其英文译名中"the Great Wall"那样，仅仅是一段"Wall"而已——在沿河城一带可以真切地看到：长城是一整套纵横交错、前后策应、步步为营的立体军事防御系统。除城墙之外，还有敌台、堡城、关隘、碉楼、烽墩、哨卡乃至村防等，共同构成了"一夫当关，万夫莫开"的长城。据不完全统计，仅在北京门头沟一地，就密布着明长城墙体4289米、敌台15座、堡城2个、关隘20处、烽火台（烽墩）6个、关城5座及若干挡马墙、垒寨和碉楼等长城防御设施。

位于北京市门头沟区斋堂镇沿河城的这一段长城，在明代以永定河为界，属真保镇紫荆关管辖，东起斋堂镇沿河城东岭城墙，西至沿字11号敌台，长城墙体长约4000米，包括由敌台组成的连续无墙体连线。有别于密云、延庆等区的长城，门头沟区的长城除了黄草梁有一段城墙外，更主要的形式是建在山口险要处的筑城和敌台。沿河城一带穿插于山巅或险隘处的15座敌台（一说为17座，其中至少3座已损毁）系戚继光所创建的空心敌台形制，它们彼此呼应，每一座敌台的石额上都刻有编号，即以"沿字×号"为名，从第1号到第15号。各座敌台之间虽然未必都有城墙连接，但能依凭山地的险峻地形彼此呼应，形成了一道连绵坚固的御敌防线，共同拱卫此"京师咽喉之地"。

敌楼"沿字第5台"

在沿河城村能看到3座相对完好的敌台，一座在山口里，两座在山口外。攀上山间的"沿字4台"敌楼，就会惊叹其为御敌设计的种种机巧结构——不仅垛口、箭窗、射孔一应俱全，且入口的砖台

在离地七八米的高处，易守难攻。据明代刘效祖所撰的《四镇三关志》记载，每座敌台配备的军事力量是50名士兵（其中主军12人、客军38人）；佛朗机（火器）8架，每架子铳（火器）30枚；神枪12杆，每杆神箭30支，铅子60枚；火药150公斤，共15罐，每罐10公斤；另有大石400块，每块重约20公斤，手抛团石4000余块。可想而知，凭借天险地形，再加上这些人力物力，长城敌台在防御和攻击方面的双重优势得以充分发挥出来。

除敌台之外，沿河城组团的长城墙体（或沿线）周边还有两座城堡、两座烽火台、6段挡马墙及5处砖窑遗址。城堡作为本区域内长城防御系统的指挥枢纽；烽火台作为瞭望及传递信息之用；挡马墙则主要用于截断本区域内从山间通往河北的路径……这一整套古代军事遗产中所蕴含的凭借天险御敌的军事智慧，恰恰成了今日沿河城长城最具观赏价值的特色所在。

正是因为沿河城一带山势险峻、沟谷狭窄，不适合大规模行军而只适合小股奇兵突袭，所以历史记载中沿河城一带在明代并未打过多少轰轰烈烈的大仗，但在历史上发挥的镇守作用却不容小觑。沿河城组团的15座敌台中，位于沿河城附近的"沿字第1台"和"沿字第2台"均已垮塌，"沿字第1台"的基座尚可见；"沿字第3台"、"沿字第4台"和"沿字第5台"在沿河口村和石羊沟一带，保存较为完好且于2001年维修过。此外，6—11号台在黄草梁，12—14号在洪水口，15号在小龙门，多已掩于野草中，非登高细观而难以发现。沿河城这种未开发、少修缮的"野长城"，

沿河城村中保护较好的古民居　徐姗姗摄影

反而更能使人于山势起伏中，恍若看到当年的烽烟四起，倍感历史的壮阔苍凉。

将士要塞戍边，兵营见证历史

沿河城的长城不仅是一段城墙或几座敌台，而且是一套古代军事防守体系，因此沿河城村东北角上的古兵营、小校场，是必游之处，且不能仅仅走马观花，必须结合历史知识。从现存放于沿河城办事处的两块石碑——《沿河口修城记碑》和《沿河城守备府碑》——中，我们可以读到沿河城的建立历史。

早在明嘉靖三十二年（1553），沿河城即已因"以山为城，以河为池，乃京师咽喉之地"，而开始设沿河口守备公署〔记载见于明天启四年（1624）守备沿河口地方都指挥张经纬所立《沿河城守备府碑》〕。沿河口守备公署的防御范围内，管辖着17座关口，东起沿河城村，西至灵山脚下的小龙门口。彼时兵额为主军（即从明初一直延续下来的卫所兵）1201人、客军（即明中后期出现的募兵）1298人，共计2499人。

至明万历六年（1578），沿河城在副都御史张卤的倡议下正式建造。其建设目的显然是为了进一步固防塞外通往北京的要冲："国家以宣（今宣化）云（今大同）为门户，以蓟为屏，而沿河口当两镇之交，东望都邑，西走塞上而通大漠，浑河荡荡，襟带其左，盖腹心要害处也"；"虏阑入塞，民闻警溃散去，保匿山谷间"；"百姓未能贴席而卧也"。〔记载见于明万历十九年（1591），由山西提刑按察司副使冯子履所立之《沿河口修

城记碑》)]

  沿河城建成之初隶属于明长城内三关之———紫荆关所辖。城堡屯兵是古代关隘备战的一种必需手段——长城上的敌台一般只能容纳几名士兵站岗放哨。一旦发现敌情,从远处调兵遣将肯定来不及,因此在长城内侧沿线建兵营(屯兵城堡)就势在必行。一般而言,城堡的等级可分为卫城、守御或千户所城和堡城,按照防御体系和兵制要求配置在长城内侧,间或也有设于墙外者。边堡多见于与长城构成掎角之势的地块,同本段内的长城之间距离一般不超过5000米,以便遇敌时招之即来、迅速登城。屯兵城堡内除了驻军营房、大小校场、演武厅等,一般都配有火药仓、衙署及寺庙、店铺和一定量的民居,而今沿河城村内从圣人庙、老君庙,到上衙门旧址花大门、旧戏台及几条胡同民居等,均符合规模以上的边城形制。进入刀枪入库、马放南山的年景,沿河城百姓过起了丰衣足食的太平日子。能够几经烽烟战火和风雨侵蚀而存留至今,且炊烟渐稠、人丁兴旺,足见沿河城这样的屯堡古村具有生生不息的活力。

多神崇拜流传,多元文化缤纷

  沿河城中建有真武庙、马王庙、火神庙;东门内有圣人庙、小校场、三官庙、城隍庙、上衙门;西门内有瑞云寺(老君堂)、大戏台、五道庙,西门外为下衙门、关帝庙、龙王庙、牛王庙、黑龙庙、黄龙庙、大校场、演武厅、柏山寺、娘娘庙等古迹遗址。不难发现,这座边城中汇聚了多元神祇的寺庙道场,尽管一些古迹如今已废弃或不对外开放,但沿河城村中一度有大小十几座寺庙,行伍军人崇拜的各路神祇等,在各个寺观供奉的神像中有具体且生动的体现。

  佛教建筑中,最具历史意义的是位于沿河城与沿河口之间的万柏山下的柏山寺(遗址)。据记载,柏山寺始建于唐朝,明朝成化八年(1472)重修。正殿轩敞,足有六七间房大小;佛像金装肃穆,四周满绘壁画;殿前还有石碑和巨型铁钟。这座曾是"内外周备,金碧辉煌"的大庙,在日军侵华时期被烧毁,如今徒留面南的山门、残破的木窗格架和斑驳的彩绘天王等,供游人凭吊追思。

  民间信仰寺庙中,最具长城文化带特色的要数马神庙。京西长城沿线多军户、马户,像沿河城这样的屯兵边堡更是与马有不解之缘。在战场上,马是骑兵"性命相见"的亲密战友,因此形成了军户村中祭祀马神以祈求凯旋、建功立业的传统。对马神的祭祀之礼在中国源远流长,《周礼》和《诗经》中都有提及。在京西除了沿河城的马王庙外,还有马栏村、灵水村、白虎头、淤白村、三家店、下苇村、龙泉务、西王平村的9座马王庙。每逢农历六月二十三或是逢军队出征前,都要祭马王,在中国古代军礼的23道程序中,对祭马神有专门的要求,如今已大为简化,但除了常见的香烛果品之外,都特别要求有一碗清水、一扎青草。

沿河城村老戏台　徐姗姗摄影

沿河城村是中华民族多元一体文化和共有精神家园的一个缩影。多元化又能和谐共融的多神崇拜，能够和谐地保存在京郊一个小山村中，令人不禁感叹历史文化的沧桑厚重。

戏台锣鼓铿锵，古村烟火绵绵

沿河城是个典型的"军户村"，即京西长城沿线上戍守关隘的官兵繁衍生息而成的生活聚落。此类散落于山野的军户村，在门头沟有20多个，所遗之民风民俗恰是沿河城一带一抹亮丽的底色。如果说沿河城的长城和敌楼令人联想到虽近迟暮却依然身姿挺拔的老将军，那么沿河城村内的老戏台和圣人庙，就会让人体会到古村的人间烟火气。

沿河城村的村域面积约为108平方公里，城墙围起的内城方圆仅一里许。其中东侧以古兵营和小校场为中心，属于军事区；而西侧则是以老戏台、老君堂等为中心，属于生活区。沿河城的老戏台始建于明代，筑在约1.5米的高台上，戏台台柱上的旋子彩绘斑驳但依稀可见，上部为悬山卷棚顶和灰筒瓦顶。戏台对面是有一棵400年树龄古槐的小广场。对老北京而言，无论四九城内外还是远郊乡村，戏台戏楼都是最热闹的去处。可以说，戏台戏楼曾作为一个社区单位的社交中心，在娱乐百姓、传承文化、凝聚社区等功能中扮演过重要角色。每逢正月十五、中秋佳节及村内有婚丧嫁娶等，戏班登台演出都是老百姓最喜闻乐道的。沿河城村西这一座经历百年沧桑历史的老戏台，除了房梁是老物件外，其他部分都已是几经翻修的了。"沉舟侧畔千帆过，病树前头万木春"，今天站在这座古老的戏台前，仿佛还能看到当年在对面空地上席地而坐的目光热切、满面春风的老乡们；仿佛还能听到铿锵的锣鼓点和观众的欢声笑语及小贩的叫卖吆喝。

据史料记载，鼎盛时期的沿河城有3街6巷72胡同，如今中街虽已消失，但仍存前后街，内东、西门之间为衙道，街北侧为林家胡同、李家胡同、王家胡同和都察院。沿河城村内整体上还保持着当年的街巷格局，但20世纪七八十年代重建房舍较多。穿过废旧的邮局和农业银行走进胡同，可以看到一些已弃用的四方小院，有鲜明的北方特色而无商业气息，偶尔还能发现一些雕工精致优美的砖石瓦楞，隐隐诉说着此间主人当年的富足。漫步细观，恍然间会错以为自己走在四九城的某个旧胡同里，而不是在深山的村庄里。站在小风嗖嗖穿过的墙洞下纳凉，听着沿河城村中的鸡犬相闻，恍惚间会有一种世外桃源的静谧之感；攀上城墙和烽火台，视野会豁然开朗，回首看着宁静的老村在西沉斜阳中袅袅升起的炊烟，苍凉感油然而生，唯有身旁奔流而过的永定河水诉说着曾经的铁马和烽烟。

虽说沿河城是市级文物保护单位，沿河城村也是被首批列入市级传统村落名录的，但这里至今仍是一个开发宣传不多、游客也不多的小众景点。近年来，虽也不时有徒步驴友和历史爱好者造访沿河城村，但知名度和商业开发均有限，基本还保持着原生态山村的样貌。村民正常生活，并非家家对外营业。在沿河城，您不妨抛开走马观花的旅游"打卡"任务，像回老家那样信步走走、逛逛、看看、聊聊。

青山掩埋忠骨，烈士永留英名

青山埋忠骨，在母亲河永定河的环绕下，沿河城东门外的公路南侧，矗立着一座"沿河城革命烈士纪念碑"，还有长眠着63位革命英雄的烈士陵园。这里的苍松翠柏，似乎在诉说着烈士们在日寇侵华时期奋起反抗的故事。据《门头沟革命史》和《斋堂镇志》记载，斋堂川是平西抗战根据地的中心，抗战时期曾有大小30多场战役在沿河城一带打响。沿河城村1933年就成立了党支部，并组建了宛平县委直接领导的地下情报联络站，在反抗日寇烧杀抢掠大扫荡的斗争中，沿河城村村民积极支援八路军和游击队战士，涌现了许多红色人物和红色故事。用整块黑白花的花岗岩雕凿而成的纪念碑碑身高3.14米，宽1米。抗日战争时期和解放战争时期牺牲的63位革命烈士的姓名，镌刻于纪念碑背面，纪念碑正面则是由曾在门头沟战斗过的北京市老市长焦若愚亲笔题写的"沿河城革命烈士纪念碑"10个苍劲有力的大字。江山就是人民，长城文化带上的一城一池乃至一草一木，都承载着中华儿女的赤子之情。

TIPS 小贴士

路线

沿河城村距门头沟区政府35公里，距斋堂镇政府15公里。自驾车走阜石路或莲石路到门头沟，再沿109国道在81.5公里处向右（北向）行驶约10公里即达沿河城村。公交出行可乘坐M15路至沿河城站下车步行即达。注意："沿河城村"和"沿河口村"是两个自然村，导航时不区分会绕路；要看敌台的话则导航"沿河城古城址"。

住宿

因专门来沿河城的游人不多，所以村中食宿条件均一般。如果当天回城路途太远，不妨驱车南行约20公里，灵水村和爨底下村都是可以盘桓一宿的不错选择。

饮食

沿河城村中有几家经营餐饮的农家院，其中规模较大的是"古城山庄"。推荐品尝野生河鱼、马齿苋和荠菜等无公害蔬菜。

柏峪村：军户燕歌催战鼓

柏峪村地处北京市门头沟区斋堂镇北12公里处，可以说是斋堂镇最偏远的山村。因当地柏、榆树繁茂而得名"柏榆村"，至清代始以谐音改为"柏峪"。据民间相传，这个门头沟西北部的小村，早在8000年前就已有"柏峪原始人"在此活动。后因柏峪村世代作为军事重镇，经年累月繁衍成一个大聚落，而今的柏峪村民多为明代驻守长城将士的后代。

柏峪村堪称长城文化带上一处世代承上启下、地理四通八达的古村落。东南距爨底下村约5公里，西北距黄草梁约7.5公里，向北至河北省怀来县麻黄峪，向南通燕家台村、斋堂镇。尽管柏峪村不像沿河城村那样拥有较为完整的军事堡垒建筑遗产，也不像爨底下村和灵水古村那样因影视剧取景而引来大批游客，但对于真正的"长城迷"而言，这里是必游之地。柏峪村以其"无限风光在险峰"的军户村底蕴，与周边散落在崇山峻岭之间的桑峪、西胡林、杨家峪、马栏等一起，组成了长城文化特色的京西古村落群，而今兼具观光旅游、民宿度假、休闲餐饮、民俗娱乐及革命传统教育于一身，整修一新的柏峪焕发出古村新辉。

柏峪村的山乡新貌　徐姗姗摄影

军户村访古回望烽烟

柏峪村坐落于黄草梁脚下，平均海拔 817 米，村庄沿山谷呈矩形分布，面积约 20 万平方米。柏峪村的历史可上溯至战国时期，秦灭燕后派大将王翦从山西大同经黄草梁下沿河；有文字记载的最早是在元代，蒙古骑兵经黄草梁、天津关下沿河城。在这样一条重要的边疆防线上，中原王朝历代统治者修长城、设重兵，经年累月也就逐步繁衍生息而成军户村。按今日北京的长城文化带之划分，"沿河城组团"的守备防线基本修建在沿河城断裂带上。此处的深沟峡谷为修关设障提供了支撑，而断裂带中形成的缓坡台地为戍守边关的官兵提供了遮风避雨、休养生息的空间。所以，在构建内长城立体军事防御体系的同时，满足屯兵所需的补给供应等需求是应然也是必然，久而久之，自然而然地逐步形成了军户村落。据统计，目前门头沟 170 多个村庄中，星罗棋布 20 余个明清时期形成的军户村。

一般而言，凡军户村，名称中大都带有"军、城、口"等字眼。柏峪村原名为"柏峪口"，沿河城原名为"沿河口"。以前文提到的沿河城为例，城防设施建成后，除了屯兵营房外还要跟进一系列生活基础设施，先是儒、释、道三教寺庙，之后会陆续进驻各类满足基本生活需要的店铺，以此为营生的附近山民随之迁入定居，规模逐步扩充，渐渐就成为一个人烟兴旺的军户村。驻扎的军人再娶妻生子、繁衍生息，来自天南地北的随军眷属又带来全国各地的民风民俗和烟火滋味，使得军户村成为一个文化杂糅并向外辐射影响力的新聚落。尤其是那些有南兵北戍历史的军户村，更是对丰富京西的民俗文化发挥了不可小觑的作用。

  北京门头沟区的内长城防线主要分布在西北山区，一般而言，在永定河右岸的归属真保镇紫荆关管辖，左岸则归属昌镇居庸关镇边城下辖。现在的村民多为明代驻守长城的军士后代，祖上很多人是在军营中吃粮当差。据记载，屯垦之初先有杨、牛、张、马四大户迁来天津关附近的定居点，后又有谭、刘、陈、王四大户从河南迁到此处。他们分片居住后逐渐形成村庄，谭家在井坡子，刘家在挠坡，陈家在大单台，王家在湖根。目前柏峪村中的主要姓氏还包括后从燕家台迁来的李姓和从蔡家岭迁来的贾姓等。村内部分民居仍保留明清时代的建筑格局，多为小四合院，一条山石铺就的小路两侧鳞次栉比地排列着民居，依山而建，层层升高。拾阶而上，可以看到清代至今各个时期的房舍，还有墙上粉刷的各个时期标语的痕迹。

  柏峪村不仅有秀峰、幽谷、绝壁、古道等，更有英雄的人民、优秀的儿女。由于是戍边军士及其眷属聚落成村，正义尚武、坚强不屈的精神在柏峪村中代代传承。柏峪村还是抗日模范村，1937年"七七"卢沟桥事变后，柏峪村、暴底下村和黄岭西村的一批奋勇青年组成了英勇抗击日寇的"黄岭西排"。那个时期，柏峪村先后被日伪敌寇火烧过19次，有数十人英勇牺牲或遭敌寇杀害。战斗中令日伪军闻风丧胆的抗日英雄、宛平县大队长"刘大鼻子"刘玉昆就是柏峪人。他曾带领20多名游击队员和100余名民兵组成的运输队，在门头沟地区与日伪军英勇作战，创下一夜之间连打四座炮楼的战绩。正是因为抗日战争时期屡次被日寇扫荡、烧村，柏峪村的多数民房都是抗战胜利后新建的。柏峪村中现建有民俗展室，展览包括厅堂用品、生产工具、厨房用品和革命文物四个部分。其中前三个部分展品是各种民间器具、地契及长城上出土的石硫等100多件，展示了百年来的生产和生活状况；而最后一个部分则通过刘玉昆等烈士的事迹，展现了柏峪村人民的英勇斗争。刘玉昆烈士故居是斋堂镇红色爱国主义教育基地，中华儿女的革命意志在抗战模范村代代相传。

柏峪秧歌戏代代相传

  柏峪村自古以来就有唱戏的传统，村中无论是大人还是小孩，都能唱上两句，因此有"军户古村燕歌戏之乡"的美誉。"燕歌戏"的名字是源自"秧歌戏"的方言发音，柏峪村至今保存有梆子戏、蹦蹦戏、秧歌戏三种古老的地方戏，但其中尤以"柏峪秧歌戏"为最重要的地方戏种，其唱腔与远近各个剧种均有所不同，全国独此一村。 历史上，京西的梆子戏是由山西随运煤骡马队传来，秧歌戏则是由河南随戍边移民带来。两个戏种在柏峪这个军户村碰撞融合，成为村民自娱自乐的重要形式，

柏峪村"燕歌戏之乡"影壁　徐姗姗摄影

由此得到了充分的自发传承，逐步形成了"九腔十八调"等十几种唱腔。柏峪村人秧歌戏不离口，人少时来段清唱，人多时就组织演一场。清代至民国时，柏峪村的戏班经常应邀去石景山、海淀乃至昌平、延庆"卖台"，最红火时还曾去到老北京大戏楼演出。明长城一带的军户村人丁兴旺，但至清代随战事稍息、边关安定，山村闭塞的交通限制了文化的流动，相对封闭的文化小环境使得外地传入的剧种得以保持原貌，在京城戏曲风尚几经流变的同时保持了原汁原味，意外成就了这一"民间戏剧的活化石"。

据统计，解放初期柏峪村有剧目379个，后随着村中人口减少，尤其是年轻人向外流动，目前只余《罗衫记》《鳌山灯》《烧骨记》《狮子洞》《水牛阵》《小金缎》《过山》《渡林英》等30个剧目，部分剧目的唱词已失传。新中国成立后，村大队把戏班改为业余剧团，戏台改建为礼堂。几经变迁，柏峪村民对秧歌戏的热爱始终如一。生旦净末丑、诗曲媚俗白、说唱念坐打、吹拉弹唱走，柏峪秧歌戏有一套相当完整的表演体系。柏峪秧歌戏还有非常深厚的群众基础，逢节必唱，从正月初一到初五在本村，一连唱五天五夜，歇人不歇场；从初六开始，走出去到别村去唱。除年节之外，每逢庙会祈雨或婚丧嫁娶时也要唱，办婚事唱"恭贺戏"，办丧事唱"祭鬼戏"，京西煤业每逢腊月十七，还要到窑神庙前唱"祭窑神戏"。在现行的"柏峪村乡规民约"中，第16条即为"保护非遗，用心学戏，统筹记工，提高技艺"。

柏峪村的燕歌戏

柏峪村内现有一座800余平方米、可容纳300余人同时观看演出的戏曲文化专业剧场——柏峪文化剧场。虽然是现代建筑，但可以看出其戏台的设计灵感来源于柏峪村古戏台，门口的青瓦白影壁上用毛笔手书"北京市非物质文化遗产　燕歌戏之乡"两行大字；建筑内部也保持了古朴的木质结构，墙上壁橱中展示的戏服都是有年代感的老戏服；配有全套现代化的灯光、音响。柏峪村2020年举办燕歌戏文化艺术节，由燕歌戏专家谭怀孟创作、村燕歌戏剧团导演编排了一出以斋堂镇守将牛家故事为题材的《天津关》，这出新编历史剧燕歌戏获得了观众的欢迎和好评。柏峪村位于爨柏景区的西端，属于"村景合一"之地，买上一张门票可同时游览爨底下村和黄岭西村。如果说爨底下村的古建筑群撑起了爨柏景区的"筋骨"，那么柏峪燕歌及其熏陶而成的京西民俗生活就构成了爨柏景区的"血肉"。来到柏峪村，一定要留出时间听一出戏，跟村里老乡们一道伴着鼓、锣、镲的节奏摇头晃脑，随着角儿们浑厚的唱腔吼到高亢处而拍手叫好，是一种原汁原味的享受。

娥皇庙见证南兵北戍

长城外，古道边……黄草梁古道又称天津关古道，是可上溯至黄帝"披山通道"之时的古军道，其四周的山峰平均海拔达1200米。出柏峪村向北2.5公里，即可看到元代关塞要冲天津关遗址的石碑，这是一处同时扼守由怀涿盆地经黄草梁进北京古大道和西奚古道的交通要冲。天津关遗址南通燕家台，北达河北怀来的麻黄峪。因1122年曾有金国大将领精兵走此路突袭燕京西门下的历史，故明代统治者非常重视天津关的战略防御，此处守口官设为千户级别（按照明代兵制，一个百户所辖112人，一个千户所辖1120人）。

明成祖朱棣时，"南兵北戍，眷属随防"开始实行。于是出现越来越多的全国其他地方的军人携家带眷来到京西驻守，人丁带来了全国各地的文化和风俗。再加上行伍军人的行事作风，军户村有许多独具特色的风俗——以柏峪村为例，办丧事必糊纸扎白马、不许哭坟；男丁自幼以学习摔跤为娱乐；以当年军旗上的貔貅图腾为保护神；等等。在南北文化的交融创新之下，孕育出一个独特的小文化环境，这也是诸多民俗研究者关注柏峪村的原因。

京西驻军中并未强行要求统一宗教信仰，士兵可根据各自籍贯和民族等崇拜其各自的神明。久而久之，一种多元神祇崇拜的信仰文化在军户村中形成并向四周山村蔓延开去——除了常见的以儒道佛为尊的寺庙道观外，还有许多与战神相关的神庙，如关帝庙、九天玄女娘娘庙、真武大帝庙等；此外，还有药王、财神乃至城隍、妈祖等。在柏峪村，最能体现"南兵北戍"特色的一座庙是位于黄草梁山麓一隅的娥皇庙。娥皇与女英人称"湘夫人"，她们都是舜的妻子，其爱情故事千年来被文人骚客歌咏不绝。北戍的南兵祭拜娥皇庙，表现了长年背井离乡的他们对远方家乡及家人的深深眷恋。京城西山的春夏秋各有不同的美，长城周围军户村的风俗文化也各有动人之处，"南兵北戍"不仅带来了一朝之一方山河的安宁，也在历史上促成了民族交往和多元文化融合。

黄草梁登高且听风吟

从北京门头沟斋堂镇出发向北约14公里，有一个集旅游、观光、徒步、考古价值于一身的理想去处——黄草梁自然风景区。黄草梁的主峰海拔达1773米，平台海拔约为1500米，与京西高峰灵山、百花山、妙峰山等遥相呼应，因山顶一条东西绵延数公里的高山草甸一年中只有几个月返绿，其余大部分时间呈深黄色而得名"黄草梁"。京西保存较为完好的4000多米明长城遗迹，就主要集中在黄草梁这一片高海拔山系之巅，途经东灵山、黄草岭、老婆岭等山峰，长城与山势融为一体，以险为障，以崖代墙，加之象鼻山和腊子口等喀斯特地貌点缀，别具观赏价值。站在二道城子台上可以俯视天津关口全景。

黄草梁上看敌楼。相传，黄草梁顶上的这段长城是明代抗倭名将戚继光于16世纪后半期主持修建的。因为赫赫有名的七座碉楼（也称敌台）就在此段，故称黄草梁"七座楼"长城。七座碉楼依次编号为"沿字"6—11号，当年属沿河城大营管辖。据《明史·戚继光列传》载，戚继光建议"令

黄草梁长城

位于斋堂镇柏峪村北山上,为门头沟区保存较为完整的一段明长城。该段长城为明隆庆五年(1571)至万历三年(1575)修建而成。墙体依山势而建,连接山险,总长约1500米,残高约0.8~5.3米,残宽约0.6~4.5米,碎石和土填芯夯筑,外包块石,马道为毛石地面。墙体上从东北向西南建有6座敌台和1座墩台。

黄草梁长城石碑　徐姗姗摄影

戍卒画地受工,先建千二百座"敌台。这1200座敌台分布于山海关至北京居庸关一段,是万里长城上一种兼具瞭望和射击功能的微型堡垒。尤其门头沟一带的长城,与高山峻岭和深沟窄谷的有利地形密切结合,筑成了固若金汤的边关。黄草梁上的敌台年久失修,经过常年的雨雪侵蚀及冻融、风化等,墙体和结构都各有不同程度的坍塌、破坏,然而站在其中通过瞭望口极目远眺,仍能使人感到山河远阔、气象万千。

　　黄草梁上看山野。由于黄草梁的气候宜人、层峦叠嶂、林木繁盛,每年5-10月间,都会吸引大批登山和摄影爱好者前来徒步。黄草梁各色山花三季盛放不断,开春依次开放山桃花、山杏花、二月兰等;入夏后有高山杜鹃花、丁香花等;盛夏可观赏野玫瑰、山丹花、黄花、绣球等;9月入秋后依次开放江西腊、红豆、野菊花等,还可观赏到壮观不逊于香山的红枫叶。除了各色野花,黄草梁上还生产黄芪、高山丁香等入药植物,不妨在手机上下载一款"识花"APP,一路走一路认,是家庭亲子活动的不错选择。黄草梁不仅植被丰富,还堪称野生动物王国,徒步者不时可以看到野兔、松鼠等"小精灵"从脚下蹿过,常常还能遇到成群的牛羊悠闲地出没于高山草甸中;攀上峰顶后,盘旋于蓝天白云间的老鹰是摄影者们争相捕捉的拍摄对象。

黄草梁景区的长城敌楼遗迹

  黄草梁上看古道。从柏峪村到黄草梁景区，有一段 8 公里长的国家步道，沿途不仅可以饱览苍山峻岭，还会看到象鼻山等自然景观、车坪哨所等古迹。不仅有用料精实、施工细致的敌楼，古道旁还有保存相当完整的明代墙体、马圈、摩崖石刻、塑像等，虽经 400 余年风刻雨蚀，仍雄姿依旧。黄草梁的历史最早可追溯至战国时期，至明代，柏峪已正式成为拱卫京师的军事重镇，黄草梁古道是爨（川）底下和柏峪村过去辉煌的重要原因。从二道城子往北，进入黄草梁大门的路上可找到一处摩崖石刻，上书"时正德岁次己卯孟夏日守口千户李宫修……"，明正德元年即公元 1506 年，可见其历史悠久。

  一道黄草梁，两端连接着爨底下村和柏峪村，两者相较，爨底下村的古建筑多，但因商业开发较早，在霓虹灯的照射下和酒吧的喧嚣中，反衬得新建筑为主的柏峪村别具一番古朴静谧的氛围。爨底下村和柏峪村之间路途相隔仅 5 公里，合称爨柏景区，各具风味、相映成趣，适合一并游览。

TIPS 小贴士

路线
柏峪村在斋堂镇北 12 公里处，自驾车可走阜石路，沿 101 国道直行到川底下路口再直行 11 公里即可到达。公交出行可乘 929 路支线在斋堂站下车，再换乘 M12 路公交车到柏峪村。

住宿
黄草梁风景区的民宿度假村提供吃住行的一条龙服务；柏峪村的农家乐也比较成熟；如需过夜，推荐向东前往同属爨柏景区的爨底下村住宿。

饮食
柏峪村的必品菜肴有野味丸子、农家南味扣肉、糗糕米饭、柏峪压饸饹等；土特产有甜杏仁及核桃、杏、梨、苹果等多种干鲜果品，可选择应季品种购买品尝。

燕家台村：道教仙风绕金元古宅

自古长城蜿蜒之处，多险峰风光，多古迹遗韵，多慷慨悲歌，多南北民俗，燕家台村正是具有以上全部特点的一处古村落。进入北京市门头沟区清水镇后按路牌指示北行不足10公里，便可到达这座西与河北省交界的仙风道骨的山村。相传在明永乐初年，成祖朱棣意欲迁都北平（今北京），永乐五年（1407）徐皇后病逝后，他正式命令礼部尚书赵福派遣通晓地理的廖均卿择选陵地。其在西山偶寻到二龙台，惊叹于此地风光无限，阴阳相合，且名称中带「龙」，便想推荐此处为陵寝。然而，世代居于此地的老百姓可不愿背井离乡，于是他们把村名「二龙台」巧妙地改为「晏驾台」，因犯讳而躲过了举家搬迁。之后，这个村子又以谐音改称「燕家台」，延续至今。

燕家台村（下方左右为"通仙观碑刻"的门洞）徐姗姗摄影

细观通仙观碑，感悟道家文化

　　来到燕家台村村口，首先映入眼帘的是红墙灰瓦的过街楼。门楼上建有一个四柱亭，横额上镌刻着"燕家台"三个大字，古朴大气、醒目异常。门楼下是一个过街券门洞，如果仔细观察，就会发现券门两腿墙各镶嵌汉白玉质石碑1通，无首无座，这就是大名鼎鼎的通仙观碑刻——其一为元代至元二十八年（1291）刻，名为《重修通仙观碑铭序》，碑高109厘米、宽64厘米、厚16厘米，碑文详细记述了通仙观在至元年间的重修情况，走近石碑，或许可以认出上面的些许字迹，但大多都已模糊不清；其二为明嘉靖九年（1530）所建，碑高115厘米、宽66厘米、厚17厘米。这两通石碑均从通仙观移来此地，是珍贵的道观文化遗产。

　　看到碑文的游人大多会疑惑：这座通仙观究竟是何建筑？它如今建在何处？

　　门头沟的通仙观俗称老君观，专为供奉太上老君而设，位于东龙门涧涧口东南侧，曾是一座规模宏大的道观。硬山清水脊合瓦顶，方格窗，红墙绿瓦，飞檐斗拱，气势颇足。殿中高台之上，老君的神像，高丈余，两边有神童执旗打幡，侍候左右。台下是四大天王，横眉立目，脚踩妖童，手持宝剑、大刀，怒目而视。大殿前，东、西有两通石碑。该道观始建年代不详，不过，据"重修通仙观碑"记载，此观为"汉唐两代古迹"。至元代，由丘处机的弟子蔡志仙接续营造，时为北京白云观之下院，且有丘处机的弟子尹志平诗词多首。元、明时期，历经两次大规模重修。现如今，通仙观的殿宇早已荡然无存，但镶嵌在过街楼的道教通仙观碑刻，却"落户"到燕家台村，向今人诉说着昔日道教文化的辉煌。

古时的燕家台村寺庙众多，除了通仙观，还有3座山神庙、5座龙王庙，另有玉皇庙、五道庙、真武庙等。其中，真武庙是供奉真武大帝的道观，据考证约建于明清时期。在上古传说中，有五灵兽镇守大地东南西北，由于古时北方战乱纷飞，所以历代皇帝多祭祀玄武大帝为主，后为避皇帝讳而改名为"真武大帝"。如今，这里众多的庙宇也与通仙观一样，只留下些许遗存，见证着道教曾经的盛况。

一座座道观、庙宇是道教文化的重要载体，是道教文化的物化标志，其中蕴含的"道法自然""天人合一"等理念是道教文化的精髓，更是优秀传统文化的组成部分，从古至今，对中国的社会习俗乃至民族心理都产生了潜移默化的影响，形成了讲求"家庭敦睦、百姓显明、社会和睦"的家国文化，成为中华民族传承至今的文化瑰宝。

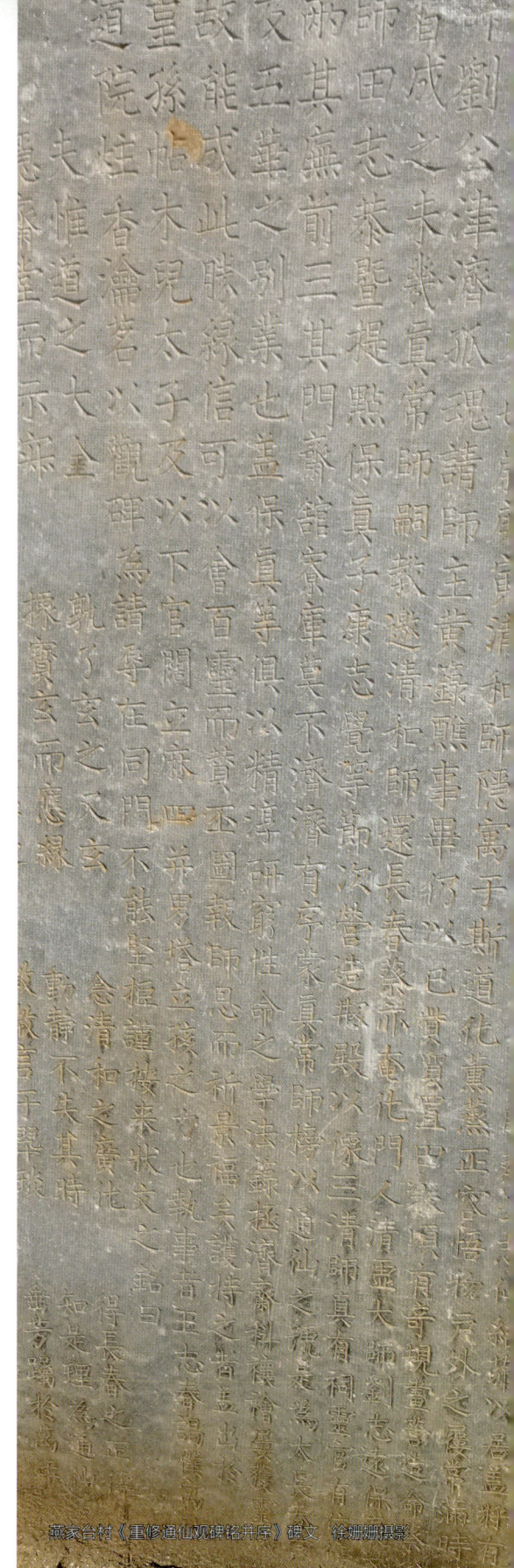

燕家台村《重修通仙观碑铭并序》碑文 徐姗姗摄影

燕家台村古宅　徐姗姗摄影

步入古宅民居，领略金元遗风

据正史记载，燕家台村落始建于元代，村中保留有大量元明清时期的宅院建筑，形制精美，古韵悠悠。自元代以来，北京地区古村落里的权贵富贾居于一方，财富日益充盈，愈发乐于营造建筑、扩大宅院。这些遗留下来的一处处古老宅院，都承载着厚重的文化，是展现京西古村落发展历程和历史地位的重要物证。

我国自古就有重视民居建筑的传统，从房屋的选址、朝向到建筑的用料、做工等都非常讲究。特别是对京郊古村落而言，受京城中三合院、四合院建筑形式的影响，在山村中现存大批的合院民居，体现出显著的地域特色。燕家台村为元代所建，至今村中仍留有50多套保存完整的古宅民居，因受元代通仙观的道教文化浸润，诸多古宅具有浓郁的金元风格。

走入燕家台村中，穿过条条街巷，你会发现这里的古宅民居以小三合院、四合院为主，建造精良，独具古朴典雅之风。目前燕家台村内保存最好的古民居，分别为197号双跨院、177号、178号、155号二进院及158号一进院。古宅的建筑墙体多以灰砖为主，呈现出元代普遍采取就地取材的建筑风格，基础多为山石，大户人家墙基的石块较大，且墙基较高，以此可以体现出户主的身份和地位，同时针对门楼、靠山影壁、屋顶及墙体等重要部位，他们还会采用木雕、砖雕、石雕的方式进行装饰，突显建筑的古朴典雅、巧妙别致，具备较高的艺术审美价值。就大多数的寻常百姓人家而言，受经济状况和社会地

燕家台村"古村落"石碑　徐姗姗摄影

位所限，会将石块、砖、土坯三种材料混合使用，简单砌成墙体，整体看上去，也是较为古朴美观的。

对古建筑感兴趣的朋友，不妨带着好奇心和求知欲，多走访几座宅院，寻找不同之处。村中各家宅院的内部构造不尽相同，譬如蔡家的"倒品字"院、长城防线官员陈家的"三间吞廊式"民宅、中街的"转角房"等，可谓各具特色。影壁花墙更是五花八门，砖雕的、抹灰的、写字的、画画的，"戬穀""鸿禧""祈福""迎祥"……仅门墩石、墙腿石就有几十种之多。所刻吉祥图案有"琴棋书画""门庭清且吉，家道泰而康""松竹并茂，菊桂腾芳"，还有"福禄""平安""如意""吉祥"等。如果来到这里，还可以再深入"发掘"，探寻更多的精美图案。

庭院深深，漫步其间，可以看到许多传统院落门楼、照壁、侧壁，工艺颇为讲究，甚是别致。这些古宅民居虽已老旧却又曾辉煌，蕴藏着时光深处的记忆，也反映了世世代代的古村百姓向往美好生活的愿望。

观赏京西梆子，追忆旧世悲欢

来到燕家台村，怎能错过那闻名遐迩、脍炙人口的梆子剧？

燕家台村流传着这样一段民谣："村西街，街面宽，五道庙门口对南。戏台楼高两丈三，坐南朝北年复年。每逢佳节喜庆日，神鬼与人同台欢。"燕家台村是门头沟区著名的戏曲之乡，最初在明代就办起了唱河北老调的戏班，其中最为著名的便是流传了 200 多年的梆子戏。在此期间，燕家台梆子将河北梆子剧目引入其中，之后又同传统梆子、蹦蹦戏、山西梆子、河北梆子、京剧互相融合，成就了我们如今欣赏到的燕家台梆子戏。

来到燕家台村，游人都会被这里的梆子戏所吸引。据记载，清末光绪年间，燕家台的会首李鸿儒常常请村里的富有人家出资捐助置办行头演出社戏。1882 年的正月里，从河北省张家口狼山请来了"山西梆子剧团"。此行中，远近闻名的梆子教习袁师父来到燕家台献艺，这位老艺人因排行最小，故绰号"袁老嘎瘩"。献艺之后，他便与这座古村结下了戏缘，留在此处教村里的艺人唱戏。袁师父在村中传艺 3 年有余，排演过几十出大戏。燕家台梆子戏不仅时常在当地乡镇庙会上演出，还远到房山、良乡等地的村镇演出。

民国初年，时局动荡，戏班逐渐衰落。后来，李鸿儒的儿子李兴聚重新组建起戏班，并取名为"聚兴班"，除了庙台社戏，还会应酬生日满月等堂会演出。之后又遇日寇侵华，民不聊生，戏班被迫终止演出。北平解放后，在干部群众的支持和鼓励下，久经战火的燕家台戏曲涅槃重生。20 世纪 60 年代初，村里修建了一座千人礼堂，修筑了舞台、化妆室，新做了道具箱，购置了新戏装和刀枪把子及乐器，排练了十多个剧目。这里的梆子戏既有山西梆子的韵味，也有河北梆子的曲调，又结合了斋堂语音，极具地方特色，因此于 2007 年入选了北京市级非物质文化遗产名录。

梆子戏的历史文化深厚，亦具备与生俱来的艺术新质。在取材方面，早期梆子戏的剧目一般或取材于历史演义小说中的英雄传奇故事，或源自民间的奇闻趣事，因而形成了俚俗泼辣、谐趣调笑的特征。在唱腔方面，梆子戏的腔调善于变化，曼声长歌、抑扬抗坠而兼具北声激越杀伐之气，常使听众耳目一新，不禁感叹"那梆子腔固非正事，倒觉有些抑扬顿挫之致"。戏台上，梆子戏武戏与滑稽小戏较多，剧场气氛热烈欢快，唱腔通晓明白，深得百姓的喜爱。

随着岁月变迁、时光流逝及当地方言和生活习俗的交互影响，梆子戏也在不断发展。如今每逢元旦等节庆日，剧团都会到燕家台村表演几天梆子戏，以此增添几分节日气氛。亮丽的彩服、俊美的扮相、字正腔圆的唱腔，表演者们精彩的演出为村民和游人送来一场丰富的文化盛宴，每每赢得观众们一阵阵掌声和一声声赞叹。

攀登敌台边墙，拂拭长城砖瓦

从燕家台村向西驱车约 1 公里可达梨园岭，向上攀登便可看到明长城的敌台边墙遗址。据《四镇三关志》载："梨园岭口，正城一道，缓。……边城共附墙敌台五座，空心敌台一十五座，隆庆五年至万历二年节次建。"梨园岭口位于齐家庄乡北灵山古道上，明景泰二年（1451）建口，有正城一道，

砖窑遗址　徐姗姗摄影

西北过门一座,附近有南山墩一座。敌台从沿河口开始共有17座空心敌台,以"沿"字开头排序的有15座,有两座未编号的敌台,其中一座便是我们要造访的砖结构的梨园岭敌台。

清水镇梨园岭的城墙和敌台一路向东北延伸,全长仅100米左右,因年久失修,两侧的宇墙已基本坍塌,但还算连贯。这段长城的墙身是由毛石垒砌而成,墙体内用土夯和毛石填芯,部分墙体还可以看到白灰勾缝,下面的马道用毛条石铺砌。尽管门头沟内长城的突出特色在于与山体的巧妙结合,许多处"山即是墙,墙即是山",但建筑长城、敌台和哨卡等,建筑材料仍是不可或缺的。因此,条石、碎石等就地开采,城砖等就地建窑烧制,既可节省经费劳力,又利于缩短工期。

自古以来,历代朝廷在边疆修筑长城、守御城池及屯兵戍守的目的,大都是"设险守国",防御北方外族入侵。明长城是中国历史上修筑的最后一道长城,其在修建规模、工程历时、坚固程度及设备完善程度等方面都堪称历代长城之最。从军事上讲,越是地势险要之处,越要修筑长城堡垒;从长城的选址上讲,要考虑到地势、水源、石材用料乃至劳动力征用等一系列环境因素,因此正如著名的长城专家罗哲文所总结的——"利用自然、顺应自然、缔造自然"——这就是为什么我们今日看到的长城屹立之处,大都是依山傍水的交通要冲、边关要塞,而与之相伴的,除了早已作古的戍守将士外,还有而今犹在的砖瓦窑遗址及源远流长、生生不息的军户村。

游历东龙门涧，踏足椴木草甸

燕家台自然风光雄奇秀美，有一首民谣概括了这里的自然景观："二龙戏珠燕家台，凤凰展翅松树坡，老坡口子一步桥，莲花盆儿三尖坡，两个酒篓一边放，金镶玉玺大南坨，文房四宝笔架山，远看明灯百花山。"出了燕家台村，可顺路游览龙门涧景区及纪念23名抗日烈士的憩英园，还可沿京拉线向西北行驶，约1个小时可达黄花梁、灵山自然风景区。

燕家台西北侧有一风景圣地——被誉为中国"北方的地质博物馆"的龙门涧，其分为东西两涧，而东龙门涧最为人们所熟知，该山涧以水景取胜，有黑龙潭、龙泉水和小瀑布等，峡谷内部地质构造丰富奇特，涧谷蜿蜒曲折，曲径通幽，山水相映成趣，清凉避暑，《还珠格格》等影视剧也曾在此取景拍摄。炎炎夏日，来此游山玩水，实在是暑期之一大享受！

与燕家台村龙门涧毗邻的一座古村落，名为椴木沟村，因"椴木沟"而得名，地处深山区，林木覆盖率高达70%，有部分原始森林，村内山清水秀，大小泉眼不计其数，附近为灵山、龙门涧、黄花梁等风景区所环绕。若想要欣赏漫山遍野、郁郁青青的草甸风貌，那就得去前面提到的黄花梁看一看。黄花梁上的植物群落属亚高山草甸，亚高山草甸是高寒草甸的一种类型，草甸为苔草、禾草、杂类草为建群植物的草甸群落，生长茂密，覆盖度较大，分布海拔稍低，并拥有华丽的外貌。

每年7月初的黄花梁景区，整个顶峰起伏平缓、视野开阔，白云飘飘触手可及，是理想的高山旷野观光胜地，也是观日出日落、云雾等自然景象的佳地。目之所及都是醉人的绿色，让人不由得感叹：回归自然真好！或者干脆躺在松软舒服的草甸上，看着朵朵白云从头顶飘过，如痴如醉。行走其中，无边的绿波起起伏伏，山脊两侧是白桦林，地面上是多彩缤纷的野花盎然盛开，还有红艳艳的山丹丹花，把黄花梁点缀得分外妖娆。

TIPS 小贴士

路线

自驾线路推荐沿 109 国道至清水镇上清水村,北行约 6 公里即到。公交可先坐地铁到苹果园,再乘 M22 路到斋堂公交场站下,换乘 M8 路龙门涧站下,步行即到。

住宿

因为地处西部深山区林地,燕家台村附近缺少大型酒店,只有少量条件一般的客栈;但同样隶属于清水镇的梁家庄村、李家庄村等村落,有不少宾馆和民宿可供选择。

饮食

燕家台村附近没有大型餐馆,建议在进入燕家台前的国道边用餐,饭馆很多。其中"百花人家"是深山里的"网红餐厅",在此可品尝到京西美食。

爨底下村：山野中的四合院『博物馆』

爨底下村坐落于爨柏景区内，是京西北太行山脉海拔约650米的峡谷中一颗熠熠生辉的"明珠"。爨底下村村域面积约5.33平方公里，现仍保存着600多间70余套明清时代的四合院民居，是我国保留完整程度较高的、秉承了坐北朝南制律的、以清代四合院为主体的北方山村古建筑群。

爨底下村又名"川底下村""古迹山庄"，地处明清时代京西大动脉最重要的古驿道，曾是京城连接边关的军事重地，也是北京通往山西和口外的商旅要道。自古往来的人流、物流赋予爨底下村一股不同于普通山村的文化气息。这座已有四五百年历史的、独具京味的古村落，相较于有3000多年文化积淀的北京城而言，别具一种山野古村落的"帝都气派"。

爨底下村口的"爨"字石碑 徐姗姗摄影

"爨"字的前世今生

　　来爨底下村的游客，大都在此"爨"字大石碑旁拍过照、打过卡。爨（读音：cuàn）字始见于战国，主要流行于楚地。《孟子》赵注曰："爨，炊也"。中国古代的厨房称"爨室"，煮饭的大锅称"爨镬"。"爨"作为一个笔画复杂的合体字，由其字形便知其与开火做饭颇有渊源——上中下分别是模拟双手拿着甑、火焰之上的灶口、用双手将木柴推进灶口，恰似一幅生动的生火做饭图。

　　"爨"也用作姓氏，但爨底下村的村民以"韩"姓为主。究其原因，有一种说法是"韩"与"寒"谐音，能够与"爨"之"火"达成阴阳平衡，合生共济。相传爨底下是明代建村。村内祖先系于明朝永乐年间由山西迁移至此，建立了这座韩氏聚居之地。明正德十年（1515），爨底下村一世祖韩甫金、韩甫银、韩甫仓三兄弟奉命自沿河城到爨里口守关，逐渐繁衍发展，形成了韩氏聚族而居的爨底下村。明正德十四年（1519）修建古驿道，此后逐渐发展成为过往商贾的重要落脚驿站，既而形成古村聚落。清同治六年（1867），爨底下村被划归宛平县齐家司治理，兵丁转军为民。至抗日战争时期，宛平县一区抗日民主政府迁至爨底下村。

斗转星移，"养在深山人未识"的爨底下村以其古建筑之美惊艳了世人，在近代走进了大众视野。著名画家吴冠中曾于1986年到爨底下村写生，称赞此处为"北方民居的周口店""仿佛从火山灰里扒出来的意大利庞贝古城"。著名古建筑学家罗哲文也曾指出："爨底下古山村是中国古典建筑瑰宝的一颗明珠，它蕴含着深厚的北方建筑文化内涵，就其历史、文化艺术价值来说，不仅在北京，就是在全国也属于珍贵之列。"2012年12月，爨底下村被国家住房城乡建设部、文化部、财政部公布为第一批中国传统村落；2020年8月又被列入第二批全国乡村旅游重点村名单。

傍山而建的四合院"博物馆"

官方推荐的爨底下村的游览线路是由东向西的："村口—古槐—双店院—财主院—广亮院—神龟啸天—龙王伏魔庙—娘娘庙——一线天"，然而因为村子原本不大，所以若有夜宿计划，就不妨信步悠闲地遍访这座古村落的建筑内外景，细品这座可分为上下两层、傍山而建的古民居博物馆特有的"风水格局"。

由村南的登山坡道拾级而上，走到半山腰即可俯瞰爨底下村扇形展开、高低错落的巧妙布局，这种布局非常符合中国传统风水规范。例如，全村既构思布局统一，又各成单元体系，并配有完整的防汛、照明、防盗设施，雨水统一从大门左侧的地洞排出，空间秩序严谨，建筑艺术高超；又如，全村几十套四合院、门楼、中轴线的选址及各正房、厢房的大小主次分明，东西厢房向院中央缩进以减少占地面积，二进院中内宅与外宅的中轴线上不建垂花门，而建三间五檩的穿堂屋，以提高土地利用率；其中最具特色的

爨底下村傍山而建的连片民居

是，山地四合院建筑艺术及古驿道客栈等人工环境的完美融合，高度符合"天人合一"的中华哲学文化智慧，堪称中国古人伦理、艺术、美学思想的立体结晶。以位于全村中轴线上地势最高处的大院为例，前后两进，前院有东、中、西三跨，构成一个大四合院，共有45间房。大院的门楼设在每跨院的东南角，面阔进深各一间，装饰精美，为"广亮大门"。

从整体结构上看，爨底下村是气势不凡的古村落建筑群，从装饰工艺上看，爨底下村的四合院内外处处有巧匠巧思。无论大、小处，爨底下都堪称集中展示古村落四合院建筑营造工艺的"博物馆"。村中一条东西走向的清幽小巷是用彩色石板铺就的，两侧排布着层层青砖灰瓦、古香古色的院落。爨底下四合院的正房、倒座房大部分为四梁八柱，厢房为三梁六柱。墙体四角硬，房顶双坡硬山清水脊，房脊两端起蝎子尾，下置花草盘子，板瓦石望板或木望板，条砖墙裙。地基四周全用条石砌成，房两侧墙腿下有迎风盖板，其石雕花纹繁多而不雷同，有大方格、斜方格、水波纹或花卉吉语等。从四合院内的设计可看出当时严格的门楼等级，院内的影壁构思巧妙，刀法朴实的砖雕、木雕、石雕及俊秀典雅的颂辞、壁画、楹联至今仍散发着迷人的文化底蕴。例如，古宅套院是爨底下古村独有的套院，门口影壁上是五百多年的福禄寿组成的"梅花福"。工字锦、灯笼锦、大方格、龟背锦、满天星、一马三箭和斜插楔字……各家各户的门和窗都富于变化，记载着中国人传统的家族观念和生活方式。尽管只是深山峡谷中的一隅村居，但爨底下村的屋脊线条清晰，磨砖对缝严整，无不透露出明清两代皇都威仪下古朴生动、原汁原味的京派文化。

赏一段耍中幡,品味京西的民俗生活

在中国北方地区,正月十五闹元宵是重大节庆;在京西农村,正月十五的民间香会(花会)走会更是乡土文化集中展示的喜庆日子。爨底下村有历史悠久的耍中幡习俗,每年的正月十五,爨底下的年轻小伙子们都要表演耍中幡,刚劲威武的动作尽显阳刚之气,花样繁复的幡旗舞动更是寓意着开启新一年的美好光景。爨底下村在清代及民国时期有过戏班子,剧种为"蹦蹦戏"。村内老人至今还能随口说出当年唱蹦蹦戏的顺口溜"唱得精韩晓耕,唱得对韩晓瑞,扮得俊韩晓印,唱得瞎韩晓花"。在爨底下村以东约30公里外的千军台和庄户两个山村,每年元宵节都会两村联合举行原名为"天人吉祥圣会"的幡会,这种古时侧重酬神、而今侧重娱人的热闹仪式,在民间代代传承已有400余年历史。"千军台庄户幡会"已于2014年11月经国务院批准,列入第四批国家级非物质文化遗产代表性项目名录。

对爨底下这样一座位于要道之上、常年有商旅过往的古村而言,大小商号和骡马店自然不能少,久而久之民间祭祀风俗渐盛且自成一派——关帝庙求财、娘娘庙求子,香火俱旺,寄托了百姓对美好生活的期待。

村东山坡上有兴建于清康熙五十四年(1715)的龙王伏魔庙(当地俗称大庙),庙内增设利市财神的关帝,具有"招财进宝,庇护商贾,利市发达"之职能,龛台正中有一尊琉璃关公立像,左侧一尊弥勒像,右侧一尊龙王像,两侧还有龙王坐像及雷神、雨师、风婆、电母站像……体现了民间复合信仰的和谐。神殿前挂的"浩气丹心万古忠诚昭日月,佑民福国千秋俎豆永山河",系取自清乾隆皇帝爱新觉罗·弘历题北京地安门关帝庙的楹联。而今虽然对联木板上的描金已随岁月剥落斑驳,但沧桑弥坚的质感却反衬出关羽的品格在中华文化中"与日月同辉、与山河同寿"的一脉传承。

爨底下村的南坡上小庙中供奉的则是妇女和儿童的保护神——碧霞元君娘娘。娘娘神像用木头雕成,端坐在木质神龛内,相传主管青春、生育、除危济难,有求必应。天仙圣母娘娘在北京地区广为信众崇信、香火极盛,而爨底下村更有"转娘娘驾"习俗:天仙圣母娘娘由村中各位香头轮流在家中供奉,每家供一年。香头家要腾出一间干净的屋子,专门用于供奉娘娘神驾,一天三叩首,早晚一炉香,供品每天都要换新的,可谓虔诚之至。到正月初一,再把娘娘神驾转到另一香头家去供奉,这种习俗一直延续到抗战初期。

开车出爨底下村西行约1公里,可以看到千年雨水冲刷下形成的石灰岩沟壑"一线天"景观。这个峡谷是由古河道终年侵蚀下切而成,在其地貌中能看到冰川、流水、浪涌及风力等多种外力运动造成的痕迹。峡谷与溶洞联通且怪石林立,有的状如天神之手下探,有的状如蘑菇云上升,鬼斧神工,难怪是自古难以逾越、易守难攻的一处兵家必争之地。这里是电影《投名状》(2007)和老版

暴底下村的送子娘娘庙　徐姗姗摄影

《三国演义》电视剧的取景地，近年来成了吸引众多游人前来打卡的网红景点，在地质奇观的衬托下拍照最是"出片儿"。置身"一线天"中，抬头仰望两侧山峰兀立之间，挤出了上窄下宽的一道晴空，令人蓦然而生一种时空交错感，不禁感叹祖国名山大川的壮美巍然，也感叹这个四面环山小村落的沧海桑田。

　　进入21世纪以来，随着乡土游的普及和升级，也因为《手机》（2003）、《投名状》（2007）、《最爱》（2011）等多部知名电影曾在爨底下村取景拍摄，目前村内每年接待国内外游客都稳定在10万人次以上。据2020年2月中国传统村落数字博物馆官网显示，尽管爨底下村的户籍人口仅有102人（常住人口98人），但村集体年收入已达到100万元，村民人均年收入为15000元，其中旅游收入占95%以上。爨底下村与周边的柏峪民俗度假村连成一线，可顺路游玩。在斋堂镇一带乃至整个门头沟西部，爨底下村堪称住宿条件最好、最有特色的，村内30多户基本"全员营业"，有多家农家乐、饭馆和民宿，最适合阖家欢度周末，游山玩水之余体验吃农家菜、睡火炕的村居生活。无论是门口站着小老虎塑像的"爨舍"，还是高挂酒幌红灯笼的悦来客栈，均改建自传统民居四合院，保持着古色古香的建筑和装修风格。夏天是避暑游的旺季，对住宿条件要求较高的亲子出游家庭最好提前规划路线、预定餐饮

爨底下村外的"一线天"　徐姗姗摄影

爨底下村的网红民宿"爨舍" 徐姗姗摄影

和住宿。爨底下村许多家庭都有自晒杏干、桃干和蘑菇出售，可适量购回品尝。

聊几句斋堂话，遥想抗战的红色岁月

如果有时间，不妨跟墙根下晒太阳的本村老人聊聊，他们有时会热情地向你介绍三十个笔画的"爨"字有兵荒马乱中避于世外桃源的含义，指点四面山头造型与虎、兔、龟、蝠等如何相似及各自寓意等。当地老人说的斋堂土话，在语音、词语上有很多地方不同于目前北京语音的普通话，与仅一山之隔的房山区、昌平区及门头沟区的永定河北岸和大寒岭以东地区也有一定差别，反而是更类似于河北省怀来县、涿鹿县和蔚县方言。根据明万历年间宛平县知县沈榜所撰《宛署杂记·方言》，"辇毂上民声音可入律吕，第民杂五方，里巷中言语亦有不可晓者"，可考证明代方言或许是斋堂土话的近源。作为京都军事防御体系前哨的斋堂地区，自古户口类型中就有军户、农户、商户、工匠户、养马户、柴户、杂户等。久而久之，"斋堂话"堪称见证辽、金、元时期至清代的民族流动与融合的一个典型"方言岛"。

斋堂镇东连京城，西通大漠，古往今来是兵家必争之地，也是中国人民抗日的革命老区，爨底下村是抗日战争时期宛平县一区抗日政府迁移所在地。1939年秋末，日寇对斋堂进行了一次围剿"扫荡"，一路由涿鹿来到爨底下村。我军为保卫村庄英勇战斗，打死敌伪6人。《晋察冀日报》对此战的报道中称爨底下村为"抗战模范村"。爨底下村曾有70多位村民先后分赴全国各地抗日战场，其中有22位村民牺牲在抗日前线，因此村中至今还设有红色文化展览室。爨底下村的文化气息除了体现在明清时的治家格言、照壁题字外，也体现在中轴线两旁的院墙上至今依稀可见的抗战、两党合作、抗美援朝等各时期的标语，扑面而来的年代感使这里也成为多部影视的拍摄取景地和美术院校学生的写生点。

TIPS 小贴士

路线

爨底下村距北京市区约 90 公里，距门头沟区约 65 公里。自驾车由市中心西行走京拉线约需两个小时，沿 109 国道行入斋柏路，再沿斋柏路行驶 5.3 公里到达目的地。公交是在地铁苹果园西乘坐 892 路，到达斋堂站后换乘 M12 旅游专线即可到达。

住宿

爨底下村景村融合，几乎家家都可提供民宿服务，睡火炕是当地特色体验。近几年许多民宿增设了空调、地暖、24 小时热水及家庭房等，大大提高了居住条件。吃饭住宿均可免费停车。

饮食

爨底下村为游人提供品种丰富、丰俭由己的农家风味，必点菜包括炖水库鱼、炸小河虾、炸花椒叶、拌木兰芽、柴鸡蛋炒香椿苗、柴鸡炖山蘑菇及菜团子、贴饼子、棒渣粥、红豆杂粮饭等。爨灶社餐馆的烤羊排、古宅套院史大娘的葱花饼等都是"网红菜"。

灵水村：人杰地灵的举人村

灵水村位于北京市门头沟区斋堂镇，距北京市区约78公里。相较于早享大名的爨底下村，同样位于斋堂的灵水村显得更为清雅、宁静、别致。无论是作为假日休闲踏青之地，抑或是游览长城归途中的驿站，灵水古村都是一个不错的选择。要说灵水村最大的特色，莫过于这是一座"读书人的村庄"。子女好学不倦、金榜题名，是每个中国家庭的美好心愿，因此就像是每年暑假里都会有一批批的中学生前往清华北大校园参观"朝圣"一样，灵水村也经常迎来刚上"开蒙"年纪的小书童们。

已有千年历史的灵水村形成于辽金，发展、兴盛于明清。现今仍保存有大量明、清时期的寺庙及民居建筑，其保存较为完好的村落布局及传统风俗，均可作为我们管窥中国北方明清时期乡村社会风貌的窗口。灵水村集乡村京味文化、乡贤士大夫文化、多元宗教文化和质朴民俗文化于一身，堪称"天集灵气物华宝，地结水蕴境界宽"。2005年，灵水村被建设部、国家文物局列为第二批"中国历史文化名村"。

灵水村村口的石雕牌坊 徐姗姗摄影

灵水举人村牌坊 徐姗姗摄影

游举人宅院，品乡贤文化

灵水村历史悠久，建村历史可追溯至辽金。明《宛署杂记》载："灵泉禅寺，在凌（灵）水村起自汉，弘治年间（1488—1505）僧海员重修，庶吉士论记"。灵水村中现有四合院古建筑162套，共约1100间房。难得的是其原貌保存度为80%，堪称当之无愧的"中国北方明清乡村民居建筑典范"。踏入灵水村，会感到她深厚的历史积淀与延绵的文化气息扑面而来。斑驳的砖瓦上，起伏的青石板间，伫立的古树枝叶里都仿佛渗透着灵水文人子弟们诵读诗书的灵气。

迈入灵水村举人文化广场，首先映入眼帘的就是影壁上由著名书法家杨再春先生所书的"灵水举人村"几个大字。灵水村的乡贤文化在明清时期逐渐发展至鼎盛。明初洪武八年（1375），村中就建有社学，还有诸多私塾，尊师重道的教育风气深入村落。明清科举制度盛行，灵水村先后出过进士两名、举人22名、全国最高学府国子监的监生10余名。文官有山西汾州知府，武官有山东东昌府都司。民国初年，还有6人毕业于北京燕京大学，因此得名"灵水举人村"。

取得成就的文人归乡修建宅院，无疑促进了村落的发展和保护，村中把这些院子叫作"举人宅院"。灵水村有14座举人宅院遗址，较为典型的有刘懋恒、刘增广、谭瑞龙、刘明飞等几处宅院，其中保存完好的尤推刘懋恒和刘增广的宅院。受山地地形因素制约，这些宅院形成了其独特的建筑特点：一是建筑规模较小；二是建筑布局依山势而定。

刘懋恒曾于明末清初在山西汾州做过知府，其在灵水村的宅院就是一座罕见的南北向"五进院"——大门正对中街，跨入老旧的两米宽大门进入其中，再穿过不长的回廊，绕过影壁，就来到了"一进院"。保存较好的正厢房和东、西厢房内仍有火炕和老式的柜子，开启柜门，里面一摞摞老式的碗、盘无声地沉睡着，其底部所刻"恒"字依旧清晰可见。第一进院的厢房被压缩为面阔一间，如此便能将第二进院落的厢房扩大为三间；同时通过建筑山墙开窗以争取阳光照射，并在窗顶装饰精美瓦檐。漫步其中，处处可见古人在山地条件下因地制宜的建造智慧。

清代先后任山西左云县、静乐县知县及吉州知州和候补知府的刘增广，其宅院坐北朝南，为三进四合院。整座宅院青砖灰瓦、雕梁画栋、精巧别致，宅院外破损的拴马桩依稀可见。进入正门首先会发现一面砖雕影壁，与大门外后街上所立照壁遥遥相对。走进院内，一进院和二进院之间设置了过厅，二进院和三进院之间则设有两扇雕花门楼作为分隔。此外，不同于前两进院厢房面阔两间的布置，主要用于居住的三进院厢房面阔三间，这样的建筑设计充分保证了居住空间的私密性。

虽然只是京西一隅的山村，但深厚的文化底蕴及村民对教育的重视，使得灵水村蕴含着儒雅的文人气质，屡出举人更促进了当地乡贤文化的发展，如今村中仍流传着"君子不争""猪羊圈养""水池三禁""一门五举"等美谈。

灵水村的古井 徐姗姗摄影

灵水村秋粥节 徐姗姗摄影

古时候，灵水村人口与碾子分配不均，常出现为争抢碾子加工粮食而发生冲突的事件。为此，官至吉州候补知府的举人刘增广出面调停，制定约法，并在碾坊之内的墙壁上题写下"君子不争"四字。此举也强化了村民的集体意识，使文明礼让、和谐共处的精神扎根村民心中。与此同时，为防止散养的猪羊践踏田地，刘增广与村民共同订立了"不准放猪羊出圈"的村规民约，以保邻里和睦。清康熙辛未年（1691），为保护水源不受污染，村民们共同制定了保护水源的村规民约，并刻成石碑立于水池旁。这块碑保存完好，文物价值高，是迄今为止在北京地区所发现时间最早的有关保护水源免遭污染的碑刻，人称"三禁碑"。

灵水村的"秋粥节"也承载着深厚的乡贤文化，相传起于清康熙三十二年（1693），系为了纪念刘懋恒的捐谷舍粥、赈济灾民、为富亦仁的高尚情操。到刘增广时，为教化村民不忘防灾减灾，于立秋日搭棚舍粥，"共喝秋粥"的传统历经300余年不衰。2010年，灵水村人的喝秋粥习俗正式被列入北京市级非物质文化遗产目录。如今来灵水村的农家乐，也不妨端起海碗，喝粥时咀嚼一下今日物质丰足生活的甘甜，也品味一番中华民族代代传承的美德。

据记载，灵水村举人刘明政有5个儿子：刘瑞吉、刘瑞祥、刘瑞如、刘瑞意、刘瑞杳,他们都在清雍正年间考中了举人,在灵水村是人人称羡的"一门五举人"。后来,为表彰他们立下的功劳以及该村文风昌盛,官府组织重修了灵水村的文昌阁。过去,五兄弟家的宅院名叫"吉星堂",大门内的"忠义门"曾供奉圣旨。如今,这座宅院的基本形制还保留着,经修缮后,灵水村87号的"一门五举客栈"已成为村中重要的旅游景点。人杰地灵的灵水村,古道旁不起眼的一隅都浸润着文化的气息,来到这儿,您一定得走进去瞧瞧,与数百年前的"高考状元之家"打个照面。

赏灵水八景,悟灵水八德

"灵水八景"可谓是灵水村颇负盛名的旅游景点,步入村落,东岭石人、独山莲花、南堂北眺、北山翠柏、柏抱桑榆、灵泉银杏、举人宅院、寺庙遗址这八大景观,如棋盘般散落于村内。被誉为"举人村"的灵水村历来文化底蕴深厚,约莫在清中期,村中文人附庸风雅定出了"灵水八景",以寄托对家乡的拳拳之情。下面就让我们暂且抛却烦恼,畅游于秀美的灵水八景之中吧。

其一,东岭石人。置身于灵水村向东望去,在距村约10公里的髽髻山顶上有一座形似石人的小山峰,石人微微抬手似与家乡告别,又颇似一位正在板书的先生。村里人相信,正是有这般风水才使得灵水村历代出文人。其二,独山莲花。灵水村西有座山,名为"独山",又因山形酷似一朵盛开之莲,故又称"莲花山"。山上层峦叠翠,植被茂密,四时风景不同。其三,南堂北眺。登上南岭观景,不难发现灵水村整体布局形似巨龟。其四,北山翠柏。村北山口处的一株千年古柏枝叶茂盛,宛如华盖,村民称之为"京西灵芝",属国家一级古树。其五,柏抱桑榆。走到灵水村南海火龙王庙,你会发现这样的奇观——两棵千年古柏都带有寄生树,它们分别叫作"柏抱榆""柏抱桑"。听村里老人笑谈,"榆桑"谐音"愚丧",没有愚笨,只剩智慧,或许这就是灵水读书人辈出的奥秘。其六,灵泉银杏。行至村西灵泉禅寺遗址院内,你会看到"雌雄同株"的银杏树,树龄高达几百年,被列为国家二级古银杏树。其七,举人宅院。被誉为"举人村"的灵水村保留有多处举人故居宅院遗址,如刘懋恒、刘增广故居等。这类五进"四合院"的建筑形式在山区实属罕见,其典雅优美的建筑风格更是彰显了灵水村的士人风范及文化底蕴。其八,寺庙遗址。据记载,灵水村曾有各类寺庙17座,依稀可从现存的灵泉禅寺、南海火龙王庙、天仙圣母庙等遗址中,触摸到往昔香火鼎盛、香客虔诚之盛况。寺庙林立,儒、道、佛和各种民间信仰共存,可见灵水人虔诚的宗教信仰及包容的文化心态。"八景文化"在我国具有悠久的历史,是中国传统文化的体现。而纵观附近村落,也唯有在蕴藏了千年浓厚文脉的灵水村,才可观赏到"八景"这种文化景观。

信步于村中小径,随处可见"山水有灵""水火既济"之类富含哲思的题字影壁,这或许是灵水人祖祖辈辈在耳濡目染中耕读传家的秘诀。灵水不仅有"八景",还有"八德",据村里老人口口相授,

灵水村景　徐姗姗摄影

"灵水八德"一是君子不争，二是猪羊圈养，三是龙池三禁，四是核桃晚打，五是诗书继世，六是生财有道，七是捐资赈灾，八是共喝秋粥。

从"八德"中我们不仅可以读出京西的淳朴民风，更能悟到灵水人耕读传家孕育出的文化底蕴，悟到阴阳相合的人生哲学，悟到经世济民的人生抱负。一屋不扫何以扫天下，于生活细微处教育子弟，最是能以小见大，使其受益终生。以"核桃晚打"为例，按核桃的生长规律是在白露节气前后收获为宜，如果提前打下，即使能卖个好价钱但终是亏心，不是买卖人的作为。有道是"核桃不熟仁不满，买卖双方两枉然。忠厚传家讲实际，核桃晚打不欺瞒"。一个小小的土特产中也蕴含着深刻的道德规范。

览古庙遗址，寻多元信仰

作为灵水八景之一，踏入灵水村便不难发现遍布于各个角落的寺庙遗址。这些庙宇散布在四周的山坡和高台上，形成了大小不同的4个古庙建筑群。相传灵水村中有"大庙十七，小庙二十"之说，但如今仅能找到17座遗址。最具特色的是灵水村佛、道、儒、天主教"四

灵水村魁星楼

教合一",以及多种民间信仰共存的多元宗教文化特点。

灵水村内现存的17座寺庙遗址中,有佛教寺庙2座,即村西莲花山下的灵泉禅寺及村落南面的白衣观音菩萨庙,其中灵泉禅寺是该村有文字记载的最早寺庙,也是北京地区有文字记载最早的佛教寺院;儒教寺庙两座,即魁星楼和文昌阁,受儒学体系影响,魁星和文星是古代文人最崇尚的神灵,而魁星楼和文昌阁同时建于一村内,这在中国北方乡村中是极为罕见的;天主教堂1座,位于灵水村附近的桑峪村内,始建于元统二年(1334),相传是元代传教士于此行医所建,是北京地区所存最古老的教堂,目前仍在使用;余下的道教及民间信仰寺庙有13座,为南海火龙王庙、天仙圣母庙、玉皇庙、天王庙、玄帝观、关帝庙、五道庙、二郎庙、马王庙、山神庙、牛王庙、三圣庙和土地庙。相传建于金代的南海火龙王庙,位于村西庙宇建筑群中央。古人认为龙王司水,"火龙王庙"不就"水火难容"吗?经村里老人解释得知,灵水村水源充沛,然而水大也易成灾,故建火龙王庙以求风调雨顺。

或许儒、道、佛和天主教及各种民间信仰共处一地的文化现象在中国乡村算不上罕见,但在灵水村如此小的地域范围内,矗立着数十座归属不同宗教信仰的寺庙,可以称得上是一种文化奇迹。各异的宗教信仰在这里碰撞、交融,并和谐共存数千年,最终形成了如今灵水村极具特色的宗教文化,也体现了自古以来灵水村人对文化的重视与包容。

看拍摄景点,感农家风情

或许让我们最熟悉灵水村的,就是它作为《爸爸去哪儿》第一季的取景地。这座拥有数千年历史文化底蕴的村落,此前也曾作为电视剧《手机》《五月槐花香》,电影《最爱》等知名影视作品的拍摄地,在2013年《爸爸去哪儿》第一季节目开播后"爆红"。据灵水村村委会主任刘志利说,自节目播出后,村里接待的游客量比旺季的时候多出了四五倍。曾在《爸爸去哪儿》中出镜不到一分钟的谭宝会"一夜成名",家中的客人没断过,蜂拥而至的客人带动了当地的农家乐,也促进了旅游业的发展。灵水村人在文化广场上设立了5组铜制雕像,分别再现了孺子可教、寒窗苦读、赴京赶考、骑马跨街及村人中举的盛况,栩栩如生,仿若人生剪影,不失为教导"诗书传家"的亲子教育好去处。

如今来到灵水村,你不仅可以寻找到《爸爸去哪儿》镜头中的景物,还可以探访综艺节目中5个家庭曾居住的房屋,更能到当地民宿品尝京西地道的农家菜肴,如灵水村的特色饮食水饭粥、炸油香等。返程前,不妨捎上些红杏、核桃、大枣等灵水村特产。倘若幸运,还能遇上灵水村一年一度的转灯活动,周围村落的人都举着灯笼、火把聚集到灵水村,山间夜幕下通明的灯火伴着乐曲十分美妙。若在立秋时节来到灵水村,还可以体验北京市非物质文化遗产——灵水"秋粥节",品尝一碗具有文化底蕴的"举人粥",体验一场传统民俗文化活动。如果您家有儿女,不如就跟随综艺节目的脚步,带上萌娃到灵水村来一次亲子游,在打卡众多拍摄地之余,体味一波京西小山村质朴传统的农家风情吧。灵水村周边还可顺路游玩的有碣石古村落、西胡林村等。

TIPS 小贴士

路线

灵水村距 109 国道 4 公里,自驾车沿 109 国道行驶至斋堂,见灵水路标后右转即可到达。公交可在地铁苹果园西站乘坐 892 路到达军响站,步行至桑峪部队站换乘 M04 路,在灵水举人村站下车即到。

住宿

村内有刘举人后裔客栈、灵水小巷农家院等众多改建自传统民居四合院的住宿场所,建筑样式及装修风格古朴。客栈房间干净,大都配有空调、独立卫浴、WIFI 及免费停车场,性价比颇高。

饮食

灵水村中农家乐众多,村民会用当地绿色无污染的食材,根据您的要求做不同口味的当地特色菜,荤素搭配,丰俭由人。其中水饭粥、炸油香最具乡土特色。

图书在版编目（CIP）数据

长城就在屋檐下：长城非遗游 / 张青仁等著. ——北京：中国画报出版社，2021.12
　　ISBN 978-7-5146-2081-8

Ⅰ.①长… Ⅱ.①张… Ⅲ.①长城－文化遗产－旅游业发展－北京 Ⅳ.①F592.71②K928.77

中国版本图书馆CIP数据核字(2021)第236453号

长城就在屋檐下：长城非遗游

张青仁　毛巧晖　徐姗姗　包媛媛　著

出 版 人：于九涛
项目主持：于九涛　齐丽华
项目执行：郭翠青
责任编辑：郭翠青
整体设计：宋　涛　等
内页绘画：蔡频春　殷　鸣
折页绘画：张肖涵
摄　　影：宋　涛
营销编辑：孙小雨
责任印制：焦　洋

出版发行：中国画报出版社
地　　址：中国北京市海淀区车公庄西路33号　邮编：100048
发 行 部：010-88417438　010-68414683（传真）
总编室兼传真：010-88417359　版权部：010-88417359

开　　本：16开（787mm×1092mm）
印　　张：40.5
字　　数：582千字
版　　次：2021年12月第1版　2021年12月第1次印刷
印　　刷：慧聚印刷（天津）有限公司
书　　号：ISBN 978-7-5146-2081-8
定　　价：298.00元（全二册）

北京长城

全长五百七十三公里，分布在平谷、密云、怀柔、延庆、昌平和门头沟六个区，涵盖马兰路、古北口路、黄花路、居庸路、沿河城五大重点组团。创作者以长城文化带五个组团为中心，选取各个组团的代表景点，创作了唯美的北京长城手绘图，并整理了长城沿线的非遗项目，以期展现北京市长城文化带非物质文化遗产宏伟壮观的面貌。

马兰路

- 丫髻山庙会·刘家店镇
- 抗日歌谣·鱼子山村等
- 黄金开采技艺·黄松峪乡
- 靠山集·靠山集村
- 峨眉山道教习俗·峨眉山村
- 丫髻山區额雕刻技艺·刘家店镇

古北口路

- 九曲黄河阵灯俗·东田各庄、古北口村
- 墙子路轿子坊音乐·墙子路
- 密云传统民居建筑·古北口镇、曹家路等
- 密云烧饼·密云、石匣、古北口等
- 密云烧肉·密云全境
- 密云烧酒·密云全境
- 玲珑枕·石塘路
- 花灯制作技艺·古北口村
- 黄花路
- 敛巧饭习俗·杨树底下村
- 板栗栽培技术·渤海所等

黄花路

- 明长城传统修复技术·长城沿线
- 大榛峪蹦蹦戏·大榛峪村
- 红肖梨栽培技术·河防口村
- 荆编技术·西栅子村

居庸路

- 八达岭长城传说·八达岭镇
- 延庆旱船·井庄镇
- 永宁南关竹马·南关村
- 延庆火勺制作技艺·永宁镇
- 京张铁路故事·八达岭镇
- 石佛寺舞龙·石佛寺村
- 延庆年俗·石峡村
- 何氏酱猪脸·石峡村
- 黄芩茶制作技艺·石峡村
- 千家店镇黄芩茶灯笼制作技艺·花盆村
- 永宁西关戏楼灯笼制作技艺·西关村
- 永宁豆腐制作技艺·和平街村
- 剪纸·双营村
- 杏仁油制作技艺·水泉子村

沿河城

- 鸟节·水泉子村
- 延庆八八席·永宁镇
- 延庆元宵节民间花会走街习俗·永宁镇
- 延庆打铁花·延庆镇
- 昌平后牛坊村花钹大鼓·后牛坊村
- 漆园村龙鼓·漆园村
- 北京阳坊传统涮羊肉制作技艺·阳坊村
- 涧头村高跷·涧头村
- 献陵村五虎少林棍·献陵村
- 阳坊村五虎棍·阳坊村
- 长峪城村山梆子戏·长峪城村
- 柏峪燕歌戏·柏峪村
- 燕家台山梆子戏·燕家台村
- 灵水村秋粥节习俗·灵水村
- 爨底下村酱肉制作技艺·爨底下村
- 京西斋堂话·斋堂镇
- 千军台庄户幡会·门头沟大台地区
- 西斋堂山梆子戏·斋堂镇